CITY CULTURE COMMUNICATION

城市文化传播

（第二辑）

李彦冰 主编　金 韶 执行主编　唐 冰 副主编

CFP 中国电影出版社
2024 · 北京

图书在版编目(CIP)数据

城市文化传播. 第二辑 / 李彦冰，金韶主编. 北京：中国电影出版社，2024. 12. —ISBN 978-7-106-05680-3

Ⅰ. C912. 81-53

中国国家版本馆CIP数据核字第2024KA9873号

责任编辑：宋　楠
装帧设计：联创睿合
责任校对：滕　森
责任印制：孙　杉

出版发行　中国电影出版社（北京北三环东路22号）　邮编：100013
电话：64296664（总编室）　64216278（发行部）
64296742（读者服务部）　E-mail：cfpbjb@126. com
印　　刷　中国电影出版社印刷厂
版　　次　2024年12月第1版
印　　次　2024年12月北京第1次印刷
开　　本　787mm×1092mm　1/16
印　　张　20.75
字　　数　360千字
定　　价　78.00元

序言

2024年7月27日，在印度新德里召开的联合国教科文组织第46届世界遗产大会通过决议，将“北京中轴线——中国理想都城秩序的杰作”列入《世界遗产名录》，这是中国第59项世界遗产。这一世界遗产展现了中国古代王朝制度和城市规划的传统，是一个延续了700多年的城市文化故事。中国北京中轴线申遗的过程是持续不断在世界范围内扩散、传播中国智慧、中国风格、中国文化的过程，这一遗产获得世人认可，是中国人的骄傲。趁此荣耀时刻，新闻与传播系辑刊《城市文化传播》（第二辑）就要出版了，可以说恰逢其时。

视频和读图时代所呈现的媒介图景是“乱花渐欲迷人眼”。与国家不余遗力地发掘、保护、传承、传播优秀文化不同，受到媒介技术加持的社会力量，在利益的驱使下，营造了一个众声喧哗的舆论场景。原来被党和征服垄断的信息生产模式被颠覆了，转换成了用户的自我生产、社会团体的生产、党和政府生产并存；信息生产的主体也不断下移，不断原子化；可以游刃有余地予以控制的媒介生产过程，也被随时随地的生产所取代。因此，所生产的内容样态也日益多元化，多元的生产主体与中国社会大转型的现实相叠加衍生出万花筒般的媒介传播景观，一浪高过一浪的舆论事件、层出不穷的媒介新符号、迥然不同的数字叙事角度等等都是这一传播景观的体现，他们与社会的变化进程耦合在一起，这说明媒介转型的效果已经深度影响了国家和社会的发展进程。

在当前世界格局大变动、媒介格局视频转向的背景下，文化认同对建设统一的国家认同的重要性越发凸显。在2019年全国民族团结进步表彰大会上，习近平总书记明确提出“坚持文化认同是最深层的认同，构筑中华民族共有精神家园”，因为文化是指导个人行为，与引导个人成为团体一分子的一组共同分享的符号系统。相较于身份认同、本民族认同、国家认同而言，文化认同是属于超越上述层次的深层认同。身份认同是人的一种主体性认同，人的身份认同的嬗变主要是由于不同文化的碰撞以及文化主体之间的相互作用导致的；民族认同突出强调民族性的特征，而共同的文化是形成民族认同的必备构件；国家认同是公民对自己属于哪个国家共同体的认知，一般情况下是民族认同的升华，尤其在多民族国家内，共同的文化认知是形成国家并维系这个国家的必备条件。今天世界格局的加速演进，加上资本的控制和诱导，使文化认同的源泉更加多元化，小众的、另类的文化群体层出不穷的出现，他们所推崇的各种形式的亚文化形式不断挑战着主流文化的主体地位。

应用文理学院新闻与传播系的专业和学科在环境的急速变化中一直坚守着“坚持主流价值，体现责任与担当”的信念，以学科专业实力服务北京全国文化中心建设。自十三五以来，全系拟定了“城市文化传播”的科研方向，在此方向上不断发力，发动全系教师在此方向上深耕钻研，依托首都城市文化传播研究中心服务北京全国文化中心建设，承担西城区“西城崇文”项目，北京市委组织部拔尖人才项目“北京西山红色文化资源与全国文化中心建设的关系”充分挖掘北京的红色文化资源。依托北京市社科基金项目“北京城市新空间书写与文化认同研究”、“北京创新文化的建设路径和传播策略研究”等对北京市的城市新空间和创新文化进行了系统研究，出产了丰富的科研成果，这些活动和研究成果为北京全国文化中心建设提供了智力支持。经过几年的努力，以“城市文化传播”为科研方向在全系逐步形成了共识，系里先后出版了《城市文化传播策论》《城市文化传播新论》《城市文化传播（第一辑）》等科研论文集，系里每一位教师对此均有贡献。

本次出版的《城市文化传播（第二辑）》是全系教师在时隔三年以后又一部探讨城市文化传播的论文集，该论文集内容涵盖了城市文化与国际传播、城市文化与数字叙事、城市形象与视觉符号、新兴媒介与新闻生产等板块，从这些板块看，论文以“城市文化传播”为核心开展研究，研究视野相对开阔，研究对象比较新颖，研究话题较为前沿，充分体现了老师们围绕研究方向开展研究的自觉意识，难能可贵的是，很多论文是老师们、老师与学生合作完成的，这体现出老师们在科研活动中的协作意识、通过科研活动的育人意识，这都是值得大力提倡和鼓励。

城市文化的现代性、复合性、开放性、前瞻性、创新性、多元性等复杂特征，给城市文化传播的研究提供了诸多话题，相信新闻与传播系的老师们在新的时代能顺风而行，为北京全国文化中心建设贡献更大的智慧。

是为序。

李彦冰

2024年8月

目录

第三篇　城市形象与视觉符号 _155

第四篇　新兴媒介与新闻生产 _241

第一篇

北京文化与国际传播

“文化北京”在海外社交媒体的现状及传播创新路径

张春华[1]

【摘　要】

海外社交媒体在国际传播中的作用日益凸显，各国文化旅游部门纷纷在各大社交媒体平台开设官方账号，其目的不仅在于吸引游客，更在于向世界传播本国本地区的文化，为国家软实力建设添砖加瓦。北京文化和旅游局自2013年12月18日在优兔（YouTube）开设官方账号以来，陆续在脸书（Facebook）、推特（Twitter）、照片墙（Instagram）等平台上建设了官方账号。然而“文化北京”在海外社交媒体还有很大的发展空间，应充分调动机构和个人的传播积极性，建设传播矩阵，形成协同效应；创新内容形式、视角，打造能够引发世界用户情感共鸣的传播作品；通过明星代言、借助公共外交活动和平台账号间的交流，扩大传播影响。

【关键词】

文化北京；海外社交媒体；传播创新；传播矩阵

1　张春华，北京联合大学讲师，主要研究方向为国际传播。

一、引言

丰富的历史文化是北京的金名片，也是中华文明源远流长的伟大见证。[1]鉴于北京作为我国首都的特殊地位，在海外社交媒体平台打造北京的文化形象，不仅是城市文化传播的需要，对于塑造中国的世界形象也具有重要意义。媒介上的“文化北京”区别于“政治北京”“经济北京”等北京形象，集中于北京文化相关内容。根据蒋淑媛（2022）的城市文化形象指标体系，文化北京包括北京的文化政策、文化空间（既包括旅游景点、公园、文化广场、文化产业园区、主题公园、度假酒店和特色民宿等，也包括博物馆、剧院、文化艺术中心、电影院、文化馆等各类文化设施）、文化产品（主题性文化活动和节庆活动、文艺演出、文体活动及文创产品）、文化服务和文化传承（文本、图像、技艺和仪式等民间文艺形态）。[2]

2020年4月发布的《北京市推进全国文化中心建设中长期规划》（2019—2035）提出要构建多层次多形态的国际传播格局，“推进海外社交媒体北京内容和渠道建设，鼓励市属媒体、企事业单位开设账号，用好海外社交平台开展移动化、社交化、可视化传播。”本文调查了2023年1月Statista 数据公布的世界月活用户量排名分别为第一、第二、第四的三大海外社交媒体脸书（Facebook）、优兔（YouTube）和照片墙（Instagram）中“文化北京”的相关账号并对旗舰账号“Visit Beijing”进行了详细的影响力分析和内容分析。（位于该榜单第三位的平台是WhatsApp，“Visit Beijing”没有在上面的账号。另外，虽然“Visit Beijing”还在推特上开有账号，但由于推特的用户量仅排在第15位，因此本研究没有涵盖推特平台。）

二、“文化北京”在三大海外社交媒体上的传播现状

在对传播现状的调查中，本研究试图发现传播“文化北京”的渠道和主力账号的影响力，即回答“在海外媒体平台传播‘文化北京’的主力账号有哪些？整体的传播渠道建设是否完善？主力账号的传播影响力如何？如何提升影响力？”

1　北京市人民政府. 北京市推进全国文化中心建设中长期规划（2019-2035）[EB/OL]. [2020-04-09]. http：//www.beijing.gov.cn/zhengce/zhengcefagui/202004/t20200409_1798426. html.

2　蒋淑媛，李子尧. 城市文化形象的媒介呈现与提升策略研究——以北京城市副中心为例[J]. 北京联合大学学报（人文社会科学版），2022，20（01）：70-81.

的问题。

（一）“文化北京”传播渠道建设现状

本研究搜索三个社交媒体平台上与“文化北京”相关的账号，通过其粉丝量指标和发帖数量与内容来源，发现传播“文化北京”的主力账号。另外根据上文提到的蒋淑媛定义的“文化空间”和“文化产品”，搜索北京市相关的文化机构在各平台上的官方账号及其内容。

渠道调查发现，“文化北京”账号以媒体为主，政府平台初成规模，机构账号严重不足。下面是三个平台的具体情况：

1. 脸书

在脸书上搜索与“文化北京”相关的账号可以发现，拥有上百万关注的只有北京文化和旅游局主办的2个专门推介北京文化和旅游资源的账号和6个相关媒体账号，详见表1。

表1　在脸书平台上传播“文化北京”最有影响力的账号情况（2022年6月24日数据）

性质	账号名称	粉丝数量
北京文化和旅游专门账号	Beijing Tourism（综合）	324万
	Visit Beijing	216万
综合媒体平台	Discover Beijing	229万
单一地方媒体	Spotlight Beijing	242万
	This is Beijing	174万
	Stories of Beijing	138万
	Beijing Information	120万
	Beijing Review	104万

北京市文化和旅游局主办的官方账号“北京旅游”（Beijing Tourism）是一个综合性信息平台，不仅推送自己制作的内容，也转发媒体、各文化旅游机构关于北京的旅游相关信息。另一个账号“Visit Beijing”则只推送自己的内容，不仅在脸书，在推特、优兔和照片墙也都开设了官方账号，是在海外社交媒体平台上专门传播“文化北京”的主力账号。

但是，北京的文化、旅游机构单独开设的账号非常少（即使有账号，粉丝也很少）。本研究调查了北京的旅游景区、博物馆、影剧院、学校和文化活动的官方账号情况，发现：北京地区约70家4A—5A旅游景区中，只有慕田峪长城、故宫开设了脸书官方账号，但是故宫账号只运营了2017年2月的一段时间就停止更新。只有慕田峪长城的官方账号一直在更新，内容丰富，已经积累了31.8万关注用户；在北京约200家博物馆中，只有国家博物馆、尤伦斯当代艺术博物馆、北京中间美术馆有官方账号，但影响力较小（都不足10万粉丝）；影剧院中只有中国歌舞剧院拥有128万粉丝，国家大剧院有10万粉丝；北京地区的84所高校中只有清华大学（374万粉丝）、北京大学（324万粉丝）的官方账号比较有影响力，而很多大学甚至没有官方账号；北京的各种文化活动如音乐节、艺术节、体育赛事等虽有一些账号，但影响力较小，其中关注者最多的北京冬奥会官方账号（Beijing 2022）也只有约十万粉丝。

可见，在脸书上传播“文化北京”的主体是媒体（包括中央和北京市级媒体）和北京文旅局主办的官方账号，其中两个综合内容平台可以展示其他媒体或旅游景区制作的内容，已经形成了初步的辐射网。然而北京的文化机构中只有两所大学的关注在百万级别，绝大部分机构没有开办官方账号，无法对主传播平台起到支撑作用。如果搜索某些机构，还会因为没有官方账号而搜索到网友自拍内容，质量参差不齐，有些甚至会造成误解，对于该机构形象传播不利。

2. 照片墙

北京文化和旅游局只建设了“Visit Beijing official”这一个账号，粉丝3.5万，远少于脸书。而那些在脸书上粉丝数量达到百万级的媒体，目前没有一家在照片墙的粉丝数达到一万。粉丝量比较大的只有两个综合性平台：“insta.beijing”（17.3万）包含来自多种渠道的作品投稿，以及旅游公司账号“Beijing.explore”（11.9万）。而机构账号不仅少于脸书，而且，除了北京冬奥会拥有18万粉丝，其他没有一家达到10万粉丝以上。综合来看，“文化北京”在照片墙的渠道建设和影响力远不如脸书。

3. 优兔

该平台的“文化北京”官方账号数量更少，订阅用户和视频数量较少，“Visit Beijing”订阅用户1640。机构和活动官方账号中，只有清华大学和北京冬奥会账号“Beijing2022”获得了1万以上订阅。

综合来看，“文化北京”在海外媒体平台上的官方渠道建设，在脸书上最为成熟，政府和媒体平台内容丰富，互相支撑，但在其他平台还未形成辐射网。文化机构严重缺席，有影响力的官方账号寥寥无几，而个体账号和商业账号多数影响力较小且缺乏优质内容，尚不足以为官方账号提供强有力的支持。

相比之下，作为在多个平台上都进行了建设的北京文化和旅游局的官方账号“Visit Beijing”可谓海外传播“文化北京”的旗舰账号，需着重对该账号的影响力和内容策略进行分析。

（二）旗舰账号“Visit Beijing”影响力分析

北京市文化和旅游局主办的“Visit Beijing”在脸书、推特、优兔和照片墙均开通了官方账号，还提供英文网站的链接，在渠道建设方面相对成熟。

该账号在脸书和照片墙发布的内容基本相同，内容来源全部为自制内容，不发布网友创作内容，也不转发其他账号内容。内容更新频率为每日更新一篇。内容格式以图+配文形式为主，每周发布一到两个短视频+配文。该账号在优兔平台的内容只有另外两个平台中的视频，更新频率为每周一到两个。

1.“Visit Beijing”影响力分析的研究方法

对社交媒体账号的内容策略和影响力分析需要在对社交媒体的本质属性研究的基础上进行。塔滕（Tuten）认为，社交媒体是“参与性”“对话性”“流动性”的网络社区。[1]因此，虽然不少国家的旅游主管部门将社交媒体上的账号用于“展示”自己、“推介”产品，但此类做法被一些学者认为没有充分发挥社交媒体的作用。因此，在分析各国旅游部门账号内容的影响力时，海斯（Hays）等提炼出了三个关键指标：该账号的关注者（粉丝）的数量、用户的参与度和满意度。[2]各账号的关注者数量从平台主页中可以看到，但参与度与满意度却很难测量。本文采用布哈里斯（Buhalis）等中提出的测量用户参与度公式[3]：

$$用户参与度=\frac{所有帖子的浏览量+点赞+转发+评论量}{关注者（粉丝）总数}$$

图1　测量用户参与度公式

该公式既能够客观反映参与的程度，又方便操作，并且已经被多个研究[4,5]以及测量参与度的网站如HypeAuditor，RivalIQ等采用。对于第三个指标用户满意

1　Tuten T. L. Advertising 2.0：Social Media Marketing in a Web 2.0 World [M]，London：Praeger，2008：20.

2　Hays S.，Page S. J.，Buhalis，D. Social media as a destination marketing tool：Its use by national tourism organizations [J]. Current Issues in Tourism，2013，16（3）：211–239.

3　Buhalis D.，Mamalakis E. Social media return on investment and performance evaluation in the hotel industry context[A]. In Information and Communication，Technologies in Tourism[C]. Cham：Springer，2015：241-253.

4　Wozniak T.，Stangl B.，Schegg R. Liebrich A. The return on tourism organizations' social media investments：preliminary evidence from Belgium，France，and Switzerland[J]. Information Technology & Tourism，2017，17（1）：75–100.

5　Zlatanov S.，Pavlović D.，Popesku J. Facebook activities of national tourism organizations：Serbia and the defined competitive set[J]，TEME，2021（45）：919-936.

度，本研究采用对用户评论进行语料库软件AntConc辅助下的态度分析方法来进行评估。

本研究抽样时间为2022年6月24日，下文中涉及的关注者数量的数据、点赞、转发、评论数量都截取到该日。对研究对象“Visit Beijing”发布的内容，则选取2022年1月1日到2022年5月31日的全样本。之所以选择这段时间，是因为该账号在2022年相对于之前几年明显更加稳定、活跃，发布的内容更多、频率更高、点赞量和播放量等数据也有明显提升，因此也更能够反映该账号当前的状态。

2.“Visit Beijing”影响力分析研究发现

（1）关注者（粉丝、订阅用户）数量

研究者在三个平台上搜索“Visit Beijing”的账号信息，获得粉丝量数据。同时，为了与同类账号对比，也搜索了2020GaWC的全球城市排名中级别最高（A++级）的纽约和伦敦，以及和北京同属A+级别的香港、新加坡、上海、迪拜、巴黎、东京的社交媒体账号信息。表2显示的是各账号在三个平台上的粉丝数量。

表2　北京文化和旅游局账号与部分国外同类账号粉丝量的对比

城市名	城市旅游部门官方账号名	脸书粉丝	照片墙粉丝	优兔订阅
北京	visit Beijing（F，Y） visitbeijingofficial（Ins.）	2160000	35000	1680
迪拜	Visit Dubai（F. Y.） visit.dubai（Ins）	7071997	2428000	435000
香港	discover Hong kong（F.） discoverhongkong（Ins） Hong Kong（Y.）	5392939	543000	53100
新加坡	visit Singapore（F） visit_singapore（Ins） visitsingapore（Y.）	3704525	519000	226000
巴黎	ville de Paris（F.） paris_maville（Y.）	2900000	304000	0
伦敦	visit London（F. Y.） visitlondon（Ins）	1584401	1126000	31200
上海	shanghai municipal administration of culture and tourism（F.）	1330000	0	0
纽约	NYC：the official guide（F.） NYCgo（Ins. Y.）	862095	569000	2210
东京	go Tokyo（F.） tokyotokyooldmeetsnew（Ins. Y.）	339777	111000	15100

从表2可见，北京市文化和旅游局的官方账号相对于一些国外城市旅游公共账号来说，在脸书上的粉丝群体较大（在九个同类城市中排名第五位），而在照片墙上的粉丝和优兔上的订阅量在拥有该平台账号的城市中都最少。照片墙和优兔平台具备年轻化、可视化特点，符合未来传播趋势，因此需要重点开拓在这两个平台的发展空间。

（2）粉丝参与度

根据布哈里斯（Buhalis）等的公式计算出的Visit Beijing 在脸书平台账号的每篇帖子的平均参与度为0.018%，低于脸书同类账号均值0.09%（RivalIQ）[1]；在照片墙账号单帖平均参与度为5.25%，远高于该平台平均参与度0.67%以及同行业账号平均参与度1.18%；在优兔账号的参与度为0.22%每帖，略低于全平台平均参与度0.03%。

可以看出，照片墙的粉丝参与度明显高于另外两个平台。鉴于Rival IQ，Grin等多个分析网站显示照片墙平台的平均参与度远高于其他平台，因此有必要加大对该平台的建设力度，切实提高影响力。

（3）用户满意度

对2022年5月脸书平台上的全部评论573条用AntConc 语料库分析软件进行词频分析发现："beautiful" 高居形容词第一名，共出现38次，其次是 "awesome"（9次），"nice"（8次），"good"（7次），"lindo"（西班牙语，意思为美丽的、可爱的，7次）。

评论区的内容主要可以概括为四类：第一，赞叹美丽北京，除了有语言赞美，还有表情、图标等多种形式；第二，分享自己曾经在此地的经历或感受，有的还分享了自己拍的照片；第三，询问何时可以开放旅游；第四，提建议。用户评论的主基调是赞美北京，总体满意度较高。同时 "Visit Beijing" 对用户留言回复及时，几乎每条都会回复。

以上衡量了 "Visit Beijing" 在三个平台的三个影响力指标：粉丝或订阅数量、参与度、满意度。从数量上来看，脸书平台无疑遥遥领先于照片墙和优兔平台，但是从参与度来看，照片墙遥遥领先。因此 "Visit Beijing" 在脸书平台的建设需要增强互动性、提高粉丝活跃度和参与度，而在另外两个平台则还需要同时注意用优秀的作品和活动吸引更多粉丝。

综合来看，北京市文化和旅游局主办的官方账号在近两年中比以往更加活跃，同时影响力也在逐步上升。脸书平台相对更加成熟，但粉丝参与度不高。照

1　数据来源：RivalIQ 2022 Social Media Industry Benchmark Report | Rival IQ

片墙和优兔平台则处于起步阶段，但具备较好的发展潜力。

（三）"Visit Beijing" 的内容分析

平台的内容建设是扩大影响力的关键。[1]莫利纳（Molina）等将社交媒体的内容分析分为两大类：帖子格式和帖子内容，其中帖子格式包括文字、图片、链接、视频等。[2]虽然文字类用于陈述事实信息的时候更加有效，但是图片类更能刺激旅游欲望、激发好奇心[3]，同时还能增强文字的感染力[4]。而视频类相比图片类则更能激发旅游欲望。

但是，相对于格式来说，帖子的内容是决定影响力的关键，这一类又可细分为两个维度分别考察，其一是互动类型，其二是感染力类型。多项研究发现，情感型内容比信息型更容易扩大影响力、提高社区凝聚力[5, 6]。

1. "Visit Beijing" 的内容类型分析

2022年前5个月，"Visit Beijing" 在脸书共发布图片帖子140个，包含图片366张，视频帖子45个。图片与视频内容之比约为8：1。照片墙平台发布了136张图片，39个视频，两者之比约为3.5：1。优兔平台发布视频41个。因为脸书平台的内容涵盖了其余两个平台的所有内容，所以这里仅分析脸书平台上的内容类型。

图片和视频内容的互动类型分析发现，大部分的帖子（77%的图片和51%的视频）都不属于互动型内容，而是单方面介绍景点。这种情况与账号本身的性质和该类账号的习惯有关，并非"Visit Beijing" 所特有。海斯（Hays）等（2013）对七个国家的文旅官方机构账号的内容分析发现，88.2%的帖子都是非互动型的。[7]在互动型图片中，"Visit Beijing" 并非主办活动，而是发布其他机构主办的

---

1 Niu Y., Wang C.L., Yin S., Niu Y. How Do Destination Management Organization-Led Postings Facilitate Word-of-Mouth Communications in Online Tourist Communities ? A Content Analysis of China's 5A-Class Tourist Resort Websites[J], Journal of Travel & Tourism Marketing, 2016, 33（7）: 929-948.

2 Molina A., Gomez M., Lyon A., Aranda E., Loibl W. What content to post ? Evaluating the effectiveness of Facebook communications in destinations [J]. Journal of Destination Marketing & Management, 2020（18）: 1-11.

3 Edell J. A., Staelin R. The information processing of pictures in print advertisements[J]. Journal of Consumer Research, 1983, 10（1）: 45–61.

4 An D. Advertising visuals in global brands' local websites: A six-country comparison. International [J]. Journal of Advertising, 2007, 26（3）: 303–332.

5 Kiralova A., Pavliceka A. Development of social media strategies in tourism destination[J]. Procedia-Social and Behavioral Sciences, 2015（175）: 358–366.

6 Hudson S., Thal K. The impact of social media on the consumer decision process: Implications for tourism marketing[J]. Journal of Travel & Tourism Marketing, 2013, 30（1–2）: 156–160.

7 Hays S., Page S. J., Buhalis D. Social media as a destination marketing tool: Its use by national tourism organizations [J]. Current Issues in Tourism, 2013, 16（3）, 211–239.

活动的信息，其中最多的是文化活动，如艺术展等。视频中的互动内容相对图片稍多一些，但不足一半。从点赞或播放量来看，互动型图片在平均点赞方面不如非互动型，可见并没有显而易见的互动效果。但是互动型视频的播放量远大于非互动型。

表3 脸书平台内容的互动类型情况

	互动类型	数量	比例	平均点赞
图片	行动召唤	2	1.4%	1268
	文化活动	20	14.0%	
	美食活动	3	2.1%	
	娱乐活动	2	1.4%	
	体育活动	3	2.1%	
	儿童活动	2	1.4%	
	非互动型	108	77.1%	2763
视频	文化活动	9	20.0%	平均播放量 91710
	美食活动	3	6.6%	
	娱乐活动	13	28.8%	
	体育活动	4	8.8%	
	非互动型	23	51.0%	41515

注：同一个图片或视频可能含有多种活动，因此总比例数超过100%

由表4可见，信息型内容占据主体地位，尤其是图片绝大部分都是信息型，情感因素很弱或没有。但是从点赞和播放量来看，情感型的内容无疑更受欢迎。这一点与很多之前的研究发现契合。

表4 脸书平台内容的感染力类型分析

图片感染力类型	数量	比例	平均点赞
信息型	137	97.9%	2360
情感型	3	2.1%	5943
视频感染力类型	**数量**	**比例**	**平均播放量**
信息型	29	64.4%	39，169
情感型	16	35.6%	114，786

从内容类型的分析可以看出，“Visit Beijing”发布的互动型内容较少，情感型内容偏少，而加强互动和以情动人有利于提升影响力，因此这是进行内容创新

的方向之一。

除了内容的类型，本研究对具体的帖子进行了内容分析。

2. “Visit Beijing”的帖子内容分析

“Visit Beijing”在脸书和优兔平台开设有“直播北京2022”“北京文化”“我爱北京”“北京流行”“北京生活”“北京建筑”“新视角看北京”“北京：表象之后”“北京旅游内情人”“北京独有”等视频系列。在照片墙上，视频栏目分为“城市、自然、文化、景点、美食”。下面从主题选择、长度类型、体裁与形式、声音画面特点四个方面对视频进行分析。

（1）视频的主题选择

“Visit Beijing”的视频主题可以分为三类：景点展示、北京游览体验和艺术表演。其中，景点展示视频多为1分钟短视频，包括“文化北京”“我爱北京”“北京建筑”“新视角看北京”等多个栏目，2022年前5个月的45个视频中，有28个都是此类视频，占比62%。北京游览体验视频主要在“北京：表象之后”“北京旅游内情人”“北京直播”这三个系列，共9个视频，占比20%。而春节表演、冬奥特别节目等视频占比18%。可见，视频的主题偏重于对景点的展示，今后可以适当增加其他文化主题如美食、体育、科技、娱乐活动等，丰富对北京文化内涵的展示。

（2）视频的长度类型

在脸书平台，视频最长的有接近一小时的春节戏曲晚会和春节特别直播节目，但所占比例较小，2022年只有3个。占主体的是1分钟短视频和10分钟以内视频，分别占比69%和27%。照片墙和优兔平台只有10分钟以下短视频，同样是1分钟短视频为主体。然而从播放量来看，总播放量前五名全部都是超过1分钟的视频。这说明在10分钟以内的短视频中，长度并非越短越好。只要设计精巧、内容丰富，超过1分钟的视频也会有很高播放量。

（3）视频的体裁与形式

“Visit Beijing”的视频以景点展示片为主，以旅游体验和文艺表演为辅，体裁比较单调。未来可以探索多样化的体裁，如故事片、纪录片、新闻片等。

1分钟以内的短视频的形式都是走马观花式展示景物，配以轻松欢快的音乐，少有字幕，没有主持人。超过1分钟的视频有两种形式比较受欢迎：一种是特色表演配以景物画面的形式，相当于在固定场景中的表演视频。例如案例《首钢公园》的内容是王家训打击乐团在首钢公园演出，场景搭配冬奥运动项目、首钢公园景观。字幕介绍首钢。该视频的音乐动感十足、画面活力四射、色彩绚丽，打击乐的美妙与冰雪运动的魅力相辅相成，浑然一体。还有《古北水镇（司马台长城)》，场景是古北水镇和长城，主要内容是中国国家交响乐团紫禁城弦乐四重奏的四位演奏家在古北水镇内演奏莫扎特作品。美妙的乐曲配合古北水镇的美景（儿童、汉服美女）展示，给人以视觉、听觉的双重享受。

另一种内容形式是直播，主持人通常为外国人，也有英语流利的中国人，边游览边介绍，一般有简短访谈。视频的整体情感比较平和，主持人亲切、稳重、大方。该类视频主要集中在“北京：表象之后”“北京旅游内情人”“北京直播”这三个系列，其视频播放量相对来说居于前列。这种视频受欢迎的原因主要是能让国外观众有代入感，而且还能深入体验北京的文化，了解更多知识。

（4）视频的声音和画面特点

1分钟以内短视频没有人声，只有配乐。其他短视频增加了主持人的声音和访谈对象的声音。视频配乐多为欢快乐曲，少数有北京特色音乐。视频音乐的整体基调是轻松、愉快、闲适的，没有强烈的感情。在声音方面值得指出的是案例《隐于闹市的宝石》开头的老北京叫卖极富地方特色，声音悦耳同时制造了悬念。之后以京剧《贵妃醉酒》的片段结尾，余韵悠远，增强了欣赏价值。

视频画面一般色调明亮，景色优美，景物带有北京的地方特色。但是，绝大多数视频画面中以景物居多，人物较少，尤其是占主体的1分钟短视频基本没有人物，1分钟以上视频中除了主持人和少量展示人物之外，其他人很少，即使有路人也是作为背景。这样的处理降低了视频的情绪感染力。“如果只有景、物，没有人，那么城市只是一个空壳，最能表现城市精神和文化的应该是生存在城市中的人。”[1]这方面的优秀案例是《首钢公园》，这里出镜的人很多，除了作为主角的打击乐表演者，还有冬奥赛场上运动员翻飞的身影、专注的目光特写、兴奋的拥抱，这些镜头画面由于人的快乐、勇敢、兴奋而具有穿透人心的力量。

通过对“文化北京”的传播渠道和旗舰账号“Visit Beijing”的传播影响力分析和内容分析，发现“文化北京”在海外社交媒体平台上的传播，目前已经初步建设了以北京市文化和旅游局官方账号和国家级媒体、北京市级媒体协同传播的主渠道，但除了国家级媒体，其他渠道账号的影响力仍有提升空间，各个账号之间的协同互动也有待加强。北京的文化机构少有独立的账号，无法形成对官方账号的支持。北京文化和旅游局的脸书官方账号的影响力相对于国外同类型账号，处于偏后位置，而在照片墙和优兔的影响力则更弱。“Visit Beijing”在2021年以来推出的内容平均水平比之前有所提高，图片和视频均出现较多优秀作品，但是在主题选择、体裁和形式创新、互动性和情绪感染力方面还有待加强。“文

1　刘俐莉，宗怡. 影像文本中的北京城市形象建构——以城市宣传片及影视作品为例[C]. “传播与中国·复旦论坛”（2012）——可沟通城市：理论建构与中国实践论文集.[出版者不详]，2012：196-208.

化北京”在海外社交媒体的传播需要持续提升影响力。

三、“文化北京”在海外社交媒体的传播创新路径

欧亚（2021）针对推特平台的北京国际形象及其传播模式的研究发现@Visit Beijing等北京本地官方账号影响力不足。[1]本文关于“Visit Beijing”在脸书、照片墙和优兔上的影响力研究与欧亚的发现一致。结合内容分析的发现，对“文化北京”在海外社交媒体的传播提出策略建议。

（一）传播矩阵建设：官方账号组织协调，机构、网红账号形成支撑

账号在社交媒体平台上的影响力核心来源在于“社交”，因此平台的算法对于优质内容的判定标准无不与社交密切相关，比如脸书的算法中，被点赞、分享和评论的内容会被赋予更高的权重，获得更多传播机会。

传播矩阵的建设中，北京文化和旅游局官方账号应成为话题组织和内容协调的枢纽：官方账号发起话题，各机构账号可以生产内容投稿，也可以转发话题吸引更多用户参与；官方账号除了自己生产内容，也可转发机构账号的优质内容，或者综合各机构账号的内容进行二次加工。另外，官方账号的创作力量可以支持机构账号早期的建设，帮助机构账号培养内容生产人才。机构账号之间也可以增加互动，形成联络网。目前已有影响的机构账号如“慕田峪长城”等可以发挥先锋作用、分享经验，带动其他机构账号。

个人账号也是传播矩阵的重要部分，网红的个性化视角和风格是机构、官方媒体不具备的传播优势，一些网红的个人账号影响力甚至超过官方账号。李思明（2022）的研究发现，海外媒体平台上以中国为主题的网红正在面对一个“创新探索与激烈竞争”同时到来的局面。[2]所以充分挖掘文旅领域的优秀创作者和已有的网红，与之建立合作可以达到双赢效果。“那些来京的旅游者、长期旅居北京并乐于在境外社交媒体推送在京生活体验的外国人，既是北京形象的民间大使，又是理想的意见领袖。因此，要善于发现、积极培育并合理引导好这些送上门来的有影响力的人，让他们去向世界呈现充满包容性、亲和力、人文关怀和文化魅力的北京。”[3]另外，还需要培养本机构自己的国际传播“网红”账号，以丰

1 欧亚.推特平台的北京国际形象及其传播模式研究[J].对外传播，2021（05）：61-64.

2 李思明.国际社交媒体中国主题“网红”的发展态势及创新展望[J].对外传播，2022（01）：23-26.

3 马诗远，郑承军.新信息环境下海外社交媒体中的北京形象研究[J].现代传播（中国传媒大学学报），2021，43（07）：150-157.

富传播矩阵。

此外，北京文化和旅游局也可以借鉴迪拜旅游的做法，建设针对不同国家和地区的多语种账号群，进一步细分受众，通过更加贴近用户的语言、文化的作品吸引用户。

（二）内容形式创新：多体裁叙事，与用户“共情、共生”

1. 拓展多体裁叙事

改变目前的“我带你看、我说你听”的基本叙事方式。比如可以尝试微电影、歌舞短片、特色曲艺表演、场景游戏等多种体裁，在优兔平台还可推出较长的纪录片、真人秀等视频。可以借鉴迪拜旅游的经验，聘请有国际影响力的专业演员拍摄以北京景点为背景的微电影，也可延续目前较为成功的古北水镇交响乐表演案例的做法，继续邀请北京高水平音乐舞蹈团体和京味曲艺表演团体制作微型表演视频，还可以开发以北京景点为场景的在线小游戏，结合热门IP，应用VR、AR等技术，让游戏者得到身临其境的体验，变“我赏你看”为“一起来玩”。

2. 增强内容的情绪感染力

内容的情绪感染力是社交媒体影响力提高的关键因素。心理学家戈登伯格（Goldenberg）等（2020）的研究发现，社交媒体上，强烈的情绪（愤怒）比弱情绪、平静的情绪更能够影响人。[1]社交媒体分析公司Fanpage Karma对一千个媒体帖子中的四类情感（恐惧、愤怒、悲哀、快乐）对于帖子影响力的影响分析发现，帖子中的快乐情绪可以激发用户点赞增加85%，转发增加11%，评论增加4%。相比于单纯信息型内容，情感型内容的点赞数增加1.5倍。[2]这与上文对“Visit Beijing”的信息型和情感型内容的影响力差异分析一致。因此向世界讲述中国故事，需要以情感打动人心。

增强情绪感染力，首先，要高度重视视频中声音的作用。《首钢公园》和《隐于闹市的宝石》两个视频成功之处都有音效的情绪感染力。除了音乐，人声也可以吸引注意、制造悬念。比如迪拜旅游拍摄的某景点视频开头就是一声大喊，紧接着另一人尖叫，配合一人飞速滑下垂直滑梯的画面，瞬间抓住眼球。其次，视频中的人物要善于制造共情。一般来说，用户更喜欢看到与自己类似的

---

1 Goldenberg，A.，Garcia D.，Halperin E.，Zaki J.，Kong D.，Golarai G.，Gross J. J. Beyond emotional similarity：The role of situation-specific motives[J]. Journal of Experimental Psychology：General，2020，149（1），138–159.

2 Fanpage Karma. How you can influence your fans with emotional posts [EB/OL] [2022-06-24] https：//blog.fanpagekarma.com/2014/10/27/emotion-facebook-social-media-interaction/

面孔。"Visit Beijing"的图片中，点赞量高的人物图片都是有外国面孔的。视频中，主持人多为外国面孔，或者中外搭配，这些是观众共情的基础。然而主持人的动作、表情比较稳重、内敛，相比之下，迪拜旅游推出的明星导游片为我们提供了不同的思路："导游"本人是著名演员沙鲁克·汗；视频中没有用语言介绍，而是演员在工作拍摄完毕走在迪拜路上，亲身游览并与周围人互动的场景，他与街边跳舞的人共舞，与脚踏平衡车的孩子们合影，帮小店商人擦干净眼镜，晚上观看璀璨的烟火和音乐喷泉。这则视频中导游走路欢快，开朗热情，而路人表现得活泼好客，落落大方，用行动营造了好客城市的氛围。所以，视频中不仅"导游"要有更活泼的肢体语言，"路人"也要更有活力，比如《隐于闹市的宝石》中，如果把站在公园里抱着宠物狗面对镜头不动的大叔，换成和宠物狗奔跑玩耍的孩童，情绪感染力将会不同。

此外，重视美食的诱惑。优雅地摆放在食具中的美食能让人心动，而被筷子夹起来放在五颜六色蘸料汁中的涮羊肉、被拿在手中咬上一口的糕点更让人垂涎。局限于现有技术，视频很难传达美食的"香、味"，就更要在"人"的方面下功夫，着力展现吃美食的人们的微表情，打动屏幕外"吃货"们的味蕾，进而抓住他们的心。

3. 建设与用户"共生"的社区

当前"Visit Beijing"的脸书粉丝量固然较大，但粉丝参与度不高，因此建设与用户"共生"的社区是后续发展的基础。可以通过鼓励用户深度卷入内容生产与传播，建立"网络命运共同体"[1]。与用户"共建"的常规手段是设计话题并设置奖项，吸引用户投稿，展示用户优秀作品。另外还可以组织用户的线下活动比如联欢、游览、竞赛等。话题设计要注意贴近用户文化与心理，设计有温度的、世界性话题。

（三）内容营销策略：通过明星代言、公共外交，开辟更大的传播空间

聘请明星代言是短期内迅速提升影响力的捷径，涉及明星的内容会得到迅速广泛的传播，但是如果其他内容不能与之建立联系，或者风格截然不同，明星代言的影响力也会大打折扣。因此最好能够培养或签约能够长期为该账号生产作品的明星或者明星团队，形成固定栏目，巩固传播效果，同时维系社区。

北京文化和旅游局还可以深度融入国家和本地区的公共外交活动的传播中，不仅有助于扩大传播范围，还可以在社交平台吸引更多的国际用户关注。比如北

1　鲍雨.疫情时期外国"网红"对中国社交媒体的参与利用分析——以新浪微博为例[J].对外传播,2020（05）：33-35.

京冬奥会、国际音乐节、电影节、马拉松等，一般都会设立专门的官方账号发布内容（尽管目前只有少量账号），而“Visit Beijing”可以与这些活动深度合作，共同策划、制作内容并发布在多个账号中。“Visit Beijing”发布的北京冬奥相关视频《首钢公园》的成功也说明这一策略应该获得重视。另外还可以与有影响力的外国同类平台建立合作关系，通过合办活动、合创作品等使北京的内容借助国外平台得以传播。

北京冬奥会传播中的新北京城市概念

钟静[1]　姚衍[2]

【摘　要】

2022年第24届冬季奥林匹克运动会在北京顺利闭幕，这场体育盛会为提升北京城市形象赋予许多新的城市概念。本文主要以北京冬奥会在城市形象传播中所呈现出的新概念作为研究对象，研究冬奥会赋予北京的新城市概念的内涵和构成，探讨了如何借助有影响力的体育赛事进行城市文化传播，借助重要社会事件重塑城市形象和文化内涵的内在机制。

【关键词】

奥林匹克运动会；北京冬奥会；城市形象；符号传播

1　钟静，北京联合大学应用文理学院新闻与传播系副教授，主要研究方向为营销传播、媒介研究、新媒体广告。

2　姚衍，玉溪师范学院地理与国土工程学院高级工程师，主要研究方向为城乡规划、城市设计。

冬奥会在城市形象传播中一直具有重要的战略地位。冬奥会作为国际重大体育赛事，同时也是塑造北京城市形象的重要平台。2017年9月29日，中共北京市委、北京市人民政府发布《北京城市总体规划（2016年—2035年）》，将“全力办好2022北京冬奥会”写入城市发展目标。2021年12月20日，北京市文化和旅游局网站转载新华社报道，将2022北京冬奥会称作北京“城市发展的新坐标”，强调了冬奥会对于展现北京城市面貌乃至中国现代化形象的重要性。2022年2月，第24届冬季奥林匹克运动会在北京开幕，为我国的文化输出提供了理想的平台，

本文主要以北京冬奥会传播中塑造出的新北京城市概念作为研究对象，重点研究冬奥会具体从哪些方面赋予北京新的城市形象，以及如何借助有影响力的体育赛事进行城市文化传播、重塑城市概念内涵等问题。

一、冬奥会城市形象传播研究概述

冬季奥林匹克运动会简称为冬奥会，是在夏季奥林匹克运动发展基础上发展出来的一个分支，也是奥林匹克运动会的重要组成部分。[1]自1924年至今，冬奥会已成功举办了22届，每届冬奥会均有专属的奥运视觉形象系统。[2]

城市形象是指城市（或特定的区域）给人的印象和感受，既包括建筑、街道、风景名胜、交通、店面、生活设施等组成城市的有形要素，也包括传统习俗、文化氛围、风土人情等无形要素。这些无形和有形的要素共同构成了人们对某个城市的印象和感受，特别是一些富有特色的城市形象关键内容，如方言、小吃、服饰等，都有可能构成相关城市形象的长久印记。城市形象是城市整体化的精神与风貌，是城市全方位、全局性的形象，包括城市的整体风格与面貌，城市居民的整体价值观、精神面貌、文化水平等。

有关城市形象的研究已有80多年。关于冬奥会和城市形象之间关联的研究，目前主要集中在对冬奥背景下城市形象、建构传播的媒介策略、冬奥会对城市品牌的促进、对城市形象的影响等方面。这些研究主要关注冬奥会对主办城市在历史文化发展、基础设施建设、体育氛围建设、整体发展战略等方面的积极影响，以及居民对于城市形象的感知。在媒介策略层面，提出了开拓社交类新媒体城市形象传播等建议。

越来越多的研究学者注意到，体育赛事对于城市形象建构的影响，并围绕赛事活动对城市形象的促进作用、体育报道的议程设置、赛事期间城市形象的传播

1　杨振波.论当代冬季奥林匹克运动发展动态[J].冰雪运动2006（1）：91–94.

2　赵开尔，李臻.冬季奥运会主办国发行纪念币概况[J].冰雪运动 2000（4）：88–89.

策略形成了一定的研究成果。[1]而有关北京城市形象的研究，可以追溯到2000年，现有研究主要从重大节事活动对北京城市形象的价值和影响、城市规划开发理念与北京城市形象的关系、北京城市形象的媒介表现与其发生机制、北京城市形象的受众接受程度和认知状态等方面进行探讨。[2]

二、北京冬奥会传播中赋予北京的新城市概念

构建良好的城市国际形象，往往能更好地推动一个国家的对外交流。北京作为中国唯一的“双奥之城”，毫无疑问冬奥会正是北京向外界展现一个全新城市形象的机会。与此同时，也有研究显示，北京作为全国政治中心的角色被过度渲染，导致北京本身的城市形象几乎被国家政治形象完全遮盖。而北京作为文化中心、国际交流中心、科技创新中心以及和谐宜居之都的形象，在各种传播中都呈现出被弱化的趋势，因此导致整体城市形象传播在各个维度失衡。[3]北京冬奥会的举办，对于北京城市形象的重新塑造，乃至中国国家形象的全面提升，都是一个难得的机遇。

（一）大国大城形象：将国家形象融入城市形象

城市形象是一座城市的内在历史底蕴和外在特征的综合表现，是城市总体特征和风格的集合体。北京作为首都，其城市形象在展现自身风格的同时，也不可避免地彰显着我国的国家形象。作为举办主场外交和国际性赛事最多的城市之一，北京城市形象在国际传播方面也具备了巨大优势。[4]

2022年的北京冬奥会，需要在设计中融入各种有代表性的中国元素以向世界展示中国。于是，像剪纸艺术、京剧脸谱、熊猫、中国结和中国瓷器等彰显中国文化的符号，都被广泛应用到北京冬奥会的视觉设计中。作为冬奥会举办地的北京，如何平衡国家形象和城市形象，成为冬奥会传播中一个非常重要的议题。

以北京冬奥会会徽“冬梦”为例，其基础设计是以中国汉字为设计灵感，一个汉字字形同时表现出“冬”和“梦”两个含义，即使是在英文字体的设计中，也特意融合了中国传统剪纸艺术形式。这种基于汉字特征的设计，赋予了一个外形简洁的标识更多的文化内涵和民族情感。汉字、书法和剪纸都是中国文化

---

1 沈炳坤，张钫炜.北京冬奥会背景下的城市形象建构——以宣传片《双奥之城 城市之光》视觉叙事分析为例[J].科技传播2022（10上）：76.

2 马诗远，邵云.新时期北京形象海外认知传播研究[M].北京：社会科学文献出版社，2020.

3 马诗远，郑承军.新信息环境下海外社交媒体中的北京形象研究[J].现代传播，2021（07）：151-152.

4 徐和建.国际传播建构北京城市形象的思考[J]. 对外传播，2020（02）：68-69.

的符号象征，在“冬梦”的会徽设计中，不着痕迹地运用抽象符号，将背后所代表的文化认知、民族文化、中国意蕴表达得淋漓尽致。尽管这个会徽设计想表达的民族内涵有很多，但在视觉上一个明确而简单的英文信息——“BEIJING 2022”——将所有信息都凝聚在“北京”这个落脚点上。这一做法充分体现了将国家形象和城市形象密不可分地融合在一起，同时又重点突出、主次分明的思路。

再以北京冬奥会中的色彩系统为例。冬奥核心图形的设计展现了中国传统的“道法自然、天人合一”思想，既融合了中国名画《千里江山图》中青绿山水，也特别彰显了北京冬奥会京张赛区的山形和长城的色彩和形态。冬奥色彩系统包括霞光红、长城灰、天霁蓝、瑞雪白等色彩，既表现出冬奥会的恢宏场景与空间意境、冬季运动的节奏感和韵律感，也明确体现出举办地北京地区的色彩特征。冬奥会的视觉表达具有中国水墨韵味的笔触、浓淡相宜的线条、远近虚实的层次，将传统美学和冰雪运动巧妙的融合为一体。在整个冬奥会设计体系中，国家形象自始至终被融入城市形象当中。也因此赋予了北京独特的“大国大城”全新城市印象。

图1　北京冬奥会的会徽

（二）大北京概念：新冰雪运动之城

如何以艺术的表现形式来展现具有地域特色的冰雪文化，将北京及其周边地域打造成中国的新兴的冰雪之城，冬奥会传播中应如何提取城市形象中和冰雪运动有关的视觉要素？实现这一任务，可谓是冬奥会传播中的重中之重。

仍以北京冬奥会会徽“冬梦”传达出的城市意象为例。中国汉字“冬”的造型，将中国书法的笔势与丝带相结合，运用现代色彩渐变的形式，表现出一个滑雪运动员运动时飒爽的身姿。这一设计，将中国传统符号要素与奥林匹克精神的本质进行了巧妙结合，同时也将本土文化与冰雪文化有机结合起来，成为北京冬奥文化向世界传播的重要符码和媒介。北京城有史以来第一次和冬季冰雪运动这一意象联系起来。

在北京冬奥会上，还特别营造了大北京城市概念，将紧邻北京的河北张家口和崇礼等地，纳入北京冬奥会版图中。众所周知，寒冷的气候和丰富的水资源是形成冬奥文化的基本条件，只有在这个自然条件基础上开发出形式多样的冰上活动，才能够形成丰富多彩的冰雪文化运动。许多国家都有开展冰雪活动的传统，例如加拿大魁北克冬季狂欢节、美国密尔沃基破冰节、日本札幌冰雪节等。[1]对于先天比较欠缺冰雪自然条件的北京而言，将距离不远但地理位置更靠北的其他城市，纳入大北京城市范畴里，是一个比较明智的做法。

以雪上项目举办地崇礼为例，它的城市标识以雪山、雪绒花、长城、绿野和雪道为设计元素，全方位展现出崇礼地区独特的春赏花、夏避暑、秋观景、冬滑雪四季分明的特色。同时，表现出崇礼既是滑雪旅游之地，也是夏季户外休闲的胜地。这从另外一个侧面补充了大北京城市圈中所缺少的和冰雪特色相关的部分。新冰雪运动之城的北京城市概念，因此应运而生。

图2　北京冬奥会雪上项目举办地崇礼的城市标识设计

（三）新地标城市：通过奥运场馆塑造具有传播价值的新城市特征

一座城市看起来与众不同，重要的体现之一，就是那些具有标志性的城市建筑物。城市建筑是经济社会活动的结晶，也是影响城市视觉识别的基本要素。一场举世瞩目的体育赛事都会留下一些大型体育场馆，在城市形象传播过程中，这

1　姜森森，孙玉巍，郭时萍.冬奥背景下探讨大学生冰雪体育文化素养的培养[J].体育世界（学术版），2019（01）：104

些场馆不仅仅只是体育竞赛的物质载体，也是举办城市的地标性建筑物，夏季奥运会场馆鸟巢和水立方，都因其独特的外观设计被视作北京旅游必去的地方。

冬奥会确实为北京提供了大量具有城市特征传播价值的建筑物，例如被称为“冰丝带”的国家速滑馆和“雪如意”的国家跳台滑雪中心，现已成为北京标志性的城市建筑和最具有辨识度的符号。这些奥运场馆所承载的创意、设计、科技等因素，也彰显着一座城市独有的特征。

北京冬奥会的场馆主要分布在北京城区、延庆赛区和张家口赛区，具体信息如表1所示：

表1　北京冬奥会的场馆分布

赛区	详情	主要场馆	冬奥会比赛项目
北京赛区	现有场馆8个、新建场馆3个、临时场馆1个	国家体育场（鸟巢）	3个大项（冰壶、冰球、滑冰）、5个分项（冰壶、冰球、短道速滑、花样滑冰、速度滑冰）、32个小项的比赛
延庆赛区	共有5个竞赛、非竞赛场馆	国家高山滑雪中心 国家雪车雪橇中心	3个大项（高山滑雪、雪车、雪橇）、4个分项（高山滑雪、雪车、钢架雪车、雪橇）、20个小项的比赛
张家口赛区	位于张家口市崇礼区，有12个竞赛、非竞赛场馆	冬季两项中心 北欧中心越野滑雪场 北欧中心跳台滑雪场 云顶滑雪公园	2个大项（滑雪、冬季两项）、6个分项（单板滑雪、自由式滑雪、越野滑雪、跳台滑雪、北欧两项、冬季两项）、50个小项的比赛

分布在不同地方的冬奥场馆，其昵称都带有浓郁的冬奥冰雪气质——除了“冰丝带”“雪如意”外，还有“冰立方”（在水立方基础上改造而成）和“雪飞天”（首钢滑雪大跳台，冬奥会唯一位于北京中心城区的雪上项目举办地，也称为“水晶鞋”）。

这些设计独特的冬奥场馆在运动会结束后，立刻变身为北京的新地标，成为人们趋之若鹜的“网红”打卡地。可以看到，冬奥场馆这种特殊类型的建筑物，已然成为凝聚城市共同记忆的物质载体，无言地传播着这个城市曾经的精彩辉煌和依然如故的优雅气质。

（四）创意形象：让城市更年轻有趣

举办大型体育赛事的城市若想脱颖而出，就需要具备极强的识别性，让受众能快速识别，同时也要具备更深层次的文化标识性，要用简明的视觉形象反映其

图3　北京冬奥会的场馆设计

图4　北京2022年冬季奥运会的吉祥物冰墩墩

背后丰富的深层寓意。[1]作为千年古都，北京深厚的历史文化底蕴不言而喻。但是冬奥会的举办，让古老的北京有机会焕发出更新的形象。如何让北京这座古都更加年轻有趣和可爱亲切，也是本次冬奥会传播需要重点解决的议题。

以2022年北京冬季奥运会的吉祥物冰墩墩（Bing Dwen Dwen）为例，该设计将熊猫与冰晶外壳相结合，头部外壳造型取自冰雪运动头盔，装饰彩色光环，整体形象酷似航天员，充满科技感和未来感。“冰墩墩”形象既有国宝大熊猫的呆萌可爱，还与冰雪运动息息相关。作为北京冬奥会的视觉符号，冰墩墩的形象设计，建构了背后的多层意义，用一个形象凝练出普遍的文化认同和共性的价值追求，因而成为具有超强传播力的符号形象。

冬奥会举办期间，北京冬奥会在社交媒体平台官方账号上发布的推文中，凡是与“冰墩墩”相关的内容，其评论量与点赞量都明显高于其他内容。据光明网报道，有27亿人参与了北京2022年冬奥会的互动。观众积极参与互动，丰富了冬奥会以及北京城市文化传播的表达方式，充分展现了可信、可爱、可敬的国家形象。冰墩墩不仅深受国人喜爱，还得到了各国运动员及观众的追捧，运动员们与冰墩墩合影，相互之间互赠冰墩墩作为礼品等，这类互动贯穿整个冬奥会。同时也反映出不同文化群体之间，对于“可爱”的事物能产生共鸣。冬奥会期间“冰墩墩”成为不同文化群体间进行交流的重要桥梁。有研究表明，可爱的事物能让人放松警惕，增进情感，也是少有的人类共同语言之一。可爱传播，在城市形象传播中已经被证实是一种有效的工具。

三、北京冬奥会传播如何提升新北京城市形象

每一座城市都有自己与众不同的文化。历届冬奥会均有专属举办国和举办城

1　谭晓英，王雪莲，张钢花.2022年北京冬奥会视觉形象设计的审美策略分析[J].体育视野，2021(6)上半月：4.

市文化特色的文化符号设计。例如温哥华冬奥会、索契冬奥会、平昌冬奥会等。历届冬奥会的视觉系统设计均有各自国家文化的特色和内涵，通过具有地域特色的线条、图形、构图、色彩等，将本国的民族文化特色和历史文化内涵融入其中，传递深层次的隐喻含义和深层意蕴。作为跨文化传播的重要媒介，视觉符号的选择，也是北京2022年冬奥会的顺利举办的关键要素。

（一）通过冬奥会视觉形象，赋予北京城市CIS新要素

北京冬奥会传播中涉及的视觉形象非常多，包括奥运五环、北京冬奥会会徽冬梦、吉祥物冰墩墩以及色彩系统等主要形象系统，也包括其他更多的应用系统，如体育图标、奖牌、火炬等等。这些视觉形象，既是奥林匹克精神的代表、办赛理念的象征，也是展现中国文化和北京城市形象的载体。[1]

视觉形象是城市文化传播的关键，一个城市的理念和精神，通过标语、口号、图案、色彩等形式表现出来，能使人们对城市产生系统化的良好印象。这就形成了一整套城市形象识别系统，即城市 CIS（将企业识别系统的一整套方法与理论与城市形象设计相结合就形成了城市 CIS系统）[2]。

城市 CIS一般由政府和专家组成的专业团队，通过挖掘城市历史与文化的内涵，给予城市形象规划以准确的定位，然后通过形象来表达城市的文化内涵，使城市具有个性与特色。视觉形象的形成往往以城市的历史文化为背景，以城市的理念识别为基础，以城市的行为识别为依托，向公众直接、迅速地传达城市特征信息，形成城市形象识别的底色。

城市形象主要有两种概念范畴：视觉形象和认知形象。[3]冬奥会的视觉形象设计，相当于在北京城市原有的形象识别系统基础上，又开发出一套全新的系统。从某种程度上讲，对原有的形象体系是一个升级和改造，新的视觉形象系统会影响和改变人们的认知，从而得到一个前所未有的新北京的城市概念。城市形象是城市文化的充分展现，城市形象推广的过程就是城市文化的推广过程。冬奥会本身就自带一套体育文化和全球世界观的含义，通过北京冬奥会的融合传播，这些内涵就被自然而然赋予到北京城市形象和概念中。

---

1 张蕊.2022年北京冬奥会视觉符号设计研究［D］.北京林业大学专业硕士研究论文，2021.6.

2 张晓东，王琬惠.基于文化建设的城市品牌视觉形象系统研究[J].北京印刷学院学报.2023,31(05):70-73.

3 郭美娟.多维.立体.数字：北京2022冬奥会信息传播特征研究[J].新传媒出版广角,2022,416(14):82.

（二）通过冬奥会媒体聚焦效应，提升北京全球化城市形象

北京冬奥会传播中，使用到大量的和北京有关的视觉符号，形成了一整套符号系统，并利用现代媒体的聚焦效应，在一定程度上为丰富新北京城市概念的路径做出了有益的尝试和探索。

以北京冬奥会宣传标语为例。“一起向未来”这句口号，用短短五个字表达了中国人对更快、更高、更强、更团结的奥林匹克精神的诠释，表达了世界需要携手走向美好未来的共同愿望。从传播效果看，这句口号言简意赅，朗朗上口，易于传诵，便于传播。既体现了奥林匹克精神，也蕴含着共建美好未来的人类共同追求。符号、行为符号、社会符号汇聚在一起，打破了中国文化与其他文化的交流隔阂，让全世界共享人类优秀文明成果，以一种全新的现代化的方式，向世界讲述中国构建“人类命运共同体”的发展愿望和理想。[1]作为首都的北京，具有特殊的“窗口示范效应”，冬奥会在视觉符号传播方面的探索，进一步提升了北京全球化城市形象，为全球其他城市的发展做出了表率。

大型赛事由于媒体的聚焦与放大效应，被视为城市发展的加速器，也因此引起了世界各大城市争相举办重要赛事的风潮。许多城市都将大型赛事的举办，视为打造城市形象的必由之路。正是得益于媒体的这种聚焦效应，大型赛事的关注度与影响力日益上升，特别是在以社交媒体为代表的新媒体传播领域中，这场体育盛会不仅是现实社会生活中的重大事件，也是各类媒体追捧的热点大事。正因如此，北京冬奥会才成为北京城市转型升级和加速发展的重要机遇，更是提升北京城市形象、打造城市品牌的利器。

结语

城市是一个时间和空间的统一体，人们聚集在城市的物理空间中活动，通过交流和传播影响并塑造着城市的国际形象。在国家对外交往的过程中，城市作为国家文化战略的基本载体，有着更加鲜活的形象和灵活的对外交往方式。[2]一个客观、全方位的城市形象，需要从两个维度进行建构：一是主观视角的城市形象建构，其中包括客观的城市视觉形象和向受众营造的城市认知形象；二是通过社会互动，消解主观视角无法触及的“视野盲区”，从而塑造出一个完整、全面的

1 张静，胡远珍.“家国梦”与“人类命运共同体”图景——北京“双奥之城”形象主题创意传播[J].武汉交通职业学院学报.2023，25（01）：103-110.

2 党东耀，王司媛.后疫情时代城市传播受到的挑战与发展趋向[J]. 青年记者，2021（08）：52-53.

城市形象。北京冬奥会的举办，让北京城市概念在以上两个维度都得到了很好的补充和展现。需要注意的是，像冬奥会这样的大型赛事，对城市形象的影响也都只是短暂的和一过性的。如何让冬奥会这样的重大赛事活动与城市形象发展之间产生良性互动关系，如何保持这种正面影响的持续性，都是下一步值得深入研究的课题。

【参考文献】

[1]杨振波.论当代冬季奥林匹克运动发展动态[J].冰雪运动，2006（1）.

[2]沈炳坤，张钫炜.北京冬奥会背景下的城市形象建构——以宣传片《双奥之城 城市之光》视觉叙事分析为例[J].科技传播，2022（10）.

[3]马诗远，邵云.新时期北京形象海外认知传播研究[M].北京：社会科学文献出版社，2020.

[4]徐和建.国际传播建构北京城市形象的思考[J]. 对外传播，2020（02）.

[5]谭晓英，王雪莲，张钢花.2022年北京冬奥会视觉形象设计的审美策略分析[J].体育视野，2021（6）.

[6]张蕊.2022年北京冬奥会视觉符号设计研究[D].北京林业大学专业硕士研究论文，2021（6）.

[7]党东耀，王司媛.后疫情时代城市传播受到的挑战与发展趋向[J].青年记者，2021（08）.

[8]郭美娟.多维.立体.数字：北京2022冬奥会信息传播特征研究[J].新传媒出版广角，2022，416（14）.

北京本土文化传播策略研究

——以抖音短视频为例

曲玥凝[1] 惠东坡[2]

【摘　要】

地域文化是当地人民群众在地区的不断发展中所形成的特定文化，如饮食、方言、生活习惯等，蕴含着巨大的社会和经济价值。在移动互联网时代，短视频的流行拓宽了城市文化传播的渠道。抖音作为时下热门的短视频平台，其中有关城市文化的视频能够在一定程度上反映城市形象，加深受众认知。本文以抖音平台上能反映北京城市形象的短视频为样本进行内容分析，考察短视频对北京本土文化传播所发挥的助力作用，分析其传播策略，并对目前北京本土文化传播存在的问题提出对策。

【关键词】

抖音；短视频；文化传播

1　曲玥凝，北京联合大学应用文理学院在读研究生，主要研究方向为融媒体新闻传播与实务。

2　惠东坡，北京联合大学应用文理学院教授。

一、北京本土文化的传播现状

北京是全国的政治、科教文化和国际交往中心，也是重要的经济、交通、旅游中心，是享誉世界的历史文化名城。文化是这座城市发展进步的灵魂。在三千余年建城史、八百六十余年建都史中，北京形成了世界上最复杂、最壮观、保存最完好的王朝都城文化体系。“京味儿”一词可以用来概括北京文化的特点，“京味儿”是这座城市独有的气质，这一富有烟火气的形容意指京城文化的态度和审美趣味。

北京十分注重自身文化的传播，多年来，以新京报、北京广播电视台为代表的官方媒体在传播北京本土文化中发挥了重要作用，获得了良好的传播效果。在当今移动传播时代，信息的传递和存储突破了时间和地域的限制，传统的互联网图文传播被移动端短视频替代，后者也成了信息传播的主要手段之一。[1]目前，城市形象和文化的宣传已不再由当地政府和官方媒体作为单一传播主体，而是以政府为主导、联合社会多方力量进行共同传播。因此，以用户需求为核心，以UGC为主要的内容来源，以短视频形式为载体的移动端app，更符合广大受众的需求和品位。以北京市为例，目前有越来越多的短视频博主纷纷加入传播北京本土文化的行列，这些内容丰富有趣、更具亲和力的短视频对北京市的地域文化、生产生活方式等要素的传播发挥了巨大作用，增进了短视频用户对北京文化的了解。

二、短视频对北京文化传播的助力作用

短视频生产简单、传播迅速、易被受众接受，凭借其娱乐碎片化、社交属性显著等特点成为网络新生代的宠儿，越来越多的用户投身短视频创作热潮，以日常生活和美食等为内容的短视频博主不断涌现。如今，作为文化传播的重要载体，短视频已成博主分享日常生活、科普新知识的主要手段。对于城市文化传播而言，有关这一主题的短视频作品中通常具有常见的四大城市形象符号载体——地方美食、城市音乐、城市景观和城市中的科技元素设施。[2]在短视频博主的讲解下，这几类符号极大地增添了人情味，能够以更加生动的形式展现给观众，加

1 谈沪豫.抖音在城市形象传播中的运用[J].青年记者，2020（11）：80-81.

2 郑风华.探究短视频在城市形象传播中的应用——以“抖音”为例[J].中国传媒科技，2020(02)：102-104.

深其对城市文化的了解，甚至消解刻板印象。

以抖音平台上的城市文化短视频为例，这些视频承载着城市的形象呈现与文化表达，既为城市文化的传播提供了载体，又为有关城市制造了话题热度，在城市形象传播中发挥了积极作用。[1]该平台上存在着数量众多传播北京地域文化的短视频博主，他们以分享"北京好吃好玩"为主，同时注重科普"北京你不知道的秘密""北京人的真实生活"等主题内容，所发布的短视频科普性较强，以平民化的视角为观众展现他们眼中的北京，并在评论区与他人进行积极互动，吸引了不少对北京文化感兴趣的用户，形成了独具特色的北京本土文化传播新样态。

（一）构建多样化的传播主体

抖音为广大用户提供了丰富的素材和技术支持，如海量的音乐曲库、滤镜和贴纸等，能够帮助每个创作者美化其作品。此外，抖音的点赞、评论、转发等功能，让用户只需用简单操作就可以对短视频进行二次传播、增加热度，这同样有助于有关城市文化的短视频迅速扩散。这样的互动参与方式增强了用户黏性，满足了用户的情感需求，形成了创作者与用户之间的情感共鸣。[2]

基于UGC模式，年轻化、海量化、平民化是抖音短视频的主要特点。"记录美好生活"是抖音一以贯之的主题，抖音鼓励其用户积极分享生活，以操作简单且功能丰富的视频后期制作吸引了更多创作者，激发了用户的创作潜力；同时，作为观众的用户通过参与大量的线上互动，也进一步扩大了优质内容的传播面。多数创作者通过传播知识、现身讲解的方式，制作出新鲜而有趣的短视频作品，希望得到他人认同，有利于用户之间形成情感共鸣[3]。不仅如此，抖音在城市文化的传播中主要以"80后""90后"和"00后"为主体，由于这些用户大部分都在城市中长大，思想前卫且开放，并且乐于与他人互动分享，所以也十分契合抖音所提倡的社交属性。

（二）打造立体化的传播内容

从内容的角度出发，一个城市的文化越丰富多元、"个性"和特色越清晰，其能获得的传播效果也就越好。抖音短视频本身就具有原创性和趣味性的特点，同时，几分钟甚至几十秒的视频时长更契合移动互联网时代人们碎片化的泛阅读习惯。在抖音平台上，有关城市文化传播的短视频包含城市景观、建筑、美食、

1 袁清清.抖音短视频中城市形象的建构策略[J].新闻世界，2022（12）：41-44.
2 陈卓.抖音短视频中的城市形象传播[J].视听，2021（10）：172-174.
3 陈卓.抖音短视频中的城市形象传播[J].视听，2021（10）：172-174.

人文、方言、音乐等多种元素，这些符号的堆积使一座城市的面貌更加具象，在观众面前所展示出的形象也就更加丰满立体[1]，这同样有助于城市文化的传播。

在抖音搜索关键词“北京”，对数十部作品进行浏览分析发现，有关北京本土文化的短视频作品主要围绕“历史”“民俗”“旅行”“美食”等主题进行发布，多样的主题使得短视频博主可以进行自主选择，将视频内容打造得更加多元化；其他用户在搜索时也可根据关键词来选择想了解的内容。例如，博主“丢丢”发布的“北京胡同的奇葩地名介绍”、博主“李菁”发布的“京八件都是哪八件”、博主“饺子吉祥”发布的“北京过年的习俗”等，均获得了3万以上的点赞量，内容充实且富有吸引力，有助于抖音用户更好地了解北京本土文化，甚至激发其去北京出游的想法。

三、短视频博主传播北京本土文化的策略

在传统媒体时代，官方媒体往往主导着一座城市形象的建立和文化的推广，产出的宣传内容较为单一且主观，缺乏当前传媒业所倡导的“全方位、多角度、深层次”的传播特征。在互动媒体生态格局下，短视频因其传播特点和优势，为城市形象的建立和文化的推广开辟了新视角、拓宽了新渠道、增添了新内容。[2]本文选取6名抖音短视频博主作为研究对象，分析其传播北京本土文化的策略。研究对象的筛选主要基于以下两方面：一是其账号中有关北京本土文化的视频占其总视频量的80%以上；二是该用户的粉丝数量高于30万。

（一）利用市井方言传播市民文化

作为代代相传的原生态语言，方言浓缩了一定区域内集体记忆的文化符号，独特的音调自带幽默韵味，不仅能让人们产生十分强烈的亲切感，还能营造出轻松惬意、充满烟火气的市井生活氛围[3]，对于外地观众而言无疑拉近了距离。方言短视频在内容呈现上的生活化主要有两种方式。一是语言上的生活化，口语化的方言对大众具有天然的贴近性；二是内容上的生活化，方言短视频的本质是利用地理坐标，使用方言演绎生活中的嬉笑怒骂，再现家长里短。[4]

---

1 谈沪豫.抖音在城市形象传播中的运用[J].青年记者，2020（11）：80-81.

2 谢礼.短视频在城市形象宣传中的传播效应——以宜宾城市形象传播为例[J].西部广播电视,2022,43（12）：115-117.

3 张慧娜.“三农”短视频的多模态话语分析——以抖音“新农人计划”为例[J].北方传媒研究，2023（01）：70-74.

4 蒋淑媛，李子尧.方言短视频创作特征及文化传播价值[J].电视研究，2021（12）：96-98.

例如，短视频博主“北京小谈酱”的视频合集“美女主播带你了解北京”共获得1.7亿播放量，视频内容包括“北京人的生活细节”“北京吃饭的规矩”“老北京人到底什么样”等，伴随着该博主纯正的“京腔”，为观众科普更贴近生活的北京文化；短视频博主“北京New Bee Three”的“北京户口到底值多少”“北京各行业真实收入”“北漂最底层都住哪”等视频，对于不够了解北京的用户，此类科普类短视频能够在一定程度上摆脱其对北京存在的刻板印象，增进其对北京文化的了解和理解。此外，短视频博主“抵抗Resistance”由于大部分视频作品均制作为两条动画鲨鱼进行对话的形式，被其粉丝戏称为“北京话小鲨鱼”。其视频“证明自己是北京人有多难”“当被要求说北京话”“当北京人没了儿化音”“当北京话捧场过度”“当北京人表示感叹”等，从北京方言“京腔”的角度出发，将视频设计为外地人和本地人对话的形式，在传播北京本土文化的过程中大力推广北京话。有部分网友自愿在评论区对较为晦涩的北京方言进行科普，能够帮助外地人更好地了解方言词汇、体验京城文化。

（二）通过体验式分享传播地域文化

如今，各大短视频博主纷纷对自身所在地的美食、景点甚至医院、学校、地铁站等公共场所进行打卡探店，与他人分享自己的心得体会。体验式分享更具说服力，在充满烟火味的镜头中，传达出浓浓的人情味，成为城市文化传播的新方式。

例如，短视频博主“葡萄IN北京”的个人简介为“美食探店，景区攻略，场馆试玩，用镜头带你们了解不一样的北京”，该博主发布了500条以上视频，分为“周边游玩”“逛街娱乐”“美食探店”三个合集，热度较高的视频有“来京旅游住宿攻略”“深度探索清凉谷”“北京五大中学”“带你了解清华大学”等，以个人第一视角为观众讲解具体信息，能够更有效地让观众获得“代入感”；短视频博主“小马达逛吃北京”的视频合集“北京去哪玩”和“北京小众景点”分别获得了5522万、1059万播放量，并且十分注重和粉丝的互动；短视频博主“京城十三姨”去往如国潮北平制冰厂、山田心农场等知名度较小的“打卡地”，以及多个当地较为小众的餐厅，为观众展现数量众多的特色美食和景观设施，收获了良好的传播效果，多个视频下均有粉丝表示“有被安利到”“收藏了”。

四、北京本土文化传播存在的问题和对策

通过多元渠道传播城市文化、塑造城市形象，能显著调动城市文化氛围，让

本地居民的归属感更加强烈，让越来越多的外地人了解本地城市文化。近年来，抖音短视频在我国具有了优良的发展环境和发展前景，借助抖音短视频进行城市文化传播，打破了传统的文化建设格局，进一步拉近了人与城市的距离，使城市更具温度和感情，更好地促进城市的人性化建设。不过，通过短视频的形式传播北京本土文化，仍有一些问题需要解决。

（一）北京本土文化传播存在的问题

本土文化科普类短视频凭借其拍摄简单、剪辑简易、选材多元等优点，被许多短视频博主作为选材来源和作品定位。然而，这些短视频大多存在内容、配图和文案高度相似的情况，导致同质化现象较为严重；短视频“碎片化”特征明显，对观众的吸引力仅仅局限在城市文化的局部，无法带动观众对当地地域文化的深层感知[1]；受到自身文化水平和文化素养的限制，以及在短视频创作中配乐、剪辑、滤镜等因素的综合作用下，部分短视频可能过度娱乐化，对于城市形象的塑造、历史底蕴的传播存在异化问题，背离其传播初衷[2]；部分短视频主观倾向明显，例如“北京最值得打卡的一条街”“老北京铜锅涮肉哪家最好吃”“娶北京姑娘要花多少钱”等，这类视频带有严重的个人色彩，并不能展示最真实客观的情况。此外，出于经济利益和流量变现的考量，短视频博主们通常会在自己的作品中植入一些广告，部分短视频博主“夹带私货”较为严重，这同样在一定程度上削弱了内容的真实性和客观性。

（二）北京本土文化传播的对策

每一座城市都有自己的故事与特色，做好城市文化传播、讲好城市故事是顺应讲好中国故事之中必不可少的关键一环。如今，互联网与新媒体技术已经成为不可阻挡的时代潮流，多元叙事主体的出现、媒介技术的升级的确为城市文化传播带来了不少新的机遇，但在此之下，同样要注意城市文化传播在内容上离不开对文化本身的宣传，离不开“以人为本”的叙事角度，也脱离不了官方的助力。

一是有关部门重视引导，完善平台审核机制。用户、平台和监管部门等因素均对短视频的质量产生着影响，政府与相关文化部门应重视多种主体在城市文化传播过程中的职责划分，形成“用户+平台+政府”的联动机制，营造城市文化传播的良好环境。鼓励短视频创作者发布更多优质短视频作品，在短视频创作中

1　霍欣.短视频对地域文化传播的推动[J].中学地理教学参考，2022（23）：83-84.

2　郑风华.探究短视频在城市形象传播中的应用——以“抖音”为例[J].中国传媒科技，2020（02）：102-104.

遵循写实的原则，提升短视频的客观性与趣味性；平台应加大对内容的审核与监管力度，引导短视频创作者发布真实有效的信息，避免追求“流量至上”而忽略真实性。

二是北京文化管理部门可通过与传媒公司、官方媒体等机构合作的形式，组建官方自媒体创作团队。短视频虽然为广大用户提供了自我表达的窗口，但普通用户在媒介素养、视频制作手法等方面的能力均不及专业团队，其视频作品的浏览量相较官方的宣传仍处于较低水平，对城市文化传播的助益有限。对此，“官方联动”能够以更专业的脚本创作、拍摄手法、剪辑技术等提升短视频的观赏力[1]，不过同样也要注重内容的亲和力、人情味，拉近与广大用户之间的距离。

1 霍欣.短视频对地域文化传播的推动[J].中学地理教学参考，2022（23）：83-84.

论短视频平台对北京城市形象的塑造与传播

徐晓斌[1]　孙永志[2]

【摘　要】

海量的短视频从民间逐渐走入公共传播领域。短视频赋予了北京城市形象浓浓的烟火气，它一定程度上弥合了主流文化与大众文化在"北京形象"理解上的裂隙。但其内容过于娱乐化，忽略了对北京深厚历史内涵的表现，重重"滤镜"也引发人们对短视频影像真实性及拍摄意图的质疑。短视频平台上，有关北京形象的作品过于零碎，官方需采取议程设置等手段加以匡正和引导。

【关键词】

短视频；北京；城市形象；塑造

1　徐晓斌，北京联合大学讲师，主要研究方向为影视文化。
2　孙永志，北京联合大学应用文理学院新闻系2017级本科。

城市形象是公众对某座城市认知印象的总和。其构成要素包括地理环境、经济水平、法律制度、政府治理模式等，还包括商业、交通、教育等公共设施的完善程度，城市历史文化传统以及市民的价值观念、品德和行为等诸多要素。

北京作为具有三千余年建城史、八百余年建都史的文化名城，它不仅是我国的政治、文化、科教、国际交往中心，在国际上它也具有重要影响力。北京拥有7项世界遗产，是世界上拥有文化遗产项目数最多的城市。北京不仅拥有胡同、四合院等传统的民居形式，还拥有鸟巢、水立方、中国尊等现代化的建筑地标。2008年、2022年一夏一冬两届奥运会的成功举办，凝聚了中华民族的精神伟力，产生了深远的国际影响力，当然也大大提升了北京的城市形象。

由官方主导，自上而下以城市宣传片的形式，在国内和国外大操大办，来推介北京的形象，始自2008年奥运会。我们把目光上推几十年，自20世纪二三十年代起到21世纪初，以文人画《北京风俗》，小说《骆驼祥子》《四世同堂》，话剧《小井胡同》，影视剧《末代皇帝》《城南旧事》《大宅门》为代表的一部部文艺作品，创作者都有意或无意地“推介”了北京的城市形象。当然这属于艺术传播的范畴。那么，通过另外一种更直接有力的渠道——媒体，来建构北京的城市形象，也有不短的历史了。我们可以将其分为纸媒、广播电视、互联网图文和移动短视频四个阶段。

短视频是媒介产品中的后来者。2015年它才开始在我国登场，但短短几年间，它就在移动互联网汹涌发展浪潮的裹挟下，嵌入社会生活的各个场景，昂首步入公共传播领域，发挥出巨大影响力。[1]抖音联合清华大学发布的《短视频与城市形象研究白皮书》提出，从视频数量上来看，有关城市形象的短视频业已成为一种热门的传播现象。与以往的宣传片相比，短视频具有体量小、总数大、制作周期短、生活气息浓、视角多元、不由非官方意志掌控等特征。它“从更微观的层面完成了对城市整体形象的构建和确认，满足了城市形象复杂性传播的需求，为城市形象的构建和确认丰富了传播范式”。[2]

一、短视频平台塑造的北京城市形象的特征

（一）赋予了北京城市形象浓浓的烟火气

在关于北京城市形象的短视频中，美食类数量最多。在抖音平台搜索“北

1　据中国互联网络信息中心（CNNIC）发布的第50次《中国互联网络发展状况统计报告》显示，截至2022年6月，我国网民规模为10.51亿，互联网普及率达74.4%。其中我国短视频的用户规模增长最为明显，达9.62亿。

2　谭宇菲，刘红梅.个人视角下短视频拼图式传播对城市形象的构建[J].当代传播，2019（1）：96.

京美食”相关话题，按点赞量排序，位居前十位的作品中，点赞量都在7万次以上。其中，账号“小甲同学”发布的一则时长1分37秒的喝豆汁的作品，获得点赞量36万次，评论6000多条，转发2100多次。一位名为“ABD食话实说”的博主，他是一位在中国生活二十余年、操着一口流利北京话的黑人男青年。他发布了353则作品，共获得1147万点赞量。鸡蛋灌饼、炸酱面、北京烤鸭、西式汉堡……他对北京的美食非常熟悉而且喜欢至极。我们看到，他为了寻找一碗正宗的老北京面茶，记录和展现了富于韵味的胡同居民的生活。我们还看到，高档日料海鲜店的奢华气息和晚间路边的烧烤摊形成强烈的对比，这反映出首都生活的不同侧面。

传统的宣传片常把北京的景观拍摄得恢宏大气，而这些景观在短视频中则显得活泼自然。例如面对有600年历史的故宫，博主“羽仔”拍摄了宫猫、限量版雪糕和角楼咖啡馆，她以“到此一游”的轻松心态，将作品配上可爱的背景音乐，诠释出了不一样的故宫。2020年圆明园公园就举办“集章复原圆明园”活动，博主“麦爸带娃玩北京”趁机制作了多则集章攻略的作品，受到网友称赞，这也展示了北京旅游新的打开方式。

像北京尖叫空间、美克洞学馆、银河SOHO等具有设计感、艺术感的城市空间，它们在短视频平台成为网友的“打卡圣地”。“我拍故我在”，短视频平台的完善的转发、评论、聊天功能，令其拥有很强的社交属性。网友们相互转发，呼朋引伴前去打卡，这种由短视频引发的人际传播，加深了北京城市形象在网友心中的印象，让北京这座城市变得“具体可感”。

（二）弥合了主流文化与大众文化在“北京形象”理解上的裂隙

主流文化由官方倡导，是国家意识的体现。它是“一个社会、一个时代受到倡导的、起着主要影响的文化，主要包括重要事件、人物以及主题等，通过正面引导启发公众兴趣。”[1]主流文化具有融合力强、传播面广阔、社会认同广泛等特征。大众文化则是以大众传播媒介为手段，按商品市场规律运作、旨在使民众获得感性愉悦的日常文化形态。从本质上说，大众文化是产生于20世纪城市工业社会，并与市场经济、商品社会相适应的一种市民文化。对“北京形象”的定义和理解的侧重点上，主流文化与大众文化并不完全一致，存在着相互抵牾之处。

2011年11月北京市委宣传部公布了北京城市精神的表述语：“爱国、创新、包容、厚德”。这四个词语表体现了中国首都的历史文化特征和北京群众的精神

1 张同道.多元共生的纪录时空[M].北京师范大学出版社，2010：58.

文化追求，它代表着政府部门希望北京市民在长期发展、建设和实践过程中能形成的一种品德。官方阐释的“北京形象”是统摄于“北京精神”这个命题之下的。换言之，官方与民间，它们互相要求对方做“北京形象”的合格的代言者、阐释者和建设者。因此，我们在传统媒体和互联网媒体上，看到了并不完全一致的北京市政府和北京市民的形象。无疑，这加剧了“北京形象”在定义和阐释上的复杂性。

在互联网时代，凭借技术赋权，传统的“传播主体”与“受众”的地位在转化，二者的交互关系被改写，“受众”的内涵和外延得到了拓展，“受众”（用户）的主动性、即时交互性和舆论的蝴蝶效应得以彰显。在互联网的大熔炉里，一些“边缘文化”甚至是“反主流文化”的言论都能找到生存空间，有的还以“部落”形式活跃于网络，形成自己的“圈层”。这些人的观点、审美喜好、行为习惯自然属于大众文化的范畴。大众文化对北京形象的阐释，其立场、视角都与主流文化有相异之处。

例如对某些国内民众或外国民众而言，谈到北京的形象，他们可能认为北京“雾霾严重、绿化水平一般，公园设置较少、城市管理者有的执法行为缺少法律依据”等等。还有人认为北京“交通拥堵、看病难、物价高”。这些都属于北京的城市形象，主流文化和大众对这些现象的反映是不一样的。

可是通过短视频平台，从数以亿计的作品中，用户能觉察到北京的空气质量在好转，绿地面积在扩大，医疗服务水平在改善。在这种正向的北京形象的构建中，短视频平台上的传统媒体账号和政务号发挥了作用。如《法制进行时》抖音官方账号2019年11月14日发布的作品，题名为“两名外籍男子公交车上骚扰中国女孩，便衣警察挺身而出”。这则短视频获得215万次点赞、39万条评论，网友们纷纷为中国警察点赞。类似这种短视频，它重塑了政府部门的形象，促进了主流文化、大众文化这两种不同的文化样态对“北京形象”在塑造方式上的融合。

二、短视频平台传播北京城市形象存在的问题

（一）内容过于娱乐化，较少表现北京厚重历史内涵

传统的宣传理论一般从传播者的角度出发，考察传媒是否达到了预期目的或对受众产生了怎样的影响；而美国社会学家卡茨提出的“使用与满足”理论，则从受众角度出发，通过分析受众的媒介接触动机以及这些接触满足了他们的什么需求，来考察大众传播给受众带来的心理和行为上的效用。

短视频平台抓住了网友渴求放松的本能，不断迎合受众，满足其娱乐的需

求，这也是短视频平台得以迅速壮大的原因之一。传统的城市宣传手段被短视频这种相对快而浅显的方式所取代，是正在和已经发生的事。就北京这座城市而言，娱乐性的加强使得北京的城市形象更加接地气，变得更加年轻化和有活力，但随之而来的担忧的是，作品内容的浅显和过度娱乐化，会带来对北京深厚底蕴和内涵的忽略。

短视频账号“北京大妈有话说”，其发布的时长30秒的作品“外地人怎么玩转北京”，获得124万的点赞、4万评论。这则短短的作品以前门地铁站为中心，讲解了北京著名的景点，配合着大妈京腔京韵的解说。在发布者与评论者的幽默诙谐的互动中，充斥着大量网络时髦词语，评论者还附上自己的喜欢的小店和喜欢的美食。这一则视频就集齐了在北京吃喝玩乐的多种元素。在抖音平台中搜索关键词“北京”，点赞量排名前五的个人账号，其短视频内容分别是：新奇博物馆拍照打卡推荐、火锅店推荐、小龙虾推荐、北京音乐串吧推荐和北京CBD夜景推荐。怎样在北京“吃好喝好玩好”，成了短视频平台上关于北京城市形象的很大一部分流量的存在。

虽然这些并不能代表短视频平台的全部，但是它的确在用这种“简单快乐”的方式为北京的城市形象带来了变化。根据“使用与满足”理论，人们选择特定的媒介或内容开始具体的接触行为；接触行为的结果可能有两种，即需求得到满足或没有满足，无论满足与否，这一结果将影响到以后的媒介接触行为，人们会根据满足的结果来修正既有的媒介印象，在不同程度上改变对媒介的期待。在快节奏、时间碎片化的今天，人们对短视频的期待逐渐清晰和统一，并且人们变得越来越依赖短视频平台所带来的娱乐感受。抖音、快手等互联网企业抓住大众这一需求，把娱乐功能放在突出位置，片面强调北京这座城市的娱乐性，在娱乐性的基础上展示北京的方方面面。这种做法忽视并有意弱化了北京所具有的深厚文化内涵，需要引起警惕。

（二）“视频滤镜”引发影像真实性质疑

在抖音和快手平台，一些探店类账号用精美包装过的视频，诱导用户的行为，带动用户下单或去门店消费，博主也因此获得佣金收入。“不仅使更多人因利益驱动投入短视频实践，同时也使营销活动不再依赖于互联网传播中的单个节点，而是可以依托整个网络的网状结构而开展，让营销变得无处不在。”[1]例如，在短视频美食博主的推荐下，有用户到簋街某餐厅去品尝麻辣小龙虾、蒜蓉粉丝

---

1 王建磊，冯楷.从补偿到泛在：短视频的媒介演进与价值转向[J].中国编辑，2023（1）：100.

扇贝菜品。经过一小时的排队等待之后，该用户发现所上菜品质量一般，一顿饭两个人共消费了796元，最后失望而归，于是用户得出“博主评价不中肯”的结论。再如南锣鼓巷、王府井商业街的一些“打卡地”，一番火爆之后，也饱受商业气息浓重、价格过高、名不副实等诟病。这无疑对北京的城市形象建构造成了负面影响。

短视频平台的生产模式是用户生成内容（UGC）。在大多数情况下，平台不会介入用户的内容生产过程中，而只是作为服务方，为创作者提供分享的空间。平台主要从版权侵犯、色情低俗、辱骂谩骂、造谣传谣等角度进行审查，并不会从是否使用滤镜、内容的真实性和作品的意图等角度进行审核。平台甚至鼓励拍摄者用美颜和各种滤镜粉饰粗糙的生活肌理，以达到所谓的“记录美好生活”之目的。人们对流量和商业利润的追逐，导致了博主对事物做夸大其词的描述，这是普遍的大概率事件。

从平台审核的流程和审核员配备的角度看，面对如此海量的短视频作品，即使有数万人的审核员队伍也难以做一一把关、应审尽审。作为“把关人”，短视频平台的失察和疲于应对，甚至它们与创作者“暗通款曲”，彼此“达成默契”，这才是造成上述问题的根本原因。

三、短视频平台塑造北京城市形象的对策

上文提到，短视频平台的发展和城市形象的娱乐化趋势难以抵挡。但是在这股潮流之下，若要塑造和传播好北京的城市形象，需要怎样的对策呢？笔者认为政府、社会、个人三个层面都需要付出努力，来改变短视频平台的“生态格局”。

（一）管理者对优秀短视频账号加以鼓励、引导

我们看到，一些个人账号也开始注重宣传北京的厚重历史内涵。他们把北京的民俗文化、历史故事加以复述和提炼，有的人还将此部分内容做成合集，组成一个较为完整的系列。这取得了很好的传播效果。对于这类表现北京历史文化的作品，如果官方适时加以评论、转发或给予某种形式的奖励，那么这对于创作者来说，无疑是十分光荣的。这样的举措，会激励创作者制作出更多优秀的作品。用官方力量将典范的、代表北京形象的作品推上前端，民众才能更容易地分辨出什么样的作品才是值得肯定的，什么样的行为才是值得效仿的。民众才能将北京精神和社会主义核心价值观内化于自己的精神世界。因为北京形象最终要落实到北京居民的身上的，北京居民才是北京形象的代言者和实践者。相反，对于低俗

的或破坏北京形象的短视频作品，管理者应该督促平台进行约束和整治。

对于政务账号和传统媒体账号来说，它们应抓住短视频平台的传播规律（如容易快速唤起情感共鸣）和民众的心理特征（如反感警察进行不明缘由的交通管制、城管部门粗暴执法等）来制作、推送有利于塑造北京形象的作品，这样才能做到有的放矢。

（二）以议程设置建立推介北京城市形象的体系

议程设置是大众传播媒介影响社会的重要方式。在短视频平台，个人用户发布的短视频虽然非常接地气，但是毕竟是以个人感受作为创作来源。个人感受带有片面性，并且以个人用户为单位，信息的生产和传递，过于松散和零碎，不利于北京城市形象体系的建立。

在抖音搜索“北京”相关话题，我们可以看到有很多的相关话题的合集，例如北京话、北京腔、北京美食等。但严格意义上来说，这属于过于板正的分类，虽然它能在引导用户创作倾向性上发挥一定作用，但显然达不到“能引起全民讨论”的程度。鉴于此，相关部门可以从上而下，设置大框架，润物无声，引导创作者制作出众多有利于北京形象建构的作品。当然，议题的设置要有主题、成系列并具备可持续性。

（三）不同领域的“意见领袖”跨界合作

在1944年出版的著作《人民的选择》中，拉扎斯菲尔德提出了著名的“两极传播论”，即观念往往先从广播和报纸传到意见领袖，然后由意见领袖传给不那么活跃的人们。那么时至今日，短视频平台上的“大V”们，就是“货真价实”的意见领袖。当然流量并不代表着绝对正确，但它在一定程度上却体现了传播的效果。

在一些小众的垂直领域，短视频平台是可以有一番作为的。以北京工艺美术举例，北京宫灯、花丝镶嵌、绢人、绒花，它们都是富于文化内涵的国家级非遗项目，但现在了解这些工艺的民众，数量非常少。虽然这些作品有巧夺天工之美，但由于知名度不高、销量有限，手艺人们的日子平平淡淡。宫灯的传承人翟玉良，花丝镶嵌的传承人程淑美，绒花的传承人蔡志伟，他们在工艺美术界享有声望，可称得上是本领域内的“意见领袖”。但他们并不为大众所熟悉，其知名度与演员陈赫、刘畊宏，主持人涂磊，导演陈翔等“短视频大咖”有天壤之别，后者每人都有5000万以上的粉丝。若能促成非遗传承人与“大V”们的合作，或许能双赢，取得意想不到的传播效果。

退一步讲，有文化底蕴的非遗项目和北京的历史古迹、公园、文化单位也应该像“故宫文创”一样，以产业思维来经营宝贵的文化遗产。短视频平台是其可以使用的极好的渠道。

结语

城市形象是一座城市的脸面和名片。美国哲学家刘易斯·芒福德认为，城市相较于其他实体存在来说，更是一种文化的存在，城市的最终任务，是促进人们自觉地参与宇宙和历史的进程。北京作为中国的首都，对世界而言，它也代表着中国的形象。塑造和传播好北京的城市形象，需要立足本地特色，实现文化认同，这需要政府、社会、个人共同努力，让北京成为宜居的、和谐的、开放的、包容的、文明法治的、尊重人善待人涵养人的城市。如此才能丰富北京的文化内涵，才能延展北京的城市形象。

短视频平台改变了过去从宏观视野出发，注重统一性和整体性去构建城市形象的方法，而采取以个人的和“去本地化”的多元视角，以唤醒情感作为首要传播要素，用琐碎的生活化的微观主题去“拼接”城市形象。以短视频建构北京的城市形象，需要用凝练的结构和有冲击力的视听语言，去讲述北京的故事，需要让古典与时尚、传统与现实，严肃的内容与活泼的形式，网友自主拍摄与官方议程设置，能找到恰当的交汇点，需要培育优质的创作者种子，形成散点、多极的传播中心。这是一件细水长流、久久为功的事。

论近年来现实题材“京味剧”的艺术创新

邵将[1]

【摘　要】

本文围绕近年来具有代表性的现实题材领域的“京味电视剧”展开深入分析，结合“京味剧”的历史发展脉络和现实创作语境，深入探讨了该类题材作品在“新”“旧”北京城市意象描摹与北京人生活和心灵史的细致刻画、“正”“反”人物群像塑造与新北京精神的深度诠释、“悲”“喜”情节设置与中国传统家庭伦理特质的时代彰显等方面的多维艺术创新，最后也指出了该类剧作在诸多方面的不足，以期有利于该类题材剧作未来创作的长足发展。

【关键词】

现实题材；“京味剧”；艺术创新

1　邵将，北京联合大学应用文理学院新闻与传播系讲师。主要研究方向为影视剧与网络新媒体。

从1985年播出的《四世同堂》起，“京味剧”经历了兴起、成熟、多元化发展等不同的历史阶段，在三十多年的生产创作过程中涌现出了众多有韵味、有温度、有筋骨、有力度的“京味”精品，受到了广大观众的热烈欢迎和普遍喜爱。在新时代背景下，当代现实题材的“京味剧”在国家鼓励现实题材剧创作、创作范式渐趋成熟、艺术家积极探索创新等一系列利好形势的助力下迎来了更为广阔的发展空间。近些年的《风车》《傻春》《全家福》《有你才幸福》《正阳门下》《情满四合院》《平凡岁月》《生逢灿烂的日子》《正阳门下小女人》等一批优秀的现实题材“京味剧作”能够秉承匠心精神，赓续早期作品京腔、京韵、京味的气质和标签，通过北京城市意象见微知著地描摹出了时代变革中的北京城的社会百态与人物的心灵轨迹，深度诠释了“爱国、创新、包容、厚德”的新北京城市精神，彰显出了小家庭生活中情意绵绵的人性之美与“人伦之和”的价值取向，在思想价值、艺术风格和审美内蕴的开掘上都作出了新的探索，值得进一步研究和总结，以期为后续作品提供启示和借鉴。

一、多维的“新”“旧”北京城市意象描摹与北京人生活、心灵史的细致刻画

在近年来的现实题材“京味剧”中，传统韵味的老北京城市意象与时尚现代的新北京城市意象交相辉映，新中国成立以来各个历史时期里北京城浓墨重彩的生活画卷和斑斓多姿的时代生活变迁都得到了淋漓尽致的展现。当代“京味影像”对处于时代变革中北京城市意象图谱的媒介形塑，呈现出的是一个多向度的北京和多元化的情感语义场：既表现在“京味剧”通过展现老北京的城市意象来传递出京腔京韵的地域文化和温情脉脉的都市平民意识，凸显出作品对于“京味”的文化自觉，又表现在其借助对北京现代化建筑的特写来着力刻画首都北京的国际化大都市景观和时尚前沿气息，并且通过汇聚恐婚、裸婚、闪婚、“丁克”、“AA制”、买房、育儿、养老、医疗等都市热门话题，透视出都市中不同人群的情感生活与励志情结，体现出剧集对现代北京的文化自省。

现实题材“京味剧”的主要优势是通过北京特有的城市意象来表现浓厚的京腔、京韵和京味儿。茶馆、酒馆、四合院、胡同、大院、天桥、梨园等经典的老北京城市意象空间承载着独具特色的北京地域文化，唤起的是人们对于北京这座文化古城的历史记忆。从20世纪80年代以来至今，涌现出了一批彰显北京精神内涵和地域文化特色的现实题材“京味剧”，早期的《大马路、小胡同》《渴望》《编辑部的故事》《京都纪事》《小井胡同》《贫嘴张大民的幸福生活》《北京女人》等

“京味儿作品”都或多或少地透过传统的北京城市意象表现了浓厚的京味色彩和北京情韵。从21世纪以来的该类题材电视剧的整体创作情况来看，作品对于老北京文化韵味的追求、对北京特有城市意象的呈现以及京味艺术品牌的影响力等方面较20世纪八九十年代的作品稍显逊色，但其中的京味杰出剧作也能够延续宝贵的现实主义美学原则，以老北京传统的典型城市意象和朴实自然的生活流叙事向观众展示着北京深厚的文化根基和浓郁的文化意蕴，有力彰显着有滋有味的民风民俗与深厚广博的人文情怀。

京韵十足、沧桑古朴的北京街巷“胡同儿”承载着独具特色的北京地域文化，也见证着北京这座千年古城的历史文化变迁。“京味剧”中缱绻的胡同情节温情满满地展示了老北京市民朴实平凡但又趣味盎然的日常生活状态，缔造了一种深厚凝重、广博坦荡的文化内涵和纯朴实在、乐观旷达的世俗情怀。《生逢灿烂的日子》中的小不点胡同宛若一座浑然天成的20世纪70年代“老北京世俗风情陈列馆”：坦克帽儿、武装带、“京字儿胶钉”、“黑片儿懒”、“将校呢”、“蓝白道”、“大二八”、板车儿、鸟笼、竹帘儿、奶油冰棍、北冰洋汽水、牛栏山“二锅头”、涮肉铜锅、酱菜坛子等颇具老北京韵味的生活物件不断闪现，老式爆米花机的“爆炸”声、“豆汁油条，油饼焦圈儿”的叫卖声、“二八”自行车的车铃声、抖空竹的嗡嗡声、群鸟归巢的鸣叫声、“二小姐”的京剧唱腔等时代背景音在胡同内此起彼伏……真实立体的视听空间展现着小胡同中浓郁醇厚的生活气息和韵味悠长的京味景观，凸显出老北京市民的豁达乐天、自信自足的达观心态，也在无形中迎合了人们的怀旧心理。

北京的传统民居四合院在近年来现实题材京味剧中也常常出现，方方正正的“国”字形四合院不仅承载着注重血缘亲情、讲究家国同构的传统文化，而且也象征着北京人中庸、和谐、有序的处世哲学。如《情满四合院》的主要叙事场地就在四合院中，剧中何雨柱、秦淮茹、许大茂以及三位“大爷”等主要人物上演的一出出喜怒哀乐的四合院“大戏”，生动鲜明地彰显出宽厚包容、互助依存、群体凝聚、人际和谐的四合院文化。

酒馆和茶馆作为传统北京特有的城市文化意象，是老北京人娱乐消遣的主要活动空间，其内呈现的是一幅生动活泼、烟火气十足的老北京市井人生，折射出的是一部改革开放前的北京社会生活史。这个特殊的“场”在《风车》《生逢灿烂的日子》《平凡岁月》《正阳门下小女人》等剧中都有所表现，在这里可以阅遍各路人，看尽天下事：没有身份和阶级区分的北京老少爷们操着一口嘎嘣儿脆的“京片子”妙语连珠地侃着家长里短和国家要闻、酣畅淋漓地品着地道的老北京“牛栏山”、悠然自得地嚼着蒜肠和花生米……说不尽的人世悲欢，述不完的世间冷暖。微缩空间中融汇着民生百态，充分体现出北京平民身上那种随性自然、精致娴雅、雍容大度、乐观豁达的生命底色。

此外，还有炸酱面、豆汁儿、卤煮、灌肠儿、烤鸭、芥末堆儿、六必居酱菜、王致和腐乳、稻香村点心这些很北京的元素也都不经意地点缀在现实题材的“京味剧”中，在见微知著地烘托出传统北京风味的同时也见证了时代变革中北京人特有的平民意识与怀旧情怀。

随着北京城市化进程的逐步推进，处处彰显着大刀阔斧的改革步伐与昂扬向上的精神风貌。现实题材“京味剧”中的场景已经不再局限于胡同儿、四合院、酒馆、茶馆等传统老北京的标志性地点，中央电视台总部大楼、“鸟巢”、“水立方”、国家大剧院、中华世纪坛、首都国际机场、北京APM、国贸大厦、望京SOHO、世贸天阶、北京SKP、三里屯太古里、西单商场等现代北京标志性的社交活动场所逐渐进入观众的视野，这些现代化的城市地标建筑共同构成了时代新北京的都市名片，映射出了首都北京所焕发出的欣欣向荣的都市气象和生机勃勃的城市活力。与此同时，时尚现代的京味意象也常常成为都市年轻人表达青春情感和个性追求的场景点缀与见证城市众生相的微缩胶卷。社会转型期的大都市生存压力与复杂多变的中国式社会关系在梦想与欲望交织的现代北京城的映照下愈发清晰明朗：都市异乡年轻人的梦想坚守与彷徨焦虑、高房价带给大都市人的身心捆绑、灯红酒绿的欲望都市所引发的家庭婚变危机、教育资源匮乏带给中产阶层家庭的尴尬与压力、独生子女背景下的育儿与养老重负、激烈的职场生活中所形成的空前竞争压力与功利主义……“城市多棱镜”中描绘的是新时代北京人丰富多元的生活、心灵史，折射出的是时代变革中现代北京城的多彩画卷与大城市拼搏者的奋斗青春、都市情怀和情感命运。

二、立体的“正”“反”人物群像塑造与新北京精神的深度诠释

有学者指出，在新时代背景下我们不要再拘泥于对地域景观的反映，而是将创作重心转移到挖掘新北京城中那些可歌可泣、可圈可点的时代人物身上，以塑造这些具有时代特性与北京精神的人物，去展现一个生机盎然的新北京。近年来播出的现实题材“京味剧”便将创作重点放在表现北京人和“新北京人”内在的价值追求与精神守望上，通过对一批丰富立体、栩栩如生的“正”“反”人物群像的塑造，深度诠释了“爱国、创新、包容、厚德”的北京城市气质，集中展示出了新时代的北京人深刻厚重的民族情怀、积极进取的精神状态、兼容并包的宽广胸襟以及厚德载物的道德境界。

总之，近年来现实题材“京味剧”通过“正”“反”人物典型人物群像的对比，集中展示了新时代“北京精神”的宽度与厚度，生动描摹了北京市民、“新北京人”“爱国爱党、勇于创新、包容博大、崇礼厚德”的大胸怀与大格局。

2011年11月2日，北京市政府公布了“爱国、创新、包容、厚德”的“北京精神”。作为城市精神，它不仅蕴涵着丰富的内涵，而且有着十分深厚的传统文化底蕴，是中国传统文化基本精神所在。“爱国”是中国传统文化的核心，“创新”是中国传统文化的精髓，“包容”是中国传统文化的特征，“厚德”体现了中国传统文化的品质。“北京精神”反映了中国传统文化积极向上的精神特质，是对中国传统文化的提升与升华。

首先，爱国主义是中华优秀传统文化的精神之核，是中华民族始终团结奋进的精神之源。而“爱国”也是“北京精神”的核心和主线，凸显了“北京精神”的高度。近年来的“京味剧”通过一系列的人物塑造深刻诠释了首都人民对伟大祖国的真挚情感和渗透到北京人骨髓里的“讲政治、顾大局、树正气、重奉献”的时代精气神儿。例如电视剧《正阳门下》中，“九门提督”关老爷子始终坚守着正阳门下的民族魂，有着强烈文物保护意识的他一心要把祖宗留下的珍奇物件留在中国并使其代代传承，发扬光大。没有上过大学的韩春明也深得关大爷的真传，他坚守“古董绝不能出中国”的理念，不仅对象征中国传统文化的古玩字画极为珍视，而且斥巨资开设“博雅轩”博物馆，让关大爷的全部藏品都得到了妥善的安置。而另一方面该剧也成功塑造了制造高仿文物进行贩卖的程建军、试图将祖传古玩珍品高价卖到国外的关小关父母、靠古玩投机发财的苏萌大舅等利欲熏心之辈，正反角色强烈对照，高下立见，更加反衬出了关大爷、韩春明身上那种对民族和国家所具有高度的责任感、使命感，深刻体现了中华民族的爱国主义血脉和北京人“爱国”的光荣传统。

其次，《周易》中指出：“天行健，君子以自强不息。”“创新”作为“北京精神”的精髓，体现了“北京精神”的活力，是时代新北京自强不息、革故鼎新、持续发展的动力之源。现实题材的“京味剧”通过细致描摹北京市民锐意进取的奋斗历程和与时俱进的精神风貌，凸显出作为全国科技创新中心的北京开拓创新、昂扬向上的城市活力。在《正阳门下小女人》中，相较于“自私爱财、小肚鸡肠、投机钻营”的范金有、“墨守成规、顽固不化、拒绝进步”的贺永强等反面人物角色，以“真”待人、坚守商人之道的徐慧真从继承一家小酒馆开始，就懂得“不可为典要，唯变所适”。在改革开放的时代潮流下，她看准形式，真抓实干，敢闯敢拼，自带韧劲，以自信自强的姿态参与商业竞争，带领正阳门下的邻里乡亲共同致富：开办大酒店、创建五星级宾馆、出口机械和日用商品、开发房地产、兴建旅游度假村、创立手机科技品牌，最终将小酒馆发展成为一家现代化的大型企业集团，彰显着北京企业家“自立自强，积极进取、推陈出新、继往开来”的创新精神。

再次，中国传统文化以“和”为最高价值，倡导“包容”的大智慧，“贵和”“尚中”是中国传统文化的基本精神。《易经・坤卦》赞美阴柔之美，充满着和顺宽容的包容精神。“包容”彰显了“北京精神”的博大胸襟和非凡气度。近年来的京派影像借由众多有血有肉的人物形象生动诠释了时代北京人海纳百川、有容乃大的精神境界以及雍容大度、和谐共存的宽广胸怀。电视剧《傻春》塑造了看着有几分“傻”但对家庭无限包容和宽厚的傻春形象，面对家庭中重男轻女、封建传统的父母，善于权术、自私心重的赵素眠，精于算计、唯利是图的赵素晓，从小娇生惯养、自私自利的赵素觉，搬弄是非、胆小怕事的“刘欠揍”，她一直用一颗善良、真诚、包容的心感化着家庭中的每个成员。为了让全家人永远都在一起，互相关爱不离心离德，她付出了自己全部的智慧、热情和青春，用一生来诠释了“家不是用来索取的，而是用来付出的”终极信仰，体现出了北京人以和为贵、大气包容的性格特征以及“和而不同、和谐共生”北京精气神儿。

最后，“厚德”一词源于《周易》：“地势坤，君子以厚德载物。”“厚德”作为“北京精神”的灵魂，体现了北京这座城市的人文精神和中国传统文化的品质。源远流长的中华优秀传统文化和多民族人群的汇聚融合赋予了首都北京“厚德”的精神底蕴，也培育了北京市民尚礼、厚道、助人的厚德风范。如在《情满四合院》中，乐善好施、性格直爽、心有大爱的“傻柱”坚持原则、凡事讲理儿，与自私自利、道貌岸然的许大茂，一身“官气”、信仰权力文化的二大爷以及喜欢咬文嚼字、处处算计的三大爷等有明显性格缺陷的反面人物斗智斗勇，以自己真性情、明事理的可贵品质成为老北京四合院中的“精神领袖”，在他的解难纾困和公道主持下，秦淮茹一家的生计得以维系，许大茂夫妇、二大爷、三大爷及其众多子女的自私自利之举得到了正确的排异和纠偏，大杂院的老人们住进了可以提供餐饮、娱乐、健身等服务的“幸福家园”养老院。在“傻柱”身上淋漓尽致地展现着北京爷们儿骨子里的和气、义气、局气、豪气和霸气，深刻诠释出了老北京市民崇德、尚德、重德、厚德的可贵品格。

三、巧妙的“悲”“喜”情节设置与中国传统家庭伦理特质的时代彰显

“家庭”作为中华民族的社会细胞，是社会和谐稳定的基础。中国人自古以

来就看重家庭，将家庭看成个人生活与情感的最终归宿。而家庭主义作为影响家庭生活的主要伦理观，不仅满足了家庭成员若干精神与心理需求，而且其对当今社会稳定和家庭和睦也起到了非常重要的作用。现实题材的“京味剧”擅长以最基本的北京家庭单元作为叙事空间，注重对传统家庭中北京人生活经历和情感历程的生动演绎，其所展现的日常生活细节中所包蕴的芸芸百态与脉脉温情对观众具有较强的感召力和征服力。特别是对于具有传统儒家家庭观念的中国观众而言，在观看以“家”为核心演绎着儒教的“家文化”观念的“家庭故事”时，电视文本时空与观众所在的现实时空实现了融合，不经意间构成了一个心理情感的互动空间。在“京味剧”所建构的温情与苦难交织的虚拟时空中，老百姓仿佛看到了发生在身边的最熟悉最普通的时代故事与最真实最自然的人性光辉，从而引发内心热烈的情怀滋润与情感共鸣。

近年来“京味剧”中的优秀剧集通过“悲”“喜”情节的对比设置来彰显中国传统家庭伦理特质，真实细腻、生动传神地描摹出几个小家庭及内部成员间的酸甜苦辣、喜怒哀乐、悲欢离合，传递着情意绵绵的人类情感和伦理道德，烹出了一盘有滋有味、有形有色、有情有义的“人情伦理大餐”。一方面，现实题材“京味剧”所表现的家庭伦理/都市情感叙事不是像以往同类题材电视剧过多地呈现买房的重压、育儿的艰辛、晚年的孤独、意外的事故等表现现实都市生活沉重苦难的内容，而是呈现出一种温馨浪漫、轻松活泼的轻喜剧风格。这种正向美学理想体系的建构在成功替换掉程式化较为严重的“苦难叙事”手段的同时也迎合了大多数受众在快节奏、高压力的社会生活中渴望看到更多的轻松愉悦内容的现实诉求。因此剧集在人物塑造方面着重突出有严重性格缺陷的反面人物的“固执”和“蠢萌”，剧中饱沾京味的人物台词和京韵发音自然随意、幽默风趣、蕴藉隽永，充分体现了北京人乐观豁达、善于自我解嘲的精神气质和性格特点。另一方面，近年来现实题材的“京味剧”也并不是一味地营造喜剧氛围，而更多的是通过表现家庭内、外部的几组悲喜情节交织、对比、更迭来诗意、温情、恬淡地呈现出真实人生的节奏律动和日常生活的起伏变化。这种以悲衬喜、以喜衬悲的方式，不仅让“悲”的壮烈和激越在反衬中显现出来，也让“喜”的生命动力在对比中更显充盈丰盛，与此同时亦能够将社会主导的家庭伦理规范与亲情、爱情、友情等人间真情逐渐和合、发酵、扩散，直抵人们内心最柔软的角落。

首先，优秀“京味剧”通过表现家庭内部的几组悲喜情节交织、对比，为观众展示了父子、夫妻和兄弟姐妹之间所应具有的道德伦理规范。在《有你才幸福》中，起初祺满雨对父亲祺瑞年欲与“票友”宋茹君的再婚想法坚决反对，并以去世的母亲刘锦云来对祺瑞年“敲山震虎”，善解人意的老父亲只好迁就忍让。在宋茹君帮助祺满雨的妻子顺利度过债务危机、祺瑞年妥善安置拆迁款之后，父子之间的隔阂终于化解，而祺瑞年和宋茹君的婚事也得到了双方儿女的认可和祝福，指向了父辈与子辈之间和谐共存、相互理解的正能量价值取向。悲喜情节的转换体现了以“尊敬”为基础的深层次的孝道，揭示出“情义合一、宽容理解、求同存异”才是构建“父慈子孝”的理想伦理关系的幸福密码。在《平凡岁月》中，干部出身的舞蹈演员张朵朵为报答救命之恩假戏真做“下嫁”到机修工人李大宝家。由于家庭背景相差悬殊，婚后的张朵朵对李大宝百般嫌弃且在其家人面前总是显得格格不入，但李大宝一直用他宽广的胸怀无限包容着张朵朵并不遗余力地守护着爱人的舞蹈梦想，经过不断地磨合与重重考验，张朵朵终于从心底里接受了纯真善良的李大宝并选择与其携手相伴共同迎接美好的幸福生活。这一组喜转悲再转喜的情节揭示出夫妻双方/男女朋友之间的互爱互信、权利平等才是实现和睦温馨、美满幸福的健康婚姻状态的根基。《生逢灿烂的日子》讲述了郭小洋、郭小海、郭小江、郭小河这四位土生土长在北京胡同的四兄弟经历过诸多矛盾冲突的洗礼最终携手并肩、共同成长的故事，悲喜情节的交叉、重叠凸显的是“兄友弟恭、兄爱弟敬”的“悌道”伦理规范和“有利共享、有难同当”的手足之谊。

其次，“京味作品”中所表现有关家庭外部的悲喜情节转换与对比，为我们示范了正确处理“敌”“友”及邻里关系的应有态度及合理方式。如《风车》以结仇—寻仇—解仇为主要叙事线索谋篇布局，小姨之死在少年梁尘心中造成了难以抹去的阴影，成年后的他一直在为找出真凶劳走奔波。在漫漫寻仇之路的过程中，梁尘接连报复与小姨之死有关的唐经理、单志衡、康胜利等人，在受到老单之死触动、妻子舒兆欣的真情感化下，他逐渐学会了理解与宽恕并最终选择接纳了当年告密的真凶——自己的老丈人舒义海，实现了从一个复仇者到救赎者的成长与蜕变。悲喜情节转换中深度暗示了在宽容才是正确化解“敌我”矛盾关系的有效方式，彰显了以“和”“大团圆”为特征的“家文化”的强大现实效力。在《正阳门下小女人》中，徐慧真和陈雪茹这对“冤家姐妹”从“公私合营”针尖对麦芒“斗”到“改革开放”，“你方唱罢我登场”，但两人在经营管理理念上却能志趣相投、惺惺相惜，在彼此出现过失、遇到困难时也能够真诚抚慰、相规相勉。有关这两位女强人间的悲喜情节交错进行、参差起伏，为观众揭示出了“讲信重义、平等互利、理解包容、相互尊重”的朋友相处之道。《全家福》用现实主义的创作手法与诗意情怀生动描摹了北京一座小四合院里的三户人家横跨六十年的沧桑岁月，三位主人公木匠王满堂、寡妇刘翠兰、医生周克明及其子女之间虽然遭遇了不少磕磕碰碰、风风雨雨，但收获更多的是邻里之间的绵绵关爱与脉脉温情。悲喜情节的交织中彰显的是“互谅互让、团结互助、友爱和睦”的和谐邻里关系的价值旨归。

以家庭伦理促进社会和谐，促进中国传统伦理道德的回归，是继承优秀中华文明和中国传统文化的体现，是中国人民一直以来对于和谐稳定和真、善、美追求的体现，同时也是家庭伦理剧创作的重要使命。近年来现实题材的“京味剧”不回避买房难、教育不均衡、养老压力大、医疗成本高、空气质量差等各类社会现象和社会敏感话题，但也不刻意渲染婆媳、翁婿、兄弟姐妹、妯娌之间的争斗大战。棘手的家庭矛盾问题虽然在“京味剧”中不时地出现，在观众心中激起涟漪层层，但炽热的家庭温度足可以融化人与人之间的冲突与隔阂，每位家庭成员最终都可以在幸福温馨的“家庭小窝”中得到身心的休憩，深度折射出了“家文化”中所蕴藉的人性中的宽厚善良与人情中的无限暖意，宣告了“乐生”“人伦之和”等源远流长的传统价值观念强势回归，也体现出了中国古典的“大团圆”文化传统的现代性延展。

当然，如果以更高标准和更严要求来衡量，近年来的现实题材的“京味剧”在题材类型的挖掘、时代氛围的营造、剧情节奏把控、生活质感多维体现、时代小人物的精细刻画、社会现实力度的深刻彰显上仍有着较大的进步空间，值得后续研究者和创作者进一步认真总结、研究和反思。伟大的时代呼唤着有厚度、有质感、有温情的现实题材“京味大剧”，我们有理由相信，在一系列利好政策的时代大潮助力下，未来的“京味剧”市场将会迎来新的发展和超越，铸就出新时代的文艺高峰。

比较视野下周边传播的研究范式与问题分析[1]

刘源[2]

【摘 要】

国际传播的研究在东西方传播学界长期属于研究热点，特别是近年来，我国在区域传播、周边传播等领域的新探索，为国际传播的研究注入了新活力。本文就目前周边传播的研究范式与西方国际传播研究范式做对比，分析目前我国周边传播研究的独到之处和存在的问题，并对其进行相应的梳理与探索。

【关键词】

比较视野；国际传播；周边传播

---

1 本文为北京联合大学人才强校优选计划项目《东北亚视域下周边传播媒介路径与策略研究》（项目编号：BPHR2020DS01）的成果之一。

2 刘源，北京联合大学应用文理学院新闻与传播系讲师。

自大航海时代开始，世界各国的关联由隐性的想象，逐渐变成显性的接触，人与人之间、跨族群之间、国家之间的关系不断变得紧密，而由此产生的主体间的互动也变得越来越复杂。而伴随工业化、信息化的到来，国家之间的联系从被迫地接触转而变成了主动相拥，进而带动了跨越国界、社会、族群的多样化传播形态，国际传播的类型也变得越来越丰富，特别是在“万物互联”的当下，随时随地都可能接触到远在天边的“亲密伙伴”。而在东西方文化互相碰撞的时代，关于国际传播相关的研究一直没有间断，但又一直处于理论研究滞后于实际变化的过程中。基于此，本文从近些年本土传播学理论土壤中生长起来的新生理论基础“周边传播”理论作为契机，对比西方一些国际传播、跨文化传播理论框架，分析目前周边传播中的理论范式特点和存在的问题。

一、国际传播的一般范式及其特征

关于国际传播的研究范式，在最近十几年的研究中，一直处于对旧有理论过度分析而创新层面追新求奇的特点。特别是在媒介融合时代，对于不同媒介在信息出境方面的研究，一直是诸多学者关注的焦点。总体来看，有如下一些特点：

（一）宏观与微观研究泾渭分明

在现有的中外各国学者关于国际传播的概念研究中，一方面是对于宏观主体的研究，国家与国家间的一切信息传播均归入此类；另一方面则是聚焦于不同类型的大众传播媒介，对于对象国家的社会、公民输出的价值观、意识形态及其产生的效果和效应进行研究。通常来看，广义的国际传播研究主要集中在“信息出境”，美国学者马克海姆就曾定义国际传播“是一个国家以上的个人、群体或政府官员的跨越被承认的地理性政治边界的各种传播”[1]。莫拉那也曾将国际传播定义为“包括通过个人、群体、政府和技术在两国、两种文化或多国、多种文化间传递价值观、态度、观点和信息的研究探索领域，同时是对促进或抑制这类信息相关体系结构的研究”[2]。可以看出，在此类研究中，更多的是将国际传播的主体和传播范式定义到宏观的国家、社会组织、企业、个人等诸多层

1 关世杰. 国际传播学[M].北京：北京大学出版社，2004：1-2.

2 Harmid Mowlana，” International communication research in the 21st century：from Functionalism to Postmodernism and Beyond”，in Cees J.Hamelink and Olga Linne，edited，Mass Communication Research：On Problems and Policies The Art of Asking the Right

面的主体，对其他对象国家及其社会成员的影响。而另一种类型的研究范式则是将国际传播的研究重点放置到跨国媒介或信息对于对象国受众的影响以及社会的形塑层面。例如我国的部分学者曾认为，“只有利用广播、电视、报刊以及国际互联网等能量巨大的大众传播媒介进行的国际传播才是国际传播研究的主要内容。”[1]而这两者间的研究方法与前沿也在不断融合。到目前为止关于此类研究仍在不断推陈出新。

（二）文化研究始终是热议题

文化这一概念，在不同学科间一直处于核心研究范畴。特别在西方人类学领域。如人类学鼻祖爱德华·泰勒曾说，文化是“社会成员所有人类经验和生活方式的总结，包括知识、信仰、道德、法律和其他能力与习惯”[2]。狭义层面则更多指向“社会的意识形态，以及与之相适应的制度和组织结构”[3]。在目前的国际传播研究中，关于文化的研究，两者均有涉及。特别是在跨文化传播研究领域，国际传播与跨文化传播通常交汇于文化对国际社会的影响。而这主要是基于“信息高速公路”打破了旧有信息壁垒，形成新的“地球村”后，不同文化冲击下的相互作用以及对其他国家社会形态的影响及改变。而国际传播研究范式中的文化更多指向文化差异性以及因差异性带来的行为方式的不同，由此延伸出对异质性文化的尊重问题以及文化对冲、霸权、壁垒、策略分析等议题。

（三）地缘政治与公共外交研究不断深化

这一研究范式的出现，主要基于20世纪90年代以来，西方提出的“全球化”背景下国家间的政治博弈和实践经验作为参照，而延伸出的对于国家、民族、软实力、公共与网络外交等层面的研究。而美国政府历届外交策略的变化均与此类研究密不可分，且彼此间的关联也有逻辑可循。如“网络外交”基于电子网络化传播，而“软实力研究”则是网络外交的衍生，“巧实力”概念又是基于“软实力”的基础产生的扩展[4]，形成国际关系与战略传播研究的基本与核心研究框架。并且在后续研究中，不断被加深和强化。

---

1 刘继南等.国际传播与国家形象-国际关系的新视角[M].北京：北京广播学院，2002：2.

2 Richard Velkley. “The Tension in the Beautiful：On Culture and Civilization in Rousseau and German Philosophy”，Being after Rousseau：Philosophy and Culture in Question. Chicago：The University of Chicago Press，2002，pp.11-30.

3 辞海[M].上海：上海辞书出版社，1989：4022.

4 朱振明.理解国际传播：问题、视角和阐释[M].北京：中国广播电视出版社，2013：14-15.

二、“突破围挡”的周边传播范式及其特征

作为我国本土原产的传播学理论，周边传播从诞生之初，就带有浓厚的中国特色和东方哲学韵味。不同于国际传播理论自西方舶来，在中国本土生根发芽需要经过多重蜕变以适应中国本土，周边传播自诞生之日起，就成为了为中国国情量身打造的传播学理论。从现有的理论和实证研究范式来看，相较于国际传播，有以下特点：

（一）研究基础东方哲学韵味浓厚

在中国古代哲学体系中关于异域的想象一直存在，而早在上古时代，《禹贡》《周礼》等文献就有关于五服、九州的哲学思考，其中以“天子”所在的中心作为“文明的我者”，而大地如同一个棋盘，向外逐步扩散，其文明程度也在不断衰弱，第二圈层是诸侯所在的华夏或诸夏，第三圈层则是文明度较低的夷狄，直至第五圈层成为蛮荒之地、羁縻之所；其文明程度也是华夏文化鞭长莫及的化外之地。而这一哲学想象则与周边传播中信息的“从中心向周边传递逐渐减弱”有着异曲同工之初，符合东方古典哲学中“大道至简”的特征。

（二）研究体系日臻完善

周边传播的理论体系根植但不局限于国际传播，正如其理论产生伊始的界定是“国内传播的延伸，国际传播的先导”[1]。同时，不同于国际传播和跨文化传播中关于文化中的差异性研究，更多聚焦于文化的“同质性”问题，并借此来分析在传播中的捷径和战略。根据陆地对于周边传播的研究体系界定，具体来说，将其分为知识体系、思想理论体系、话语表达和案例体系等四个层面。而如同国际传播对于跨学科的借鉴及吸纳一样，周边传播的知识体系也属于根植于新闻传播基础，容纳历史、地理、社会、人类、民族、政治等多学科知识体系；而思想层面，则包含了“点—线—面”三阶段、中心与边缘四组辩证模型，以及信息边际效应的方法论等。话语表达层面，则涉及“内—外”“大—小”“软—硬”“远—近”“自—它”“空间—时间”“周边文化—文化周边”“显性周边—隐性周边”等多重话语表达，并根据实际研究的问题提出新的话语表达模式。此外，根据传播内容、主体、渠道、功能的不同，又进行了全息立体的多重案例分析。可以说，在

1 陆地，许可濮，陈思.周边传播的概念和特性[J].现代传播，2015（3）.

经过八年的研究论证，周边传播研究体系，已不再是“理论—实践—理论”的研究框架，而是不断根据变动的时间与空间问题，而提出全新研究范式的本土理论。

（三）研究范围多方向拓展

仅从周边传播理论的名称界定，很容易将其与地缘政治、区域传播等研究范畴画等号。在周边传播理论提出之初，实际上也与地缘政治学、文化地理学有着藕断丝连的理论链接。然而，如同该理论提出时所指出的四个基本特性，即“主体多样性、渠道立体性、效果直接性、内容不可控性”[1]，对于周边传播的研究范畴也打破了地政、文化等领域，向媒介、交通、医疗、公共卫生、民族民生、时间空间流变等更具社会意义和哲学价值的层面不断突破和拓展。而这一范围也打破了西方国际传播体系中的“媒介中心主义”和“文化中心主义”的藩篱，让理论的应用范畴得到深度探索和延伸。

三、尚需填充的研究空间

纵览目前已经编辑在册以及形成文献体系的周边传播研究成果，已经完成和正在完成近百部文章和书籍。其中多篇文献主要涉及实践应用层面，而理论探索层面相对较少。而部分理论的提出，也都源于实践应用层面的研究。根据现有文献的梳理，总结来看，尚有一些方面的研究空间需要进一步填充和探索。

（一）显性问题提出类较多，方法探索类较少

除了已有的周边传播理论以及相应的宏观显性问题分析类文献，对现有国际层面的周边传播问题有了较为详细的战略提出和方法建议外，目前对于已有的问题，特别是在媒介层面的周边传播研究，较多探讨的是目前存在的优势和劣势问题，但对于如何解决以及实际可借鉴的方法和策略相对较少，即使有所指摘，相对较为模糊。

（二）围绕宏观、微观传播主体较多，中观主体研究相对较少

从目前的研究成果来看，对于实证问题的研究，主要聚焦于微观具象化的边疆媒介体系研究、影视作品出境、家国情怀、文化宏观话语图景等层面的分析和

1　陆地，许可濮，陈思.周边传播的概念和特性[J].现代传播，2015（3）.

研究，并且主要针对现行媒介制度下的媒介问题和方法进行分析和探索，而对于诸如“中心—边境”城市的形象塑造及其影响，以及跨境城市间的互动，群体间的往来，企业、民间组织互动，个人为主体或“物化的媒介”等研究目前较少涉及。

（三）“走出去”探索较多，“迎进来”方案较少

在目前已存在的百余篇文献中，关于信息出境以及如何通过不同主体传播信息的方式，联结传播的不同对象方面的研究占到较大比重，其中涉及媒介的“借船出海”、影视作品的跨境“在地化解码—编码—二次输出”等研究，多数是以我国媒介的外宣手段与方式、影视作品的出口的方法作为显性周边传播的实证研究对象进行多角度的分析。而在现有的文献中，暂未出现如何“迎进来”或周边影视作品、文化产品入境或双方如何对冲等方面，从显性现象到隐性规律的研究，这方面目前来说还是一片空白。

（四）传统媒介研究较多，社会化媒介暂时缺位

无论是横向还是纵向比对，现有周边传播的媒介研究中，大多集中在传统官方媒介的信息输出、文化影响力、国家形象塑造等诸多方面，而对于我国本土社会化媒介出境以及周边国家和地区的社会化媒介信息传播及编码—解码等方面的研究，暂时没有涉及。究其原因，一方面，在于各国社会化媒介的使用平台各不相同，在数据抓取方面存在诸多问题；另一方面，周边国家和地区的社会化媒介的信息传播方式和内容又大相径庭。此外，不同国家和地区在语言使用习惯上的多元化、差异化等因素，也是将社会化媒介作为研究对象的主要难点之一。

四、“东西交融”下的研究范式创新策略

正所谓“千里之行始于足下，天下之远必作于近”，任何研究范式的形成必要从研究者所熟知的领域探索，由近及远，不断得以延伸。而这恰与周边传播研究的初衷和基调相吻合。而任何研究范式的发展壮大，也不是闭门造车或独立生长，而是要不断借助多元学科、视角、方法才能不断向远探索，所谓“独木不成林”亦是如此。而当前国内外传播学研究领域早已成为一片红海，对于不同体系不同类型的研究课题，可谓五花八门、多元共存。因而，对于原产于我国并日渐壮大的新兴理论，周边传播的研究无论在理论层面还是实证角度，都有更多问题需要攻克。根据现有的研究成果，以及目前尚存在的空缺，笔者认为，应该从几

个方面来去进一步延伸周边传播的研究范式。

（一）夯实“中学”本体，吸纳“西学”为用

作为一门显学，周边传播研究在近五年的研究，已经在理论层面形成了一套符合中国本土的研究体系与研究脉络。但不可否认，作为一套新近形成并仍处于发展阶段的传播学理论，对于其理论根基的深度和广度探索，目前还需要不断去夯实。而作为研究者，主要应该从两个维度去不断延伸。其一，是从“中学”本体上，不断夯实，这需要不仅借助现有的周边传播理论基础，更要向中国传统哲学体系进一步探索，打通其任督二脉，无论是古代的人文地理、家国观念，还是传统儒道精神下的哲学观，都需要嵌入式地融入理论研究中；其二，是从“西学”中的相近理论不断借力。一方面，从国外的“文化传播理论”和伯明翰学派中的文化理论等西方理论，与本土研究相近成分进行批判式地分析，另一方面则是从人文地理、地缘政治、人类学等学科中的相近理论做对比分析，丰富和壮大研究范式的内涵。

（二）延伸研究对象，丰富实证外延

对于现有研究体系以及课题成员的专长和特色，在已有基础上不断深化和拓展研究外延，不只是驻足于从现象到现象层面的研究，而是更深入地对大量研究对象样本进行收集之后，探寻其内在规律，并且找到适合的研究方法。此外，要借助对象受众的信息采集，丰富效果研究的反馈，让研究内容具有更强的信度和效度。

（三）建立融合模式，打破传统单项研究

这主要是针对媒介融合框架下，对于对外媒介的研究要建立深一度的思维模式。一方面是要打破传统外宣媒介从信源到信宿、从媒介信息宣传到受众效果反馈的单项式研究模式，建立起从研究思维到研究对象的融合。曾经为人乐道的“四微一端”在大数据、AI技术的冲击下，早已成为明日黄花，这就要求研究者本身建立起融合思维，打破以往外宣媒介框架下的研究思维，建立起融合环境下，以媒介矩阵作为研究对象的融合思维模式。另一方面，所谓的融合不仅指向媒介本体，为了防止新的“媒介中心主义”思维的出现，需要将研究对象不断扩充，建立起“万物皆媒”“万物互联”的思维模式，即以媒介融合作为依托，延伸到人、组织、社会、城市以及国家主体等诸多方面的融合模式研究。

（四）"走出去"与"走进来"研究需双轮驱动

尽管在应用层面，民间的交往，早已打破了国家与文化间的藩篱，形成彼此互联的全球公民，但在研究层面，大多忽略了文化与媒介的双向流动。特别是社会化媒介不断推陈出新的当前，不同地区、国家用户的使用方式与习惯也都各有差异，而文化的传播，不仅是官方媒介的宣传、塑造良好国家形象、营造良性周边传播氛围作为主要渠道和手段，社会化媒介和自媒体对于国家形象和文化的传播也具有不容小觑的影响力。因此，在未来的文化与媒介研究中，不仅要研究我方作为主体传播的媒介渠道路径，更重要的是要研究在地社会化媒介的传播生态，更好地分析适合我国文化出境和对方文化入境的有效传播渠道与手段，提出更为深入和适合双方的研究策略，形成有效的双轮驱动模式。

余论

周边传播作为具有中国特色的本土化传播学理论，从其诞生之初就带有符合我国水土的自身优势，而无论是当前还是未来，研究范式的生成与发展，亦是伴随时间和现实的不断变化而渐进式突破的，作为基于国际传播体系，又具有更高前瞻性的研究体系，周边传播的研究需要在自身滋养生根的同时，不断向不同学科、不同流派的传播学研究借力，以不断壮大自身研究范畴。正所谓，他山之石，可以攻玉。

【参考文献】

[1]陆地，高菲，陈沫.周边传播研究（2021）[M].北京：中国书籍出版社，2021.
[2]朱振明.理解国际传播：问题、视角和阐释[M].北京：中国广播电视出版社，2013.
[3]关世杰.国际传播学[M].北京：北京大学出版社，2004.
[4]萨马迪.国际传播理论前沿[M].吴飞，黄超译.北京：中国传媒大学出版社，2016.
[5]葛兆光.宅兹中国：重建有关"中国"的历史论述[M].北京：中华书局，2015.

从故宫博物院“四个故宫”建设看文旅元宇宙的构建与传播

王若淼[1]

【摘　要】

随着数字技术的发展，元宇宙一直是全球热点话题并已广泛应用到社会的各个领域。故宫博物院（以下简称“故宫”）作为博大精深的文化整体，经过二十多年的数字化建设，已构筑起应用平台、公共服务、文化教育等多领域的数字化生态。如今，故宫紧跟元宇宙热潮，基于“四个故宫”建设规划，逐步构建故宫文旅元宇宙。这种构建和传播不仅能促进文化的保护、传承与活化，也能促进数字技术与文旅产业的融合发展。本文基于故宫博物院“四个故宫”建设，研究故宫文旅元宇宙的构建与传播策略，总结故宫对于文化资源共享、文化保护传承以及文化产业升级的数字化新思路、新方法，同时为其他博物馆进行数字化探索提供可借鉴的模式。

【关键词】

文旅元宇宙；故宫博物院；数字化

1　王若淼，北京联合大学应用文理学院2023级新闻传播系研究生，主要研究方向为城市影像创意与实践。

一、文旅元宇宙和“四个故宫”建设

（一）文旅元宇宙：新时代的虚实交融体验

随着社会的进步与科技的发展，元宇宙一词涌入大众视野。目前，大众对“元宇宙”的认知大多来自科幻作品，但“元宇宙”作为一种新的社会形态和生活方式已经逐渐渗透进在社会的各个领域之中。它利用虚拟现实、增强现实等高新技术给人们带来便利的同时也满足了人们交流、创作、消费和娱乐等需求，为人们带来了前所未有的虚实体验。而“文旅元宇宙”是元宇宙技术与概念在文旅产业中的创新应用，它融合了文化、旅游、科技和数字等多重元素，打造出一个与现实世界紧密映射、多维度的文化旅游虚拟空间，为人们提供了超越现实、沉浸式的文化旅游体验。

此前发布的《“十四五”文化发展规划》中也明确提出：“发展数字文化产业和元宇宙空间经济是‘十四五’时期文旅产业发展的重要方向。”元宇宙+文旅，二者相辅相成，元宇宙为文旅产业赋能，扩宽了对文旅产业的保护、传播与活化方式，利用虚拟现实、增强现实等技术加速了文旅产业融入新时代环境中的步伐；而文旅产业也必将为“元宇宙”带来优质内容和现实素材，形成以文旅为特色、以技术为支撑、以人为中心的新发展路径。

（二）故宫博物院建设：“四个故宫”建设体系

自1925年故宫建立以来，为了进一步提升文物保护、优化管理服务效能，在不断研究、探索和实践下，于2019年提出平安故宫、学术故宫、数字故宫、活力故宫的“四个故宫”建设体系。

平安故宫在四个体系中是最基础、最重要的。从“完整故宫”的保护理念出发到推进“平安故宫”的建设，这一过程中，故宫不断加深对“保护管理”思想的认识并且利用科技技术将故宫的整体保护落实到各处，为这座珍贵的文化遗产留存创造了一个安全、稳定的环境。

学术故宫是支撑故宫博物院事业不断前行的核心。从“学术机构”的定位到“学术故宫”的建设，故宫在坚持自身学术研究的基础上不断突破，通过创建国内外多元学术交流平台、学术成果阵地，培养相关学术、技术人才，推动“学术故宫”沿着整体性、体系性和开放性的方向迈进。

数字故宫在故宫博物院发展中起到引领作用，20年多以来，故宫一直致力于数字化建设，从信息化办公到数字化文化保护与展示，故宫不断将数字资源进行高效管理与利用，促进文物的保护与传播。

活力故宫是故宫博物院一直以来的追求。故宫在建设过程中不断挖掘文物的多元价值、展现形式并结合公众需求进行创造性转化，使故宫文化得以更广泛地展现。

基于“四个故宫”建设体系，故宫是如何借助元宇宙浪潮进行故宫文旅元宇宙的构建与传播？

二、故宫文旅元宇宙的构建机制

（一）技术支撑

1. 数字化基础建设：从信息化出发

20世纪90年代起，故宫博物院便敏锐地捕捉到了数字技术的发展热潮，并积极响应社会需求，立足于信息化建设，致力于文物数字化采集、存储与管理的创新实践。进入21世纪后，故宫构建起了一个以信息网络为基石、以数字资源采集为起点、以数据管理利用为核心，全面支持对内对外、线上线下各类应用的综合性信息化建设体系，这一体系贯穿了从数据采集到应用研究的整个流程。

如在文物、古建保护方面，故宫从1998年开始对文物进行摄影、扫描，建立电子数据库，收入文物信息包括照片、描述、历史背景等。基于现实管理需要，故宫建立了文物流通系统，保证了文物的管理和使用的规范性、流程性和高效性。其重要功能包括了文物的可溯源和优先占用，防止了文物的丢失和资源挤占。故宫同样建立了古建数据库，通过三维扫描技术保留当前信息，便于人们全方位了解古建筑的过去与现在。

再如在行政办公、业务管理平台建设方面，故宫于2006年推出了OA办公系统，通过信息技术将行政办公流程化、体系化。后续故宫又更新了档案管理系统、用户管理系统、合同签订系统、财务管理系统等，工作人员按照相应流程进行办公、管理，每一步都有相应记录，保证了行政办公、业务管理的规范性和严谨性。

2. 数字化文物展示与保护：VR/AR/3D等技术的运用

故宫作为我国文物收藏最丰富的博物馆，对于这些珍贵的文化遗产的留存、传承和活化是当前最需要解决的问题。而数字技术的不断发展为解决这些问题提供了新的方法。

以VR技术为例，VR技术是故宫20年来在各方面运用最多的数字技术，故宫将文物和古建筑的三维数据结合VR技术，对文物进行数字化转化，再通过社交媒体平台或者展览的形式在线上线下进行传播，最大限度地让大众认识和了解故宫以及故宫文化。还有“全景故宫”和“V故宫”。“全景故宫”也采用了VR技术，以地理位置为索引，通过720度空间影像展现了故宫以及其宫殿的原貌，对于暂未开放的养心殿、重华宫等区域，观众也可以一探究竟，同时对宫殿及其重点建筑配有详细的介绍，观众还可以进行点赞、转发，集观赏、科普、互动功能于一体。“V故宫”则是以三维数据可视化为主要技术手段，在数字世界中再现金碧辉煌的紫禁城，观众可通过佩戴VR眼镜进行沉浸欣赏，漫游“养心殿”，观赏虚拟修缮后的“灵沼轩”，如果没有VR眼睛也可切换裸眼模式，依旧可以360°浏览。再以3D建模技术为例，故宫将内部建筑和文物进行精准的3D扫描和建模，可以使得文物在数字世界中得以完整呈现。这不仅有助于文物的保护和修复工作，也能让无法亲临现场的人通过数字平台欣赏到这些珍贵的文化遗产。

在这些数字技术的整合和应用下，故宫不仅在保护和传承文化遗产方面取得了显著成效，还成功地将这些遗产转化为生动的文化体验，使其在现代社会中焕发出新的生命力。

（二）内容创新

1. 影视+文创产品的创新与繁荣

故宫在探索数字化技术的同时也开始对自身文化内容进行深层次、多角度的挖掘与传播，以如何将文化价值与当今社会相结合为导向，创造出更多符合大众口味的文化产品。

2016年，随着纪录片《我在故宫修文物》的出圈，故宫的神秘面纱就此揭开，片中详细地向观众们展示故宫的陶瓷、织绣等文物的修复过程和修复者的生活故事。让人们看到的不再是冷冰冰的文物和建筑，而是人与物之间的微妙联系与碰撞，真实而亲切。2017年故宫又抓住机遇，成立了故宫博物院影视研究所，开始了影视活化的进程。几年间，故宫与多家影视公司合作，陆续出品了《故宫新事》《国家宝藏》《上新了·故宫》等多部现象级影视、综艺作品。

随后故宫又实现了影视+文创的融合创新，以《上新了·故宫》为例，节目采取“探秘故事+历史再现演绎+专业解说”的线上输入模式和“帝王生活+现代化设计+传统文化”的线下文创品输出模式，以文化的内核和综艺的外壳创造一种全新的表达，打造一场超越想象力的“破壁”之旅，用落地的文创形式为故宫文化赋能，为沉睡的文物赋予了活力，真正实现了让文物活起来。

2. 学术+教育的深耕与融合

故宫博物院向来以学术立命，一直在扎实推进学术故宫的建设。2003年郑欣淼院长提出了“故宫学”的学术概念，涉及历史、建筑、艺术等多个领域。2004

年成立科研处，2012年以后，在单霁翔院长的领导下，故宫又成立了“故宫研究院”和“故宫学院”。与此同时，故宫在国内积极和各大高校、博物院进行合作，进行学术联合研究。在国际合作方面又建立了国际博物馆协会、国际文物保护学会两个国际组织。此外，每年故宫都会开办各种学术讲座和研讨会，召集国内外大批专家和学者共同研究和探讨故宫的历史文化以及相关科研项目，为新时代下传统文化的保护、传承以及活化贡献力量。现今的故宫在无数专家学者的不断探索研究下，已经汇集了丰富的学术成果。以《故宫博物院院刊》为例，它于1958年创刊，1979年复刊，经过多年发展已被国内多个学术期刊评价体系评为核心刊物，内容包含了文保科技、古建筑、古文字研究等，致力于故宫自身学术研究的深化以及学术故宫的整体发展。除此之外，故宫还出版了《紫禁城》期刊、《故宫学刊》等有关故宫文化和历史的期刊、书籍、画册，这些出版物不仅为专家学者提供了研究资料，也为公众提供了学习和了解故宫文化的机会。

同时，故宫还提供多种多样的方式为大众进行科普，如数字展览，利用数字技术开办线上虚拟展览，使观众足不出户就能欣赏到故宫的珍贵文化和历史遗迹。如讲座，故宫经常开办讲座，内容丰富且形式多样，既有针对普通观众的，也有针对专业人士的。在讲座中公众可以更加深入地了解故宫的历史和文化内涵。再如社交媒体传播，故宫在各大社交平台开通官方账号，通过发布图片、视频以及直播等方式进行知识输出，同时观众还可以与其进行互动，提出问题和建议。

故宫还针对青少年开发了一系列互动性强、趣味十足的科普教育课程。包括了趣味读物、互动游戏、云课堂等。以2021年故宫博物院联合快手护苗推出线上版“故宫知识课堂”为例，在10天内组织了20场线上直播课。学生们都可以在线和权威专家交流，从而加深了学生们对故宫的了解，解开了学生们对于故宫文化和传统知识的诸多疑惑。直播课堂还融入了有奖问答、互动提问的方式，为学生们奉献出一场场趣味十足、干货满满的知识盛宴。故宫博物院前院长单霁翔曾说过：故宫知识课堂是免费的，希望孩子们能在博物馆中长大，能够热爱传统文化，对传统文化能够从小建立认知。

故宫在科普教育方面做出了很多的努力与尝试。这些举措不仅加强了公众对故宫文化的认识，提高了公众对于传统文化的重视程度，同时也丰富了人们的生活，增添了人们的乐趣。

（三）空间搭建

1. 虚实融合的沉浸空间

在国家政策、数字技术、国民消费等大环境的影响下，文旅产业已经成为数字技术的重要应用领域，沉浸式文旅的新业态和新消费模式不断涌现。《“十四五”文化发展规划》中也明确提出了要加快文化产业数字化布局、推动科技赋能文化产业、健全现代文化产业体系等一系列政策规划。从而，故宫在元宇宙的浪潮下探索出利于文化传播的数字化新空间。

2015年故宫博物院端门数字馆落成，是国内首家由古代建筑、传统文化和现代科技相融合的数字展厅。展厅中仅有一件明代时期的铜铸大钟是实体文物，其余展品完全通过数字化进行陈列。2017年展出的“发现·养心殿——主题数字体验展”通过AI、AR、语音和图像识别等技术复原了养心殿的主要场景，开发了“召见大臣”“批阅奏折”等趣味项目，观众穿戴虚拟现实头盔就能在“数字养心殿”中体验皇帝的一天，从而使观众在亲身体验中对古建文物和清宫知识有了一定的了解。2023年，故宫持续发力，将体验场景搬出展厅，嵌入人们真实的生活场景之中。在成都展出的《画游千里江山——故宫沉浸艺术展》是由故宫出版社联合凤凰数字科技共同创制的作品，也是全国首个地铁数字展览空间。此展览以《千里江山图》为创作灵感，其中包含沉浸交互、艺术装置、空间造景等不同形式的展项。同时，还采用了多种前沿的数字技术。例如采用实时分层渲染技术与时间变换系统将《千里江山图》变成动态数字长卷，交替展现破晓、白昼、雨后、黄昏、月夜五种场景；再如采用虚拟现实、全息投影、即时交互等技术，打造出声、光、影沉浸式交互场景；最后通过舞蹈、音乐等进行辅助展现，让观众全身心在这幻境空间中零距离感受这幅千年之作。此外，展方以展览的主题和内容为灵感，开发出精致别样的相关文创产品，解锁了消费新业态。

在游戏方面，故宫也融入了沉浸式体验，例如《谜宫·如意琳琅图籍》，这是故宫首次推出实物+线上+实地三端一体的互动解谜游戏，书中涉及的历史知识和文化背景为读者提供了沉浸式阅读体验，结合谜案馆app观众能够获得更多游戏线索，游戏还包含了故宫实地探索玩法，玩家最终可以拿着线索和地图，前往故宫博物院实地探宝。这种线上线下融合式沉浸体验，既能学习到历史文化知识，同时又大大增加了新鲜感、参与感，对消费者十分具有吸引力。

故宫打造的沉浸式体验空间，实现了“入场即入戏”，解锁了新的文化传播模式的同时也促成了新的消费业态，为公众提供了更加丰富、更加真实、更加新奇的文化娱乐空间和消费体验。

2. 多业态的融合

故宫的数字化建设发展至今已涵盖了社交媒介、公共服务、文物展示与保护、科普教育、电子商务等多业态空间。其中在社交媒介方面，故宫采用多元化宣传社交手段，用信息技术不断优化门户网站，同时开拓不同社交媒体平台，例如微博、微信、抖音、小红书等，这些平台使故宫接触到不同的受众群体，分享不同的文化内容，满足用户的多元化需求。故宫在公共服务体系方面也越来越完善，不断更新线上服务为大众提供便捷，同时提供定制化服务；在文化展示方面，故宫从2012年开始陆续上新app，其中包括每日故宫、紫禁城祥瑞、韩熙载夜宴图等，力求通过不同的类型的app展现不同的历史故事、不同的文物藏品，从而满足不同类型用户的多样化需求，进行有针对性的文化展示。在电子商务方面，故宫也拥有多家线上商铺，例如淘宝商店，故宫文创旗舰店、故宫V店等，虽然都是商店，但也进行了风格划分，极大地满足了大众的不同需求。目前，故宫经过20多年的数字化建设，数字故宫的构建日趋完善，已经逐渐建立起了与真实世界相融的虚拟数字空间，具有了文旅元宇宙形态。

三、故宫文旅元宇宙的传播策略

（一）多平台运营：满足公众需求

故宫自2001年就对外发布了官方网站，并通过数字技术不断进行优化，目前主要分为导览、展览、探索、教育等栏目，内容丰富全面，便于用户按需查找。故宫还推出了英文网站和青少年网站，根据用户特点设计页面内容，提供定制化的服务，从而有效地提升了故宫的文化传播效果，扩大了其影响力。2020年7月，由腾讯集团和故宫博物院联合打造的“数字故宫”小程序上线，现更名为“故宫博物院”小程序。相比于官方网站、app，“故宫博物院”小程序属于轻量级应用，装嵌在微信中，无须安装下载，无须跳转多平台页面，随时随地进行一站式线上参观体验。随着2.0版本的小程序更新，它变得更加智能化、便捷化、友好化。虽然故宫博物院官方网站和微信小程序在设计理念、功能定位和用户体验上各有侧重，但都全面整合了故宫在线数字服务、内涵海量资讯、广用数字技术，用户无须担心出现信息差、功能差，只需按照自己的需求和喜好进行浏览即可，均会给用户带来良好的体验。

关于移动app，故宫上新至今十余款，运用多媒体视觉技术、AR技术将藏品立体化，生动有趣，满足了用户科普、娱乐、观赏等各种需求。例如“故宫展览”app，采用全景虚拟漫游和AR技术，将虚拟展品与实际展览场景相结合，将展品全方位立体化展现，给予用户全新的观看体验，同时app首页还进行个性化的推荐和展览推荐，让用户更好地了解故宫的历史和文化。

除此之外，故宫在社交媒体平台上也积极开展宣传和互动。例如，在微博上发布各类文化资讯、活动信息和故宫的最新动态；在抖音、小红书上发布短视频，展示故宫的各个角落和历史文化背景。通过这些社交媒体平台，故宫与游客之间的互动更加紧密，也更加便捷地传递了故宫的文化价值。

（二）多元化营销：丰富公众体验

近年来，故宫结合当下新潮流，通过品牌授权、品牌联合，将故宫文化元素与现代潮流现结合。例如2023年6月，故宫宫廷文化携手 Cabbeen 发布联名合作款——“故宫宫廷文化 × Cabbeen ——我喜欢这宫里的世界”，将故宫的色彩美学、建筑特色与时尚新潮结合碰撞出新时代的火花，让传统文化萌发新芽，推动传统文化走在世界潮流之中。另外与百度合作推出小度在家1S故宫文化限定版，实现了古典与现代碰撞，文化与科技融合。小度在家1S拥有专属的待机画面和中国风主题，还有可爱的蓝麒麟配件，推出后受到广泛关注。小度与故宫文化的合作，不仅实现了双方品牌商业价值的最大化，更为中国传统文化的传播树立标杆，带动了文创IP的跨界浪潮。此次合作也被业内誉为2019年最佳跨界IP营销案例之一。

故宫文创也是故宫商业营销版图的重要模块，经过不断地研究与创新，故宫文创产品融入了大量故宫的文化元素和历史故事，让消费者在日常生活中就能感受到传统文化的魅力。例如，故宫的文创产品中有丝巾、围巾、首饰、挂饰、钥匙扣等等，这些产品依产品属性来说存在于公众生活的方方面面。同时故宫通过举办各种互动体验活动，让公众参与到文化创意产品的设计和制作中，使公众在了解和感受传统文化的魅力的同时也提高了公众的参与感和体验感，增强了公众对故宫文创产品的认知和认同。

四、故宫文旅元宇宙的启示

（一）数字化是文化遗产的保护和传承的基础

数字化是文化遗产保护和传承的基石，它使很多故宫珍贵的文化遗产得以跨越时间和空间的限制，以数字化的形式被保存、展示和传播。随着数字技术的不断进步和应用场景的不断拓展，故宫数字化的进程将持续深入，不断探索、创新，寻求更加全面、生动的文化传承方式。

（二）元宇宙是传统文化“两创”的实现路径

故宫文旅元宇宙的打造，为我们提供了传统文化“两创”的有效实现路径。我们可以通过数字技术对传统文化进行深度挖掘和重新解读，将其转化为符合当代审美和需求的文化产品。同时，我们还可以在元宇宙中创造全新的文化场景，让传统文化以全新的形式呈现在人们面前，这不仅有助于推动传统文化的传承和发展，还能够促进文化产业的创新和发展。

（三）消费升级和产业化是可持续发展的关键

大众的消费观念升级和日益增长需求推动了故宫的可持续发展，故宫通过不断创新和丰富文化产品、提升服务质量、探索数字化转型等方式以适应社会环境以及消费市场的变化。其产业化发展也使故宫从一座文化遗产转变为多业态的文旅综合体。这不仅实现了经济效益和社会效益的双赢，也带动了相关文旅产业的良性运转，更为传统文化的传承和创新注入了新的活力。

总结

回顾故宫的发展历程，故宫一直未停下前进的脚步，始终保持着与时俱进的姿态。通过数字化建设不断为故宫赋能，从而使故宫在“四个故宫”建设中方面持续出圈，构建了故宫文旅元宇宙形态。未来，故宫必将持续发力，继续探索数字化文旅新思路、新模式，以适应时代的发展和变化，同时这些经验也为其他博物馆的文旅元宇宙之路提供了可借鉴的方法和模式，共同推动中国文旅产业的蓬勃发展。

【参考文献】

[1]何一晨，崔文睿，吴玉玲.在地性呈现、数字化互动与活态化传承：故宫博物院建构文化数字记忆的传播与研究[J].传播与版权，2023（04）：91-93.

[2]王旭东.使命与担当——故宫博物院95年的回顾与展望[J].故宫博物院院刊刊，2020（10）：5-16+342.

[3]宋俊涛，董洁，张景柯，等.移动互联网时代故宫博物院数字化转型研究[J].商展经济，2022（15）：014-017.

[4]冯乃恩.博物馆数字化建设理念与实践综述——以数字故宫社区为例[J].故宫博物院院刊，2017（01）：108-123+162.

[5]曹武，朱梦宇.数字故宫博物馆建设助力线上文化传播[J].丝网印刷，2023（13）：82-85.

[6]康晓璐.数字时代故宫博物院数字服务提升路径探索[J].新媒体研究,2021,7（23）:23-26.

[7]马晓羚.新媒体环境下“互联网+博物馆教育”的探索研究——以“数字故宫”为例[J].今传媒，2022，30（02）：20-23.

[8]郭海莉. 北京故宫博物院“数字故宫”的文化传播研究[D].湖南师范大学，2020.

[9]纪文岩.故宫文创的跨媒介融合发展[J].文化产业，2023,（23）

[10]曾骁骐，何姣玥，刘润萁，等.中国文旅元宇宙的建构和传播路径研究[J].中国传媒科技，2023（05）：56-59.

[11]马鑫，王芳.元宇宙的概念、技术、应用与影响——一项系统性文献综述[J].图书情报工作，2023，67（18）：113-128.

[12]夏佳雯.元宇宙的特征、风险及治理原则[J].求索，2023（05）：68-73.

共同体视域下的社区传播实践研究

——以“迎风六里社区”为例

卢莎[1]　付朝阳[2]

【摘　要】

社区是社会的基本单元，是社会治理创新的基本平台。随着移动互联网等媒介技术的发展，社交媒体不仅深度嵌入社会行动者个体的日常生活，同时正在深刻改变社区场域下的信息沟通方式及行为交互机制。社区公众号、社区微信群、社区论坛、微博、社区app已经成为社区居民交流、协商的主要工具，同时逐步建构着媒介参与并赋能社区治理的实践范式。本文结合北京市房山区迎风六里社区的调研访谈，总结新媒体视域下社区传播的运行方式与特点，并提出社区媒介的发展建议。

【关键词】

共同体；社区沟通；社区传播

1　卢莎，北京联合大学讲师，主要研究方向为媒介社会学，跨文化传播。

2　付朝阳，北京联合大学新闻与传播系毕业生。

一、理论阐释

（一）共同体：从人的基本存在方式到社会学诠释

1. 作为人的基本存在方式的“共同体”

共同体是人类社会在形成过程之中与形成之后的最基本的自然存在方式。在很大程度上，人天生是共同体的动物，趋向于共同体的生活。可以说，共同体是现实人能够存在且发展的组织结构形态，成为与人类本身融为一体的社会生活方式。任何个体都是群体的有机构成，个体只有成为共同体的一部分，才能真正达成作为一种社会性的类的存在的内在规定性。因此，经由共同体，人的内在本性得以充分表达，并实现了向人的社会性的转化与融合。

古希腊著名思想家亚里士多德从整体与部分关系的哲学高度认为，任何个体都是群体的有机构成，只有成为共同体的一部分，个体才能明确自身定位、体现自身生活的意义，并提出著名论断“人在本性上应该是一个政治动物”。德国客观唯心主义哲学家费尔巴哈认为，人是一种类的存在物，任何一个人只有作为类的一分子，实现“你”和“我”的统一，才能获得真实的存在。他指出，人的本质不仅是“自然的本质”，而且“是历史的本质，是国家的本质，是宗教的本质”[1]，只有“人与人的统一”的“共同体”才内含人的本质[2]。

与亚里士多德将“至善”视为“政治共同体”的最高价值不同，费尔巴哈将理性、爱、意志作为“类”的共同体的最高完善性，希望在“爱”的共同体中实现个体对自身及他人的爱，从而达成人的存在与本质之间的和谐。

2. 从“现实的人”到马克思的共同体思想

马克思扬弃了黑格尔的“绝对精神”和费尔巴哈的唯物主义人本学的立场，继续深入社会历史广阔视域和现实社会关系的丰富实践，从费尔巴哈抽象的对象化的人转向现实的实践的人，形成马克思共同体思想理论前提和价值内核。

马克思认为，“现实的人”离不开其所处的物质生活条件下的社会实践活动，人的社会实践必须建立在物质生产活动中形成的人与人所结成的各种社会关系的基础之上。在《关于费尔巴哈的提纲》中马克思提出，“人的本质并不是单个人所固有的抽象物。在其现实性上，它是一切社会关系的总和。”“现实的人”的本质不是抽象的，也不是由自然决定的，而是由社会决定的。马克思正

---

1 费尔巴哈.费尔巴哈哲学著作选集（上卷）[M].荣震华，等译.北京：商务印书馆，1984：116.

2 费尔巴哈.费尔巴哈哲学著作选集（上卷）[M].荣震华，等译.北京：商务印书馆，1984：185.

是从“现实的人”出发，提出有关共同体的思想。在《德意志意识形态》中马克思指出，从古代地域性的“自然而然地共同体”到近代的“虚拟的共同体”，直至“真正的共同体”即自由人的联合体，社会在人类历史发展的不同阶段呈现出共同体演进的不同表现形态，现实的具体的人的发展与共同体存在着密切的内在联系。

在马克思看来，共同体是人的存在的基本方式，“只有在共同体中，个人才能获得全面发展其才能的手段”，只有“真正的共同体”才能够实现人的本质。因此，共同体实际上就是人与人之间结成的社会关系，主要体现为生产关系、交换关系、分配关系和消费关系等。而“真正共同体”是对“虚伪共同体”的扬弃，是以“自然而然的共同体”为基点，经由“虚拟的共同体”的辩证发展的逻辑结果，是“自然而然的共同体”的更高层次的超越与回归。在“真正的共同体”中，个人既是一个特殊性的个体，充分彰显个性；又是一个普遍性的整体，承载着共同体所赋予的责任、权益与价值。

3. 共同体的社会学诠释

19世纪以前，共同体与社会是结合在一起的。共同体是人类社会最基本的自然存在方式，社会表现为各种形态的共同体的抽象性综合或名称指代。随着社会分工精细化、生产方式规模化、社会关系原子化的发展变革，共同体的社群形态不断演化出日趋客观化的组织方式即“社会”。在某种程度上，共同体与“社会”开始在实践层面逐步分离。

德国社会学家斐迪南·滕尼斯在马克思的共同体思想基础上将共同体与社会从学理上分割开来，分布指涉人的存在方式的两种不同样态，从而完成了对共同体作为社会学基本概念的确认与界定。

在《共同体与社会》一书中，滕尼斯指出，“一切社会的实体都是心理的本质的人造物，它们的社会学概念必然同时也是心理学概念”；意志是人类活动的缘起与动因，意志的形式与性质决定着特定的人类行为趋向与存在形态。滕尼斯将人的意志划分为本质意志和选择意志两种形式。本质意志是人类天生具有的人的生命有机体的自然统一的原则，选择意志则是人类基于所涉及的活动的目的与手段的思维本身的产物。从意志的存在形式及其所处关系出发，滕尼斯将共同体与社会两个概念的不同做了明确阐释——人的意志处于各种相互关系之中，并支配着关系的结合，“或者被理解为现实的和有机的生命——即共同体的本质，或者被理解为思想的和机械的形态——即社会的概念”[1]。因此，在滕尼斯看来，“共

---

1 滕尼斯.共同体与社会[M].林荣远，译.北京：商务印书馆，1999：43.

同体”与“社会”分别指涉人类历史发展进程中两种不同的生存状态。共同体是人类早期形成的持久而真实的共同生活形态，而社会是新近产生的短暂而表象的共同生活。

滕尼斯将“共同体”从“社会”的概念中分离出来，作为一个基本的社会学概念，“共同体”与“社会”的区别在于：共同体是持久的和真正的共同生活，社会只不过是一种暂时的和表面的共同生活。如果说社会以理性权威为建立基础，可以理解为一种机械的聚合和人工制品；那么共同体则是由人类历史之中自然生发的本质意志加以联结的和谐的社会生活时空[1]，应该理解为一种生机勃勃的有机体。

由此，滕尼斯对共同体概念做出如下界定：共同体是指一种具有共同习俗和价值观念的同质人群构成的关系密切、守望相助、富有人情味的场域。共同体主要是以血缘、习惯和情感为纽带自然生长起来的社会生活形态，其基本形式包括以亲属为基础的血缘共同体、以邻里为基础的地缘共同体和以友谊为基础的精神共同体。

（二）社区：作为共同体的现实形态

1. 共同体的衰落

肇始于工业革命的科技变革和现代化进程，推动了社会生产力的迅猛发展、生产关系的结构性调整和经济社会发展的重大变革。在现代化的现实场域中，现代主义文化成为主导性的社会价值；全球化和信息化改变了共同体对地方的依赖，以及地方对共同体的归属感。现代个体在现代主义文化浸润下不断发生异化，曾经生活的社会共同体在不同程度上被不断解构，成为消逝的远方。

滕尼斯认为“共同体”与“社会”分别指涉人类历史发展进程中两种不同的生存状态，他将人类共同体分为人类传统的礼俗秩序的共同体生活与现代的社会生活两种形态。滕尼斯指出，传统的礼俗秩序的共同体是人的本质意志的天然的有机统一体；在传统社会转向现代社会过程中，现代主义文化发展衍生出选择意志，随着选择意志的发展与扩张，本质意志不断受到侵袭与消解，逐步在分工与交换的基础上形成以契约为纽带的“社会”[2]。这种“社会”，即为现代个体活跃其中的现代商品经济社会。

2. 社区

国外学者相较于中国更早地开展了社区研究。斐迪南·滕尼斯是最早对社区

1 滕尼斯.共同体与社会[M].林荣远，译.北京：商务印书馆，1999：150.

2 滕尼斯.共同体与社会[M].林荣远，译.北京：商务印书馆，1999：34.

进行深入研究的学者之一，基于共同体的研究基础，滕尼斯更为强调社区代表了一种原始的、天然状态下的人的意志的完整统一体。在《共同体与社会》一书中，滕尼斯指出，不同于社会，社区是一种亲密的、持久的和真正的共同体生活；同时，这种社区是“基于一定的地域边界、责任边界、具有共同的纽带联系和生活认同感、归属感的封闭性社会生活共同体”。[1]与滕尼斯对共同体的侧重有所不同，以美国社会学家希勒里为代表的学者认为，社区特指城市居民区，基于特定地域的社会结构和生活方式，居民通过相对紧密的交往形成的稳定社会关系网络。

20世纪30年代初，费孝通先生在翻译滕尼斯的著作《社区与社会》（*Community and Society*，1887年）时，将共同体的概念译为“社区”，并不断展开研究，由此共同体背景下的社区研究成为为西方社会学研究中国化的突破口与基本路径。[2]其后，学者孙立平提出社区是聚居在特定地域的人群通过从事各种活动，形成社会关系的社会实体。他认为，社区是一种社会性的存在[3]，具体通过社区认同、社会关系以及社区组织来实现。

在现实社会生活中，社区成为个体社会生活生成与发展的基本场域，作为共同体现实形态的社区体现着共同体的实质内涵。从本质意志为主导的传统礼俗秩序共同体，到选择意志为主导的以社区为现实形态的共同体，人类赋予共同体的情感价值、认同归属、交往体验，不再游离于理性而宽泛的社会系统，而是逐步聚焦于界面清晰、范围可控的社区场景。从源于西方由滕尼斯首创的“Gemeinschaf”，到经由中国社会学奠基人费孝通先生的本土化阐释而逐步生成关于“社区”的意义共识，社区不仅是以地域为基础的物质生产生活共同体，更是一种承载着情感价值、认同建构、交往功能等文化意义的存在共同体。

3. 社区传播

社区传播的概念由国外引入，相关研究开始出现在社会学领域，后被广泛运用到传播学领域，并出现跨学科、多视野的研究成果。社区传播内嵌于社区生活的诸多方面，从日常的口头交流、组织沟通到基于社交网络平台的线上沟通，具体表现为居民之间的人群聚集和人际沟通，以及围绕社区基础设施、社区宣传栏、社区楼宇广告、社区app、社区论坛、社区网站、社区微信群等传播渠道开展的传播实践。

关于社区传播的研究，国内外学者主要集中在社区传播的理论创新、传播特

1　滕尼斯.共同体与社会[M].林荣远，译.北京：商务印书馆，1999：48-76.

2　费孝通.文化与文化自觉[M].北京：群言出版社，2010：118-130.

3　孙立平.社区、社会资本与社区发育[M].北京：社会建设研讨会，2001（11）：93-96.

点、媒介形态、运作机制、传播主体间关系等议题。

桑德拉·鲍尔·洛基奇与梅尔文·德弗勒对社区内部信息流动的机制及其影响进行分析，首次提出“媒介依赖理论”。一方面揭示出人们在日常生活中对媒介的依赖程度；另一方面深入探讨了社区内部信息流动的多元机制，包括组织沟通、人际交往、媒介使用等多个方面。莱因戈德认为“虚拟社区”是在传统社区解体后寻求新型社区的必然反映；或许应该视为真正的社区，并作为社会契约的一种全新形式来持续关注。

我国学界的社区传播研究，普遍倾向于实证研究方法。学者舒曼以南昌市高新区某村的新生代农民工社区为研究对象，运用参与式调查、焦点小组访谈等多种研究方法对社区传播媒介和活动效能进行分析，从社区媒体如何增强居民认同感的角度开展实证研究。学者腾朋通过社区实地调查的方式发现社区传播在社区治理中具有重要意义，并提出社区公共事务的决策不能仅依赖于单一的、刚性的行政手段，应更加注重沟通、协商与合作的多元手段。

伴随着数字化和信息化的深入发展，技术推动了传统传播模式的深刻变革。在新近的社区传播研究中，中国人民大学新闻学院王斌教授的专著《社区传播论：新媒体赋权下的居民社区沟通机制》一书，以传播学为本位，借鉴新闻学、城市社会学等多学科的有益成果，系统论述了社区传播的基本原理、运行机制及重要意义。跨学科、宽领域的研究视野，为社区传播研究提供了可资借鉴的宝贵学术成果。王斌认为，社区传播是基层传播体系的有机构成部分，又是实体传媒的最重要代表。针对不少学者聚焦于虚拟概念社区研究而导致的去实体化的学术倾向，王斌提出，只有将实体社区和实体社区传播研究清楚，才有可能将研究重点推进至概念社区的研究，大媒体和虚拟社区的研究才具备深入的可能。

本文第二部分关于迎风六里社区传播的实证研究，即建立在上述学术思想、研究方法及实证调研经验的基础之上。

二、迎风六里社区的社区传播调查

（一）迎风六里社区简介

迎风六里社区，是位于北京市房山区迎风街道的商品房社区，面积约为0.34平方公里。社区周边基础设施完善，超市、商业中心、幼儿园、中小学校、医疗机构等生活配套服务齐备，社区内部建有停车场、便利店、健身广场。社区内共有单元135个，住户1946户，外来务工人员近百人。社区成立了社区党支部，曾获得过“首都文明社区”“北京市绿色社区”等荣誉称号，是一个居住环境良好，配套设施完善的社区。

近年来，随着社区相关政策的落实，迎风六里社区逐步形成了包括多点位社区宣传栏、微信公众号、楼长微信群、居民微信群、社区服务app、户外无线LED屏在内的新型社区传播体系，其中最基础与核心的媒介由“迎风六里”公众号、位于社区菜市场外墙的无线LED显示屏、“一起公益吧”服务app、社区微信群构成。

（二）基于调查数据的分析

1. 迎风六里社区的媒介偏好及触达

本次调查共收回100份有效问卷，调查数据分析发现，居民对该社区媒介的了解情况如图1所示。

首先，媒介选择的第一梯队为社区公众号、微信群、QQ群这类网络社交平台，以公众号、微信群为代表的网络社交媒体，成为该社区居民选择最多的媒介方式，占比为63%，100名被试中有78人加入了社区微信群。其次，媒介选择的第二梯队包括电梯间广告、社区公告栏、社区广告，分别占比为49%、48%、46%，社区内设的广告场景内容贴合居民需求、兼有明显位置优势，成为社区媒介中触达率较好的媒介方式。如数据显示，社区公告栏触达被试人群的比例接近一半，说明社区公告栏在社区传播中发挥重要作用。再次，触达比例最小的为社区专属app，社区app功能包括：发布社区信息、参与社区活动、意见留言等，虽然功能齐全，但居民选择社区app的比例很低。

2. 迎风六里社区的主要媒介类型及关注度分布

社区公众号和微信群，是迎风六里社区使用率最高的媒介类型。公众号除了定期刊发社区发布的常规信息，还承担一定的社区公共服务职能。公众号里的服务页面，包含社区党建、社区议事、预约服务、活动报名、网络投票、就业信息、实用知识、文体活动等专栏，同时开通了居民留言板，用户可以通过公众号发布信息及视频。社区微信群，在居委会的主导下建立，包含社区工作人员群、楼长群、居民自建群，微信群的群体细分有效提高了居民之间的沟通效率。

提交有效问卷的100人中有78人加入了社区微信群或关注了社区公众号，图2为社区微信群及公众号内容的分布情况。其中，社区微信群里社区服务信息的占比最多，为62.82%；居委会和物业的公告占比为53.85%；居民交流方面的内容占比最少，为15.38%。

图3为居民关注的社区微信群及公众号内容分布。其中，最受关注内容为社区活动，占比为57%；其次为居委会、街道通告，占比为55%；其后依次为物业

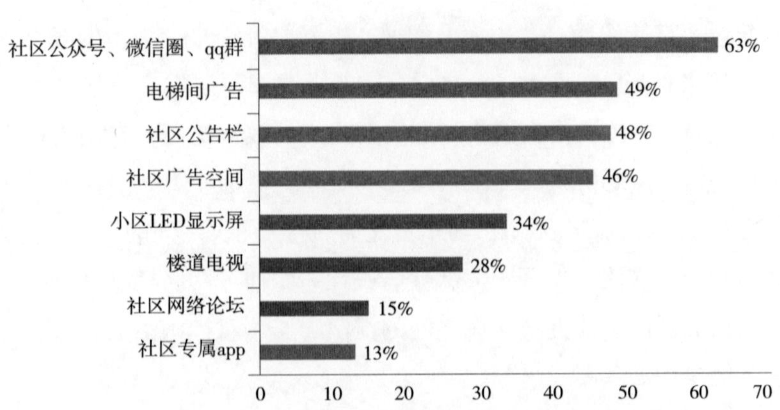

图1　迎风六里社区的媒介选择偏好及触达分布

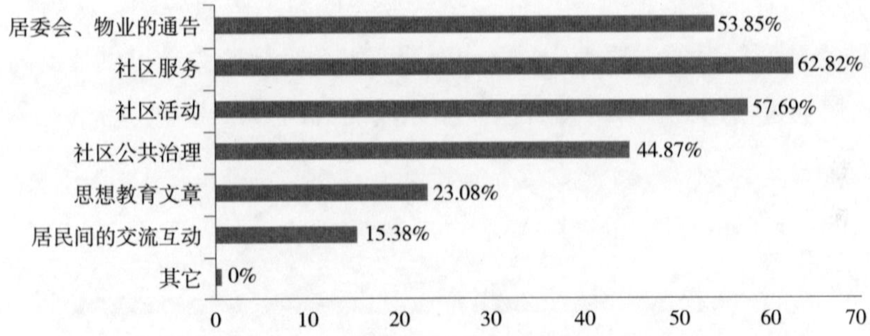

图2　社区微信群及公众号内容占比

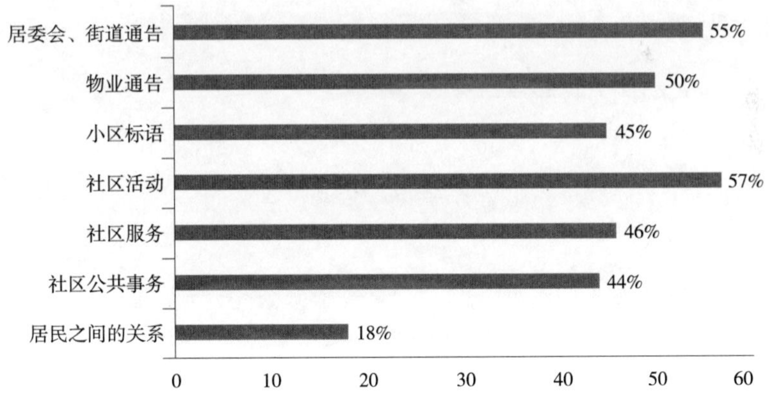

图3　居民关注的内容分布

通告（占比50%），社区服务（占比46%），小区标语（占比45%），社区公共事务（占比44%）；关注度最低的内容为居民之间的关系，占比为18%。

3. 迎风六里社区居民沟通过程中的媒介选择

社区媒介，是居民获取及沟通信息的主要方式。社区场景下的居民沟通，包括传统的面对面直接沟通、业主大会沟通、以网络社交平台为主的线上沟通、居民日常沟通等多种形态。如图4所示，受访者中选择与居委会直接沟通的居民占比为73%，这部分居民认为直接找到居委会沟通的效率更高；在网络社交平台上沟通的占比为64%，受访者认为微信沟通的时间更灵活、方式更便捷；业主大会沟通占比为54%；给居委会致电、写信占比为39%；居民之间的交流占比为26%。

通过与受访者交流，发现：大部分居民认为微信等网络社交平台的沟通方式更便捷，面对面沟通更能促进居民之间的情谊，居民对社区活动有兴趣，多数因时间问题未能参加。

4. 居民关于社区媒介功能及传播效能的评价

依据收回的100份有效问卷，如图5所示，67%的人认为社区媒介为社区沟通提供了方便，社区微信群等网络社交平台极大提高了沟通效率；认为社区媒介有利于结交社区居民的占比为58%；认为社区媒介为社区沟通提供帮助的占比为55%；居民通过使用社区媒介对社区产生认同的占比为19%。

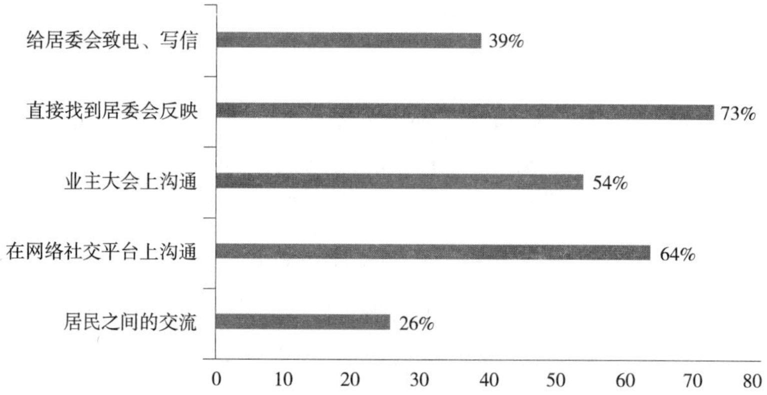

图4 居民沟通过程中的媒介选择

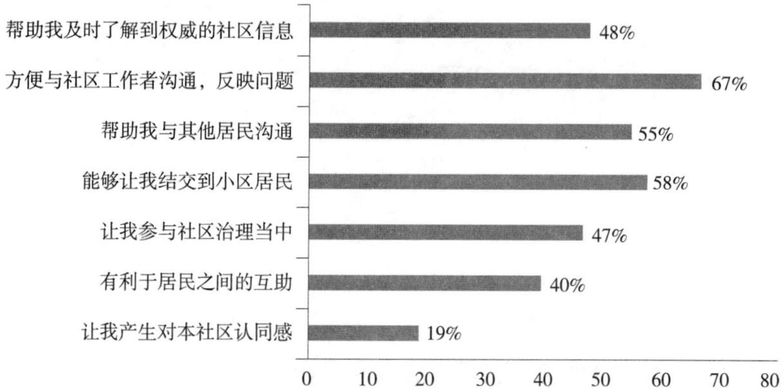

图5 关于社区媒介功能及传播效能的评价

通过与受访者交流，发现，对社区媒介评价较好的受访者认为该社区的媒体平台设施完整，社区微信群和公众号方便实用，社区工作者认真负责；居民对社区媒介认同感的调查发现，对社区媒介评价较低意的调查者表示该社区的媒介服务陈旧、社区宣传栏和微信公众号内容单调匮乏。

三、社区传播的媒介发展建议

借鉴迎风六里社区有关社区传播的调研，发现社区传播在内容、形式、运行等多方面尚存在诸多问题，以下重点讨论两个建设。

（一）对社区传播的形态及内容进行系统规划

社区传播，是在社区相对封闭的场域下，依托互联网和信息技术，及时发布信息，完成社区沟通职能的媒介方式。多元丰富的社区传播场景，为居民提供了共同在场的平台，具有空间依附性弱、可控性高、互动性强、反馈及时等优势。

问卷调查数据显示，以社区微信群、社区公众号为代表的社区新媒体是居民优先选择的社区传播媒介，并逐步固定为媒介选择习惯。新媒体技术深度嵌入社区场景，社区微信平台已经成为居民参与社区生活的重要平台。通过微信平台分享信息、发布公告、广告宣传、互帮互助，可以在居民中间建立有效的联结，并逐步培育和谐亲切的邻里关系。

关于社区微信平台建设，首先，需要结合社区特点和居民需求对微信平台的内容、形式、更新时间、互动方式、版面风格进行系统规划；其次，微信平台管理员，需要具备良好的职业素养和道德修养，能够积极承担调动气氛和引发话题的责任，管理平台的同时促进社区居民的互动交流，维护并建设和谐温馨的社区交流平台；最后，社区微信平台要注重调动居民参与平台共建共创，鼓励居民积极投稿，增强社区微信平台的居民参与度。

新媒体之外的社区传播形态，虽然占比不高，对于社区传播平台建设也是不可或缺的重要环节。特别是社区楼宇广告、社区宣传栏、社区户外电子屏，不仅是居民获取信息的直接渠道，也是传达社区文化、建立社区团结纽带的有效途径，需要从内容与形式、技术与艺术等方面进行系统规划、科学管理和有效实践。

（二）对社区传播的意义及价值进行深度发掘

社区是社会的基本单元，是社会治理的末端和基础；社区传播作为社区场域下的具象传播体系，是从社区小场景到社会大时空的交叉界面，承载着舆论引导、信息传递、价值传导、文化培育、认同建构的重要意义。

首先，以微信、微博、app、户外宣传栏、楼宇广告等媒体形式为主体的社区传播平台，正在成为社区居民获取信息的优选渠道。点击率和阅读量创造的可观流量，为社区传播平台自身建设提供了良好基础，也为社区传播的内容生产提出了更高要求。因此，社区传播不仅关乎传播，也是关乎社区发展、社区治理的重要一体。

其次，社区传播不仅承担信息传播的功能，更要承担舆论引导、宣传教育、文化培育的功能。2016年4月，习近平总书记在网络安全和信息化工作座谈会上的讲话指出，“让互联网成为我们同群众交流沟通的新平台，成为了解群众、贴近群众、为群众排忧解难的新途径，成为发扬人民民主、接受人民监督的新渠道。”社区是社会治理的基础单元，社区传播、社区新媒体作为社区基层的媒体平台，承担着密切联系群众、了解居民需求、落实基层服务的重要责任。

此外，社区传播立足社区、扎根社区，以共同体思想提供文明对话、文化融汇、生态友好的开放共享平台。社区是一个具体而现实的社会生活空间；在社区内，作为社会行动者的居民通过交往行为，建构起不同类型的社区公共领域，形成共时性的公众舆论与价值规范，并逐步建立起兼具“共同体”与“现代性”的社区文化范式。文化是人类的生活方式，是共同体思想的表现形态和实践路径。以社区传播内容建设和价值引导为基础建立的社区文化范式，保留了“共同体”的包容与宽阔，克服了“现代性”疏离与散乱，为社区行动者提供了必要的文化依托与认同归属，通过改善文化失调在一定程度上缓解社区冲突或社会问题。

附录　社区媒介触达及应用情况调查

本问卷面向社区内的常住人口（居住三个月以上），仅用于调研及写作，会占用您5—10分钟时间，感谢您完整填写本问卷。

1. 性别 [单选题]

○男

○女

2. 您的年龄段：[单选题]

○16~19　○20~29　○30~39　○40~49　○50~59　○60以上

3. 学历状况 [单选题]

○没上过学

○小学

○初中

○高中 中专

○大专

○大学及以上

4. 政治面貌 [单选题]

○中共党员

○共青团员

○群众

○民主党派

5. 您目前从事的行业 [单选题]

○工人

○外出打工

○干部

○事业单位职工

○经商

○企业员工

○学生

○自由职业

○其他行业

○无职业

6. 您在本小区接触到的媒介有哪些 [多选题]

□社区公告栏

□社区广告空间

□社区公众号、微信群、qq群

□电梯间广告

□小区LED显示屏

□楼道电视

□社区网络论坛

□社区专属app

7. 您是否加入了社区微信群、qq群、论坛等网络社交平台 [单选题]

○是

○否

8. 您认为，从社区媒介（包括微信群、qq群、论坛）主要获取哪些内容 [多选题]

□居委会、物业的通告

□社区服务

□社区活动

□社区公共治理

□思想教育文章

□居民间的交流互动

□其他

9. 社区微信群等社交媒体内容发布者为 [多选题]

□物业工作人员

□居委会街道人员

□社区志愿者

□社区居民

□社区周边商户

10. 您使用频率最高的三种媒介依次是哪些 [排序题，请从高到低依次选择，在中括号内填入排序数字]

[ ] 电视

[ ] 报刊

[ ] 杂志

[ ] 广播

[ ] 户外媒体

[ ] 网络

11. 您平日接触的社区媒介[矩阵单选题] *

	经常接触	有时接触	偶尔接触	从未接触
社区公告栏	○	○	○	○
社区广告空间	○	○	○	○
社区微信群、qq群、公众号	○	○	○	○
电梯间广告	○	○	○	○
小区LED显示屏	○	○	○	○
楼道电视	○	○	○	○
社区网络论坛	○	○	○	○
社区专属app	○	○	○	○

12. 您浏览社区治理信息的渠道有几种 [多选题]

□社区居委会

□业主大会

□网络平台（微信群、社区app等）

□居民之间的谈论

13. 请选出您最喜欢的发布社区信息的渠道 [单选题]

○社区居委会

○业主大会

○网络平台（微信群等）

○居民之间的谈论

14. 您所关注的社区信息有几类 [多选题]

□居委会，街道通告

□物业通告

□小区标语

□社区活动

□社区服务

□社区公共事务

□居民之间的关系

15. 您反映社区问题的方式有哪些 [多选题]

□给居委会致电、写信

□直接找到居委会反映

□业主大会上沟通

□在网络社交平台上沟通

□居民之间的交流

16. 您与其他居民沟通的方式有哪些 [多选题]

□通过居委会的活动

□面对面交谈

□微信群等网络上沟通

□参加业委会

□相互之间产生纠纷

17. 您认为社区媒介发挥了哪些作业 [多选题]

□帮助我及时了解到权威的社区信息

□方便与社区工作者沟通，反映问题

□帮助我与其他居民沟通

□能够让我结交到小区居民

□让我参与社区治理当中

□有利于居民之间的互助

□让我产生对本社区认同感

18. 您对社区媒介的信任程度如何，1–5数字越大信任度越高，1代表很不信任，2代表不信任，3代表一般，4代表信任，5代表很信任 [单选题]

很不信任　○1　○2　○3　○4　○5　很信任

19.您对社区媒介的满意度如何，数字越大满意度越高，1代表很不满意，2代表不满意，3代表一般，4代表满意，5代表很满意 [单选题]

很不满意　○1　○2　○3　○4　○5　很满意

20.请简单说一说您对社区媒介的意见 [填空题]

____

第二篇

城市文化与数字叙事

广西苗族蜡染在抖音上的符号传播研究

马君蕊[1]　马晨倩[2]

【摘　要】

苗族蜡染不仅是我国的非物质文化遗产，也是民间艺术和民族创造力的重要表现形式。在传统媒体时代，苗族蜡染大多通过田野教学、报纸和电视报道等方式传播，让这一精美的手工艺项目走到很多人的身边。本研究运用符号互动理论分析广西苗族蜡染在中国社交媒体——抖音中传播的现状和特点，为进一步提升广西苗族蜡染在抖音中的传播提出建议，促进广西苗族蜡染在抖音中的传播。

【关键词】

广西融水苗族蜡染；符号互动论；社交媒体传播

1　马君蕊，北京联合大学讲师，研究方向为社交媒体品牌营销。

2　马晨倩，北京联合大学2018级网络与新媒体专业本科。

一、研究背景

蜡染作为我国少数民族的民间手工艺品之一，在绘画、勾勒、印染等环节均采用手工制作，体现了少数民族优秀的创造力。苗族蜡染历史悠久，内涵丰富，隐藏着代代相传的传统文化符号。起初，蜡染主要用来制作衣服，大多是家庭自给自足。在古代“男耕女织”的观念下，蜡染几乎成为所有苗族妇女掌握的技艺之一。她们上山采枫蜡、青黛草，亲手制作蜡染布，根据传说所记载的民间故事和日常生活，绘制出独特的“深蓝艺术”。

由于起源于深山，蜡染工艺最初大多在小范围的“家庭作坊”中传承。传统媒体时代报纸、电视的出现，为蜡染工艺走出苗山，传播到全国各地奠定了基础。但随着工业化大生产的发展，苗族蜡染传播的小众性、传承人的流失等因素对苗族蜡染文化的传播产生了一定的影响。由于商业经济需求疲软，苗族蜡染也从实用性转变为“实用与装饰并存”。

随着新媒体时代的到来，新媒体技术逐渐普及，每个人都可以访问互联网平台，使用社交媒体软件来分享信息，许多个人和组织在一些社交媒体平台上传播蜡染工艺的内容，收获了很多粉丝。多种媒体技术融合的呈现形式，为社交媒体内容的传播增添了不少吸引力。人与人之间的交流形成了“符号—虚拟场景—符号”的关系链。尽管如此，利用新媒体技术进一步扩大苗族蜡染的影响力还有很大的提升空间，其现状和未来的传播趋势与特点值得进一步研究和探索。

（一）中国的苗族蜡染

蜡染是中国传统手工艺经典之一。国内民间蜡染工艺文化可追溯到秦汉时期，主要分布在西南少数民族地区。那时，人们开始使用蜂蜡作为染色材料制作白色图案印花织物，这比埃及和印度早了数百年。[1]

蜡染，与扎染、镂空印花并称为我国古代三大印花技法。蜡染是用蜡刀蘸上融化的蜡，在布上勾勒，然后放入准备好的靛蓝中浸染。去蜡后，布料会呈现出各种蓝底白花的图案。同时，在浸染过程中，作为防污剂的蜡质自然开裂，使布面呈现出特殊的“冰纹”，格外引人注目。各地蜡染在制作过程中，所用材料、勾勒手法和表现形式各不相同。广西融水县苗族蜡染，所用材料多为天然材料。

---

1 LiuY，KoYC.ResearchonInheritanceEducationofMiaoBatik[J].JournalofFrontiersinEducationalResearchClausiusScientificPress，Canada，2021，1（3）：51-63.

当地山林多，气候湿润，人们常将枫树的汁液提取出来，与黄油或蜂蜡混合，成为蜡染常用的原料。云贵川地区的苗族蜡染多以蜂蜡、白蜡为作画材料。苗族蜡染图案丰富，款式优美，彰显了少数民族浓厚的艺术魅力。[1]

蜡染工艺的制作过程可分为点蜡、染色、脱蜡三个步骤。由于所追求的风格不同，各地的苗族蜡染在制作过程中会有不同的表现，但这三个主要步骤还是密不可分的。

美国学者托马斯·弗朗西斯·卡特在他的《中国印刷术的发明和西传》一书中说："中国早期的蜡染制品比埃及、日本、秘鲁和爪哇发现的要早得多，尤其是在敦煌石窟和在新疆吐鲁番出土的蜡染制品上可以证明这一点。"关于蜡染的起源，很多学者坚持蜡染多元起源说，即蜡染在世界不同国家独立发展，不同地区的蜡染有自己的风格和制作方法。在中国，秦代以前就有关于蜡染的记载，唐代尤为盛行。

（二）苗族蜡染的价值

20世纪90年代中期以来，中国推动少数民族文化的商品化。这包括利用少数民族文化来吸引商业投资，从而将推广当地文化用于经济目的。政府还对少数民族实施诸如"文化发展"等政策，从而将文化用于商业目的。[2]2006年，苗族蜡染技艺被列入国家级非物质文化遗产名录。目前，少数民族的经济发展离不开这些手工业。"我们苗族在历史上是没有文字的，想记录什么的时候，就用蜡染画在衣服上，代表我们的故事。"在考察融水苗族蜡染基地时，传承人梁桂英女士说。苗族蜡染不仅在于其图案之美，更在于其图案反映了苗族人民的实际生活。苗族的文化习俗融入其中，也凝聚着苗族的精神情感。苗族蜡染在苗族文化中占有重要地位。"它以其独特的工艺揭示了苗族丰富的宗教信仰、生活习俗、审美观念等文化内涵。然而，随着经济的发展，外来文化对少数民族地区的冲击也越来越严重。因此，我们应该重视苗族蜡染文化的传承与发展。"[3]蜡染的出现，为手工艺艺术装饰提供了新的方向。独特的染色工艺，不仅体现了苗族人民的智慧，也更多地体现了中华文化之美。同时，蜡染可广泛应用于装饰领域，在越来越多的领域可以看到蜡染的创新表现形式。

---

1 王蕴强.广西苗族的浆染[J].装饰，1982（01）：53+36.

2 ChenZ.CraftingBatik，CraftingDevelopment：CulturalRenovation，LocalPoliticsandDevelopmentDilemmasinSouthwestChina[M].ClarkUniversity，2018.

3 LiuY，KoYC.ResearchonInheritanceEducationofMiaoBatik[J].JournalofFrontiersinEducationalResearchClausiusScientificPress，Canada，2021，1（3）：51-63.

二、理论模型及研究设计

(一)符号互动论

符号互动是一种社会学理论。它是由美国社会学家米德创立的。其植根于实用主义理论视角，强调活动、过程和消除二元论。人们生活在自然环境和象征环境中。米德的学生和诠释者布鲁默创造了这个词并提出了一个有影响的总结：人们根据事物已经具有的意义以某种方式对待事物，这些意义来自社会互动并通过解释修改。

索绪尔是一位语言学家，他发展了一般语言学理论的基础。索绪尔提供了符号的“二元”或两部分模型。他将符号定义为由以下部分组成：“能指”——符号所采用的形式；“所指”——它所代表的概念。符号是能指与所指关联的整体。[1]对索绪尔来说，能指和所指都纯粹是“心理的”。如今，虽然基本的“索绪尔”模型被普遍采用，但它往往比索绪尔本人的模型更加唯物主义。能指现在通常被解释为符号的物质形式——它是可以看到、听到、触摸、闻到或尝到的东西。

文化符号具有很强的指涉性，具有民族特色，具有价值观念，在传播中能产生一定的凝聚作用。它们是一个民族、国家或地区的物质文化和精神文化。苗族蜡染工艺作为中国少数民族文化的重要表现形式之一，其文化符号及其相互作用有利于强化民族共同体意识，值得我们关注和深入分析。蜡染设计的多样性，无论是外延还是内涵，都指向了先前高低文化差异之间有趣的融合。蜡染的符号学研究有助于证明日常实践的复杂性和细微差别，以及赋予高或低文化鸿沟以及其新含义的历史变化。[2]

根据符号交互理论的基本原理，作者将其归纳为如下关系图（图1）。图中主要包括主体和客体作为互动中的两方，他们互动交流的情境，以及在交流中作为载体的符号所代表的意义。人与人之间符号的交换是动态的、双向的，意义的解释也在不断变化。作者将这些符号分为三类：情境符号、人物符号和内容符号。它们的存在对意义的表达和接受者，以及对意义的解释都有一定的影响。

---

1 SaussureF.Courseingenerallinguistics，trans[J].R.Harris，London：Duckworth，1983，4.

2 YunusU，TulasiD.BatikSemioticsasamediaofcommunicationinJava[J].Cultura，2012，9（2）：143-150.

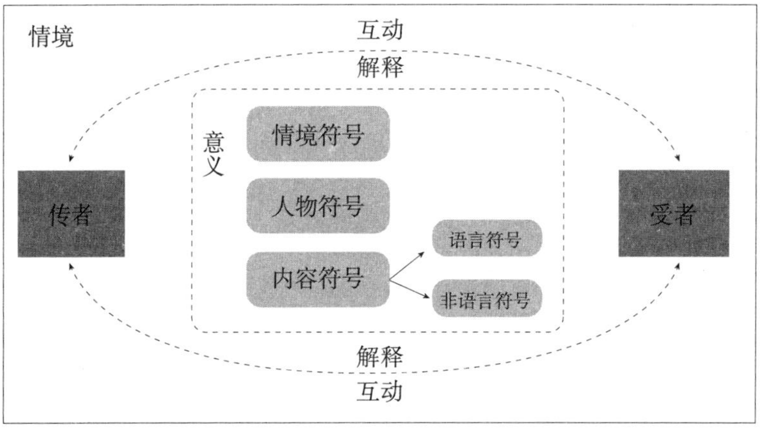

图1　社交媒体环境下的符号互动论模型

（二）研究方法设计

本研究首先通过实地考察，了解中国广西苗族蜡染传播从线下到线上的变化；然后通过线上观察的方式，了解中国广西苗族蜡染在抖音上的传播现状；最后运用符号互动论分析苗族蜡染文化在抖音中的传播。

观察的重点是抖音上关于广西苗族蜡染文化的账号信息。第一步，用关键词搜索“广西融水苗族蜡染”。第二步，确定IP或账号内容信息属于广西融水苗族蜡染。苗族分布在中国西南地区，包括湖南省、贵州省和四川省。本研究以广西苗族蜡染为研究对象，抖音的IP地域功能很好地区分了这种文化的地域界限。在确认短视频中的内容为真实有效的苗族蜡染文化活动后，收集短视频中抖音算法推荐的内容如下表（表1）。

表1　抖音账号信息（2022-5-30）

序号	账号名称	账号类型	整体账户内容	短视频内容	粉丝数/点赞数/评论数	相关人员
1	融水文旅	蓝V	文旅	植物染	2.7万/122/5	
2	花姨	个人	设计	手工蜡染	253/7/0	
3	大苗山旅行	蓝V	旅游	苗族蜡染	4403/38/3	梁桂英
4	APao安丽	个人	少数民族文化	传统文化	418/37/2	梁桂英、贾霞
5	融水文旅	蓝V	文旅	苗族织锦、蜡染	2.7万/227/8	梁桂英
6	融水苗妹何欢	个人	舞蹈	苗族蜡染	4.8万/343/31	梁桂英

续表

序号	账号名称	账号类型	整体账户内容	短视频内容	粉丝数/点赞数/评论数	相关人员
7	妙	个人	少数民族文化	培训班通知	138/1/2	
8	融水文化馆	蓝V	非遗	苗族蜡染	1770/7/1	贾霞
9	融水文旅	蓝V	文旅	植物染	2.7万/5604/10	
10	西贝mm,《从江艺绣汇绣庄》	个人	刺绣	苗族风格	2883/16/0	
11	呜诺融水	个人	少数民族文化	靛蓝染色	6205/83/8	
12	路路	个人	个人生活分享	培训班通知	529/82/11	
13	融水银艺小匠	个人	苗族银饰锻造技艺	苗族蜡染	4328/54/3	梁桂英、贾霞
14	苗妹九秧	个人	少数民族文化	苗族蜡染	6.6万/157/18	梁桂英
15	爱在绿城	西瓜视频账号	少数民族文化	苗族蜡染	5429/1/0	
16	广西旅游商品	个人	旅游产品介绍	蜡染旅游产品	274/8/0	
17	光明网	蓝V	新闻	苗族蜡染制作过程	1669.7万/1347/23	
18	匠作司青鸾	个人	中国传统文化艺术	苗族蜡染	382/265/9	
19	九妹小美	个人	苗族服装	苗族蜡染	9435/203/9	
20	南宁博物馆	蓝V	广西文化	蜡染体验活动	161/6/0	

三、调查结果分析

（一）传统媒体时代广西蜡染文化的传播

1. 传统媒体时代的苗族蜡染传播形式

通过对受访者的深度访谈，笔者了解了传统媒体时代广西苗族蜡染的传播情况。20世纪八九十年代，本地旅游业开始慢慢兴起。许多游客选择到少数民族聚集的地区旅游。蜡染工艺品作为民族特色的展示，受到了广大游客的关注和喜爱。受限于拍摄和分享的技术，人们会用老式的胶片相机来记录蜡染的风采。许多记者和学者在报纸和期刊上发表他们记录的内容。中国学者王蕴强于1980年发表了一篇题为《广西苗族的浆染》的期刊论文。当时，苗族蜡染被学者称为“民间浆染”，与贵州蜡染有异曲同工之妙。文章对蜡染的制作方法进行了初步介绍，希望能引起其他地区人士的关注。1987年，记者龙文斌在《展望周刊》刊登了苗族蜡染艺术家杨锦秀的故事，讲述了她为蜡染的传承而努力，将这一传统工艺之美从深山苗寨走向国际的故事。此文的发表，让更多人看到了中华民族文化的魅力，也通过记录个人事迹，加深了读者对苗族蜡染的了解。报刊报道采用黑白图文结合。在作者生动的描述下，读者可以了解到苗族蜡染工艺之美，也是传统媒体时代苗族蜡染的主要传播方式之一。

随着21世纪的到来，电视越来越普及，已经成为每个家庭不可或缺的重要标配。地方电视台根据当地民族特色开办了相应的民族栏目。例如，广西卫视新闻栏目《摆古》采访了融水自治县蜡染传承人梁桂英女士。栏目通过记者采访、录像、传承人讲解等方式向观众展示广西苗族蜡染之美。

在传统媒体时代，苗族蜡染文化不仅仅是通过报刊、电视传播，在当地旅游区设立文化中心、美术馆等已成为现场传播苗族蜡染文化的方式之一。如广西融水苗族自治县苗族文化馆，在馆内陈列蜡染作品，张贴蜡染传承人海报，蜡染科普介绍图文海报，并设置讲解员讲解等方式供游客参观学习。

2. 传统媒体时代广西苗族蜡染传播的特点

通过采访广西苗族蜡染艺术传承人，我们了解到，在报刊和电视对苗族蜡染的传播中，大多是以传承人个人事迹的报道为主，从苗族蜡染的角度介绍苗族蜡染工艺的传承人。

（1）内容单向输出

报刊、电视内容的出版通常需要经过层层把关和筛选。从选题、采访、拍摄到写作、编辑、发布，制作过程都比较耗时，需要记者、摄影师、编辑等多方面的配合。在一定程度上，报纸和电视的输出方式缺乏受众的即时反馈机制，不利于发送者和接收者之间的互动。

（2）受众广泛

在20世纪80年代和90年代的中国，阅读报刊成为大多数人获取新闻信息的主要途径之一。通过资料收集，笔者了解到，关于广西苗族蜡染的报道多为人物事迹和工艺介绍。报道的篇幅多为中篇或长篇，占据较大的报纸版面，能引起读者的注意，也能产生一定的影响力。随着21世纪的到来，电视的普及使得传播内容以家庭为单位进行交流，极大地提升了电视节目播出的影响力。关于蜡染的报道多出现在地方电视台的新闻栏目和民族文化栏目中，受众面广，影响大。

（3）影响时间短

过去，报纸虽然是人们获取信息的主要途径，但大多数人将其视为“一次性阅读材料”，看完后就放在一边，很少拿出来反复阅读。除了电视剧、电影、每日新闻等，播出蜡染相关内容的电视节目很少在同一时间段长时间播出。在这种情况下，人们往往对报刊和电视刊登的苗族蜡染内容有一种模糊的认识。内容的热度过去之后，就会进入一个更长的冷却时期，直到人们陆续遗忘。

综上所述，在传统媒体时代，广西苗族蜡染的传播主要以报纸、杂志和电视广播为主。虽然产生了一定的影响，获得了更多的外界关注，但不利于维持传播的热度和受众对此类信息的保留、检索和分享。进入新媒体时代，用户在信息发布和获取上有了更高的自由度，传播的速度和影响力也得到了极大的提升。这为苗族蜡染的交流提供了新的平台和思路，也打破了苗族蜡染的地域划分。民族之美，为更多人提供了新的传播途径。

（二）广西苗族蜡染文化在抖音平台的传播

在收集到的21个账号信息中，蓝V官方账号有7个，占总数的1/3。剩下的2/3是个人账户。

广西苗族蜡染在新媒体环境下的传播有了新的符号表达。传播者是传播苗族蜡染文化的用户，受众是所有能够接收到该信息的用户。两者的交互主要通过三种符号来传达意义，即情境符号、人物符号和内容符号。这些符号共同构成了苗族蜡染文化的符号叙事，在双方的互动中丰富了意义，从而促进了各民族之间的情感认同和文化自信，促进了对苗族蜡染文化的认识、关注和热爱。

1. 情境符号

布鲁默提出，我们所有的行动都处于一种情境中，或情境发生在我们行动之前或之后。人们在某些情况下使用和解释符号来形成意义。随着情境的变化，意义也随之变化。可见，不同的情境对不同符号的表达和意义的产生都有一定的影响。在新媒体传播中，各种新媒体平台和不断更新的新媒体技术在网络上建立了人与人之间的牢固联系。网络中的分享和交流提供了不同的情境，也会产生不同的互动效果。

短视频的火爆，不仅因为其体量小、视听感官调动丰富、易于用户理解和接受，还因为其操作简单、门槛低，人人可拍、可发布、可分享。与此同时，浏览短视频也成了很多人的日常娱乐方式。短视频带来的流量和关注度，也让很多人愿意参与其中。抖音平台自带的剪辑特效功能，让用户可以根据自己的喜好进行操作，提供便捷自由的创作空间。通过对抖音平台上广西苗族蜡染文化的内容分析，发现几乎所有的账号都会用短视频来记录苗族蜡染文化的符号叙事，少数会以图片的形式展示。在短视频的背景下，碎片化的分享形成了个人自由展示的空间，能够更加丰富真实、生动立体地展现用户形象。短视频通过视觉符号对传统文化进行再生，将通过符号生产内容的过程作为意义建构的方式。蜡染制作、蜡染作品等文化符号的输出无形中建构了文化认同，促进了个体对文化认同的共识。抖音简单快捷的交互按钮，转发、评论、点赞、跨平台分享等，让文化传播以短视频的形式高速传递给各类受众，提供短期积累，比如流量和曝光率。

2. 字符符号

文化哲学创始人、文化符号学家卡西尔提出，人也可以抽象为“符号”，人的行为和人类历史可以抽象为“文化”，即作为物质存在的人本身就是符号。[1]在广西苗族蜡染的传播中，传播者会建立不同的文字符号，以人物形象彰显蜡染文化的各种魅力，从而吸引粉丝的眼球，提高苗族蜡染的传播度。这些文字符号有的出现在蜡染传播的内容中，有的只是账号的发布者或内容的创作者。

在抖音短视频的传播中，视频中出现了传承人的形象，是广西苗族蜡染文化中最为突出的人物之一。她们身着苗族传统服饰，包括头饰、手镯、背包、服装等。摄影师通过俯拍、仰拍、手上蜡像的特写，记录了传承人的日常生活。同时，她们也塑造了自己“能指”的性格特征，即“苗族蜡染传承人”的身份。这些内容进一步展现了人物符号的“所指”，即秉承传统、悉心教导、善良幽默的形象。

本次现场采访，传承人梁桂英女士是当地苗族蜡染的代表人物。当地人还会去她的蜡染基地拍摄她的蜡染制作过程。在广西苗族蜡染文化的传播中，多以“传人”作为人物符号来叙述意义。它们也成为重要的形象符号，以增强观众的信任度，引起观众的兴趣。

人物和符号除了“继承人”的代表性形象外，还有他们亲自指导的蜡染学徒和专门生产蜡染制品的匠人。在视频和图片的展示下，它们所体现的“能指”和“所指”的特征是不同的。一些视频创作者以文化传播者或学徒的身份发布作品，其人物符号的能指多为“蜡染制作者、蜡染文化传播者”的身份印象。与传统蜡染传承人相比，蜡染学徒和蜡染制品制作者这两类人物，缺乏更直观的苗族传统民间工匠的印象，而是通过各种角度的视频进行拍摄，以及原创蜡染制品的展示，吸引了很多人的眼球，给人们留下了勤奋钻研、热爱民间艺术、不断创新的印象。

当地媒体和文化组织也是广西苗族蜡染文化的重要传播者。这类题材拥有专业的制作团队，可以根据传播的内容，很好地运用各种新媒体技术，让苗族蜡染的内容更新颖，内容叙事更动人。在资金、技术和人才的支持下，地方媒体和文化机构在广西苗族蜡染文化传播中呈现出丰富新颖的内容。这些媒体的影响力也促进了更多用户关注苗族蜡染，取得了一定的传播效果。

---

1 CassirerE.Symbol，myth，andculture：EssaysandlecturesofErnstCassirer，1935-1945[J].1979.

3. 内容符号

美国学者萨姆瓦提出语言是用于表达特定地理或文化群体的传统已知符号系统。[1]语言符号作为传播者传达思想情感、与受众交流的最直接的信息表达，在苗族蜡染新媒体传播中发挥着重要作用。根据广西苗族蜡染文化的用户传播内容分析，视频中出现的语言符号可分为传播者旁白的解说和视频中主人公的个人表达。语言包括普通话和苗族方言。

除了声音，视频中的字幕和图片中的文字也是重要的语言符号。这些词作为吸引眼球的内容，吸引受众，引出话题。当受众想要保存与蜡染有关的信息时，视频图形中的文字语言帮助观众随时保存。综上所述，由声音和文字组成的语言符号能够清晰直观地向受众表达信息，成为苗族蜡染新媒体传播中众多传播者常用的符号信息。

非语言符号在人们的日常交际过程中无处不在。除文字和口头语言外，凡是含有一定意义的物质载体，都属于非语言符号的范畴。同时，它还充当语言符号的陪伴者，补充语言符号，促进信息的准确传递。

非语言交流包括个人表现出的那些重要但未说出的信号，具体而言，包括：肢体语言（包括姿势、外表、倾听和眼神交流）、手势和面部表情。非语言交流在跨文化情境中尤为重要。交流研究表明，通过非语言方式发送和接收的感受和意图比口头方式多得多。[2]

社交媒体传播为人们在虚拟存在中交换信息构建了空间。如果使用非语言符号的描绘，可以为蜡染文化的传播增添别样的色彩。分析视频发现，大部分视频记录了蜡染打蜡和染色的过程。在“画蜡”的内容中，出现的人物会有面部或手部的详细描述。比如拿蜡刀的手势，不需要打稿，直接在布上画出蜡的细节，蘸蜡、点蜡，把染好的蜡染从染缸里拿出来晾干，并用亮布敲打布料。这些内容不仅向观众展示了蜡染的制作过程，更体现了他们技艺的精湛和手工艺制作的珍贵独特。

在人际交往过程中，空间不仅可以呈现人物的物理位置，还可以表达和产生人物的社会关系，以“无声语言”表达一定的象征意义。视频中苗族聚居地的空间信息，让观众在碎片化的时间或忙碌的工作之余，可以在视频营造的田园风光中小憩片刻，暂时摆脱钢筋混凝土带来的压迫感。蜡染工具是一种作为物质实体存在的无声符号，其在蜡染的社交媒体传播中扮演着至关重要的角色，出镜率最

1 SamovarLA，PorterRE，McDanielER，etal.Communicationbetweencultures[M].CengageLearning，2016.

2 HansA，HansE.Kinesics，hapticsandproxemics：Aspectsofnon-verbalcommunication[J].IOSRJournalofHumanitiesandSocialScience（IOSR-JHSS），2015，20（2）：47-52.

高。作为打蜡的关键工具之一，传承人手持蜡刀勾勒出图案，是赋予蜡染独特美感的重要一步。

综上所述，在抖音众多传播者分享的视频中，蜡刀、蜡、染料、熔蜡器等物质实体作为非语言符号，形成了蜡染文化传播的重要组成部分。由于它源于民间传统，从制作过程到成品的展示，形成了蜡染的独特风格。

结论与建议

2006年苗族蜡染被列为我国非物质文化遗产，在政府支持、制度出台和实践落实下，学校与苗族蜡染传承人合作办学、设立蜡染传承基地和蜡染旅游景点，是出于“自上而下”的一种保护措施，但深具民间文化根基的蜡染手工艺传承仍然离不开民众自身“自下而上”的保护推动。新媒体为用户提供了广阔的分享平台，如何运用以及如何用好新媒体进行苗族蜡染文化的传播，成为其在新媒体传播下面临的问题和挑战，也是来自基层自下而上进行传播、推动保护传承的关键。

（一）沟通困境

通过网上调查发现，关于广西苗族蜡染的短视频很少，缺乏代表作。致力于传播蜡染文化的账号寥寥无几。蓝V账号多为官方媒体，内容不仅包括蜡染文化的传播，还有其他内容。个人账户的关注者较少，对视频的关注度较低。缺少账号运营，视频点赞转发量很少。

对于民间的传播者而言，部分人对新媒体技术的应用仍不太熟悉，包括视频剪辑、滤镜加持，以及收音、配音等，这些技术的生疏也是导致内容缺乏新意的原因。同时，掌握相关新媒体技术的人才无法施展力量，深入实地参与拍摄制作，苗族蜡染的传播缺乏专业团队的包装。

视频内容缺乏创意，不足以引起陌生用户的注意。视频内容单调、雷同。视频中的场景、出现的蜡染工具、画蜡的图案都大同小异，缺乏故事性和感染力。

只展示了蜡染传承人的蜡染工艺，没有采用多角度的叙述方式给人以更深刻的“所指”。以人物符号刻画的分享者，只是从单一角度拍摄记录人物，并未从多方面建立人物的风貌与神韵。

（二）对广西苗族蜡染新媒体传播的建议

组建专业传播团队，充分利用社交媒体传播技术创作短视频。利用抖音短视频平台在视频之外的在线直播功能，与观众直接交流，增强互动。

生产优质的蜡染文化新媒体作品，是扩大蜡染影响力的关键。内容的呈现不仅要注意象征符号的合理应用，还可根据实际情况进行一定的丰富表达。不断丰富视频中出现的场景符号、人物符号、语言符号和非语言符号，并进行创新表达，多角度解读，增强内容吸引力。展现蜡染的制作过程，让观众快速了解蜡染工艺，但通过改变内容符号、增强内容叙事的故事性、提升拍摄手法，仍能为观众带来更多视觉亮点。需要众多传播者发挥自己的创造力、想象力和尝试的勇气，丰富蜡染文化内容的叙事结构，为受众带来更多珍贵的作品。

苗族蜡染传承人严重短缺，需要新人学习加入。虽然代表性文字和符号缺失，但可以培养和挖掘新的特点和符号，从而发展苗族蜡染的内容叙事。

让蜡染制品不仅作为观赏性装饰品和纪念品，更能走进大众生活，以独特的装饰美感为不同领域带来新意，需要适度将流量变现，将用户的喜爱转化为购买。对于用户来说，购买能够带来“满足感”，对蜡染的热爱也会因为拥有产品而增加时间跨度。这样的话，也会形成口碑传播，让消费者的亲戚朋友也能认识蜡染，加入蜡染爱好者的圈子。现在，蜡染文化T恤衫、蜡染背包等装饰物的尝试，为蜡染跟随时代气息进行新的艺术呈现、带来购买力提供了很好的创新案例。在电商情境下，作为蜡染工艺的制作者，不仅需要守本创新，将传统民族的元素带到当下，运用新媒体平台进行宣传、记录、引流，也成为十分重要的一步。

融媒体视域下北京城市文化的传播策略研究

许志一[1]　惠东坡[2]

【摘　要】

城市文化是一个城市的无形资产，是提升城市韧性发展的重要维度，不同的地理环境和民俗风情造就了千城百面的文化生态。本文以融媒体形态为背景，以北京城市发展为底色，着墨北京城市生活圈的文化营造，通过城市更新的文化传播实践，力图回答在城市更新中，我们需要一个怎样的城市文化的叙事图景，以及该如何去探索传播城市发展的新动能——文化动力。

【关键词】

融媒体；北京文化；传播策略；城市形象

1　许志一，北京联合大学新闻与传播专业2022级硕士研究生。
2　惠东坡，北京联合大学应用文理学院教授。

“融媒体”这一概念延续美国学者所提的“媒介融合”相关研究，是指充分利用多种媒体形式，实现“资源通融、内容兼融、宣传互融、利益共融”的媒体业态。[1]它的核心在于媒体的形态是融合在一起的，让不同的媒体之间能够相互激发，产生化学反应。它不是单纯的新媒体，也不是线性增加了多媒体，而是融合之后的融媒体。它以数字化的技术手段，重新定义了传播的叙述方式。

一、北京城市文化传播现状

北京历史文化名城是文化认同的基石。明清北京城以秩序井然的城市空间组织政事、文教、外交、军事等功能，体现礼乐交融；梁思成先生早在1951年就提到“北京——都市计划的无比杰作”。著名的历史地理学家侯仁之先生，也曾动情地赞叹道：“在历史上一切封建帝都的设计中，北京城称得上是一个空前的杰作。”汪曾祺在《胡同文化》中说：“胡同、四合院，是北京市民的居住方式，也是北京市民的文化形态。”作家林语堂在长篇小说《京华烟云》中，饱含深情而又理性地勾勒出北京城市之“美”。

当前，在京津冀协同发展和首都建设的大背景下，北京一直致力于完善传承古意和现代创新等多维度的文化传播体系，优化城市文化空间总体布局，再塑壮阔的首都意象。在2022年9月1日中共北京市委举行的“中国这十年·北京”主题新闻发布会上，时任市长陈吉宁做主题发布，他说：“这十年我们始终坚持传承发展丰富厚重的红色文化、源远流长的古都文化、特色鲜明的京味文化、蓬勃兴起的创新文化，举全市之力做好首都文化这篇大文章。”

全国文化中心建设作为北京四个中心功能建设的重要组成部分，在《2022北京政府工作报告》中被高亮提及，北京将坚持文化自信，着力抓好全国文化中心建设。“充分发挥首都文化优势，促进首都文化繁荣，彰显历史文化名城厚重底蕴，焕发文化创新活力。”

我们充分把握北京举办党和国家重大庆典活动和国际赛事的历史机遇，利用转化成最直接最生动的城市文化传播课堂。大力推进“书香京城”和“博物馆之城”建设，“北京中轴线”已列为我国2024年世界文化遗产申报项目，首钢园成为城市文化复兴新地标，三山五园生态建设全面提升。重大主题创作引领新时代文艺潮流，《觉醒年代》《香山之夜》《日出东方》等精品力作引发收视热潮与社会共情。

1　邓涛.厘清“融媒体”及相关概念[J].采写编，2015，No.140（03）：6-7.

北京的城市文化名片不止有故宫、胡同、京剧、长城等，在民间的语境下，它还有许多更为宽泛、有趣的内容：比如地铁每天的客运量和其在整座城市人口数量的占比，比如来自不同国家人的视角下北京精酿啤酒文化，比如坐落于北京中轴线上某片即将被改造、更新的区域……属于故都北京的文化符号有故宫、长城、圆明园、京剧，属于现代北京的文化符号有北京奥运会、鸟巢、神舟飞船、CCTV 、春晚、水立方。

其中“双奥之城”是浓墨重彩的一笔。2019年北京冬奥组委发布的《北京2022年冬奥会和冬残奥会奥运遗产战略计划》将“档案管理”明确列入“创造文化遗产”目标之一，这足以说明奥运文化传播的价值。在北京2022年冬奥会和冬残奥会期间，全市15个区域分布有16个冬奥文化广场[1]，首都图书馆与首都体育学院共同打造奥运书屋，举办“冰雪冬奥”数字阅读体验展，推出一系列的数字文化资源服务，丰富线上文化生活。北京京剧院在中山公园音乐堂举办“国韵华音”京剧演唱会，被《纽约时报》称为“中国的文化名片”的中国歌剧舞剧院的舞剧《孔子》与舞剧《李白》先后登上国家大剧院舞台，再次“让世界品味中国”。

二、北京城市文化的融媒体传播策略

首都北京作为国家政治中心、文化中心，在国内的政治地位和历史文化宣传优势独一无二。北京是国内媒体最集中的地方，也是外媒驻扎最密集的地方，同时多次承办重大国内、国际活动，这为北京城市文化塑造与宣传提供了众多的关注机会。

（一）立足城市功能定位和特色资源

北京的历史遗迹、文化古迹、人文底蕴，既是城市生命的一部分，也是区别于其他城市的重要特质。在传播中将文化艺术、城市规划、遗产建筑等多元要素融为一体，积极鼓励多元文化节庆活动发展，营造浓厚的城市文化氛围，打造引人入胜的文化空间。就像是米兰的托尔托纳、纽约的苏荷、北京的798，每一座拥有世界级文化影响力的城市，都有一个或多个令人流连忘返的文化艺术地标，依靠差异化的优质内容迎合受众对城市的偏好与期待。同时充分利用北京举办大型国际活动和赛事的机遇，多层次传播城市文化，并通过活动热点话题进行扩散

1 《全市8266场城市文化活动迎冬奥》，2022-01-27，http：//www.beijing.gov.cn/ywdt/gzdt/202201/t20220127_2600940.html

和发展，营造友善的舆论环境，推动北京向全球拓展城市文化品牌。

（二）丰富城市文化的内涵表达

塑造一个能让全球一目了然的城市话语体系和语言表达体系，传播理念要“融通中外”。当前，在全球创意城市网络下涌现出如设计之都、电影之都、音乐之都等多种创意城市。其中，北京作为设计之都，发起了大量城市文化与城市复兴项目，就在老北京的胡同里，就有不少历史文化街区、老旧空间正在孕育城市文化创意，而创意为城市文化塑造和城市形象传播建立了联系。文化遗产并不是现代城市的包袱，历史文化要素完全可以焕发当代价值。我们可以从多元感官维度对城市文化生态进行整体体验和创意营造，重塑城市文化空间中物质的、情感的、精神的集体记忆，助力北京塑造出有趣的、有温度的、有游戏感的城市感官体验。

（三）从“重传播”到“轻传播”

短视频开启了城市“轻传播”时代，使得城市文化从宏大叙事的时代转型为微观具象叙事的时代。目前，城市“轻传播”进入2.0时代，即从关注城市景观展示到强调城市价值观传达的转变，关注城市主体——人的故事与精神世界，推动城市人由“外在可见”到“内在可见”的转变。城市出圈也好，出新也罢，关键是找到具有唯一性的符号元素，构筑人们寄托精神的“梦境”，才能讲好城市文化的故事，也只有讲好故事，城市才能赢得传播的胜利。而传播内容要讲好“人”的故事，“人”本身就是最大的媒体，是媒体的终端。个人的平凡小事，也能体现丰富的文化意蕴。

北京讲述的“故宫六百年”，将人们熟知的故事讲到极致，让刻板印象清晰化。2021年12月31日，由北京市人民政府新闻办公室指导制作的《梦想北京》城市形象片启动上线仪式。该片通过剧情式表达与代入式体验，使用一明一暗两条线索的叙事结构、时间与空间交替变换的表现手法、虚拟与现实相结合的拍摄技巧，展示了北京的首都风范、古都风韵与时代风貌。

（四）“我传播”与“他传播”结合

传播手段要调动多元力量，赋予各类传播主体参与到城市文化传播过程中的机会，从官方传播到民间传播，PGC内容生产能力增强。让“流量”为城市“留量”，“轻传播”时代城市更为仰赖普通大众尤其是自媒体运营者。随着融媒体的发展，大众对信息的需要逐渐多样化，传统媒体要不断地提升，加入更多的创新理念，实现从“符号消费”跨越到城市文化的系统性输出，结合媒体议程设置进行正向引导，“融为一体、合而唯一”地塑造更具亲和力和说服力的城市文化。

在对北京城市文化传播的前期研究中，我们发现国外受众获取有关北京城市形象与文化的信息渠道主要是国际知名媒体和所在国媒体，这意味着，国际公众所能接触到的北京文化并不是由“以我为主”来定义和阐释的，而是在西方媒体的报道中被建构和传播的。打通中外文明交流互鉴的渠道，搭建海外华人与国内城市的双向传播桥梁，避免被边缘化的外宣。以小见大，展示出北京的多彩文化与国人丰盈的情感世界，依托社交媒体的强链接能力，借力流量锻造“符号”，推进系统性文化输出。

三、构建融媒环境下的城市文化传播新生态

业界的“融媒体”实践，受助于中央关于传统媒体与新兴媒体融合发展的顶层设计。[1]2014年8月中央全面深化改革领导小组第四次会议审议通过的《关于推动传统媒体和新兴媒体融合发展的指导意见》拉开了“融媒体”发展序幕，这一年也被称为“融媒体”发展元年。[2] 2017年5月中共中央办公厅、国务院办公厅印发《国家“十三五”时期文化发展改革规划纲要》，提出支持党报、党刊、通讯社、电台电视台建设统一指挥调度的融媒体中心、全媒体采编平台等“中央厨房”，重构新闻采编生产流程，生产全媒体产品。[3] 2023年“扎实推进媒体深度融合”被首次写入政府工作报告。从融媒体概念提出到现在，融媒体的发展经历了“推动融合”“加快推进”“深度融合”几个阶段。从学界和业界认识以及国家战略层面来看，媒体融合是一种更具有共识性的定义[4]，即“2014年，习近平总书记提出要推动传统媒体和新兴媒体融合发展，要遵循新闻传播规律和新兴媒体发展规律，强化互联网思维，坚持传统媒体和新兴媒体优势互补、一体发展，坚持先进技术为支撑、内容建设为根本，推动传统媒体和新兴媒体在内容、渠道、平台、经营、管理等方面的深度融合”。但这里的媒体融合也不仅仅是内容层面的，明显还包括顶层设计、机构融合和观念融合，是一个互联网时代新闻传播业的全面

---

1 金菊爱.新媒体时代若干媒体新概念辨析[J].浙江树人大学学报（人文社会科学）,2017,17(01)：81-86.

2 官建文. 媒体·融媒体·智媒体[J].传媒，2015（8）：36-37.

3 栾轶玫. 建议用融媒体代替全媒体[N].光明日报，2014-12-27，第010版。

4《关于推动传统媒体和新兴媒体融合发展的指导意见》，2016-06-06，http：//media.people.com.cn/GB/22114/387950/

转型。[1]

历史告诉我们，人类骄傲的一个非常重要的方面在于其创造了城市和城市文化。美国知名城市学家刘易斯·芒福德认为，城市是文明的实体，其本身就是一种文化形态。[2]“城市文化作为城市公共生存状态、行为方式、精神特征及城市风貌的总体形态，是一个城市的灵魂，也是区别于其他城市的显著特征”。[3]相比环境系统、经济系统等，文化生态系统面临着更多传统与现代、保护与发展之间的矛盾。经过改革开放四十多年的飞速发展，我国大多数城市在外在面貌上可谓是日新月异，但从内核上来看，许多城市都缺少精神文化的特质和灵魂，随之而来的是千城一面、城市风貌趋同、城乡文化后继无人等问题。国际大都市在提升城市软实力的过程中，文化有着极其重要的作用，文化是城市的重要表征，也是城市的精神内核。同时，文化也是城市居民“生活得更好”的关键影响因素。城市的本质是人的聚集、文化的聚集，而充满智慧、激情和美感的城市文化才能使城市形态显得超越原始和平庸。正如2019年5月15日习近平总书记在北京召开的亚洲文明对话大会上所说：“人类只有肤色语言之别，文明只有姹紫嫣红之别，但绝无高低优劣之分。”由此可见，城市文化是人的文化，是一个塑造文化和传播形象的关键载体。[4]

城市是文化的重要承载，英文中“文明”一词就来源于“城市”这个词根。从城市角度来开展文化对话，将更有利于彼此交流与沟通。无论是从历史、艺术、文化方面，还是从美食、日常生活等方面，城市都是理解文化的一个非常有效的切入点，为文化的萌发创造场所。而融媒体具有的多媒体化和高效性等特点，将彻底颠覆过去传统媒体的滞后宣传，整合利用广播、电视、互联网、技术产业、新闻业与非新闻业、类新闻业等各种资源优势，提高传播的触达效率，以及再进一步从业态转向社会形态、文化的融合，塑造更立体亲民的城市文化。

结语

美国哲学家爱默生曾说：“城市是靠记忆而存在的。”世界级城市是依靠那些具有世界影响力的城市文化来记忆的，当文化从可选项变为必选项，保护和传承

1 习近平.共同为改革想招 一起为改革发力.http：//www.xinhuanet.com//politics/2014-08/ 18/c_1112126269.htm

2 芒福德.城市发展史[M].宋俊岭，等译.北京：中国建筑工业出版社，2005：76.

3 江凌.试论近代两湖地区城市文化的基本特征[J].中华文化论坛，2010（02）：29-34.

4 张琦琪，罗健.融媒体发展对城市品牌形象建设的影响探究——以遵义老城新区建设为研究对象[J].科技传播，2022，14（17）：6-14.

就作为非常明确的刚性需求，上升到国家战略层面，城市发展也由重视实体空间规划建设向城市文化和精神塑造转变。而融媒体最大的特点在于融合各方资源与社会业态，以文化为每一寸国土赋能，成为城市文化传播的不竭动力。

城市想象：比较视野下科幻电影中的现代性反思[1]

张冉[2]　周春霞[3]

【摘　要】

本文在比较视野下对中美科幻电影叙事进行分析。通过对科幻电影中“恶托邦”和“乌托邦”这两类未来城市形态的解析，探究蕴含其中的对现代性社会问题的反思，以及回归前现代社会的想象，突出中国科幻以集体主义精神、“乐感文化”、安土重迁情结等为基础的独特叙事，强调中国人文精神在科幻中的建构与表达。

【关键词】

科幻电影；城市想象；现代性反思；比较视野

1　本文为北京联合大学教改项目《新闻传播类本科生大思政培养模式研究》研究成果（项目号：JJ2023Y001）。

2　张冉，北京联合大学应用文理学院硕士研究生，主要研究方向为影视传播。

3　周春霞，北京联合大学应用文理学院副教授，主要研究方向为影视传播。

近年来科幻电影在全球范围内一直是比较热门的电影类型，这一类型电影中的城市想象作为创作者价值观念与精神诉求的载体在电影叙事中发挥着重要作用。本文通过对《星际穿越》(2014)、《流浪地球》(2019)、《未来水世界》(1995)、《疯狂的麦克斯4：狂暴之路》(2015)等科幻电影中“恶托邦”和“乌托邦”这两类未来城市形态的解析，探究蕴含其中的对于自然生态破坏、社会阶层分化、技术滥用等现代性社会问题的反思，以及在现代性精神困境中对于前现代社会的回归想象。同时在比较视野下对中美科幻电影叙事进行分析，以表现中国科幻以集体主义精神、“乐感文化”、安土重迁情结及以人为本价值观为基础的独特叙事，以期中国科幻在未来创作中继续坚守中国人文精神，为未来世界建构提供更多的“中国方案”。

一、城市想象和现代性反思

法国理论家列斐伏尔（Henri Lefebvre）区分出两种不同的城市：一种是由建筑物和物质实践构成的当下的城市（city），另一种是作为社会性事实而存在的、由人们的想法孕育组建并因此具有想象维度的城市（urban）。两者既不能混为一谈，也须免于割裂。[1]在科幻电影这一类型电影的影像文本中存在着大量对于城市的想象与书写，而与其他类型电影相比，科幻电影中建构的城市更具有特殊性及奇观性，这些城市想象作为影响叙事的技巧与手段，其不仅是故事发生的空间场域和叙事要素，更是创作者表达其价值观念与精神诉求的重要途径。詹姆逊（Fredric Jameson）认为科幻是“使我们对于自己当下的体验陌生化，并将其重新架构”。[2]维维安·索布切克（Vivian Sobchack）强调科幻电影中的未来城市是一种介入性力量，绝非袖手旁观，而是施加影响。[3]即科幻电影中对于未来城市的想象和描绘并不完全独立于现实城市空间，而是基于当下物质实体对城市的重新建构，这种未来城市的影响则表现为创作者通过城市想象所表达的价值理念。

吉登斯（Anthony Giddens）从社会学角度将现代性视为现代社会或工业文明的缩略语。[4]现代性与传统的区别被认为是一种制度性、文化与生活方式等方

1　Henri Lefebvre. Writings on Cities[M]. translated and edited by Eleonore Kofman and Elizabethe Lebas. Oxford：Blackwell Publishing，2006：103.

2　詹姆逊. 未来考古学：乌托邦欲望和其他科幻小说[M]. 吴静，译. 南京：译林出版社，2014：377.

3　Vivian Sobchack. Cities on the edge of time：The urban science fiction film[J]. East-West Film Journal, Vol. 3，No. 1，1988：4.

4　吉登斯. 现代性：吉登斯访谈录[M]. 尹宏毅，译. 北京：新华出版社，2001：69.

面发生的秩序的改变。在城市建构上，现代性扫荡了传统法则，使空间变为有序的和理性的存在，现代城市中鳞次栉比的高楼大厦和整齐划一的建筑规划是一种典型景观。刘易斯·芒福德（Lewis Mumford）提出现代性城市中的尖锐矛盾：城市提供稳定安全的同时，其控制的意图不可遏制，释放与奴役共存，自由与强制并至。[1]现代性城市的高速发展与更迭，不可避免地导致生态失衡、阶层分化及个体性抑制，继而作为城市日常生活的社会基础，最终将导致人的异化。《星际穿越》(2014)、《流浪地球》(2019)、《2012》(2009)、《阿凡达》(2009)等影片作为市场化和成熟度较高的科幻电影，特别是其中经典的乌托邦或恶托邦式的未来城市建构，为科幻电影中的城市影像研究提供新的思路。科幻电影中的城市想象以现代性反思为原点，对城市高速发展进程中出现的种种问题进行疑虑和思索，以鲜明的现代化反思姿态将科幻城市影像作为自然关怀和社会反思的重要建构力量。科幻电影中的城市想象大多表现为乌托邦、恶托邦两种形态，如《阿凡达》中人间仙境般的潘多拉星球以及《星际穿越》中黄沙漫天的地球家园，创作者通过对未来城市的呈现表达对现代性的反思与批判，以及对于前现代社会的回归想象。

二、恶托邦——对现代性的反思与批判

美国学者萨金特（Lyman Tower Sargent）将恶托邦（Dystopia）定义为“消极的乌托邦”，意在使同时代的读者看到一个比其所处的社会更糟糕的世界。[2]恶托邦这种城市形态即对现实社会中的负面效应的放大或延续，通常表现为未来的“灾难之城”，整体呈现出反乌托邦特征。卡洛琳·麦茜特（Carolyn Merchant）指出“两种新的观念，即机械论、对自然的征服和统治，成了现代世界的核心观念”。[3]现代性城市建立于人对自然的征服的基础之上，科幻电影则以其独特的城市影像建构、直观的恶托邦城市想象呈现出对自然征服过度后的生态灾难写照及末世景观，通过这种极具震撼力的城市灾难影像表达鲜明的现代性反思倾向并形成强烈的警示效应。

科幻电影凭借先进的特效技术将想象中的城市灾难场景跃然电影银幕，在直观、强烈的视觉冲击和音响效果中如临其境，在强化的灾难体验中置身于视觉与

1 芒福德. 城市发展史——起源、演变和前景[M]. 宋俊岭，倪文彦，译. 北京：中国建筑工业出版社，2004：570.

2 Lyman Tower Sargent. The Three Faces of Utopianism Revisited[J]. Utopian Studies，No.1，1994：9.

3 麦茜特. 自然之死：妇女、生态和科学革命[M]. 吴国盛，吴小英，等译. 长春：吉林人民出版社，1999：212.

心灵的双重震撼。《星际穿越》(2014)中，原本美好宜居的蓝色地球家园在伴随着社会高速发展而来的生态环境持续恶化中变得满目疮痍，黄沙肆虐，衰败萧条，数亿年来肥沃的土壤变得不再适宜耕种，除玉米之外的农作物都已枯萎，人们放弃科技创造，集全力于农业种植以保障基本食物所需，城市中的所有物体皆笼罩于一片黄沙之中，短暂的室外活动期间也要时刻警惕着沙尘暴的侵袭。如影片开头对于年长者的采访："小麦全都病死了，枯萎病肆虐，我们只能烧掉庄稼，只剩下了几英亩的玉米，还有漫天的沙尘暴。"国产科幻电影《流浪地球》(2019)中，由于太阳的急速老化和持续膨胀，各种极端天气频发，地表温度降至零下70摄氏度，被冰雪覆盖的城市中依然高耸入云的各种钢铁建筑给人以冰冷坚硬、毫无生机之感。鉴于地表已不适宜居住，人们选择在地表下建造地下城，地下城已初具小城镇模样，依靠模拟屏打造阳光四溢、温暖如旧的假象，但依然难以掩盖其昏暗破旧、物资匮乏的状况，如电影中韩朵朵所言"我就是想去外面看看"，以示对昔日旧家园的怀念及渴望。《未来水世界》(1995)描述了由于人类对自然生态的肆意破坏导致全球变暖，伴随着两极冰川融化、海平面上升，全球所有城市都被洪水淹没，幸存的人类只能漂浮于海面苦苦寻求安全之所。《疯狂的麦克斯4：狂暴之路》(2015)中，由于水资源的极端匮乏导致地表严重荒漠化，目之所及一片荒芜、黄沙漫漫、萧瑟枯竭。对于有限水资源的争夺引发集权统治、连绵战争以及无端杀戮，面目恐怖的残暴之徒也象征着人在极端环境中的扭曲。这些以"恶托邦"形式呈现的城市想象通过放大或延续现有生态问题，在一定程度上表现了对现实中人类无限索取资源和肆意破坏自然生态所致的灾难性后果的焦虑，人与自然的二元对立必然导致的结果就是人类生存环境的恶劣、生存空间的缩小甚至是人自身的毁灭，以此表达对人类命运的关切、对人类行为及现代性进程的反思与批判。

科幻电影中恶托邦式城市想象的另一个主题即对技术滥用的反思。《侏罗纪公园》(1993)中描绘了人类以一己私利利用克隆技术复活恐龙物种，而恐龙逃出后造成巨大人员伤亡的恐怖血腥场景，表达了对于科技无序发展的担忧。导演斯皮尔伯格以此警示人类，即使科技日新月异，也仍然应该对生命与自然心存敬畏，切勿自以为是妄图改变生命与自然的规律。不以伟大的自然规律为依据的人类计划，只会带来灾难。[1]伴随着社会的高度发达所带来的城市异化也不容忽视，电影《大都会》(1927)展现了未来城市的经典模板，繁华都市中摩天大楼耸入云霄，立体交通错综复杂。而人类群体中只有少数精英才能享受社会高速发展带

1　马克思.资本论：第3卷[M].中共中央马克思恩格斯列宁斯大林著作编译局，译.北京：人民出版社，2004：251.

来的华丽高层建筑及优渥生活，对于底层劳工来说，大都会是一个恐怖的工业社会，维持城市运作的机器日夜轰鸣，高层建筑掩盖了底层的昏暗污浊。以确保各个阶层各居其位、各安其命，用坚硬的闸门将不同阶级隔绝开，不允许各阶层之间的任何交往接触，精英及中层阶级对底层的悲惨生活一无所知，借此表达对现代社会高速发展中带来的阶级分化和差距增大的焦虑及担忧。以城市危情想象所呈现出末世危机的悲观主义倾向与现代化进程给人类带来的精神失落以及对自然生态破坏密切相连。现代社会是一个物欲横流、礼崩乐坏、人文理念匮乏的社会。[1]这种对恶托邦城市的建构从自然环境延伸至意识形态，表达对现代性进程的反思以及对社会和人性的关怀。

中美科幻电影在对于未来灾难城市的影像建构上有着明显不同。美国科幻往往以恐怖灾难场景的直接呈现刺激观众的视觉神经，电影《2012》(2009)呈现了地震、海啸、火山喷发等人类已知的各种灾难形式席卷全球的末日想象，城市中的高楼大厦如同多米诺骨牌般倒塌，华盛顿和日本被海啸浪潮淹没，加利福尼亚州沉入大海。而《流浪地球》虽然对好莱坞科幻电影的技术美学进行了一定程度的借鉴，但在灾难场景的视觉呈现上趋于淡化处理，全球性灾难仅作为背景呈现于新闻之中，只在人物的言语间进行透露而并非直接以影像呈现杭州地下城35万人的覆灭，将影片情节重点放置于灾难发生之后的救援行动之上，以更具人文关怀的形式展开灾难叙事。对灾难呈现的不同处理实际上体现出中美文化内核的不同，直观的灾难呈现源自美国文化长期以来对于悲剧意义的肯定。西方人认为悲剧在美学和伦理意义上具有思想启迪和精神抚慰作用，亚里士多德强调悲剧能够“引起怜悯和恐惧来使这种感情得到陶冶”。[2]西方人在长期的悲剧文化陶冶之下早已适应直面灾难，因此好莱坞科幻极力以逼真的视觉和声音给予观众以心灵震撼，从而引起观众的恐惧并使这种感情得以宣泄。

李泽厚先生在《中国古代思想史论》中揭示了中国文化的一种深层精神：乐感文化。李泽厚先生指出：“中国人很少真正彻底的悲观主义，他们总愿意乐观地眺望未来。”[3]因此，长期根植于乐感文化的中国文化习惯以淡化的灾难和圆满的结局来抚慰心灵。此外，灾难发生之际的拯救者形象呈现也表现出中美之间集体主义与个人英雄主义的民族文化差异。好莱坞大片“英雄拯救世界”的情结背后是西方人对于个体本位意识的坚守，而美国更是典型的崇尚个人主义的民族，

1　赫尔曼. 文明衰落论：西方文化悲观主义的形成与演变[M]. 张爱平，等译. 上海：上海人民出版社，2007：4.

2　亚里士多德. 诗学[M]. 罗念生，译. 北京：人民文学出版社，1997：19.

3　李泽厚. 中国古代思想史论[M]. 北京：人民出版社，2001：312.

他们倡导自由、强调个人价值而缺乏集体意识。中国的集体主义精神可追溯于农耕文明时期的集体劳作、分工合作，中国式的集体主义并不局限于民族内部，更是包括民族之间的合作，这在《流浪地球》中召集日本、英国、俄罗斯等多国救援队共同推动救援计划中得以体现，进一步契合中国对于人类命运共同体价值观的倡导。

三、乌托邦——对前现代社会的回归想象

“乌托邦”（Utopia）这个概念首次出现于17世纪英国作家托马斯·莫尔（St. Thomas More）的小说《乌托邦》中，源于希腊文“Ou”（无）和“topos”（场所）的组合，即“乌有之乡”，意指“不存在的美好之地”。科幻电影中的城市想象除指涉未来“邪恶之地”的恶托邦外，另一种主要形态为隐喻未来美好生活图景的乌托邦，多存在于对美好自然生态景观及理想社会的构想之中，往往与现实社会空间相反，以世外桃源般的城市想象表达对于现代工业社会的反叛以及对前现代社会的回归想象。在电影《阿凡达》（2009）建构的潘多拉星球上，原始的自然家园尚未被居住于此的纳威人所改造，各种高耸入云、缤纷绚丽的植物所构成的繁茂森林是他们的栖居地。纳威人也深谙与自然的和谐相处之道。他们善良朴实、尊重生命、敬畏自然，懂得一切生存所需皆为自然所赋予，因此每次都会在收集的绚丽海珠中挑选最好的一颗送归于自然，与自然环境之间形成有机互动，彰显出这片乌托邦空间的生机勃勃。对于这片乌托邦的描绘也与后续地球人的野蛮入侵形成强烈对比，表达对暴力侵略行径的批判。主人公杰克·萨利选择反叛人类世界并融入潘多拉星球以及影片最终纳威人反抗侵略行动的胜利，都代表着一个万物有灵、自由平等的乌托邦社会对残酷冰冷、技术异化的人类社会的胜利。

卡尔·曼海姆（Karl Mannheim）认为，乌托邦长期以来被视为一种虚幻的、不切实际的异想天开，而忽略了它的另一层意指和可能性，即“超越现实、又打破现行秩序束缚的取向”，在肯定人类实践作用的基础上，曼海姆相信当把想象“纳入他们的实际行动并力图使之成为现实的时候，这些意识形态的东西才变成乌托邦式的”。[1]电影《极乐空间》（2013）中的外太空富人居住区拥有着天堂般的美好生活环境以及先进的医疗设施，而只有在经过一番殊死搏斗将阶层之间的空间隔阂消弭、将阶层对立消灭后，它才能成为真正意思上的乌托邦，优质城

1 卡尔·曼海姆.意识形态与乌托邦[M].李步楼，等译.北京：商务印书馆，2014：234-235.

市资源为所有人类所共享。在科幻电影的乌托邦世界里，无论是“极乐空间”还是潘多拉星球，又或者是《逃出克隆岛》(2005)中的The Island，在被建构时作为自然、富足、美好、平等、自由的象征，以丰富想象与视觉奇观展现理想生存空间与美好愿望的同时，对人与自然的生态关系以及平等、自由等价值追求进行观照。以现代工业社会前的田园生活为参照，建构精神还乡式的理想栖息地，完成对前现代社会的回归想象。

在人类栖息地已不再适宜居住时，中美科幻对于救赎之城的选择截然相反。无论是《星际穿越》中建造空间站并寻找其他满足人类生存条件的星球，还是《2012》打造诺亚方舟寻找新的生活家园，美国科幻的救赎之道总是弥漫着“出走情结”，这与美国的海洋文化及移民历史不无关系。而《流浪地球》则构造了一个独特的“愚公移山”式的中国救赎方案，于地球即将被毁灭之际，我们的选择并非抛弃和逃离，而是建造无数个发射器将地球推出轨道，带着地球一起流浪。此计划一经开启就需要持续2500年，需要一百代人为了人类文明的延续和后代的美好未来而不懈努力、负重前行，这是中国世代文明传承精神的具象化表现。源于中国长久以来的农耕历史，中国文明深深根植于脚下的土地，所谓安土重迁、故土难离，中国人自古以来对于土地有着特殊的难以割舍之情。在面对未来群体性危机之时，中国提供了一份独具特色的拯救方案，在中国人看来，地球才是真正的乌托邦。中美科幻在谁有资格进入救赎之城的问题上也给予了不同的答案，美国的答案与与美国长期盛行的精英文化息息相关，无论是飞船、空间站或是“诺亚方舟”式的生存模式都决定了只有社会精英这一小部分人才能获得生存机会，而中国传统文化中以人为本的价值理念决定其构建了“流浪地球”式的生存计划，以确保多数人的生存权利，这是中国以最大程度尊重生命的民族意识呈现。

科幻电影中“乌托邦”“恶托邦”式的城市想象不仅以丰富大胆的想象和光怪陆离的影像呈现给予观众强烈的视觉震撼，同时也激起我们对现代性问题的多维度思考，这种基于奇观影像呈现的城市想象对于表达现代性的反思与批判、建构田园式的前现代社会的回归想象有着重要作用。我国科幻电影仍处于发展阶段，在坚守自身主流价值观念及意识形态的基础上，参考和借鉴此类型电影中国际化和市场化程度较高的科幻影视中的城市想象，对于我国科幻电影探索多元叙事表达方式、丰富科幻叙事建构不可或缺。此外，我国科幻创作仍需在中国人文精神的指导下继续走一条有别于西方科幻套路的道路，以期在未来世界建构中提供更多的“中国方案”。

【参考文献】

[1]Henri Lefebvre. Writings on Cities[M]. translated and edited by Eleonore Kofman and Elizabethe Lebas. Oxford：Blackwell Publishing，2006：103.

[2]詹姆逊. 未来考古学：乌托邦欲望和其他科幻小说[M]. 吴静，译. 南京：译林出版社，2014：377.

[3]Vivian Sobchack. Cities on the edge of time：The urban science fiction film[J]. East-West Film Journal，Vol. 3，No. 1，1988：4.

[4]吉登斯. 现代性：吉登斯访谈录[M]. 尹宏毅，译. 北京：新华出版社，2001：69.

[5]芒福德. 城市发展史——起源、演变和前景》[M]. 宋俊岭，倪文彦，译. 北京：中国建筑工业出版社，2004：570.

[6]Lyman Tower Sargent. The Three Faces of Utopianism Revisited[J]. Utopian Studies，No.1，1994：9.

[7]麦茜特. 自然之死：妇女、生态和科学革命[M]. 吴国盛，吴小英，等译. 长春：吉林人民出版社，1999：212.

[8]马克思.资本论：第3卷[M]. 中共中央马克思恩格斯列宁斯大林著作编译局，译. 北京：人民出版社，2004：251.

[9]赫尔曼. 文明衰落论：西方文化悲观主义的形成与演变[M]. 张爱平，等译. 上海：上海人民出版社，2007：4.

[10]亚里士多德. 诗学[M]. 罗念生，译. 北京：人民文学出版社，1997：19.

[11]李泽厚. 中国古代思想史论[M]. 北京：人民出版社，2001：312.

[12]曼海姆. 意识形态与乌托邦[M]. 李步楼，等译. 北京：商务印书馆，2014：234-235.

流行歌曲对城市形象传播的影响及促进策略

刘丽[1]

【摘　要】

流行歌曲作为一种通俗的艺术形式，一直不乏与城市、地区、方言等元素的结合，这类歌曲是城市形象传播一种实用有效的渠道。通过歌曲塑造的城市形象虽然不够全面、完整，但是却特色鲜明，令人记忆深刻。本文结合一些典型与城市形象传播相关的流行歌曲如《成都》《北京欢迎你》《莫斯科郊外的晚上》等，对流行歌曲的基本特点、流行歌曲对城市形象传播的作用与局限进行分析。最后探讨了在当前的传播环境下，如何更好地促进流行歌曲的生产和传播，如关注年轻群体的参与、创造更好的音乐生产环境、关注歌曲的娱乐功能和情感宣泄功能。

【关键词】

流行歌曲；城市形象；青少年；大众文化

1　刘丽，北京联合大学应用文理学院讲师，主要研究方向为广告传播。

流行歌曲作为一种通俗的艺术形式，一直不乏与城市、地区、方言等元素的结合。从较早的《夜上海》到后来的《北京的金山上》、《南泥湾》等，以及更新的《回到拉萨》《北京欢迎你》《成都》《呼伦贝尔大草原》等等，这些歌曲是对地理空间的艺术书写。伴随这些歌曲的传唱，有关城市和地区的记忆、形象等也广为流传，对于没有去过这些城市的听众来说，这些歌曲打开了人们的想象，宛如身临其境般认识了一座城市。通过歌曲塑造的城市形象虽然不够全面、完整，但是却特色鲜明、记忆深刻。那么流行歌曲到底是一种什么样的传播载体？它对于城市形象传播到底有什么样的独特作用？如何才能更好地挖掘流行歌曲在城市形象传播方面的价值？本文将围绕这些问题展开分析。

一、流行歌曲溯源及特点

作为世界性流行文化的一部分，流行歌曲广义上指的是在特定时期受到大众普遍欢迎、被广泛传唱的歌曲。从歌曲类别的角度来看，流行歌曲与艺术歌曲或经典歌曲相对，强调歌曲的通俗性和大众性。

流行歌曲的出现与现代传播技术的发展密不可分。1928年，以我国女歌手黎明晖演唱的《毛毛雨》为代表的流行歌曲取代戏曲成为唱片的主要内容，在社会上迅速传播，标志着现代意义上的流行歌曲在我国正式出现。[1]这些歌曲大多以男女爱情为主题，歌词、旋律、风格等深受广大市民阶层的喜爱。当时许多明星都录制了大量的流行歌曲唱片，其中一些经典曲目直到今天仍被传唱，比如周璇原唱的《何日君再来》、李香兰原唱的《夜来香》等。

伴随流行歌曲的快速发展，流行歌曲的内容、风格、形式等都在不断丰富。而且从“流行”的字面意思看，流行歌曲并不限定于某类特定的主题，只要是受到了普遍欢迎和广为传唱的歌曲，都可以称其为流行歌曲。如伴随一些电视剧流行的主题曲——《渴望》《滚滚长江东逝水》等，春晚上脍炙人口的一些曲目——《我的中国心》《龙的传人》等，再加上唱片公司和传媒行业的推动，如今的流行歌曲已经远远超出了最早的爱情主题，扩大到了社会生活的各个方面。其中有关城市主题的流行歌曲也非常普遍，从较早的《夜上海》到后来的《北京的金山上》《南泥湾》等，以及更新的《回到拉萨》《北京欢迎你》《成都》《呼伦贝尔大草原》等，伴随这些歌曲的传唱，有关城市的记忆、形象等也广为流传。

1 宋秋敏.当代“流行歌曲”溯源[J].青海师专学报.2009，29（02）：69-73.

与艺术歌曲或经典歌曲相比，流行歌曲的特征主要体现在以下几个方面：

（一）风格多元化与功能多样性

流行音乐的内容、风格是多样而又多变的，如摇滚、民谣、爵士、说唱等，有激动人心的、也有哀婉缠绵的，可以配合人们不同的情绪体验。人们听音乐的需求也是多元化的，有时是专门为了某首歌曲而听，有时是为了放松心情、宣泄情感，也有的只是为了消磨时间，或者将其作为背景音乐来烘托氛围。

（二）参与性和娱乐性

大部分流行歌曲曲调简单、内容直白，容易学唱和模仿，因此与其他经典音乐形式相比，流行音乐具有更好地参与性，很多明星在开演唱会时也会邀请观众一起合唱，以此来调动观众的情绪。普通人在演唱流行歌曲时，也可以根据自己的理解和自身条件进行二度创作，获得满足感。流行歌曲的内容大多是与日常生活相关，表现爱情、友情主题的居多，也有很多抒发人们内心苦闷或者表达激动、骄傲等心情的宣泄型歌曲，人们在收听或者自己演唱的时候，能够感到心理上的愉悦。因此，提供娱乐和消遣是流行歌曲的重要功能。

（三）经典与创新交融

流行与经典之间的界限并非泾渭分明，虽然多数流行文化现象都会经历产生、流传、发展和消亡的过程，但是一旦某个流行文化现象长期存在，就会向经典转化。比如莎士比亚的剧作，中国古代的唐诗宋词等。流行歌曲如果能够经受住时代的考验，也必将成为经典。另一方面，流行的本质在于不断变化、创新，与经典文化的“恒定”不同，流行文化是“恒变”的，一些被主流社会忽略的事物，当受到小部分人的强烈关注后，有可能渐渐形成流行文化。[1]因此，善变而难于把握其规律性是流行文化的奥秘所在，流行文化的生产者必须不断发现新的元素和内容、技术等，创造新的文化产品来代替旧的，以保证文化消费的持续性。

（四）流行歌曲的受众主体是青少年

与成年人相比，青少年处于人生观、价值观的形成阶段，对新事物、新观念的接受意愿和接受能力更强，对文化艺术的偏好也处在形成过程中，明星、意见

1　怀伟，高筠.流行文化[M].南昌：江西美术出版社，2012：24.

领袖、群体其他成员的选择和偏好都更容易对青少年产生一定的影响。因此，一首歌曲之所以能流行起来，也是因为获得了广大青少年的认可。有调查显示，95%的大学生每天都听流行音乐，差不多60%的大学生每天听2小时以上的流行音乐[1]，可见流行音乐在年轻人生活中的重要性。

二、流行歌曲对城市形象传播的作用和局限

（一）反映社会和大众需求

作为一种艺术形式，歌曲能够灵活表现生活和人们的内心，兼有音乐和文学的功能，篇幅虽小却令人喜闻乐见，也是最古老的艺术形式之一，世界各民族都有自己的传统歌曲样式。歌曲的创作来自生活，生活的丰富多彩也对应了歌曲创作的万紫千红。如今的流行歌曲一般都是根据创作者的主观动机或实际社会需求生产出来的，比如为影视剧配乐、为广告创作等，歌曲的内容和样式十分丰富，且随着社会的发展也在不停演变。在一歌曲被创作的时候，并不能知道它是否能够流行起来，歌曲的流行有很大的偶然性，创作者、歌曲内容、形式等都不能保证其成为流行，因此，任何一种内容和主题也都有可能突然流行起来。

比如20世纪80年代流行的歌曲《沈阳，我的故乡》，是沈阳下乡知识青年根据朝鲜电影《鲜花盛开的村庄》插曲的旋律填词改编的，由于当时的下乡知识青年在农村思念家乡、思念亲人、盼望与家人团聚，歌词刚好抒发了这样的情感，再加上曲调朗朗上口，因此在下乡知识青年中流行一时。此后经由一些明星，如李玲玉、艾敬等人的传唱，这首歌逐渐走向流行，成为城市的名片之一。这首歌的创作和流行都有偶然性，但是其流行过程也包含必然的成分，因为这首歌表达了人们在特定历史环境下的心声，引发了广泛的共鸣。

另外一首脍炙人口的歌曲《北京欢迎你》则是“政府宣传＋顶流艺人”合作成功的典范。2001年中国深奥成功，举国沸腾，2008年北京奥运会盛大开幕，同时《北京欢迎你》作为一首专题的宣传歌曲也应运而生，这首歌曲汇聚了大量的国内顶级音乐资源，是一次规模庞大的工程。歌曲由知名的作曲家林夕填词，音乐人小柯作曲，小柯、陈少琪、余秉翰三人担任制作人，经过100位歌手、200多位工作人员，辗转多地的录音、后期制作等等，最终制作完成。合作的结果也非常理想，歌曲播出后迅速走红，并且其流行程度持久不衰，堪称经典。2008年，《北京欢迎你》上线后立即成了网友收听或下载的热门歌曲、线下KTV的热门点

1　林青.谈当代流行音乐的特点与受众的心理[J].大众文艺. 2010（17）：14-15.

播曲目。到2009年，《北京欢迎你》还是中央广播电台《Music Radio音乐之声》节目的点播冠军。这首歌曲的流行，与优质的创作资源以及奥运会自带的关注效应是分不开的，但是同时也不能忽视音乐本身的影响力——歌曲简单但是大气，稳重中蕴含着灵动和包容，是一首传统和现代、中国和世界有机融合的作品。时至今日这首歌仍然魅力不减当年，哔哩哔哩粉丝上传的AI修复版播放量突破300万，全站最高排名第60位，YouTube平台播放量达285万，至今仍有不少海外观众观看留言。[1]

（二）具有强大的感染力

虽然大部分流行歌曲看起来都简单易学、朗朗上口，但是真正能得到广泛认可的歌曲，都具有较强的艺术表现力和感染力。

《成都》是民谣歌手赵雷的作品，收录于赵雷2016年发行的音乐专辑《无法长大》。2016年10月24日，单曲《成都》正式首发，上线仅24小时评论已过3万。[2]2017年在综艺节目《歌手》中，赵雷作为"挑战歌手"在第3期出场演唱了这首歌，歌曲中所呈现的成都慢悠悠的生活气息一下子打动了万千大众，让赵雷获得了亚军的好成绩。2017年，该曲获得第6届阿比鹿音乐奖最受欢迎民谣单曲奖。[3]2019年12月，入选最美城市音乐名片优秀歌曲。[4]这首歌曲受到了大众的广泛欢迎，一时间街头巷尾都可以听到这首歌曲的声音。很多听众觉都觉得这首歌曲格外感人，充满离愁，能够唤起人们的记忆和情感。究其原因，歌曲作者将自己在成都生活的经历和体验，以及作者对成都这座城市饱满的情感，都融入了歌曲中，并感染了听众。这首歌也带动了成都这座城市的走红，百度指数数据显示歌曲《成都》带动了歌曲中成都地名的搜索量，歌曲中提到的"小酒馆""玉林路"的百度指数分别从播出前（2017年2月4日前一周）的250和288上升至播出后（2017年2月4日后一周）的1446和2614，证明这首歌曲的影响力已超出音乐领域。[5]

---

1 迟雨落.当我们怀念13年前的《北京欢迎你》时，到底在怀念什么？[EB/OL]. https：//baijiahao.baidu.com/s？ id=1706537298152603197&wfr=spider&for=pc，2021-7-28.

2 人民网.赵雷终于火了！《成都》刷爆朋友圈让高圆圆成迷妹 揭秘他凭啥这么火？[EB/OL].https：//www.sohu.com/a/125924173_114731，2017-2-10.

3 搜狐娱乐.2016年度阿比鹿音乐奖获奖名单 正式公布[EB/OL]. http：//art.china.cn/music/2017-02/28/content_9362325.htm，2017-2-28.

4 赵志伟.34首歌曲入选"歌声唱响中国"——最美城市音乐名片 音乐助力新时代城市建设[EB/OL]. http：//www.cflac.org.cn/wlyw/201912/t20191223_467259.html，2019-12-23.

5 吕兴阳，等.声音营销力：目的地歌曲对潜在旅游者的影响研究——以歌曲《成都》为例[J].旅游学刊. 2020，35（05），124-138.

另外一首较为古老的歌曲《南泥湾》则有着更为持久的感染力。南泥湾原本是延安东南的一处荒地，在特殊的历史时期得到了开发，成为了延安大生产运动的模范。歌曲《南泥湾》始唱于1943年2月5日的延安秧歌队给三五九旅拜年的活动[1]，歌词是诗人贺敬之结合自己在南泥湾体验生活的感受写出的，曲子由作曲家马可采用陕北民歌的调式谱写而成。《南泥湾》充分吸收了陕北民歌、江南曲调和舞蹈的元素，旋律优美而抒情，有着非常浓郁的民族特色，欢快不失婉转、朴实不失细腻，是一首南北融合的歌曲。歌曲让人们仿佛看到了南泥湾大生产之前的荒凉景象，与当下生产的热火朝天景象和满山遍野鲜花盛开的场景形成了鲜明的对比，不由得令人心绪激荡。

《南泥湾》的感染力还不止于此。1986年，崔健在北京工人体育馆，以摇滚乐的形式重新演绎了歌曲《南泥湾》，重新演绎引起了社会的轰动。1988年，香港歌星徐小凤将歌曲《南泥湾》重新填词成为情歌《重逢》，并用粤语进行了演唱。其后香港歌手龙飘飘也将其改编为贺岁曲《财源滚滚》。2000年，英国摇滚乐队Smokie在北京展览馆演出了英伦风格的《南泥湾》。不同歌手的改编充分体现了这首曲调的魅力。直到今天，各类场合下这首歌曲仍在被传唱，不仅很多演绎新人将其作为展示自己才艺的曲目，《南泥湾》也成了广场舞的经典配乐，雅俗共赏、永不间断。在这首歌曲中，南泥湾这个地名已经成为一个标签，与一种开拓、拼搏、乐观、向上的精神融为一体。

（三）实现跨文化的认同

音乐是最古老的艺术种类之一，配合歌词的歌曲形式灵活多样、内容丰富，是全球各国、各民族都最喜闻乐见的一种艺术形式和娱乐方式。很多出色的歌曲不仅能够得到国内民众的喜爱，也能跨越文化的差异，赢得世界性的认同。

苏联音乐家瓦西里作曲，马都索夫斯基作词的《莫斯科郊外的晚上》就是一首享誉世界的歌曲。1956年，全苏运动大会召开，为了让纪录片《在运动大会的日子里》更加富有吸引力，总导演邀请了知名词曲作者瓦西里和马都索夫斯基来创作电影歌曲，《莫斯科郊外的晚上》是专门为在莫斯科郊外体育基地休息的运动员谱写的。歌词描绘了年轻人萌生的爱意和黎明前依依惜别之情，同时也描绘了深夜花园里沙沙作响的树叶和闪着银光、静静流淌的小河，年轻人的情感与俄罗斯的自然之美融合在了一起，用作曲家本人的话来说，歌曲是“顺着字母从笔

1　张慨，闪易.地理空间的艺术史书写——以南泥湾为例[J].延安大学学报（社会科学版）.2020,42(02):53-60+71.

尖底下流出来的”[1]。

这首歌不仅在苏联国内迅速走红，很快也博得了其他国家听众的喜爱。1958年，莫斯科举办了第一届柴可夫斯基国际钢琴比赛，美国青年钢琴家范·克莱本在这次比赛中拔得头筹，其后在他的苏联巡演过程中，他对这首歌曲表现出了浓厚的兴趣。范·克莱本回国后举办巡演时，就将《莫斯科郊外的晚上》列为常演曲目，推动了这首歌在美国以及世界乐坛上的流传。1962年，英国爵士乐手肯尼·鲍尔在一次候机时偶然听到广播中正在播放的《莫斯科郊外的晚上》，他当即在机票的背面记下了曲调，并在伦敦将此曲改编成小号爵士曲，取名《莫斯科午夜》(*Midnight in Moscow*)。后来这首爵士曲登上了美国百首热门歌曲排行榜第二名,3月又登上美国悦耳音乐排行榜的榜首，并占据榜首长达三周之久。[2]后来，在英国、法国、巴西、芬兰、瑞典、西班牙、意大利等国家，到处都可以听到有人在唱这首歌曲。

这首歌曲之所以获得如此的成功，首先要归功于歌曲中的俄罗斯民族风格和浪漫主义的情调，这种民族主义的风格是独一无二的。而另一方面也应该看到，这首歌能引起广泛的认同更是因为歌曲所反映的自然之美和年轻的人朴素情感。深夜的宁静、黎明的朦胧、两颗年轻而又相互爱慕的心灵，这是世上最美的事物，让所有的人都觉得可亲，无论他是什么年龄，无关他来自什么国家。

(四)歌曲的接受程度不可控

流行歌曲的“流行”是不可控的，虽然创作者、歌曲题材、宣传推广等在一定程度上能够提高一首歌曲的质量和影响力，但是大众是否接受、愿意传唱一首歌曲，却不是完全受控的。这与文化产品的火爆有着一致的规律性，一部电影的流行与一首歌曲的流行，更像是某个天才艺术家的灵感闪现，而不是工业生产流水线上的精细化产品生产。国内很多城市都有自己的“市歌”，从创作到制作也投入了大量的资源，歌曲品质不低，却难以“流行”。比如青岛市委宣传部、青岛市大数据局联合指导拍摄的青岛城市宣传MV《这里是青岛》、上海市旅游局和上海广播电视台联合打造的城市旅游形象MV《我们的上海》等，歌曲的创作和拍摄都很精美，但是却难以获得广泛的传唱。反倒是相声演员岳云鹏在表演中改编自《牡丹之歌》的《五环之歌》被大众广泛传唱，甚至在哔哩哔哩上被誉为

1　薛范.但愿从今后，你我永不忘 苏联电影歌曲《莫斯科郊外的晚上》诞生记[J].音乐爱好者.2014，(11)：42-47.

2　薛范.但愿从今后，你我永不忘 苏联电影歌曲《莫斯科郊外的晚上》诞生记[J].音乐爱好者.2014，(11)：42-47.

北京市的市歌，被彩虹室内合唱团用经典合唱的形式重新演绎。

一首歌曲的流行受到诸多因素的影响，社会文化、时代潮流、创作者的艺术水平、演艺公司和传媒的推动等等，都会影响歌曲的传唱度。伍春明对民国时期上海流行音乐进行了考察，总结了当时流行音乐的一些美学特征：1. 时代感与平民化基础上“天人合一”的追寻。2. 旋律民族性本位里外来流行元素的大胆嫁接。3. 情感和伦理相互渗透中“悲悯情怀”的释放。[1]这一结论概括了流行歌曲在美学方面的特征。但是他也指出，当时流行歌曲的繁荣与中西文化的交融和音乐教育的发展、音乐人才的涌现都有着重要的关联。歌曲的流行也是社会文化繁荣、新思想涌现的标志，受到更宏观的社会因素的影响。

三、流行歌曲的生产和促进策略

虽然一首歌曲是否流行无法控制，但是歌曲在城市形象传播方面的影响力是毋庸置疑的。从北京城市形象传播的角度来看，目前已经有了一些广受欢迎的经典歌曲或流行歌曲，比如《北京的金山上》《北京欢迎你》《坐上高铁去北京》《北京一夜》《北京北京》等。这些歌曲诞生于不同时期，反映了人们对于北京的不同情感和记忆，有革命时期的胜利喜悦、国力强盛时期的包容大气，也有作为首都的独特历史和文化记忆。利用歌曲传播城市形象，能够有效唤起人们的情绪，起到深层文化认同的效果，因此，城市管理者应该鼓励与城市形象有关的歌曲创作，以增加流行歌曲出现的可能性，从而更好地发挥音乐的吸引力和感染力。从流行歌曲的特点和作用力来看，可以从以下方面促进歌曲的生产和传播。

（一）关注年轻群体的参与

现代的流行音乐生产是以青少年为主要受众群的，亚文化的文化属性是流行音乐的根本文化特征。[2]流行音乐中大量以“成长主题”为题材的作品，如台湾“小虎队”的作品，校园民谣类歌曲等，都是直接以青少年为对象创作的。青少年是追求群体认同较强烈的人群，流行歌曲则是他们进行群体标记的手段之一，大量的“追星族”也以年轻人为主。因此，想创作一首能够“流行”起来的音乐，需要关注年轻一代的成长和需求，歌曲的主题、内容、风格都应该贴近年轻人的审美偏好。而年轻人喜欢模仿和交流的社会心理特征也能够促进歌曲的传唱，为歌曲流行提供必要的条件。

---

1 伍春明.民国上海流行歌曲的文化成因及美学特征[J].人民音乐.2011,(03):73-77.

2 王思琦.中国当代流行音乐文化功能研究[J].中国音乐学.2007,(02):37-43.

（二）创造更好的音乐生产环境

文化精品的出现离不开文化产业的整体繁荣，尤其是与优秀的创作者、专业的宣发公司、成熟的播出平台、良性的产业制度等因素密切相关。我国的流行音乐虽然不乏精品，但是影响力还比较有限，特别是在跨文化传播方面，与欧美、日韩等国的流行音乐相比还有差距。我国的流行音乐产业存在产业链条不完善、知识产权等政策法规不健全、人才的培育与储备不足等问题。[1]城市管理者如果想鼓励与本地形象有关的音乐创作，也需要培育更好的环境，如加强音乐的知识产权保护、资金支持、人才引进和专业人才培养、成立产业基地等，保护音乐人的原创积极性，营造有利于音乐产业发展的软环境，探索音乐生产的可持续发展路径。

（三）关注歌曲的娱乐功能和情感宣泄功能

流行音乐是现代传媒体系的产物，而新媒体技术的出现为流行音乐的发展也带来了巨大的影响。一方面，新的传播技术扩大了流行音乐的参与主体和传播范围，另一方面也对传统时代通过握有版权而进行唱片销售为形态的歌曲产业构成了威胁。1995年，音乐人雪村创作了《东北人都是活雷锋》，当时没有任何唱片公司对该作品有合作的意向。熟悉互联网技术的雪村在2001年将这首歌放在了网上，却引起了广泛流行。韩国歌曲《江南style》则将歌曲的影响力扩散到了世界范围，让全球的网民都知道了首尔江南区。这种网络歌曲都有很强的情感宣泄功能，与传统时代歌曲风格有明显的区别。被戏谑为北京市歌的《五环之歌》也是网络时代的一个典型，这首歌不是全新的创作，曲调使用了过去的经典曲目，词的部分来自其他非专业人士的创作，但是这首歌的内容迎合了近年来北京打工一族的生活方式和思想困惑，具有很强的参与性和互动性，激发了人们的广泛共鸣。

1　张又丹，刘洋.新媒体环境下的中国流行音乐现状及发展趋势[J].人民音乐.2012,(03)：92-94.

融媒体时代下城市文化景观的传播实践

——以北京中轴线为例

刘丽霞[1]　惠东坡[2]

【摘　要】

在信息技术和传媒技术的不断发展下，城市文化景观的传播方式和手段也随之不断变化和更新，传统媒介如电视已经无法满足人们的体验需求，而新兴媒介如短视频、VR等则逐渐成为人们获取城市文化信息和体验城市文化景观的主要手段。本文以北京中轴线为例，探讨了融媒体产品在北京城市文化传播中的应用实践和意义，以及所反映的一些问题。最后通过研究发现，融媒体产品在城市文化景观传播中存在形态多元、功能多样和内容生动三大趋势，进一步地传播了城市文化景观，但同时也存在着一些传承不足和信息密度低的问题。文章试图从提升信息的深度和广度，以及信息编码者入手，提供一些优化策略。分析北京城市文化景观的融媒体传播，不仅对助力中轴线有益，也可以给其他城市文化景观传播提供一定的参考和借鉴。

【关键词】

融媒体传播；城市文化；文化景观；中轴线

1　刘丽霞，北京联合大学应用文理学院22级硕士研究生，主要研究方向为融媒体传播与实务。

2　惠东坡，北京联合大学应用文理学院教授。

一、城市文化景观融媒体传播现状

“文化景观”一词，最早由美国地理学家Sauer（索尔）创立文化景观学派而得以使用[1]，但是由于Sauer给出的文化景观定义简单而且容易使人误会，在此本文将使用我国现代人文地理学奠基人李旭旦教授的定义，他认为文化景观是人类在某一特定的地域中，在其基础上加以利用和创造，经过历史的变迁，综合所形成的自然与人文紧密联系的结合体[2]。因此，对于“文化景观”的研究应用，多见文化遗产保护、旅游业、城市规划和建设等领域。

城市文化的形成，定然离不开城市居民的生活、创造和发展，以此依托才能形成一个时代特定的城市和文化，如玛雅人和金字塔、神庙，罗马人和剧院、竞技场，古希腊人与雅典卫城。而由此形成的建筑文化、自然文化、人文文化、社会文化、商业文化、交通文化等，便是整个城市所包含和体现的一种城市文化景观。

在如今的移动互联网时代下，每个城市都在竭力通过各类媒体来展现最好的城市形象。其中参与的主体也许是个人，也许是专业自媒体，也许是各个单位的宣传机构或媒体机构。其中大部分都是通过短视频、城市宣传片、电视综艺节目这几大类途径来呈现一个城市文化景观。比如比较火的关于西安不倒翁小姐姐的短视频，成都的《大美成都》宣传片，以及关于云南的电视节目《去有风的地方》。这些形式的媒介都达到了良好的传播效果。每个城市都给人带来了独特的视觉印象。西安留下的是历史古都和美食之城的文化印象，成都透露的是时尚之都与和成都天府文化，云南呈现的是自然风貌与浓厚的人文，东北更多的是每逢秋冬季的冰雪自然和建筑文化。

在大城市，各大媒体机构已经开始积极推动融媒体传播，例如采用直播、短视频等新媒体形式进行报道和宣传，同时加强与社交媒体的互动。一些地方政府也在积极引导当地媒体发展融媒体传播，加强舆论引导和公共信息发布。在一些中小城市和农村地区，融媒体传播还处于起步阶段。由于技术和设备方面的限制，很多地方媒体仍然主要依赖传统媒体形式进行报道和宣传，数字化程度较低。但是，这些地方也在逐渐加强数字化建设，提高自身的融媒体传播能力。

总的来说，全国各地融媒体传播现状虽然存在差异，但数字化程度不断提高。随着科技的不断发展和社会的不断进步，融媒体传播已经成为趋势，未来将

1 胡海胜，唐代剑.文化景观研究回顾与展望[J].地理与地理信息科学，2006（05）：95-100.

2 李旭旦.人文地理学[M].上海：中国大百科全书出版社，1984.223-224.

会在更广泛的领域得到应用。

研究北京中轴线，便可以知道整个北京的历史。从金朝开始，北京就成为中国的首都，先后经历了元、明、清三个朝代，再到现代社会，在时间计算上已经超过了八百年。在这悠久的历史当中，北京的城市文化景观也在跟随着时代不断地变迁，其中以北京中轴线为核心地带最为显著。因为其无论是从长度、面积、位置，还是功能、建筑数量等方面来看，最能体现出北京中轴线传统与现代的北京城市文化景观。北京中轴线从中国传统的君权思想到人民当家作主的思想[1]，从为帝王的统治服务到为人民服务方向转变，从旧中轴线到新中轴线的扩张，这些转变，都是中国传统文化和现代文明的相互碰撞的时代需求。因此，21世纪的北京城市文化景观，是传统与现代的结合，是传统思想的传承与新时代精神的再创。

二、融媒体在北京中轴线文化景观传播中的应用实践

（一）多形态融媒体产品在北京中轴线传播中的传播现状与应用

北京的融媒体传播在实力、技术、资金、人才、数量等方面都是全国领先的。因此在对北京的文化景观传播实践方面也是较为丰富的。近几年，北京中轴线的融媒体传播呈现出形式多元化、功能多样化、内容生动化的总体趋势。

首先是多元化的融媒体产品形式，包括视频直播、H5、数字藏品、3D全景、网络直播、小程序、动画短视频等。这些融媒体产品各有各的优势与特点。比如北京市旅游委员会利用直播平台推出的“夜游中轴线”直播活动，向观众展示了故宫博物院、王府井、天安门等地的夜景，吸引了大量的用户关注。由北京市文化和旅游局、北京市网信办、北京市文物局等单位联合开发的H5互动小游戏“云游中轴线”，游戏中玩家需要回答历史、文化相关的问题，完成各种任务，以获得游戏积分和奖励。游戏的设计既具有趣味性，又有教育性，能够吸引年轻一代的游戏爱好者，增加他们对中轴线文化的了解和认知。腾讯SSV数字文化实验室联合北京中轴线发布申遗官方纪念版数字藏品“万人中轴字”，由上万名参与者书写的“中”字以纹理形式融入北京中轴线生活图景，体现出万人共创和大众共创的精神理念。每一位“万人中字”参与者，都是该数字藏品的联合创作者，并成为北京中轴线申遗助力者。

其次是融媒体产品功能的多样化。其中包括教育功能、娱乐功能、社会遗产

1 张宝秀，张妙弟，李欣雅.北京中轴线的文化空间格局及其重构[J].北京联合大学学报（人文社会科学版），2015，13（02）：17-23+51.

继承功能、环境展示功能等。2019年芒果TV发布的纪录片《致敬北京中轴线》，通过视频节目，介绍中轴线文化的历史、现状和发展情况，让观众更加深入地了解和认识中轴线文化。北京市在中轴线上推出了多个数字博物馆，让更多的游客可以通过互联网上的虚拟展览了解中轴线上的历史文化遗产。还有虚拟现实技术的运用，比如VR虚拟现实以及北京博物馆数字展厅，可以将中轴线历史文化景观呈现在游客面前，让游客身临其境地感受中轴线地历史和文化。北京卫视发布的系列MV《最美中轴线》，邀请几位歌唱嘉宾用音乐来展现北京中轴线悠久的文化历史，配合画面介绍了北京中轴线上的著名建筑景点。“北京中轴线” app，结合移动应用程序，为游客提供了中轴线文化景点的详细介绍、地图导航、购票预订等功能，方便游客出行和游览。

最后是融媒体内容的生动化。如北京日报与东城融媒等联合出品的《东方燕燕探中轴》短视频动画。该动画以正阳门上的小雨燕“东方”和紫禁城屋脊上的垂脊兽“骑风仙人”为主角，讲述他们探寻中轴线上的建筑景观和文化名人的故事。生动地展示了中轴文化丰富的内容，揭示了中轴线所彰显的中华文化精神。QQ浏览器、故宫出版社联合发布的《探寻紫禁城瑞兽H5》，H5中选取了中轴线上的十二只瑞兽的形象进行了高度的还原，集探秘、手机解锁等丰富元素于一体，收齐十二种之后便可以获得神兽颁发的专属荣誉，不仅可以获得游戏的快感，还能沉浸式地欣赏由H5呈现的动画紫禁城形象。

（二）融媒体产品对于传播中轴线文化景观的意义

从绘画时代到图片时代，到视频时代，再到如今的元宇宙时代，这是一个从一维到二维再到高维发展的媒介化时代。融媒体作为多模态的传播媒介，具有多媒体、交互性、跨平台、易传播等特点，可以更好地展现和传达城市文化景观的信息和意义，对于中轴线的传播意义非常重要。媒介效应理论指出，媒介作为信息传递的中介，对信息的传播、接收和理解都会产生影响。融媒体产品作为一种媒介，可以通过文字、图片、音频、视频等多种形式展现中轴线的文化景观，提供更加直观、多样化的信息呈现方式。这种多媒体的呈现方式可以提高受众的注意力和兴趣，增强信息的传递效果。同时，融媒体产品的交互性和跨平台性也可以促进受众与中轴线文化的互动和传播，进一步提升传播效果。

首先，对于传播与传承北京中轴线具有重要的意义。中轴线不仅仅是北京城市建筑文化景观，更是艺术景观、历史景观、人文景观。其丰富的景观形态，需要不同类型的媒介相互补充配合展示。不同的媒介形态，所承载的媒介内容不尽相同，所传播的媒介效果也如此。融媒体产品作为新媒体的代表，通过图像、声音、文字等多种综合介质，不仅可以充分展现北京中轴线的文化魅力，还能提高人们对于中轴线的文化认知度。如北京市政府曾经推出的“中轴线文化数字展馆”“北京历史文化游”等多个融媒体产品，都旨在通过数字技术手段展现中轴线深层次的历史与文化。《2021中国城市海外网络传播力建设报告》显示，北京市的海外网络传播力连续两年全国排名第一。[1]北京媒体资源丰富，城市文化传播效果与其他省份相比也比较显著，在通过新媒体技术手段展示传统文化和城市文化景观的时候，更容易给其他省份起榜样作用。

其次，融媒体产品可以全面助力2024年北京中轴线申遗。北京中轴线承载着中国整个文明的精华，不仅是中华文化的集中代表，更是我国历史、文化、地理、政治的缩影。2011年，北京市开始提出中轴线申遗。之后便开始举办了北京中轴线文化节、中轴线非遗展、中轴线文化旅游节等活动来加强公众对北京中轴线的文化价值的认识和关注。2022年8月，国家文物局党组确定推荐“北京中轴线”作为我国2024年世界文化遗产申报项目。为助力申遗，在移动互联网环境中，宣传北京中轴线的活动和渠道愈加丰富，公众的参与也越来越多，各色各型的融媒体产品也应运而生。通过大量的融媒体产品生产实践，来达到内容、渠道和效果的质变。融媒体首先面对的受众就是我国的广大民众，只有让大家认识、了解并参与进来，才能达到融媒体传播的效果与功能。其实面对国外的受众，通过不同的形式来展示北京中轴线，普及北京中轴线的历史和画像，提高来自不同国家不同文化背景的接受和理解程度，才有可能让融媒体传播北京中轴线达到一定的效果。

三、北京中轴线融媒体传播实践的问题

（一）文化传承效果不足

法国文化学者德布雷曾在其著作《媒介学引论》第二章当中探讨到传播与传承的关系。他认为传播具有短时间性和同时性，传承具有长时间性和历时性，因此在文化与技术的关系当中，传播不能承担传承的重任，文化只能通过传承来进行。[2]因此，在制作融媒体产品的时候，还需要考虑到媒介产生的效果是简单达到传播的效果，还是传播后引起观念、思想等更深层次的认识变化效果。

1　北京师范大学新闻网.第七届中国海外网络传播力论坛暨《2021中国大学、央企、城市海外网络传播力建设系列报告》发布会在北师大举办，https：//news.bnu.edu.cn/zx/zhxw/125982.htm？from=timeline&isappinstalled=0.

2　德布雷.媒介学引论[M].刘文玲，等译，北京：中国传媒大学出版社，2014：1-24.

城市文化景观在新媒介技术的发展之下，既受到冲击又得以传播和保存。一方面，在一定程度上，城市文化的历史和其蕴含的更深层次的精神与文化，在媒介中以简单明了的方式渐渐消解。虽然这种简单的传播方式，确实是受众最容易接受和最容易抵达的，但是长此以往，受众只会记得一个城市最直观的面貌，而不会去想这个城市文化背后的历史和精神内核。比如抖音视频中的西安、成都、南京等网红城市，受众用最简单的媒介接触到这些城市，了解的只会是这个城市片面的文化景观，而不会是系统的、全面的城市文化景观。渐渐地，人们越来越没有历史的意识，文化的多样性在人们面前也会面临消亡的危机，这便是新媒介对城市文化景观简单呈现的冲击。

另一方面，媒介的形态是复杂多样的，复杂的媒介不仅可以做到传播城市文化，还可以发挥着传承城市文化的作用。在城市历史信息的保存上，媒介可以长期记录保存，不受时间空间的限制，随时供人查阅了解。还有城市物质的保存，通过虚拟等技术，将城市物质完整保存复刻到媒介载体中，比如数字博物馆，通过数字化的技术来还原实体博物馆中的藏品，使其便于在网络上全方位展示。这种通过延伸城市文化在时间上和空间上的技术，将城市文化的物质形态以另外一种方式传承了下来，体现的便是媒介技术的传承作用。

媒介的“传播”与“传承”是密切相关的，两者相互依存、相互影响。媒介通过传播，将信息传递给受众，使得文化得以传承和发展；而媒介本身也是一种文化载体，具有传承文化的功能，对于文化的保护和传承具有重要意义。在媒介的传播中，传承意味着文化的延续和发展。传承需要在传播的过程中保持文化信息的真实性和完整性，同时还需要针对不同的受众采用不同的呈现方式和传播策略，以促进文化的传承和发展。媒介本身也承担着传承文化的任务。传承需要媒介在传播过程中积极参与，例如通过创新媒介形式和技术，提高文化传承的效率和质量。此外，媒介还可以通过对文化的挖掘、整理和呈现，激发人们对于文化的认识和兴趣，促进文化的传承和发展。因此，媒介的传播和传承是相互促进、相互依存的，它们共同构成了文化的传承和发展的重要组成部分。

（二）融媒体产品内容信息密度较低

近几年来，关于北京中轴线融媒体产品，确实在一定程度上做到了形式上、内容上、效果上的创新，也达到了一定的效果，让越来越多的人了解和参与到北京中轴线申遗活动中来。但是细观各大平台机构所制作的融媒体产品，其内容无一不是以介绍北京中轴线上的著名景点和大致历史为中心，再配以不同形式形成一个完整的融媒体产品。呈现的内容和传递的信息几乎都还停留在北京中轴线的视觉表征上，并未全面地、系统地、多元化地去呈现北京中轴线历史。这样的融媒体产品，在短时间内确实可以给大众带来新鲜感，但是内容的单薄性却不足以进一步让大众了解和传承整个中轴线上深厚的历史。比如VR视频《720°转中轴》、新京报的H5《VR全景逛北京中轴线》，带来的只是感官上的体验和浅层视觉印象；北京日报和东城融媒做的动画短视频融媒体，基于复杂的动画表现形式和内容时长的限制，也只能展现部分中轴线上的景物和名人；对于一些纪录片以及系列短视频，确实可以更大限度地去展示北京中轴线的历史和文化，但是也无法做到全方位、系统地将整个北京中轴线的历史展现完整，只能尽可能地将历史故事和知识进行系统拆解和精准提炼。这对于视频的制作者也是一个很大的挑战。

在传统与现代相互交融和存在的城市建筑中，融媒体所传达的媒介内容有限，历史文化元素很难在这些仅有的画面信息中呈现出来和解读到，长此以往，会导致一个城市的历史文化逐渐地被人遗忘。与此同时，随着碎片化时代的出现，人们的感官和头脑被不同的媒介内容所冲击着。在如此快节奏的社会中，人们难以形成线性思维，对于一些城市文化的真正内涵，大多数人是依靠视频等媒介所提供的关于城市景观的视觉表征来了解的，媒介内容制作者提供什么，人们就看什么，这种简单的画面甚至不需要配上文字，就可以成为人们的最爱。总之，只有不断创新融媒体作品内容，不断研究和深挖中轴线的历史，再思考以恰当的媒介形式传播出去，才能逐步积累，最终达到好的传播和传承效果。

四、北京中轴线融媒体传播的优化策略

（一）融媒体产品在城市文化传播中应提升信息的广度和深度

大多数的关于北京中轴线的融媒体，讲述和展示的历史都是百科式的内容。要么是稍微学习过历史的人都知道的历史，要么是介绍一些非常有名的历史人物等，又或者是一些非常主要的中轴线所体现的思想，如“左祖右社”“前朝后市”等。实际上，中轴线与五行、五镇、阴阳、风水学、古代天象、九门宫阙、围合空间、天人合一、礼乐合一等传统文化和思想都有深度的联系，这些深度的中轴线历史文化信息，是目前还不曾触及的范围。因此可以尝试突破更深层次的文化内核来讲述北京中轴线，从而提升融媒体产品的信息深度。

北京中轴线的历史文化不仅博大深厚，还有些晦涩难懂。这使得很多年轻人比较抗拒去接受这些古板的、生硬的历史文化。因此在创新融媒体表达形式之时，还可以考虑将中轴线的文化与当下的流行文化结合起来，比如利用网络流行

语、梗等。不仅提升了信息的广度和趣味性，还能够提升大众的接受程度，形成年轻人喜闻乐见的融媒体作品。

(二)提升编码者的编码素养与技巧

编码者和解码者是通信过程中的两个角色，在传播过程中，编码者对应的是融媒体的制作者和传播者，解码者则是大众。信息编码者的知识素养和技巧影响着融媒体作品的信息密度和传播形式。所以如何提高媒介所承载的信息量，让城市文化信息的传播取得高效的传播与传承，这是每个信息编码者都应该考虑的问题。而在制作融媒体产品的时候，信息编码者也许是媒体技术人员，他们更懂的也许是媒介内容和形式的制作技巧，但未必也懂得更深层次的城市文化内核。因此，在人们很难去深入了解一个城市的文化内涵的时候，编码者在制作融媒体产品时应恰当地丰富融媒体产品的信息量，使得媒介的内容具有一定的厚度，而不仅仅是一种城市景观的视觉呈现。这需要编码者学习和掌握大量的信息知识，才能消化整合成一个融媒体作品，最后解码者可以正确且轻松地解码出融媒体的信息，这才能使得一个融媒体作品完成一轮较好的效果的传播和传承过程。

结语

刘易斯·芒福德曾描述城市与文化的关系，他认为“城市是文化的容器，这个容器承载城市的三个基本使命：储存文化、流传文化和创造文化”[1]。在现代社会，城市文化遗产在城市规划中受到一定冲击，传统的文化思想和现代文化思想也有一定的变化，这为融媒体的传播和方式都带来了一定的难度和挑战。因此，城市文化景观的传播应该系统了解城市文化的变迁，注重传统文化和现代文化的内涵和价值，坚持“传承+创新”的发展理念，通过多元化的形式和媒介，更好地展示和传承中轴线的历史文化底蕴和现代价值，实现城市文化遗产的保护和传承。

1 芒福德.城市文化[M].宋俊岭，李翔宁，周鸣浩，译.北京：中国建筑工业出版社，2009：15.

北京联合大学品牌形象的短视频传播研究

刘雨露[1]　马君蕊[2]

【摘　要】

在感性传播背景下，短视频社交媒体的出现为当前高校的招生宣传提供了一个新的平台。如今，短视频平台已然成为高校对外宣传形象的重要窗口，如何通过短视频平台宣传自己，成了许多高校要思考的问题。为探究高校在利用短视频平台进行品牌形象传播过程中出现的问题以及原因，本文将从北京联合大学利用短视频平台进行品牌形象传播的现状入手，首先对大学品牌形象进行界定以及对相关理论进行阐述，其次，利用5W理论对北京联合大学品牌形象在短视频传播平台的主客体、平台、内容、效果进行分析，最后，通过对研究资料的分析整理，归纳其存在的问题并结合有关文献，探究北京联合大学面临的短视频平台品牌形象宣传问题的解决办法。

【关键词】

北京联合大学；高校品牌形象；短视频传播

1　刘雨露，北京联合大学在读研究生。

2　马君蕊，北京联合大学讲师，主要研究方向为社交媒体品牌营销。

一、研究背景

互联网的发展促进了消息之间的流通，短视频平台的出现为高校提供了一个重要的对外宣传形象的窗口。随着我国各高校招生规模的不断扩大，高校之间的竞争也在日益加剧，各高校通过流量巨大的短视频渠道进行自身的品牌形象宣传工作，树立一个良好的品牌形象，提升高校竞争力。

目前各高校利用短视频平台宣传高校形象存在许多问题，如内容单一、同质化程度高、重视程度一般、对用户关注度低、互动一般……究其原因主要与高校自身重视不足、内容有待深度开发、缺少艺术创作团队以及传播策略运用不足有关。近年来，国内有关高校在短视频平台进行品牌形象传播的文献大部分都是以高校官方抖音号为研究对象，对其建设、运营情况及作品内容和传播效果等进行总体的系统调查研究或是针对高校官方抖音号目前在短视频平台出现的问题进行分析。学者们的研究分析全面且透彻，但针对某个市属类高校的品牌形象在短视频平台传播的案例还有待补充，通过例子以“点”到“面”进行分析是很有必要的。

北京联合大学是1985年经教育部批准成立的北京市属综合性大学，经过30多年的建设与发展，学校的综合实力显著增强，形成了经、法、教、文、史、理、工、医、管、艺等10个学科相互支撑、协调发展，是北京市重点建设的应用型人才培养基地，也是北京市规模最大的高校之一。北京联合大学本着“服务北京”的观念为首都各行各业的发展输送大量应用型人才，但作为市属院校的北京联合大学，仍然存在着许多问题，如知名度不高、报考人数缺少等，所以当务之急是借助短视频平台对自己品牌形象进行宣传。然而在宣传过程中同样也会产生各种问题，只有对当前现状进行分析并通过相关理论进行进一步探究，解决目前面临的问题才能更好地促进北京联合大学品牌形象在短视频平台的传播，推动北京联合大学的发展。

本文将对北京联合大学在各大短视频平台中进行品牌形象传播这一现状进行分析研究。按照不同短视频传播平台分类，分别调查北京联合大学的品牌在各短视频平台的传播主客体，内容，平台，效果等，深入了解北京联合大学通过短视频平台进行品牌形象传播时所存在的问题，并且探究出解决问题的方式，从而进一步提高北京联合大学的品牌知名度，帮助学校进行招生，为首都输送更多高质量的人才。

二、大学品牌形象界定

（一）大学品牌形象概念界定

“品牌形象”这个概念是希德尼·莱维于1955年提出来的，是品牌构成要素在人们心理上的综合反映。它曾因解决产品的同质化给市场营销带来的难题而风靡整个20世纪60年代，现被当作品牌经营的一个通俗代号，反映出它是品牌经营的重要基础。随着时间的推移，不同的学者对于“品牌形象”产生了不同的理解：大卫·艾克在*Managing Brand Equity*中将品牌形象定义为：“品牌形象是一种消费者对于品牌联想的组合，而其中包含产品属性、消费者的利益以及品牌的人格特质三个组成要素”；著名学者凯文·莱恩·凯勒在*Strategic Brand Management*中提出：“品牌形象是存在消费者记忆中的与品牌相关的联想，其可细分为四部分，即品牌联想的喜爱度、品牌联想的形态、品牌联想的强度和品牌联想的独特性等。”

基于以上国外学者对品牌形象的定义，我国学者认为：“品牌形象是指企业或其某个品牌在市场、在社会公众心中所表现出的个性特征，它体现公众特别是消费者对品牌的评价与认知。”[1]品牌形象与品牌不可分割，形象是品牌表现出来的特征，反映了品牌的实力与本质。品牌形象是品牌理念、品牌文化的集中体现。

品牌形象是企业和消费者之间的桥梁，是消费者对品牌的所有联想的集合体，它反映了品牌在消费者记忆中的图景。一个良好的品牌形象是为广大消费者所认可的，并深深植根于消费者脑海里的感知，它能紧紧地抓住消费者的心，培养消费者对企业的忠诚度，促使消费者反复购买企业的产品和服务，为企业赢得一定的市场占有率，带来丰厚的利润。

大学形象是学校内在素质和外在表现在公众心中的总体印象和评价，是学校在长期建设和发展中形成的多方面的综合体现与反映。大学品牌形象同样也是高等学校的无形资产，是高校在长期发展过程中所积累的各种元素价值的总和。相比于企业界的品牌形象研究，大学的品牌形象研究起步相对较晚，研究也相对较为薄弱。系统研究大学品牌形象的文章并不多见，目前学术界对于大学品牌形象也无确切的定义。

有的学者将大学形象等同于大学品牌形象，有的将大学品牌等同于大学品牌

1 马君蕊.品牌与策划[M].北京：经济管理出版社，2018.

形象等，国内对高校品牌建设的探讨则主要集中于对高校品牌内涵构成及其创建方法等几个方面，其中关于高校品牌形象建设问题的涉足，大部分研究主要集中于大学品牌形象的概念。如唐丽娟，查小红在《高校品牌形象刍议》中提出："大学形象就是大学的品牌形象，指某一大学的品牌在高等教育市场中，高等教育消费者及相关社会公众对高校的总体印象和评价。"大学作为一个处于竞争环境的组织，同样需要与外界交流、沟通和交换。因此和企业一样，大学也具有强烈的竞争性，从而实现品牌化，并且在竞争越来越激烈的高等教育市场中，大学的生存和发展比过去任何时候都更加需要获得品牌的支持。

塑造大学品牌形象对现代乃至将来的高校竞争非常重要。"大学品牌形象是外界接触高校的第一印象，建设良好的形象能引起社会对高校的正面关注，获得政府的支持，企业的加入，促进学习的教学、科研、实践项目发展，学生就业也会有更高的竞争能力，高校在办学规模、质量、效益方面均能够获得提升，对社会也做出了应有的贡献。"[1]在新媒体时代下，高校品牌形象的传播已然成了高校宣传的重点任务，品牌形象在短视频平台的传播有诸多现实意义。其一，新媒体以其传播速度之快、传播范围之广而区别于旧媒体，新媒体的出现为高校进行品牌形象宣传提供了全新的赛道。在传统媒体的传播下，高校的品牌形象宣传存在着高投入低收入的现状，但是面对新媒体，高校不用投入大量的成本便可以利用互联网将宣传内容精准地投向目标群体，并可以在宣传中获得更多潜在群体的关注，可以说是低投入高收入的情况，新媒体为高校品牌形象建设提供了更加广阔的平台。其二，新媒体为高校形象建设提供内部监督工具。"新媒体的出现在客观上为高校起到了监督作用，无论高校主观意愿如何，新媒体都将高校带入到互联网环境之中，接受来自全校师生乃至于全社会的关注监督。"[2]在这样相对监督的环境下，更有利于高校本身的发展和完善，树立良好的品牌形象，提升高校自身综合实力。

三、短视频平台简介

"广义上讲，短视频是指在各种新媒体平台上播放，在碎片化时间内可随时观看的视频。高频率进行多元化内容推送的，视频时长在几秒到 5 分钟以内的视频。"[3]短视频平台即是短视频发布的新媒体平台，在我们生活中常见的涉及短视

1 张月.新媒体时代高校品牌形象的构建与传播[J].科技传播，2020，12（05）

2 姚杰，马静.基于CIS理论的高校品牌形象塑造[J].市场周刊（理论研究），2009（10）：35-38+125.

3 王伟强.短视频视域下大学生思想政治教育的探索[J].数据，2022（09）：149-151.

频的新媒体平台有很多，比如抖音、快手、微视等新媒体平台，同样也存在以社交性为主、短视频为辅的一些新社交平台，如微博、小红书、微信视频号、QQ小世界等。

福柯认为："话语关系是权力关系的再现，所有话语都是权力话语出于自身目的所制作的话语。"[1]短视频平台为海量的用户群体提供了发声的渠道，也形成了复杂话语关系网络，研究短视频平台是大势所趋。进入移动互联网时代，顺应4G普及、可预期的5G应用，短视频进入蓬勃发展阶段，适应移动社交媒体碎片化传播的特点，也有力地助推互联网业态。2010 年后，互联网的快速发展带动了互联网经济的成长，同时也促进了新媒体的出现和发展。

国内短视频类目从2011年快手上线起步发展，2013 年，大批的短视频平台开始出现，并逐步发展成产业经济。2015年4G网络开始普及后，便实现高速发展，主要经历了蓄势期、爆发期、转型期、沉淀期四个阶段，短视频开始多元化发展，并诞生了抖音、快手等数亿用户量级的平台，在互联网时代建立起了强大的影响力。特别是在2020年后，发展更为迅速，并逐步带动直播行业的发展。目前我国短视频行业竞争派系中国短视频平台主要有：抖音短视频、快手、西瓜视频、快手极速版、抖音极速版、抖音火山版等，不仅如此，微博、微信、QQ等强社交属性的软件也在其更新系统中加入了短视频这一模块，如微博的短视频播放、微信的视频号等等。可以说，短视频平台的发展前景一片大好。

（一）短视频平台的传播特点

移动互联网猛速发展衍生出了不同的场景营销的社交平台。短视频平台抓住受众碎片化的时间，促进短视频传播发展，其传播平台主要有以下几个特点。

1. 使用门槛低

短视频作为一种快速兴起的传播内容，非常方便上手，用户仅仅需要上下滑动页面就可以完成对视频的更换，不仅如此，创作者或者需要利用短视频进行宣传的主体在短视频传播中也可以最大程度利用短视频平台进行宣传传播，比起之前使用报纸、电视广告等就媒体而言大大节约了成本。

2. 日均活跃群体庞大

短视频通过大量的大数据算法，对每位用户进行精确投送，让用户在碎片化的时间里能刷到自己喜欢的内容，从而促进其使用率的提高，使用群体的活跃。根据相关数据可知，截至2022年3月，抖音、抖音极速版、抖音火山版已超过6.6

1 福柯.权力的眼睛——福柯访谈录[M].严锋，译.上海：上海人民出版社，1997：228.

亿用户，日均播放视频超百亿、年播放视频数万亿次；2023年2月23日，快手在北京召开的“2023·增量效应”磁力大会提到2022年，快手短剧日活跃用户达2.6亿，付费用户数比2022年4月增长了480%。通过抖音和快手等短视频平台公布的官方数据便可得知，其日均活跃群体十分庞大。

3. 内容产出多层次

短视频平台主要采用UGC内容制作模式，让用户自己生产内容进行传播，所以使用短视频的用户既是内容的生产者也是内容的消费者，大量的内容生产者不仅从侧面提升了用户的活跃度，同样也丰富了短视频平台的资源。不仅如此，越来越多的人通过短视频平台进行社交，发布自己创作的相关作品，吸引更多志同道合的网友从而形成自己的社交圈。“抖音、快手等软件的定位不仅仅是一个短视频应用软件，更是一个短视频文化社区。app不仅提供视频浏览等娱乐功能，也能够满足用户的社交、赚钱等需求。”[1]

短视频传播平台有众多优势，这也是其能在短时间内就成为主流的原因。越来越多的高校也开始注重短视频传播平台的发展，想要通过短视频平台进行高校品牌形象宣传。

通过相关数据汇总分析可知，北京联合大学目前开通了抖音、快手、微信视频号短视频平台官方账号，西瓜视频账号主要是做中视频内容，对于短视频内容涉及较少，对于微视、美拍、秒拍、土豆网等其他短视频平台并未涉及更多。

四、理论基础

（一）CIS理论

CIS即企业形象识别系统，是当今企业管理对内对外文化、形象的基础理论。其通过对理念、行为、视觉三方面进行标准化、规则化，使之具备特有性、价值性、长期性、认知性的一种识别系统的总称，可译为“企业统一化系统”“企业自我同一化系统”“企业识别体系”。简单而言，CIS理论是将企业经营理念和精神文化，运用统一的整体传达系统传达给企业周边的关系或团体（包括企业内部与社会大众），并使其对企业产生一致的认同感。

CIS理论即企业形象识别系统诞生于20世纪30年代的美国，50年代中期基本形成，80年代后期引入中国，90年代被广泛应用。CIS理论由MIS、BIS、VIS三部分组成。其中MIS为整个CIS的最高决策层，是核心，给整个系统奠定了理论

1　陈思含. 新媒体视阈下高校形象建设创新研究[J]. 文化创新比较研究，2020，4（35）：135-137.

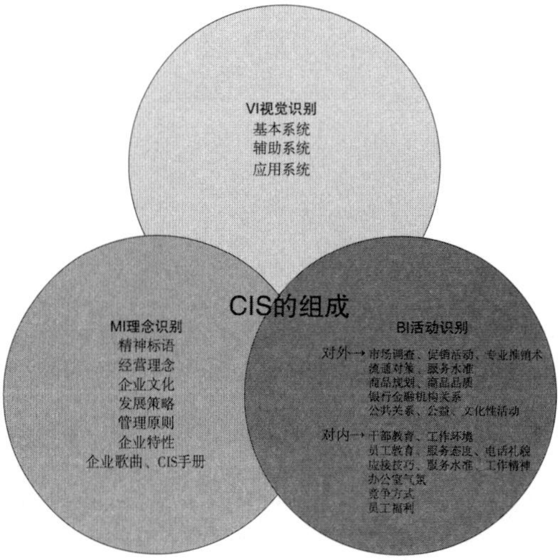

图1　CIS企业识别系统的结构层次

基础和行为准则；BIS为企业的行为，直接反映企业理念的个性和特殊性；VIS是企业的视觉识别系统。这三者共同组成CIS理论，相互依存。

（二）5W理论

美国学者拉斯韦尔于1948年在《传播在社会中的结构与功能》一文中，首次提出了构成传播过程的五种基本要素，这五个W分别是英语中五个疑问代词的第一个字母，即：Who（谁），Says What（说了什么），In Which Channel（通过什么渠道），To Whom（向谁说），With What Effect（有什么效果）。

5W理论最早明确地将传播过程划分为5个部分或者要素，并且相对应地限定了5个研究领域，有效地描述了传播和规划了传播学研究。

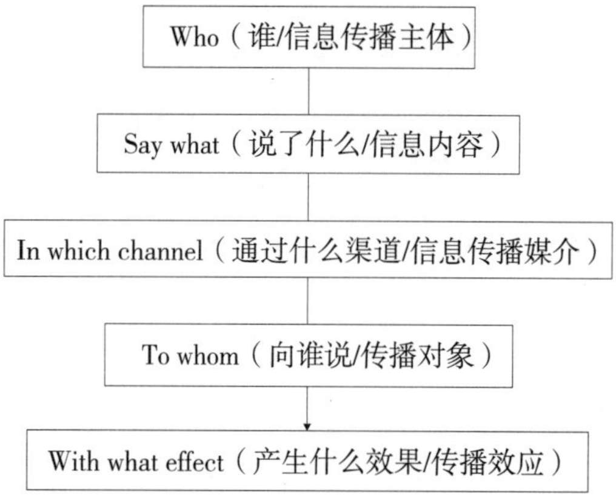

图2　5W传播模式

五、北京联合大学品牌形象在短视频平台传播现状分析

（一）传播中的主体分析

北京联合大学是1985年经教育部批准成立的北京市属综合性大学，其前身是1978年北京市依靠清华大学、北京大学等创办的36所大学分校。经过30多年的建设与发展，学校的综合实力显著增强，形成了经、法、教、文、史、理、工、医、管、艺等10个学科相互支撑、协调发展，是北京市重点建设的应用型人才培养基地，也是北京市规模最大的高校之一。

学校设有应用文理学院、师范学院、商务学院、生物化学工程学院、旅游学院、继续教育学院、智慧城市学院、机器人学院、城市轨道交通与物流学院、管理学院、特殊教育学院、艺术学院、应用科技学院、马克思主义学院、国际交流学院等15个学院，共计有专任教师近1600人，全日制在校生2万多人，其中本科生1.9万多人，高职高专生1400多人，研究生400多人，来华留学生1100多人，以及一定数量的硕士研究生。学校还有各类成人教育学生近5000人。

（二）传播中的客体分析

针对三个平台粉丝数据进行分析，结合“婵妈妈”“新抖”分析网站相关数据可知，北京联合大学在短视频平台的粉丝构成存在以下的情况。

在性别方面，男女粉丝比例相近，女性粉丝比例相对较高；在年龄方面，粉丝主要集中在18—23岁，31—50岁的人数也很多，可以得出大部分都是学生和学生家长们在关注学校短视频平台官方号。

在地域分布方面可知，一线城市粉丝居多，占比约55.6%，且在这之中北京的粉丝人数最多，共计53.95%，也可以看出北京联合大学作为一所市属院校，在互联网上的传播范围较窄，仍然以北京为主。

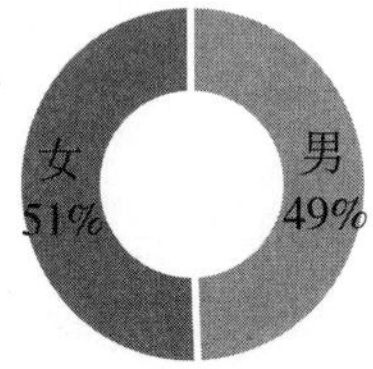

图3　短视频平台粉丝男女比例

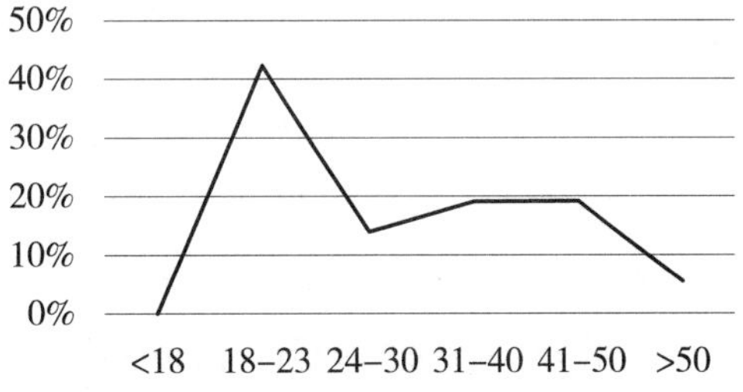

图4　短视频平台粉丝年龄分布

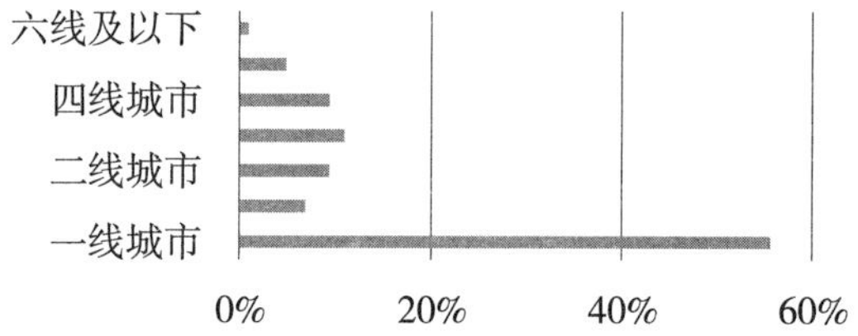

图5 短视频平台粉丝城市等级分布

（三）北京联合大学品牌形象的短视频传播平台分析

1. 北京联合大学短视频平台介绍

根据中国市场上目前短视频平台的情况，笔者了解到，目前北京联合大学在短视频方面的宣传主要集中在抖音、快手、微博、视频号平台，分别从账号名称、logo、发布时间、粉丝数量、作品数、点赞量等七个方面对于这些平台进行一个横向的对比。

表1 北京联合大学在各大短视频平台数据

平台	账号名称	logo	首发时间	粉丝数量	作品数量	累计点赞量
抖音	北京联合大学		2019-03-04	1.39万人	278个	8.05万个
快手			2022-07-03	536人	47个	1060个
微博			2017-06-26	2万人	73个	2300个
视频号			2021-04-16	约9500人	119个	7990个

整合各大短视频平台相关数据可知，北京联合大学在这些高使用量的短视频平台上有相同之处，也存在一些差异。在每个平台上北京联合大学的名字都是其大学名称本身，且都是官方认证的抖音号，使用的头像是联合大学的校徽，主页的背景也都是联合大学的地标建筑，且每个平台的简介都是学校的校训“学以致用”，但也存在着不同之处。

首先是抖音短视频平台。根据表7数据不难看出，北京联合大学在新媒体短视频领域之中做得最好的就是抖音短视频平台。这与该平台自身热度、负责老师长期持续更新等都有很大的原因。其次是快手短视频平台。快手平台上很多内容与抖音上基本相同，但是大部分在抖音上能看到的内容并未及时出现在快手平台上，所以其粉丝量、点赞量都是四个平台中最少的。再次是微博平台。微博平台是经营时间最久的社交性平台，根据对于短视频的定义，笔者从中筛选出了73个符合短视频定义的视频，通过与其他视频平台数据对比，可以看出微博的视频内容更加丰富。最后是微信视频号平台。微信的视频号是依托与北京联合大学的公众号建立的，根据“友望指数”分析可知，从2021年4月开始经营以来，发布作品周期较短，更新频率较快，其关注度也越来越高。从以上四个平台分析可知，北京联合大学在短视频平台宣传时，对于每个平台发布的内容多少、粉丝数量、点赞数都有很大的差别，其中抖音短视频经营得更好，快手短视频平台最被忽视。

（四）北京联合大学品牌形象在短视频平台传播中内容分析

下面将从CIS理论当中的视觉识别（VI）和行为识别（BI）以及理念识别（MI）三个方面内容传播入手对北京联合大学品牌形象在短视频平台传播进行分析。

1. 视觉内容传播分析

北京联合大学在短视频平台的头像都是学校的标志性建筑，在四个短视频平台上北京联合大学也经常更新学校不同季节的美景，例如北京联合大学春天的白玉兰、夏天的海棠花、秋天的银杏叶、冬季的雪景等，这都充分地展现了北京联合大学的校园风貌。

不仅如此，除了自然风光以外，北京联合大学还会更新一些校园建筑。在抖音平台上，北京联合大学开创了一个“校园徒步”的合集，目前更新了两集，共计播放量2.1万，其内容主要是通过小记者的脚步让受众能够直观地了解到北京联合大学的校园风貌，如“网红教室”、联大图书馆、体育场等建筑，丰富了联合大学的校园形象，利用视觉内容传播高校的品牌形象。

2. 行为内容传播分析

表2　北京联合大学在各大短视频平台行为内容传播分析数据

平台	视频数量	满足“BI”视频数量
抖音	278个	125个
快手	47个	20个
微博	73个	42个
微信视频号	119个	55个

根据数据内容可知，在四个平台上，北京联合大学涉及行为内容及BI类型短视频数量很多，常见的有北京联合大学的在短视频平台发布的校内的相关演说、

师资力量等内容，塑造了良好的内部形象，同时还发布了报考指南和许多学校活动视频，树立了良好的外部形象。

通过短视频平台行为内容分析可以看出，其品牌形象在短视频平台宣传反映出了北京联合大学“办学为民，应用为本”的办学理念，对于高校的形象宣传产生极大的作用，不仅有利于更多高考生选择北京联合大学入学，也更有利于北京联合大学毕业生就业发展。

3. 理念内容传播分析

高校理念要反映一所高校存在的社会价值、追求的目标以及专业特色等内容，校训是一所高校办学理念的象征，是高校品牌文化内涵的直观体现。北京联合大学在各大短视频平台使用校训“学以致用”作为简介也直观地体现了高校品牌文化内涵，同时，其在短视频平台所发布的各类活动也都是基于北京联合大学的定位——“服务于北京市发展的高校”开展的，致力于为北京市输送更多应用型人才，提高教师和学生的实践能力，发挥自己的优势，提高了自身品牌形象的知名度与美誉度，彰显了北京联合大学各专业特色和人文精神。

如今，高校品牌建设已经成为提高高校市场竞争力的有效手段之一，MI、BI、VI 作为大学识别系统的有机组成部分，三者相互关联，高度统一，既要突出各自鲜明特点，又要做到协调一致，全面反映高校品牌形象。通过调查分析，能从北京联合大学在短视频平台上的账号看出大学致力于贯彻大学品牌识别系统的三个部分。

（五）北京联合大学品牌形象在短视频平台传播中传播效果分析

通过上文对于北京联合大学品牌形象在短视频平台传播中的内容进行分析可知，在主要的三个短视频平台当中，其更新的内容基本一致，但是各平台之间却存在着很大的区别，以下将从几个方面来分析北京联合大学品牌形象在短视频平台传播的传播效果。（根据学者邓洁的头部高校官方抖音账号调查报告一文，确定在研究传播效果时从以下几个方面入手：“对于短视频账号而言，运营的传播效果主要可以从点赞量、评论量、转发量三个维度进行判断。”[1]）

受众对视频内容的评论是受众与传播者直接进行互动的方式，评论量高代表视频内容能够把握受众心理，从而激发了受众的表达意愿。受众的转发行为反映了受众对视频内容的认同感。

---

1 邓洁. 头部高校官方抖音账号调查报告[D].广西大学，2022：42

1. 点赞量分析

点赞量与视频内容息息相关，点赞数量代表受众对视频内容的认可程度，获得高点赞量的作品往往有触动受众、引起受众共鸣的能力。

表3　北京联合大学在各大短视频平台点赞数据

平台	总获点赞量	平均点赞量	最低点赞量	最高点赞量
抖音	8.05万个	290个	16个	1.2万个
快手	1062个	22个	1个	709个
微博	2300个	32个	5个	250个
微信视频号	7790个	65个	1个	589个

分析北京联合大学官方的四个主要经营的短视频平台账号可知，在不同的短视频平台上，北京联合大学账号的点赞量存在着很大的差异。以下是在不同平台中点赞量最高的视频的主要内容。

表4　北京联合大学在各大短视频平台点赞最高视频数据

平台	点赞量	视频内容
抖音	1.2万个	学校生活：北京联合大学2021届毕业典礼#毕业季@抖音校园
快手	709个	学校生活：#校园#少年感#这大概就是青春的样子
微博	250个	国庆游行：#国庆阅兵#北京联合大学 群众游行祝福祖国
微信视频号	589个	国庆游行：今天联大学子在天安门广场喊出#建党百年#强国有我

不难发现，针对专注于做短视频的平台，如抖音、快手，学生的校园生活更受人关注，再配上一些热门话题，受关注度、点赞量都会更高一些；在微博、微信这些社交属性更强的平台上，点赞量最高的是关于国庆游行等较为重大、荣誉感强的活动。在众多视频中，获得较高点赞量的作品都和头条热度有关，如“2月的开学季、冬奥手势舞、建党百年”等和多校一起联动的视频，其点赞量都偏高。在账号里一些剪辑拍摄手法生疏、内容单一的短视频的点赞量都偏低。

对于同内容的作品点赞量，四个平台也有不同。基本所有作品点赞量都是抖音最高，其次是微信视频号、微博，快手短视频平台点赞数量最低。可以看出，在抖音短视频平台北京联合大学的品牌形象宣传更好一些，流量也更大。

2. 评论量分析

评论，往往可以反映更多受众对于视频的看法，评论互动高的视频会有更高的曝光量，同样评论也会影响路人对于视频、视频发出主体的看法。所以分析评论也能更好地帮助我们直观了解到短视频平台的传播效果。

表5　北京联合大学在各大短视频平台评论数据

平台	总评论量	平均评论量	最高评论量	最低评论量
抖音	19238	69	2616	0
快手	101	2	54	0
微博	138	2	22	0
微信视频号	702	6	24	0

通过分析可知，在四个平台上，抖音平台的评论量最多，快手平台的评论量最少。但是每个平台都会出现0评论量的情况。通过表格数据不难看出，抖音平台上粉丝、路人与官方账号的互动更多，其次是快手平台，在微博、微信视频号上的评论量较低。

表6　北京联合大学在各大短视频平台评论最高视频数据

平台	评论量	视频内容
抖音	2616	学校安利：虽然晚了，但是还是要参加#北京联合大学
快手	54	学校生活：#校园#少年感#这大概就是青春的样子
微博	22	学生生活：#北京联合大学第十六届运动会 联大学子整装待发
微信视频号	24	学校安利：欢迎大家了解#北京联合大学#招生#高考

结合四个平台的数据可知，用户在面对热门话题如“学校安利、运动会”等生活性话题和视频时，评论数据有所提高，由此可知有生活气息的视频内容能唤起观众的情感共鸣，从而激化受众的表达欲。此外通过表格还可以看出不同平台对于北京联合大学的评价存在较大区别。在抖音和快手短视频平台上，评论多的内容基本都是负面的反馈，且这些负面的评论并没有官方抖音账号人员出来负责管理，导致了负面评论量持续上升，然后在微博、微信视频号等相对社交性强的平台上，虽然评论量不多，但是大部分评论都是温和的正向的内容，但是负责人员对于这些评论也是没有进行任何回复的。足以见得，管理短视频平台的负责人对于相关平台的评论量关注度不够。

3. 转发量分析

受众的转发行为体现了受众对于视频内容的认可，体现了视频内容有一定的吸引力足以使得受众愿意将其推荐给别人，转发量的提高益处之一就是增加发布者的知名度，能够达成病毒营销的效果。大转发量可以快速将信息推送出去，如果是好友自动转发，那就能够更加快速地传播出去，有利于提高原创者的知名度和影响力。

表7 北京联合大学在各大短视频平台转发数据

平台	总转发量	平均转发量	最高转发量	最低转发量
抖音	14176	51	1639	0
快手	—	—	—	—
微博	409	6	176	0
微信视频号	4790	40	309	0

从转发量来看，抖音数据最好，其次是微信视频号。微信视频号作为依托微信社交软件建立起来的短视频平台，具有更强的社交性，其对受众的筛选比抖音、快手等大流量短视频平台更方便，微信视频号的转发多是转发到朋友圈里，相当于流量从公域流量转为了私域流量。

表8 北京联合大学在各大短视频平台转发最高视频数据

平台	转发量	视频内容
抖音	1639	学校安利：虽然晚了，但是还是要参加#北京联合大学
快手	—	—
微博	176	国庆游行：#国庆阅兵#北京联合大学 群众游行祝福祖国
微信视频号	309	学校安利：欢迎大家了解#北京联合大学#招生#高考

“现代网络传播实现了‘去中心化’‘，每个人都被赋予了在网络世界自由表达的权力，分享和互动的数量成为了衡量热度的重要指标。”[1]因为快手短视频平台并未存在相关转发情况，故分析抖音短视频平台与微信视频号平台相关数据可知，当短视频号发布学生参与度高、知名度高、利于学校品牌形象宣传的作品，如汉语桥比赛、教师节视频、各学院联合手势舞等内容时，其转发量都会很高。不仅如此，一些学校安利和国庆阅兵等视频的转发量也会更高一些，但如果只是单纯转载一张照片、不经过解读直接发布类似“红正专”的相关政策时往往转载量都会很低。

1 刘海龙.大众传播理论：范式与流派[M].北京：中国人民大学出版社：2008.

六、北京联合大学品牌形象短视频平台传播存在的问题及建议

（一）存在的问题

1. 主客体互动匮乏

“新媒体使得信息传播由单向地输出和接收转变为双向反馈、实时互动，互动性能够促进用户的参与性，因此常常作为新媒体区别于传统媒体的一个特征。”[1]北京联合大学进驻短视频平台后，不仅对于粉丝的评论回复较少，针对当地企业单位、相关兄弟学校的互动也较少，不回复交流或者偶尔进行回复，就错失了与粉丝、单位、其他高校沟通互动的机会，不利于账号自身的提升整改。当评论量下降，视频就会被短视频平台推荐的概率变低，不利于账号的良性发展。

2. 平台众多没有重点

不同的短视频平台会有不同的受众，这就要求在经营短视频账号时需要对于不同平台进行精准定位。北京联合大学在针对目前存在的四个短视频平台账号发布问题时，存在不同平台更新频率不同，但内容搬运的问题。比如对于一些正面的、积极的视频内容没有及时搬运到快手短视频平台，在私域流量更多的微信视频号平台上传许多不受大部分受众感兴趣的专业通知等，这就使得不同平台之间数据差距较大，不利于后期北京联合大学在短视频平台上形成矩阵传播。

3. 内容冗杂缺乏特色

高校的品牌形象一定是彰显着高校独具特色，与众不同的一面。“很多高校为了建设品牌形象而建品牌形象，偏差地理解实质精神，认为只要有形象就是达到了目的，甚至有的高校“信奉”拿来主义，昭抄照搬，缺乏对自己精准定位的意识，对自身的品牌优势和特色模糊，品牌形象的建设只是流于形式，没有精神内涵。”[2]北京联合大学作为北京市市属高校，在视觉内容传播上没有特色，行为内容方面没有突出其理念的个性化，理念方面不能更好地传递其思想意识，从而使得高校特色缺失，品牌形象不能持续发展。

4. 舆论信息处理滞后

“在新媒体环境下，信息的传播速度快而且扩散范围广，封堵更加难。”[3]负面信息的传播对于高校的品牌形象传播十分不利，如果对于负面信息不能做出及时的处理，很有可能对于长期建立的高校品牌形象产生影响。北京联合大学对于网

1 邓美.“一流大学”官方抖音号传播研究[D].湘潭大学，2021.

2 李琳琳.论新媒体平台在高校品牌形象建设中的应用[J].现代职业教育，2020（40）：125.

3 李琳琳.论新媒体平台在高校品牌形象建设中的应用[J].现代职业教育，2020（40）：124.

络上的一些负面言论并没有及时处理，官方没有第一时间站出来解释，面对负面信息选择冷处理的态度不仅会让受众产生负面情绪，也会为高校的品牌形象传播带来极大的危机。

（二）相应的建议

1. 及时更新互动

“高频度、高密度的推送可以加强与受众的联系。”[1]北京联合大学在短视频平台的更新要做到多平台同步进行，对于学校的校园日常生活、学校新闻等内容要及时更新，在一次次的更新中逐渐获得用户喜爱，吸引受众关注，传播校园文化，促进高校品牌形象在短视频平台传播。

官方账号是学校在短视频平台上的代表，提升互动性对于品牌形象传播十分重要。“受众可以通过账户的一言一行感知高校的形象。”[2]官方抖音号可以借助本校学生发布的视频进行转发，促进与学生之间的沟通与交流，此外可以多与兄弟学校进行互动，促进两个学校学生之间的互动。此外，在发布视频时，可以注重看评论区粉丝对于视频的意见，针对中肯的建议进行回复和关注，只有不断互动才能充分了解到受众的需要，创造出广受欢迎的作品，促进高校品牌形象在短视频平台的传播。

2. 平台分类投放

新媒体时代给高校形象构建传播带来了全新的体验，同样也带来了更大的挑战，新媒体的传播优势是不容忽视的。高校可以借助不同短视频平台受众不同的特点，了解平台特色，对于相关视频进行更加精准的分类投放，有利于更好地打造品牌，宣传品牌，让自己为更多的人所知道、了解，提高自己在不同平台的辨识度。

北京联合大学在国际传播方面还有一些潜力可以挖掘。虽然联合大学通过一些学术交流、学生交换已经在国际上取得了一些成果，但与其的潜力和目标相比，仍有提升的空间。目前北京联合大学在国外短视频平台如Instagram、twitter、tiktok上都未开设官方账号，不仅如此，在不少海外平台上还充斥着非官方的账号，其存在对于学校国际宣传发展也存在隐患。北京联合大学可以进一步优化国际传播策略，以便更好地展示学校的优势和特色，吸引更多国际关注和合作机会。

1　景超平.高校品牌形象塑造策略分析——以湖南科技大学官方微信公众号为例[J].传播力研究，2019，3（34）：227.

2　汪慧中.短视频兴起背景下安徽省高校形象传播研究[D].安徽财经大学，2022：52.

3. 寻找自身特色

如何突出自身的定位，让用户能从众多高校账户中关注到自己，是所有高校都应该思考的问题。只有强化自身的独特性，才能促进高校品牌形象在短视频平台的传播。北京联合大学可以利用自己有12个校区且分布在北京各地的特色，突出高校特点。在日常发布的内容中也可以更多地更新学生们的日常生活，加强各校区学生的联动，提高学生的参与度，打造有温度高品质的内容，将北京联合大学的品牌形象传播给更多潜在受众。

4. 完善队伍建设

队伍建设是高校品牌形象得以在短视频平台传播的基础。北京联合大学的短视频平台宣传存在着很多问题，培养专业人才，完善队伍建设成了关键。在新媒体的快速发展下，高校是受益者，借助互联网越来越多的高校让更多学生认识到了自己，扩大了自身的招生范围。但是如果没有队伍进行管理和引导，这样的“红利”也会变成“风暴”，将高校卷入舆论之中。

互文性对话制造合意

——《逃出大英博物馆》英国媒体新闻报道话语分析

贺旖琪[1]　李彦冰[2]

【摘　要】

《逃出大英博物馆》系列短视频引发热议。国内舆论外溢，英国媒体新闻报道在互文的对话性中看似是开放的但实则是有偏重的，这些报道看似是充满互文，语篇之间存在很强的对话性，具有所谓的开放性，存在思辨与讨论的范围，但实际在某种话语策略的“重写”下，语篇的对话性遮蔽了冲突与论战，从而达成一种基于固有意识形态的合意。

【关键词】

互文性对话；合意；逃出大英博物馆；英国媒体

1　贺旖琪，北京联合大学应用文理学院学生。

2　李彦冰，北京联合大学应用文理学院新闻与传播系教授，主要研究方向为政治传播。

2023年8月26日，大英博物馆理事会主席奥斯本证实，该博物馆大约有2000件藏品失踪，“失窃藏品数量令人极为震惊”。这一事件迅速在国际社会中引起舆论关注，希腊政府要求英方必须永久归还帕特农神庙雕塑，尼日利亚官员也在数周之内致信大英博物馆及英国政府，要求归还贝宁青铜器。中国方面，环球时报在8月28日公开发表社论声称“英国博物馆必须免费归还中国文物”。

《逃出大英博物馆》是抖音用户“煎饼果仔”与“夏天妹妹”自创主演的短视频，8月30日在哔哩哔哩、抖音、小红书、微博等多平台同步上线，讲述从大英博物馆逃出的中华缠枝纹薄胎玉壶化形为女孩与一名中国记者共同踏上返回祖国的故事。该系列短片反响热烈，两名创作者抖音账户一周内粉丝增长量达500万，各短视频社交平台也瞬间掀起呼吁“大英博物馆归还中国文物”的声讨热潮。

中国国内舆论迅速外溢，引发英国媒体的广泛关注。英国广播公司（BBC）、《卫报》（The Guardian）、《独立报》（The independent）、《每日电讯报》（The Daily Telegraph）等相继对该系列短片作出报道。为响应国内舆论声浪，中国官方英文报纸《环球时报》（Global Times）、《中国日报》（China Daily）、中国新闻社（Ecns）也相继报道该系列短片。

中英媒体报道在此次舆论事件中具有明显的语篇互文性。本文将具体分析上述媒体文本，以发掘国际舆论战的新视角与话语策略。

一、互文性与对话性

互文性又称“文本间性”（intertextuality），是后现代语境中的常见概念。该理论由克莉丝蒂娃提出，最初应用于文学领域，后经由罗兰·巴特对文本问题的讨论而广为人知。克莉丝蒂娃借用巴赫金的“对话”思想，提出“任何文本都是由各种各样的引语建构的，任何文本都是对其他文本的吸收和转换”。克里斯蒂娃主张在文本对话中理解互文性。她认为巴赫金的对话理论打破了结构主义的文本静态观，她说：“使结构主义具有动态维度的是他将‘文学词语’理解为文本平面的交汇而非一个固定的意义，是若干文本间的对话：作者的、接受者（或人物）的、当前或先前文化语境的。”[1]由于互文性与对话性的同源性质，这两个概念在很多情况下被视为同义词。

互文性也是话语分析中的重要概念与切入视角。福柯提出的批评话语分析理论认为，话语作为社会实践是由社会结构决定的；实际话语由社会话语秩序，即

1 Kristeva J. Desire in language：A semiotic approach to literature and art[M]. Columbia University Press，1980.

与社会机构相联系的规范体系所决定；话语秩序在意识形态上是由社会机构乃至整个社会中的权力关系建构的。话语同时也反作用于社会结构，从而影响社会文化的传承。这一理论将语言学和社会学放在同一平台上进行有效的整合，据此形成了话语三维概念模式，即语篇—话语实践—社会实践。由于篇际互文性的界定来源于福柯话语秩序和话语互文场的理论，他将话语建构观、话语动态观以及话语社会观结合起来，同时借用格拉姆希的语篇霸权理论和哈贝马斯的社会制度对生活领域的“殖民化”理论来解释篇际互文现象。通过对互文性的分析，可以揭示文本怎样在特定情形下有选择地使用话语秩序（各种习俗化的规范，如体裁、话语和叙事），这种话语秩序又会受到怎样的意识形态以及整个社会中权力关系的约束。由此，篇际互文性不仅是一个文体现象，更是我们理解社会发展与变迁的切入点，它作为不同类型的话语、体裁或风格的混合体，是话语中霸权的反映，对我们的社会实践具有重要的启示作用。

在话语秩序的重组过程中，话语分析开始关注互文性的对话特质所带来的开放性。费尔克劳声称：“我最早提出从互文性的开放性角度看差异性和对话性，并在互文性和假设之间进行广泛的对比。”[1]所谓的“开放性”即语篇互文过程中所包含的多重视角与复杂利益，“当别人的口头语或书面语或想法被转述时，两种不同的文本、不同的声音构成对话并且潜在地形成了两种不同的视角、目标、利益等等”[2]。因此，费尔克劳认为“互文性展示差异”，而最具对话性的文本重组方式应当是明确地再现文本的“源头”（即引用），并且最大范围地把各种声音纳入其中。

然而，互文性不可避免地起到了精心选择的作用。在国际舆论场域中，一则新闻文本的对话性并不意味着开放透明的信源和各种利益观点的博弈。恰相反，语篇互文的对话性在某些话语策略的辅助下往往消弭差异，制造基于某种固有意识形态的合意。

二、互文性对话制造合意的话语策略

（一）“行为概念化”策略

行为概念化实则可以视为一种“命名”策略，文本作者通过对话语篇及补充

1 Fairclough，N. Critical Discourse Analysis：The Critical Study of Language [M]. London & New York：Longman，1995.

2 赵永刚.话语生成与社交媒体舆论塑造——对知乎社区“中国锐实力”讨论的话语分析[J].新闻爱好者，2019（09）：78-81.DOI：10.16017/j.cnki.xwahz.2019.09.022.

背景信息而引入一个新的概念而达成灌输其真实意图的目的。

8月28日，《环球时报》发表社论“英国博物馆必须免费归还中国文物”，文章态度强硬地指责大英博物馆玩忽职守导致文物失窃并且指称大英博物馆为“最大的赃物接收地”。文章反复强调大英博物馆文物的“非法性”，指责英国的文化殖民行为。作为本次舆论论战的起点，《环球时报》该篇社论被英国媒体大量引用，其主张与话语被概念化为“民族主义”。

9月6日，英国广播公司发文“British Museum：Chinese TikTok hit amplifies calls for return of artefacts”（大英博物馆：中国TikTok热播加大了归还文物的呼声）。文章写道：“Last week，Chinese nationalist newspaper *The Global Times* issued an editorial asking the museum to give back its entire Chinese collection.”（上周，中国民族主义报纸《环球时报》发表社论，要求博物馆归还其全部中国藏品。）该报道称《环球时报》为“Chinese nationalist newspaper”（民族主义报纸）、“a Beijing mouthpiece”（北京的喉舌），作者试图通过将《环球时报》定性为官方媒体而削弱该社论的民意基础并且通过引入“民族主义”的概念而消解在“民主自由”的国际环境中《环球时报》的合法性。该报道紧接着提及“Dior马面裙”事件来佐证其核心观点：“Cultural heritage and ownership has become a more sensitive topic for the Chinese public in recent years amid rising nationalist sentiment.”（中国民族主义情绪高涨，文化遗产和所有权已成为中国公众相当敏感的话题。）

作为最早回应中国关于归还文物诉求的媒体，英国广播公司无疑是为后续报道奠定了“中国国内民族主义情绪高涨的”基调。9月6日，《每日电讯报》写道：“The new three-part show has unleashed a wave of nationalism among viewers.”（这则三部曲在观众中掀起了一股民族主义浪潮。）《每日电讯报》也援引《环球时报》社论内容并陈述其立场：“It strongly endorsed the video series for touching on a ‘powerful message’ about the importance of cultural heritage.”（它强烈支持这一系列视频，因为它触及了关于文化遗产重要性的“强有力的信息”。）此论调一方面与中方社论形成对话，营造公开透明、观点交流的舆论氛围；另一方面则与BBC“中国国内民族主义情绪导致文化遗产议题紧张”的观点形成合意，试图将中国国内对于大英博物馆无偿归还文物的舆论诉求概念化为“民族主义”情绪高涨。

（二）“语境复杂化”策略

“行为概念化”策略确立舆论锚点，“语境复杂化”策略则反复强化认知。作为互文性实现的主要方式，再语境化（recontextualization）指的是语篇中一个成分被拿出特定语境时，该成分被去语境化；再被置入新语境时，其语境即被重置。[1]在本文分析的文本中，再语境化这一过程通过模糊文本时间、插入施动者背景信息以及强调政治意义而使单一舆论事件具有强烈的意义暗示。

《独立报》9月7日发表的报道使用了“语境复杂化”策略。文章在谈及中国呼吁文物回归时引入了关键人物——现任大英博物馆理事会主席奥斯本。奥斯本为前任英国财政大臣，于2015年访华，并在上海证券交易所发表演讲称开启“中英关系的黄金十年”。《独立报》在此直接引用奥斯本演讲内容：“Let’s stick together to grow our economies. Let’s stick together to make Britain China’s best partner in the West……we’ll stick together.”（让我们团结起来发展我们的经济。让我们团结一致，让英国成为中国在西方最好的合作伙伴……我们会团结一致。）

《独立报》试图将更多信息引入本次舆论事件中。它将奥斯本前后身份转变作为语篇互文的基础，将看似毫无关联的社会事件嫁接，以“中英团结”话语遮蔽“无偿归还文物”的舆论冲突并完成归责。

《独立报》在引入一则“旧闻”后，不无惋惜地写道：“Despite this，China’s government and state-run media have continued to call for the return of precious artefacts，effectively thumbing its nose at his remarks.”（尽管如此，中国政府和官方媒体仍继续呼吁归还珍贵文物，实际上对他的言论嗤之以鼻。）可见，该报道在再语境化的过程中着意模糊文本时间等关键信息以构建互文基础从而复杂化语境，消解对话重点，弱化事件的冲突性质。

除模糊时间外，《独立报》通过强调特殊的政治意义使得语境复杂化。在谈及《环球时报》8月28日发表社论时，文章写道：“The editorial was published just ahead of James Cleverly’s scheduled arrival in Beijing—the first visit by a British foreign secretary to China in five years.”（这篇社论是在詹姆斯·克莱弗利预定抵达北京之前发表的，这是英国外交大臣五年来首次访问中国。）文章不仅将本次舆论事件与中英正式外交关系相联系，而且隐晦地将《逃出大英博物馆》的创作者身份与政府相关联。原文使用多重限定修饰创作者“Its creators，who claim to be independent filmmakers with no links to the government，have gained over five million new followers in a week.”（其创作者自称是与政府没有联系的独立电影制作人，在一周内获得了超过500万的新粉丝。）这一评价性陈述强调“和政府没有联系的独立制作人”。然而，如果将社论发文、英国外交大臣访华以及系列视频

1 Reisigl，M. & R. Wodak. The Discourse-Historical Approach（DHA）[C] //Wodak，R. & M. Meyer. Methods of Critical Discourse Analysis（2nd edn.）. London：Sage，2009. 87-121.

发表时间置于同一语境并强化其中联系，“government”这一词语就具备了提示意义，让读者不免联想到本次舆论声讨是一场精心预谋的外交活动。

而关于创作者的“独立创作者”身份，BBC使用了同样的策略。BBC报道写道：“It has also seen its creators，who claim to be independent content makers.”（视频的创作者，他们声称自己是独立的内容制作者。）在这一话题中，BBC与《独立报》均使用了“who claim to”（他们声称），这一限定性从句提供了更多关于创作者身份的可能性，对其身份提供留有余地的对话，因而使得文本具有开放性。

然而互文性“重写”的文本开放性在某种意义上流于表面，新闻报道是一种具备此特性的典型语体。

（三）“信源模糊化”策略

判断一则文本是否具有对话性，应当观察其是否“忠诚地转述”文本，是否最大限度地引入了各方观点意见，是否有足够的口头或书面语的转述。

英方的媒体报道通过语篇互文充分体现了文本的对话性。BBC在报道中分别引用了CCTV、抖音用户、微博用户等各方对《逃出大英博物馆》的评价，也谈及《环球时报》社论及其引发的后续关于埃及、尼日利亚、希腊对于文物追讨的舆论施压。BBC在报道中转述英国立法工作者的说辞，称：“Some British lawmakers still insist it is a safe place.”（一些英国立法者仍然坚持认为这是一个安全的地方。）这里并没有给出所谓立法工作者的具体身份，模糊了信息来源，实则是减弱了文本的对话性。

《卫报》在9月20日发出的报道中除了引述以上社会能动者外，还涉及大英博物馆给《时代》周刊的一封公开信，但文章并没有提及这篇公开信，而将其模糊化为“大英博物馆发言人”。“A British Museum spokesperson said that the stolen items did not include any Chinese artefacts.”（大英博物馆的一位发言人说，被盗物品中不包括任何中国文物。）这段话用以回应《环球时报》对于大英博物馆文物失窃丑闻的回应。《卫报》借用这一模糊的发言人形象，谈及了该事件链的三个重点：“The British Museum has a long history of cultural collaboration in China……It is committed to exhibiting its Chinese collections，here at the British Museum，and across the world through our collection-sharing programmes.”（大英博物馆在中国有着悠久的文化合作历史……它致力于通过我们的藏品共享计划，在大英博物馆和世界各地展出其中国藏品。）《卫报》引用了大段的“大英博物馆发言人”的发言来强调大英博物馆与中国文化合作的伙伴关系，并重申大英博物馆对于中国悠久历史的重要传播意义。

“We have received no official request for the return of any objects in the collection by the Chinese government.”（我们没有收到中国政府要求归还藏品的正式请求。）此发言用以确认大英博物馆保管并展出中国文物的合法性。

“We would emphasise the jade teapot in the collection is not an historical object and similar modern items are available for purchase in China today.”（我们要强调的是玉茶壶不是历史文物，类似的现代物品在今天的中国也有售。）视频中的主角“中华缠枝纹薄胎玉壶”是大英博物馆正式购入的藏品，而非历史文物，这成为《卫报》等媒体确认大英博物馆持有中国文物合理性的一个关键话语。

此外，《卫报》在引入社交媒体用户评论时也使用了模糊信源的策略。文章结尾，作者声称中国官方媒体与社交舆论场域出现意见分歧，写道：“尽管中国官方媒体试图在这个问题上宣扬民族主义路线……但中国社交媒体用户存在分歧。”

模糊信息来源使得报道轻易引入具有对话性的其他利益观点。然而在本例中，看似充满对话性的文本结构安排实则重新强化了关于中国官方强化“民族主义”情绪的论点。费尔克劳认为引用是最具对话性的，是最能展示差异的话语形式。除此之外，情态化断言、非情态化断言以及假设，其对话性依次递减。但在本例中，“模糊信源”的话语策略使得引语变成辅助论证的背景性信息，从而强化“民族主义”概念。

在本次事件链中，英国媒体使用“行为概念化”策略制定舆论锚点，“语境复杂化”策略强化受众认知，“信源模糊化”策略补充背景信息。以上三种话语策略使得新闻报道语篇之间存在很强的对话性但却遮蔽了真正的冲突焦点，从而达成“本次舆论浪潮是中国国内民族主义情绪作祟”的合意，掩盖了中方关于文物的合理正常诉求，以意识形态惯性对冲舆论压力。

结论与讨论

在本次事件链中，中方谷歌搜索可见的英文媒体报道主要有《环球时报》、《中国日报》、中国新闻社（Ecns）。中国新闻社于8月28日发文最先报道《逃出大英博物馆》系列短片，《环球时报》29日紧随其后，《中国日报》9月11日发文回应英方媒体关于“民族主义”指责。

中方媒体报道文本具有重事实而轻对话的特点，在一定程度上缺乏有技巧地构建互文性对话来增强报道的开放性。

《中国日报》发文《渴望从大英博物馆返回中国的文物》，在回应英国媒体关于“民族主义”发难时引用了《每日电讯报》在1月刊发的文章“如果大英博物馆失去大理石，民族主义将战胜人类的共同遗产”，并批驳作者丹尼尔·汉南认为大英博物馆文物具有“合法性”的观点：By“lawfully acquired”，does the author Daniel Hannan mean quired with the“help”of machine guns and warships？（作者丹尼尔·汉南所说的“合法获得”是指在机关枪和军舰的“帮助”下获得的吗？）强烈的观点表达冲动使该疑问句式具有对抗性，并且由于没有足够的书面或口语转达而使得文章在一定程度上缺乏对话性，因而文章的相关观点很难被接受或说缺乏达成合意的话语策略。

《环球时报》8月29日刊发文章《新视频系列引起人们对大英博物馆收藏的中国掠夺文物的关注》，在其中作者陈述了英国殖民时期对中国文物的洗劫行为，并指出大英博物馆目前“收藏2.3万件中国文物……从新石器时代到现在，中国的文物包括绘画、版画、玉器和陶瓷”。相比较文章的对话性，《环球时报》则更关注澄清事实。

此案例据实表明，在我国的对外宣传过程中应该在陈述事实的基础上更加关注价值引导和文本开放性策略，以完成意识形态合意塑造。

第三篇

城市形象与视觉符号

作为品牌符号的城市别名的形成与传播

陈冠兰[1]

【摘　要】

世界上很多城市拥有别名。本文论述了城市别名的几种来源和类型，分析了作为“能指”的别名与作为“所指”的城市之间的联系。城市别名的作用和意义主要体现在三个方面：第一，有利于凸显城市的独特优势和气质形象；第二，有利于凝固和加强本地市民的认同感和自豪感；第三，有利于打造推出相关的文旅项目和产品。本文分析了在城市别名提炼和命名时可能遇到的不同情况以及如何应对。城市别名的传播和扩散可借助广告、公关宣传、事件营销、多媒体传播矩阵等传播手段。最后，本文认为，在传播城市别名的同时，还应考虑如何客观地展现城市的整体面貌。

【关键词】

城市别名；品牌符号；传播

1　陈冠兰，北京联合大学应用文理学院副教授，主要研究方向为网络与新媒体、营销传播。

城市是人类最重要、最核心的活动场所，是一定区域的政治、经济、文化、商贸和交通中心，也是社会文明与发达程度的显著标志，是现代化的先驱与主角。近现代以来，伴随工业革命和人口集中，城镇化进程加快，全球出现大量各种规模的城市，更涌现出一大批大型城市，例如北京、上海、纽约、伦敦、巴黎、东京等等，越来越多的人居住在城市，城市是市民的家园。

别名，是根据人或事物某方面的突出特征，而赋予其本名之外的一种称呼。人类的思维和表达的需求非常丰富，给事物命以别名非常常见，很多常见的事物更是有不止一个别名。对于城市来说，在长期的发展中，形成别名是自然而然的。目前对事物别名的研究，主要是从文化学和地理历史学的角度，例如考证和辨析别名的来源、价值、意义、分类等，或者从语言学、社会学的角度，解释别名的认知机制，研究别名的词汇构成方式和构建手段。而对于城市别名的研究非常少，在知网输入“城市+别名”“城市+别称”，得到的期刊文献数量是个位数，且大多历史久远。

城市别名的确定与众多因素有关，例如社会历史、地理环境、政治经济、人文特色、民俗风情、产业发展等。由于笔者近年来对城市传播有较多关注，更关注到城市别名对于城市品牌形象传播的意义和价值，本文即从这一视角来展开论述和研究。

一、世界城市别名的基本状况和类型

虽然我们没有做过全部统计，但我们注意到，几乎每个城市都有别名，那些大城市、知名城市，其别名更是历史悠久，同时或先后拥有过多个别名。例如，我们伟大祖国的首都北京，是一座历史悠久的名城，也是世界上名称最多的城市，从上古时期到现代，先后有幽陵、冀州、蓟、燕、渔阳、幽州、琢郡、燕京、大都、北京、京师、北平等多个称呼，新中国成立后恢复了北京的称呼。

国外的很多城市，尤其是知名的国际都市，也基本都有别名或多个别名。例如伦敦别名雾城，新加坡别名狮城，威尼斯别名水城，维也纳别名音乐城，瑞典的斯德哥尔摩别名禁酒城，保加利亚的加布罗沃别名玫瑰城，巴黎别名花城，德国的慕尼黑别名酒城，印度的乞拉朋齐别名雨城，巴西的里约热内卢别名足球城。美国的许多城市都有别名，例如纽约别名帝国城，芝加哥别名风城，洛杉矶别名天使之城，等等。

城市别名的确定与多种因素有关，其来源也多种多样，绝大部分由民间自发形成并流传下来，最终有一部分由官方确定，例如“羊城”广州、“鹏城”深圳、“申城”上海等。有关研究者曾将城市别名的来源和类型分为10类，分别是气候、地形、水文、地理位置、城市轮廓、植被、动物、矿产、产业、历史建置和神话传说[1]，本文认为有些类型可以合并，故尝试归纳为以下几大类别：

（一）与气候、地理位置、地形、城市轮廓有关的城市别名

有些城市的别名与该城市的气候有关，从城市别名就可以大致了解该城市的气候特征。例如重庆多雾，别名“雾都”；昆明四季如春，别名之一“春城”；拉萨纬度位置较低，日照时间较长，别名“日光城”。此外还有“冰城”哈尔滨、“火洲”吐鲁番、“夏都”西宁、“凉都”六盘水、“雨港”基隆等。

有些城市的别名来源于当地的地形。重庆依山而建，有另一个别名“山城”；南京西部有清凉山，清凉山又名石头山，故别名之一“石头城”；南阳的别名“宛城”，因南阳坐北朝南，属马蹄形盆地，看起来像个“碗”，“宛”“碗”同音。

有些城市的别名根据其自身的地理位置来确定的，从其别名大致可以了解该城市的地理位置。天津的别名之一“津门”，因其处于京畿门户；大连是海滨城市，别名“滨城”；兰州的别名之一“陆都”，因我国大陆的几何中心在兰州附近。有些城市的别名来源于城市的轮廓。泉州古城的轮廓好像鲤鱼，别名“鲤城”；柳州的别名之一“壶城”，诗云“三江四合，抱城如壶”。

国外也有大量城市的别名来源于此一类别。例如芝加哥毗邻五大湖，高楼林立，别称“风之城”；纽约州的布法罗靠近尼亚加拉大瀑布，毗邻北方诸大湖，美称“湖上皇后”；阿拉斯加州别称“最后的边疆”“夜出太阳之乡”；亚利桑那州别称“大峡谷州”“落日州”；夏威夷别称“太平洋上的天堂”；新奥尔良被称作“新月城”，因其位于密西西比河拐弯处，形状如同新月，等等。无论国内国外，这一类型的城市别名，往往充满诗意，引人遐想。

（二）与水文、植被、动物有关的城市别名

有些城市的别名与当地的水文有关。例如武汉位于长江和汉江的交汇处，别名“江城”，李白有诗“黄鹤楼中吹玉笛，江城五月落梅花”；海宁别称“潮城”，每年农历八月十五左右是观海宁潮的最佳时节；济南以泉水众多闻名，据统计有700多个天然泉，别名“泉城”。此外还有“淞沪”上海、“渭城”咸阳、

1 贺志康，郑友强.城市别名与地理[J].地理教学，2015，20：62-64.

“黄河之都”兰州、“湖城”湖州、“香江”香港、“濠江”澳门等。

有些城市的别名与当地的植被有关。福州多榕树，别名“榕城”；海口别名“椰城”，市区种植大量椰子树；库尔勒别名“梨城”，因盛产香梨。与植被有关的城市别名还有“樟城”南昌、“荔城”莆田、“蓉城”成都、“花城”广州、“花城”昆明、“林城”贵阳、“牡丹花都”洛阳等。

有些城市的别名含有动物的名字或与动物相关的文化。例如齐齐哈尔别名“鹤城”，市区东南有国内著名的湿地扎龙自然保护区，保护对象为丹顶鹤；广州的别名之一“羊城”，来源于古代仙人骑羊到来的美丽神话，仙人留下一茎六出的谷穗，祝福老百姓永远丰衣足食，所以广州又叫“五羊城”或者“穗”；厦门别名“鹭城”，因白鹭长年浮游在水面。城市别名中含有动物名字的还有如“鹏城”深圳、“鹿城”包头、“狮城”沧州、“鹿城”温州、“鹿城”三亚等。

国外也有大量城市的别名来源于此一类别。例如阿拉巴马别称“棉花州”，堪萨斯州别称“向日葵州”“小麦州”；康涅狄格州别称“肉豆蔻州”；特拉华州别称“蓝鸡州”，等等。

（三）与矿产、产业有关的城市别名

有些城市的别名来源于当地矿产资源的开采。大庆别称“油城”，得名于大庆油田；抚顺有丰富的煤炭资源，别名“煤都”；自贡别名“盐都”，自东汉时就开始开采井盐。此外还有“玉都”鞍山、“稀土之都”包头、“油城”克拉玛依、“锰都”湘潭、“南方油城”茂名、“锡都”个旧、“汞都”铜仁、“油城”东营、“煤城”枣庄等。

有些城市的别名来源于其城市产业的发展。例如鞍山别名“钢都”，鞍山钢铁是新中国最早成立和恢复建设的大型钢铁联合企业；长春别名“汽车城或电影城”，中国第一汽车集团公司就位于长春，长春电影制片厂是新中国第一家电影制片厂；宜宾别名“酒都”，酿酒工业发达。与产业发展有关的城市别名还有如“草原钢城”包头、“瓷都”景德镇、“钢城”攀枝花、“药都”本溪、“乳都”呼和浩特、“航天城或卫星城”西昌、“酒城”泸州、“风筝城”潍坊等。

国外也有大量城市的别名来源于此一类别。例如美国的拉斯维加斯被称为“赌城”，底特律被称为“汽车城”。

（四）与历史建制、神话传说、语言文化等有关的城市别名

城市的别名本身就是一种文化，所以与这类有关的城市别名最多。上海称为申城，“申”源自受封于此地的战国四公子之一春申君黄歇；三亚别名“鹿城”，

来源于“鹿回头”的美丽传说；惠州别称鹅城，源于神话传说，相传古代有一仙人骑着木鹅飞来，看见惠州城山清水秀，西湖风光美丽，便降落湖中不再离去，木鹅化作山岭卧于湖滨，就是现在的飞鹅岭，北宋绍圣三年（1096），苏轼《白鹤新居上梁文》写道：“鹅城万室，错居二水之间；鹤观一峰，独立千岩之上。海山浮动而出没，仙圣飞腾而来往……”从此惠州的古称“鹅城”正式出现在文字记载中。此外如“燕京”北京、“盛京或奉天”沈阳、“青城”呼和哈特、“热河”承德、“神都”洛阳、“汴梁”开封、“唐都或长安”西安、“秦都或渭城”咸阳、“金陵或江宁”南京、“姑苏”苏州、“江都”扬州等等，也都与历史建制或相关人物有关。别名多的城市，往往知名度高，历史旅游文化资源丰富。

国外也有大量城市的别名来源于此一类别。例如费城别名“友谊之城”是来自希腊语，意为“兄弟般的友谊”；康涅狄格州别称“痼习州”；阿肯色州别称“奇迹州”“机会之乡”；科罗拉多州别称“宪法州”；加利福尼亚别称“百年纪念州”。有人专门研究过加利福尼亚州的城市别名，发现很多城市别名来源于外国语，包括法语、西班牙语、丹麦语，甚至印第安土语（Chippewa）。[1]

以上四大类型的城市别名，基本概括了世界上绝大多数城市别名的来源类别。

二、作为城市品牌符号的别名的“能指”与“所指”

在受众的认知体系中，符号是指代一定意义的表征，它通常体现为文字、图像、声音、手势等形式，但也可以是一个建筑景观，一种思想文化，一个有代表性的人物。例如提到长城、故宫就想到北京，提到东方明珠塔就想到上海，提到西湖就想到杭州……这些都是城市的典型符号，受众通过符号，对这些城市产生最直观的体验，留下深刻的印象。而有些符号传达了城市的品牌内涵，构筑了受众对城市感知和记忆的基础，就形成为城市品牌符号。根据上一部分的叙述分析可知，城市的别名基本都来源于该城市独特的自然条件和历史文化，本身就具备独特的地域性和可识别性，自产生之日起，它就适合作为城市品牌符号进入传播系统。此处结合符号学理论，分析城市别名的“能指”与“所指”，进一步理清其作为城市品牌符号的形成与固定过程。

1 刘淑兰.基于SCM模型的加利福尼亚州各城市别名研究[D].四川外国语大学，2020：68.

（一）作为“能指”的别名与作为“所指”的城市的必然性和任意性

“能指”与“所指”理论是瑞士语言学家、结构主义语言学奠基人费尔迪南德·索绪尔（F. de. Saussure）在1916年出版的《普通语言学教程》中提出的有关语言学中的符号学的理论。索绪尔把符号看作能指（signifier）和所指（signified）的结合。能指也叫作意符，通常表现为声音或图像，能引发人们对特定对象事物的概念联想；所指也称为意指，即意符所指代或表述的对象事物的概念（意义）。

需要说明的是，本文虽然认为别名作为城市品牌符号，有其特定的“能指”与“所指”，但这两者间的关系，与索绪尔所论述的能指和所指的联系，有明显的区别。索绪尔认为语言是用声音表达思想观念的符号系统，语言符号连接的不是事物和名称，而是概念和音响。一切符号都是音响形象（sound image）和概念（concept）的结合，他将音响形象称为“能指”，所指代的概念称为“所指”。索绪尔据此还提出了符号的任意性原则，认为能指与所指之间没有自然的或必然的联系，不能由能指来推断所指，也不能由所指来推断能指，能指和所指之间的关系是任意的。这种“任意”，指两者的联系不是特定的，而是约定俗成的。但本文谈论城市别名的“能指”与“所指”，并不是语言学上符号的音响和概念的“音义结合”，而是概念与概念的“义义结合”，两者间的联系既有一定的任意性，又不是完全任意的，而是有特别的必然的联系，特别是基于明显的地理气候自然等特点而产生的别名，这种联系显得更加“必然”。而“任意性”则比较适合从基于历史文化、神话传说的命名类型来理解。例如，一个城市的历史文化和传说可能很丰富，为什么正好恰恰选取了其中某一个作为别名的来源，这本来也有一定的任意性和偶然性。

事实上，即使是索绪尔所说的音义本身的结合，虽然是任意的，不是必然的，但一旦符号系统形成，进入交流传播，就对全体成员有了强制性，有了一定的必然性，任何人不能再随意改变音义之间的结合关系。同理，一旦某个别名被固定下来后，它与所代指的城市间的关系也理应具备一定的必然性。

符号结构的相对任意性还表现在，同一能指在不同的符号结构中可以代表不同的所指。由一种符号形式表示不同的内容，构成不同的符号结构，这也证明了符号结构中能指与所指的关系的任意性是相对的。在城市别名的能指与所指间，也有强关系和弱关系，有些别名固定下来后，只能被某一个特定的城市所使用，例如申城，只能指上海，羊城，只能指广州，等等；而有些别名与城市间的关系是弱关系，并不能由这个别名直接想到对应的城市。这种“弱关系”的别名，往往无法作为成功的城市品牌符号被人们接受和记忆。

很明显，城市别名的形成是一种社会行为，其影响因素包括社会情境、社会规范、人们对某些意义的共同理解等等。[1] 如果语言符号的能指和所指被定义之后，不能被社会的广大成员所理解、接受，那么语言符号就失去了其意义。同样，一个城市的别名如果不能为社会所接受，那这个别名也是名存实亡，甚至慢慢会消亡。

（二）“能指”与“所指”互相代替和转换

索绪尔所说的能指和所指的源头，符号学上称之为“参照”。由参照物出发，“能指”指的是人们赋予事物所有的语音符号和文字符号。不同的人、不同的语言赋予它的能指也可能不同。理解了能指，那么从能指出发，“所指”指的是提到这个城市别名时，大脑记忆里马上就会检索出与之相对应的那个城市。从逻辑上来说，一个参照物的“能指”和“所指”可以是互相的。我们可以从一个能指得出与之对应的所指，也可以从一个所指得出与之对应的能指。《荀子·正名》中有云：“名无固宜，约之以命，约定俗成谓之宜，异于约则谓之不宜。名无固实，约之以命实，约定俗成，谓之实名。”在品牌营销传播中，非常成功的品牌，能使人们一听到某种产品（能指），立刻想到某个品牌（所指），例如，听到“饮用水”或“矿泉水”，立刻想到“农夫山泉”；另一种情况是，一听到某个品牌（能指），就想到某种产品（所指），例如，听到“宝马”，就想到“汽车”。显然前一种情况的品牌价值要明显大于后者。在这个例子中，“能指”与“所指”可以互相代替和转换。如果我们在一个城市与其别名中建立起这样的能够互相转换的“能指”与“所指”，例如一说到“冰城”就想到“哈尔滨”，一说到“哈尔滨”就想到“冰城”，则该城市与其别名的联系便有了较大的确定性，具有成为城市品牌符号的潜质与价值。

三、作为品牌符号的城市别名的作用和意义

城市不仅聚集了大量产业，也是人们旅游度假的主要目的地，吸引着大量游客慕名前去拜访。良好的城市形象，对内能增强市民的凝聚力和自豪感，对外能增强城市的吸引力和竞争力，是构成城市发展的软实力。当前有很多城市存在“千城一面”现象，城市别名对于城市品牌形象传播有着特别的作用，是城市

1　刘淑兰.基于SCM模型的加利福尼亚州各城市别名研究[D].四川外国语大学，2020：70

凸显自身特色，创建个性化、最优化发展的必然趋势，应充分挖掘和发挥这一助力。我们引入“品牌传播”和“营销传播”的角度和理论，观察和研究到别名作为品牌符号，对于城市形象建构与品牌传播的作用和意义。

奥美广告创始人大卫·奥格威（David Ogilvy）曾对品牌做出这样的定义：“品牌是一种错综复杂的象征，它是品牌的属性、名称、包装、价格、历史、声誉、广告风格的无形组合。”奥美广告还有一个更简单的定义：品牌就是消费者与产品的关系。而整合营销传播理论的先驱唐·E.舒尔茨教授对整合营销传播下的定义是：“整合营销传播是指制定、优化、执行并评价协调的、可测度的、有说服力的品牌传播计划，这些活动的受众包括消费者、顾客、潜在顾客、内部和外部受众及其他目标。”可以说，以城市别名为核心要素的城市品牌符号，包含了城市的各项资源、特色、属性，而围绕其进行的品牌形象传播，亦包含了各项要素，包括城市、媒介、受众（市民）等等。

（一）有利于凸显城市的独特优势和气质形象

随着城市的崛起和发展，城市间的竞争也日益加剧，城市对自身品牌形象传播的需求日益旺盛。每个城市都有自己的形象和气质，其城市形象的好坏和特性，对城市的吸引力、综合实力和建设远景，都有着重要的影响。城市形象不仅包括城市布局、建筑、道路、绿化等静态景观形态，更与该城市的文化内涵、历史背景有着紧密的联系。别名作为城市的一个语言文化符号，是城市品牌形象传播的一部分，具有特定的功能和意义。

如前所述，绝大部分的城市别名都与城市的气候、地理位置、特产、独特文化等有关，这样的别名自然很容易凸显该城市的旅游地理、历史文化等资源，更可能暗示或引导该城市发展的方向路径。在当前很多城市发展同质化的背景下，独特的优势和气质可以带来旅游资源、文化资源为代表的软实力竞争，可与城市的发展战略规划、具体项目联系起来，将有形的城市资源和无形的品牌资源转化为城市的切实发展。

（二）有利于凝固和加强本地市民的认同感和自豪感

在城市品牌形象和别名的传播过程中，受众（人们，特别是本地市民）的体验和感受是一个重要环节。一个城市的别名是否能被受众认知和接受？城市别名在受众的整体城市印象形成中是否起到较大作用？一个成功的城市别名，这些回答都应是肯定的。受众接受一个城市的别名后，这个别名便成了他们对这个城市的整体记忆和好感度的一部分。很多游客去到一个网红城市后，热衷于去热门的

"胜地"打卡，这些打卡地往往和城市别名及其文化有关。例如"瓷都"景德镇在旧瓷器厂建立了乐文创街区，保留了原有的工业风，成为当地的夜市和最"网红"的街区。市民认可本市的别名，往往会自觉不自觉地将其带入自己的日常传播，在与外地人的交往中，在使用媒介平台时，都可能会自豪地宣传本地城市及其别名。

（三）有利于打造推出相关的文旅项目和产品

一旦城市的别名确定下来，便成为城市对外推广的一张名片，围绕该别名的相关自然地理资源、文化资源，也自然成为该城市打造推出文化旅游项目和特色产品的重要元素。例如，"瓷都"景德镇，一向注重围绕陶瓷产业发展城市旅游项目，建有藏品丰富的陶瓷专题艺术馆，2017年建造的地标建筑物昌南里艺术中心，是一个巨大的碗形建筑物，造型来源于宋代的斗笠碗，被称为"万瓷之母"，符合景德镇的陶瓷文化，这里举办过多届陶瓷文化交流节，吸引了众多的游客。再例如，作为中国冰灯艺术的发源地，"冰城"哈尔滨，围绕"冰"做文章，弘扬冰灯艺术，传承冰雪文化，展示哈尔滨国际冰雪旅游名城的形象，举办了多届冰灯艺术游园会。

品牌的核心价值是让消费者明确、清晰地识别并记住品牌的利益点与个性，驱动消费者认同、喜欢乃至爱上一个品牌，并能够产生溢价。围绕城市别名展开的文旅项目和产品，就是这种品牌符号价值的体现。

四、城市别名提炼和命名中的几种情况

目前很多城市都在创建自己的城市符号，但对别名的发掘和利用的程度不一。有些城市的别名及其相关符号系统已较成熟稳定，有些则正在探索创建之中。在选择和提炼别名这一符号的过程中，可能会遇到以下几种情况：

（一）城市具备多种元素时，如何选择其一进行命名

"事实上，不是所有的元素都可以成为城市品牌符号。在寻找城市品牌符号的时候，我们可以先挖掘城市质朴而原生态的符号群，从中选取具有代表性的符号，再提炼出独立的概念，将这些概念相辅相成，然后搭建一座城市品牌大厦。"[1] 通常来说，城市品牌符号应该具备地域性、代表性、识别性、知名度等多

1 聂艳梅，吴冰冰.中国城市符号与城市品牌符号的传播现状思考[J].广告大观综合版，2009，9：162.

个特征。代表性指要与城市形象内涵相一致；而识别性强的符号容易被受众识别和记忆，能够节约传播成本；知名度高的符号拥有较高的理解度，更能使受众达到理想的认知和感受；独特的地域性则使得这个城市品牌符号不可被其他城市模仿。在选择别名时，我们应充分考虑赋予其以上几个特征。

也就是说，与其他城市具备明显差别的地理、自然、产业等特征，且符合城市长期发展规划，可以直接作为符号（别名）使用。例如威尼斯称为“水城”，景德镇称为“瓷都”。也就是说，如果该城市具备得天独厚的地理条件或产业优势，且该优势很容易转化为旅游资源和城市产业名片，那这一优势大部分情况下可以直接命名为别名，大众也能较容易地认识和认可它们。再例如珠海，古称象山镇、象山村、象山县，并无其他别名，1979年设立经济特区，其后随着城市知名度扩大，逐渐形成“百岛之市”“浪漫之城”的别名。因珠海是珠三角中岛屿最多、海岸线最长的城市，所以称为“百岛之市”。

（二）城市不具备明显的地理、自然、产业等特征元素时，如何提炼和命名

这一点其实还可以细分为两种情况：

1.不具备明显突出的地理、自然、产业等特征，但有独特的历史和文化，则宜从历史和文化中寻找和组织故事，形成具有特色的别名。该别名应既能体现出该特色，又具备一定的美感，朗朗上口，便于记诵和传播。

2.既无明显突出的地理、自然、产业等特征，过往也无知名度较高的历史传说和文化遗产等元素，则考虑结合城市发展目标，创造出概念，导入城市别名。例如某城市打算发展IT业，拟自称“IT之都”。但这种“后天”创造出来的概念，要使大众认同，可能需要相当长的时间和建设力量。

这种情况下，还可以对市民做访谈和调研，了解市民心目中自己所在城市的核心特色和优势，让市民们来投票选出别名，这样可以最大程度地发挥市民的群体智慧，发挥其积极性，引导出对城市建设的热情和主人翁意识，发动市民主动宣传城市品牌。

根据某专业团队的调研，大多数的城市品牌符号可以从景观地标（代表性建筑、代表性景点、雕塑等）、饮食与特产（特色饮食及其饮食习惯）、风俗（特有节日风俗节庆）、人物及特征（代表性人物及其市民代表性特点）、文化（文学、电影、音乐、娱乐等代表性文化及其具体表现物）以及产业6个方面来挖掘。该团队选取了50个城市作为样本，发现大多数城市的品牌符号在传播过程中，最容易为受众记住的符号往往是景观地标类，占到所有品牌符号的53%，其他依次是饮食与特产（16%）、产业（10%）、文化（9%）、人物及特征（8%）、风俗

（4%）。[1] 城市别名的选择和提炼宜充分考虑到这些情况，选取出市民感受最深、记忆最强、好感度最高的元素来作为别名符号。

2018年 9月，抖音、头条指数与清华大学城市品牌研究室联合发布《短视频与城市形象研究白皮书》，归纳出打造爆款城市的BEST策略：B指的是BGM，城市的代表音乐；E指的是eating，城市的代表美食；S指的是scenery，城市的代表美景；T代表technology，指能吸引年轻人的科技感设施而形成的城市符号。[2] 这四类深入城市生活的符号组成了立体的城市形象，同时拥有并传播这四点内容，能将城市的特色和亮点表现得淋漓尽致。

（三）城市别名也有生命周期

产品生命周期理论（product life cycle）是美国哈佛大学教授雷蒙德·弗农（Raymond Vernon）1966年提出的，指产品的市场寿命，即一种新产品从开始进入市场到被市场淘汰的整个过程，要经历导入（进入）期、成长期、成熟期（饱和期）、衰退（衰落）期四个阶段。商品品牌和产品一样，也有生命周期，作为品牌符号的城市别名亦有生命周期。有些城市的别名历史悠久，生命力强，符合城市的长期发展定位，至今仍处于稳定和成熟期，例如北京、上海等城市。这类城市的别名会长期处于成熟期，未来是否会进入衰退期要视城市发展的方向和竞争格局来看。

而有些城市别名的由来，原本就维系于某类不可持续性资源，例如，假设某城市曾以钢铁产业而得名“钢城”，随着环保意识提升和产业调整升级，该城市转而以发展绿色草原养殖、生态旅游业为方向，那么原来的别名就不适合市场现状，自然进入衰退期直至淡出人们视野和记忆。这种情况下，应该按照前面所讲过的思路方法，重新选择提炼新的别名。

（四）一个城市拥有多个别名的现象

值得一提的是，有很多城市保留多个别名。也就是说，所指只有一个，而能指可以有多个。拥有多个别名，每个别名分别体现城市的一个特色，不影响其他别名的同时的传播和使用。这一情况主要适用于大城市，特别是历史文化悠久、自然地理资源丰富的城市，例如北京、上海等。国外有很多城市也都同时拥有多个别名，例如美国的首都华盛顿（Washington D.C.）有两个别名：联邦

1 聂艳梅，吴冰冰.中国城市符号与城市品牌符号的传播现状思考[J].广告大观（综合版），2009，9：168.

2 中国日报网.抖音发布城市形象白皮书.BEST法则教你打造爆款城市[OL].https：//baijiahao.baidu.com/s？id=1611572261052374696&wfr=spider&for=pc，2018-09-14.

城（Federal City）和宏大辽阔之城（City of Magnificent Distances）；旧金山（San Francisco）有三个别名：金门城（City of Golden Gate）、太平洋皇后城（Queen City of the Pacific）和金城（Golden City）；匹兹堡（Pittsburgh）别称西部门户（Gate City of the West）、烟城（Smoky City），等等。

（五）多个城市拥有同一个别名的现象

还有一种情况值得注意，就是多个城市拥有同一个别名。例如我国别名“凤凰城”或“凤城”的城市有唐山、大同、聊城、潮州；别名“龙城”的城市有常州、柳州、太原；别名“鹿城”的城市有包头、昆山、温州、三亚；别名“珠城”的城市有蚌埠、北海；别名“鹅城”的城市有惠州、百色；别名“油城”的城市有大庆、克拉玛依、东营；别名“煤都”或“煤城”的城市有大同、鄂尔多斯、萍乡、鹤岗、枣庄，“煤铁城”本溪，“塞上煤城”石嘴山；别名“钢城”的城市有新余、攀枝花等；别名“瓷都”的有潮州、景德镇等；别名“药都”的有本溪市、宜春樟树市；别称“星城”的也有长沙、娄底；秦皇岛、湛江、烟台的别名都为“港城”，台湾高雄别名“港都”。等等，不胜枚举。这种情况造成一个“能指”对应多个“所指”，“所指”不明，带来城市特色的混淆，无法形成独特的城市品牌符号，对竞争力弱的城市来说其实是不利因素。

针对以上这种情况，本文认为，较合适的处理办法是，由其中1—2个该特色最突出的城市继续持有该别名，其他城市逐渐淡化该别名，结合自身优势特色，寻求其他合适的别名来替代。例如“油城”的别名可继续由大庆、克拉玛依使用，“瓷都”的别名适合仅由江西景德镇使用，而同样盛产陶瓷的江苏宜兴则别称“陶都”，其他古代近代曾盛产陶瓷的城市，如果还使用“陶都”“瓷都”的别名，其作用其实相当有限。鄂尔多斯以生产羊绒闻名，可放弃使用“煤城”的别名，而选取其他合适的别名。城市在寻找命名新的别名时，也应注意查询了解是否有与其他城市的别名有重叠冲突的现象。

五、作为品牌符号的城市别名的传播和扩散

虽然大多数城市的别名在确定后，会自然经由口口相传和文字、影音等载体进入传播过程，但要与其“所指”产生确定的联系，作为品牌符号发挥价值，仍需经历一个传播扩散的过程。若要加快这一过程，加大传播扩散的深度和广度，需要人和机构的干预。城市文旅宣传部门应打造多矩阵的传播媒介和手段，促进城市别名的传播扩散，发挥城市别名的品牌符号价值。

有团队曾通过调研发现，中国城市品牌符号芜杂，传播工具参差不齐，他们就样本的136个符号做了一个简单的归类，发现基本使用广告、公关宣传、事件营销三种传播手段。[1] 这确实也是目前全球各大城市使用的主要的传播手段。广告主要指城市形象广告，例如城市形象宣传片、城市旅游广告等。公共关系与宣传则包括专题性的新闻事件和特写报道等，它们比广告真实可信，但效果也不易量化评估。事件营销主要指城市举办的节庆活动、会展体育赛事等等，例如历届广交会，2008年北京奥运会，2010年上海的世界博览会，2023年上海、北京、深圳等地的城市马拉松比赛，等等。

除了上述三种传播手段，相关部门还应利用好媒介，打造以新媒体为主、传统媒体为辅的多媒体传播矩阵，借助视频、音频、图文，以及VR、AR等技术手段，传播以城市别名为主导元素的形象符号系统。近年来，不少城市已经能够熟练运用这些媒介手段，策划实施城市品牌形象的整合传播，例如长沙市的城市形象传播活动。

长沙，别名“星城”“星沙”。唐朝人张谓在《长沙风土碑记》记载：“天文长沙一星，在轸四星之侧。上为辰象，下为郡县。”这里的“郡县”就是指古长沙城。《明史·天文志》说：“长沙小星，下应长沙”，所以长沙别称“星城”，这一别名已经有一定的知名度。2022年6月，中国社会科学院社会学研究所发布的《年轻人选择城市新需求洞察报告》显示，长沙被推举为“2022热门宜居城市”TOP1；9月，长沙位列同程旅行国庆假期网友力荐城市榜首位。2023年3月29日下午，主题为“有一种生活叫长沙”的2023百度“繁星大会”城市创作者大会在长沙开幕。大会由长沙市委宣传部、长沙市文化旅游广电局、长沙市委网信办指导，百度app、百度百家号主办，潇湘晨报社、百度移动生态湖南中心承办，长沙市新媒体协会协办。这是长沙市打造城市名片，对外进行形象宣传的一次盛会，“繁星大会”既对应创作者群星荟萃，又对应长沙市的别称“星城”。

国外的很多城市也早就有使用多媒体矩阵宣传城市形象的成功案例。例如美国芝加哥，别称“风之城”，是世界著名的旅游胜地，其城市形象具有重大知名度和独特个性，多年来，当地政府和旅游部门采用摄影展、艺术活动、视频、电影电视、社交媒体等多种方式宣传推介城市。[2]

相关的研究者和传播者可继续关注国内国外城市的个案研究，从整合营销传播角度进行城市别名的提炼和传播策略，打造品牌“名片”，注入文化内涵，激

1 聂艳梅，吴冰冰.中国城市符号与城市品牌符号的传播现状思考[J].广告大观综合版，2009，9：169.

2 陈冠兰.美国芝加哥的城市形象塑造与传播[M].城市文化传播策论.北京：中国电影出版社,2017：49-56.

活创意元素，围绕城市别名这一品牌符号加大主题传播。

结语

城市别名就像人的绰号，是城市在本名之外的一张生动的名片。正像人要走向世界，让更多人知道他/她的名字，一个求发展的开放的城市也要对外传播，让世界知道这个城市的存在，知道这个城市的底蕴和气质。成功的城市别名，增添了城市的软实力和魅力，让城市的传播效果更好。

但是，在城市别名的国际传播中，我们也发现存在一些问题。有学者研究分析了1978—2018年美国主流报纸The New York Times（《纽约时报》）和Time杂志（《时代周刊》）的相关报道，发现它们将上海比作“东方的巴黎”“亚洲的拉斯维加斯”，将苏州比作“东方的威尼斯”。中国的典型江南城市被过度“西方化”。“上海被淹没在世界都会的形象之中，苏州也被定格在欧洲水乡小镇。”该学者认为，美国报刊主要使用了“整体形象替换”和“部分形象替换”两种方法，将中国城市的特征归化到西方的范式之中。这些方法通过建立中西文化的联系，方便英语读者了解“异域形象”，也折射出这段时期美国人对中国的“集体想象”。[1]这一结论是客观的，反映了媒体和受众在接受城市别名时，既容易接受别名所象征的城市气质特征，也容易陷入其带来的局部的刻板印象。因此，我们在为一个城市进行别名的命名和传播时，也应考虑到如何更全面地展现该城市的整体面貌。

1　董琇.美国媒体笔下的江南城市形象研究——以上海、苏州为例[J].同济大学学报（社会科学版），2019，30（4）：103-104.

我国时尚消费“以绿为荣”的条件、问题与政策建议

翟杉[1]

【摘 要】

随着国际国内形势的变化，扩大内需、提高消费水平已成为我国经济发展的重要抓手。时尚消费作为消费的重要组成部分，其意义还在于其引领性与文化性，是一国文化软实力的重要组成部分。在双碳背景下，我国时尚消费应大力强调、推动“以绿为荣”的消费观与消费行为。

【关键词】

时尚消费；时尚；消费；绿色消费

1 翟杉，北京联合大学应用文理学院讲师，主要研究方向为艺术哲学、新媒体艺术、时尚消费。

改革开放四十年以来，我国在深度参与国际产业分工的同时，逐渐形成了全球最大规模和最有潜力的消费市场。随着我国发展阶段和比较优势的变化，消费成了我国目前经济增长的主要驱动力。时尚消费涵盖了服装、服饰、鞋帽、化妆品、运动产品、室内装饰、生活用品以及对休闲餐饮、交通通信等多个领域的消费，强调体验性与符号性，具有高附加值的特点，对于扩大内需，实现我国新形势下的经济增长意义重大。我国的时尚消费在过去一度表现出炫耀、奢侈、挥霍等现象，造成了巨大的环境破坏、资源浪费和人的物化，这与我国建设社会主义、实现人的解放的初衷背道而驰。早在2013年4月的中央政治局常委会上，习近平总书记就指出："我们不能把加强生态文明建设、加强生态环境保护、提倡绿色低碳生活方式等仅仅作为经济问题，这里面有很大的政治。"党的二十大报告明确提出，要倡导绿色消费，推动形成绿色低碳的生产方式和生活方式，为此，需要在时尚消费中强调"以绿为荣"的方向和目标。我国已向全世界郑重承诺，力争在2030年之前实现碳达峰，2060年前实现碳中和，双碳目标是关系到中华民族永续发展和构建人类命运共同体的重大战略决策，让时尚消费"以绿为荣"，对于贯彻新发展理念、构建新发展格局、推动高质量发展、实现碳达峰碳中和目标均具有十分重要的作用。

一、进入新发展阶段，时尚消费"以绿为荣"的动力与条件已完全具备

促进时尚消费"以绿为荣"是时尚消费领域的一场深刻变革，过去二十年，在一系列的政策实践推动下，我国的时尚消费已明显进入全面升级的转型阶段。随着我国收入结构的进一步优化，时尚消费"以绿为荣"已成为共识。

第一，人均收入水平增加，可支配收入不断提升，中等收入人群崛起。

相对于低收入群体，中等收入群体的购买力更强、消费欲望更强烈，对于生活品质和消费体验的要求更高，是时尚消费的主力军。近年来，我国居民人均可支配收入稳步提升，2021年达到3.51万元，较2000年的0.37万元增长超过8倍，与之同步，我国城乡居民可支配收入增速超过GDP增速，中等收入群体规模持续扩大。采用国际上引用率较高的每天人均消费10美元至100美元（2005年PPP价格）的界定标准，据中国社会科学院综合调查数据估算，2002年至2019年，我国中等收入群体规模呈现快速增长趋势，由2002年的735.8万人发展壮大为2019年的34600.2万人，增长超过46倍。其中，城镇中等收入群体数量由372.7万人上升到20486.4万人，增长近54倍；农村中等收入群体数量由363.1万人上升

到14113.8万人，增长近38倍。当前我国中等收入人群规模约相当于美国中等收入群体规模的两倍，约相当于欧盟所有国家中等收入群体数量的总和，其消费占整个国家消费比重近50%，预计到2030年中等收入人群将占我国总人口的53%，在整个国民消费中的贡献率将接近80%。[1]此外，我国的中等收入人群的主要构成为企事业单位管理和技术人员，大多文化水平较高，具有较强的社会责任意识和环保意识，更频繁参与伦理消费，在低碳商品购买行为上，中等收入群体表现积极，愿意为环保的时尚消费提供更多的溢价，收入结构的变化保证了我国时尚消费“以绿为荣”转型的动力和支撑。

第二，“90后”“00后”逐渐成为消费主力，简约、绿色的时尚消费观已经被越来越多的Z世代所认同。

论消费行为、消费意愿、消费能力，Z世代无疑是时尚消费当之无愧的生力军。2021年，我国15—34岁的年轻消费群体占总人口的25.2%，其中近3亿90年代以来出生的Z世代人群撬动的国内消费支出达5万亿元，在天猫奢品的消费者中，25—34岁的人群占比达5成以上，其次是18—24岁的人群。从代际角度来看，“95后”“00后”是所有人群中时尚奢侈品购买人数和购买金额都增速最快的两群人，也是时尚奢侈品浏览、收藏、加购物车人群中占比最高的两群人。由于出生在网络、社交媒体、智能手机和移动装置普及的年代，受整个时代精神的影响，年轻的Z时代人群对于购买选择与环境之间的关系感受格外强烈，其时尚消费态度体现出很强的责任意识和环境关爱，根据《每日经济新闻》2021年的调查，“拥有环保理念的设计”已是“90后”人群最注重的时尚要素；而“简约风格”则被“00后”所推崇，《中国青年气候意识与行为调研报告2020》也显示：18—24岁的年轻消费者越来越愿意“为保护环境支付更高的价格”“为保护环境缴纳更多的税”“为保护环境降低生活水平”，其比例分别为68%、62%、57%。毋庸置疑，Z时代的不仅在见证着我国正在形成的时尚消费“以绿为荣”的态度和行为，更预示着未来时尚消费“以绿为荣”的态势与走向。

第三，二手时尚市场发展迅猛，循环时尚观念逐渐深入人心，成为时尚消费新热点。

时尚产业一直以来的运行模式是不永续的，直接造成了巨大的环境污染与资源浪费。循环时尚提倡时尚品的循环流转，在延长物品使用寿命的基础上减少了碳排放量，根据排放因子测算，每件二手衣物饰品减排量在0.3—172kg，每个二

---

1 国务院发展研究中心课题组.《持续扩大中等收入群体》. http：//www.rmlt.com.cn/2022/0408/644249.shtml

手包包减排量在0.5—12.7kg不等。[1]循环时尚一方面满足了时尚消费者追求品质的需要，另一方面也让闲置时尚品“转”起来，物尽其用，充分实现了商品的剩余价值和社会价值，不仅催生了一种全新的时尚消费类型，也重构了时尚消费者的消费心态，因为要考虑物品的转让价值，“惜物”成了一种普遍的消费心态，这对于杜绝浪费、破解时尚本身的张力具有极大的价值，无形中也使得时尚消费“以绿为荣”具有了内生性。《2022中国循环时尚产业创新研究报告》显示，2015年起我国二手电商行业用户规模逐年增加，2020年达1.82亿人，较2019年增加了0.38亿人，同比增长26.39%，市场上有24%的纯买家和14%的纯卖家，另有62%的用户则是身兼二职，“既买又卖”。在循环时尚中，二手奢侈品市场发展尤为迅猛，预计2025年将达到384亿元人民币，复合增长率达到15%。与发达国家20%—30%的流转率相比，我国的循环时尚流转率仅有5%，整体市场呈现“供不应求”的态势，存量巨大，若以二手奢侈品市场的平均占比来估算，未来我国二手奢侈品市场可达万亿规模，发展潜力巨大。值得一提的是，相关数据显示，高社会经济地位群体和较年轻世代更会进行二手消费，而且“80后”“90后”和“00后”使用线上二手交易平台的频率更大，随着循环时尚平台服务的持续升级以及产业生态的完善，循环时尚行业将步入更大的发展空间，时尚消费“以绿为荣”的行业基础又添新军。

第四，数字技术赋能时尚消费新方式，虚拟时尚创造时尚消费新业态。

数字时尚是时尚产业和数字科技跨界融合的产物，既包括传统时尚产业的数字化生产、交易，也包括纯数字化的虚拟时尚。随着计算机领域3D柔性体仿真、3D人体扫描、XR、区块链等关键技术的显著进步，不仅传统时尚商业模式发生了改变，时尚品也不必局限于现实物理层面，出现了虚拟时尚。作为一种纯粹的符号消费，虚拟时尚品使用了实时3D（RT3D）设计，借助增强现实（AR）或虚拟现实（VR）进行呈现，是存在于虚拟世界中的非实物资产，由于其不存在于现实生活中，不依赖于物理世界的生产过程和原料，故而具有与传统时尚完全不同的产品生命周期和环境足迹，不会在生产、销售和消费中产生过多破坏性，在极大程度上体现了“以绿为荣”的精神。根据麦肯锡调查，全球数字时尚商品消费在2021年已超过了300亿美元，占整个时尚市场的2%。在我国，创意机构Virtue Worldwide报告显示，高达94%的受访者认为数字时尚将成为主流，46%的受访者认为未来5年他们的衣柜都将“数字化”。可以预见，随着越来越多具有才华和想象力的数字原生设计师、具备独特创意和探索精神的数字时尚品牌的不

1　景惠.二手循环电商红布林，如何推动时尚行业减碳？.经济观察网.http：//m.eeo.com.cn/2023/0301/579846.shtml

断涌现，不仅传统时尚从设计创意到研发生产再到营销将实现全产业链的数字化，科技公司、游戏公司也将深入时尚领域，以举办元宇宙展览、VR/AR试穿、NFT时装发布和虚拟时装走秀等方式进行数字时尚变革，而时尚消费者也将作为共同创造者深度参与到时尚设计和生产中，以有趣的方式进行个性化时尚消费。如此一来，时尚品牌的终极表达方式将逐步转变为数字化表达，时尚消费势必越来越深入地体现出“以绿为荣”特性。

二、进入新发展阶段，时尚消费“以绿为荣”存在着一些堵点

在居民消费优化升级与现代科技和生产方式相结合的大背景下，我国这一全球最具潜力的消费市场还在不断成长壮大。宏观经济治理能力的持续提升，改革创新不断孕育的新发展动力，全国统一大市场的快速建设，商品要素流通制度的持续改善，生产要素质量和配置水平的显著提升，这一切都为我国的时尚消费“以绿为荣”提供了良好的土壤。但制约以绿为荣时尚消费水平的体制机制堵点仍然存在，主要包括：我国民生保障存在短板，城乡、区域发展和收入分配差距较大，影响了以绿为荣的时尚消费水平；我国目前的创新能力和基础设施建设不能完全适应高质量时尚消费的要求，数字时尚的设计和创意水平不够，体验感不强，时尚消费个性化、多样化需求难以得到有效满足；专业化鉴定、透明化商品、大数据定价等标准缺乏，循环时尚市场不够规范，以假乱真、以次充好现象时有发生，交易纠纷不断出现，实现我国时尚消费以绿为荣的任重道远。

三、以绿为荣的时尚消费需要通篇考虑，长短结合、上下兼顾

中共中央总书记习近平在主持中共二十届中央政治局就加快构建新发展格局进行第二次集体学习学习时强调，要建立和完善扩大居民消费的长效机制，使居民有稳定收入能消费、没有后顾之忧敢消费、消费环境优获得感强愿消费。在此大背景下，时尚消费要做到“以绿为荣”，也需多管齐下，建立长效机制，这不仅是一个发展目标，而且包含发展方式、发展资源、发展动力、发展机制、发展绩效等的通篇考虑，只有经过系统性布局和接地气的落实，既抓住时机在短期内“稳消费、畅渠道、保基本”，也要顺势而为在中长期“重创新、提品质、促转型”。

第一，通过顶层设计，改变目前金字塔式的消费格局，扩大中等收入人群比例，优化营商环境，加快收入分配制度改革和社会政策的细化，完善薪酬增长机

制及动态调整制度，夯实时尚消费“以绿为荣”基础格局。

作为一种强调体验性和符号性的消费，时尚消费与中等收入人群的数量息息相关。与发达国家比较，我国中等收入人群的比重仍明显偏低，且区域分布不平衡，收入差距较大，劳动者报酬在居民收入中所占比重不高，人力资本水平有待进一步提升，这些都限制了时尚消费“以绿为荣”的程度。为了确保时尚消费“以绿为荣”，需要从收入端入手，在提升整个社会收入水平的基础上致力于促进居民可支配收入占比的提高、社会保障水平的提高。1.要进一步聚焦重点人群，尤其要识别那些低收入人群中最有潜力成为中等收入者的人群，并对这部分人群采取更加有针对性的扶持政策，推动更多低收入人群迈入中等收入行列。2.要建立良好的社会保障制度，稳定现有中等收入人群的生活水平，防范中等收入人群因受到工作变动、失业、家庭变故、自然灾害等不确定因素的冲击而滑落为低收入人群。3.要改善营商环境，通过落实税收优惠、资金补贴等财税政策，创造公平竞争的市场环境，促进中小企业和个体私营经济的发展，提升小微企业经营者、个体商贩的收入增长。4.要特别加大对人力资本投资和实现人力资本投资均等化，提高劳动水平和劳动能力，多措并用，使人民群众能消费、敢消费、愿消费“以绿为荣”的时尚品。

第二，多部联动出台政策工具包，健全循环时尚的标准体系，积极利用互联网平台，线上线下联动，最大程度上为循环时尚提供便利性，建立个人碳账户，鼓励居民进行循环时尚消费，推动形成以绿为荣的时尚消费浪潮。

当前，世界主要经济体普遍把发展循环经济作为破解资源环境约束、应对气候变化、培育经济新增长点的基本路径。我国自2005年起已将循环经济上升为国家战略，并在2009年颁布实施《循环经济促进法》，提出了“3R”循环经济立法理念。经过多年的发展，国家循环经济发展的战略定位不断提升，政策体系也在不断完善并深化，特别是2022年1月，国家发改委等七部门联合出台《关于加快废旧物资循环利用体系建设的指导意见》，强调要推动二手商品交易，丰富二手商品交易渠道，让二手商品流通秩序和交易行为更加规范，交易规模明显提升。新阶段激发循环时尚消费水平需要出台专门针对循环时尚的政策工具包，倡导、约束、规范、激励等多策并举，协同引导和培育循环时尚消费新风尚。1.健全循环时尚消费相关法律法规和市场监管体系，完善循环时尚鉴定、评估、分级等标准，规范循环时尚流通秩序和交易行为。2.鼓励“互联网+二手”模式发展，强化互联网循环时尚交易平台管理责任，加强交易行为监管，为循环时尚交易提供标准化、规范化服务，积极推行“互联网+回收”模式，实现线上线下协同，提高规范化回收企业对个体循环时尚的整合能力，进一步提高交投循环时尚品的便利化水平，促进循环时尚的交易效率和流转率。3.推动线下实体循环时尚市场规范建设和运营，鼓励建设集中规范的“跳蚤市场”。4.鼓励有条件的社区定期组织循环时尚品交易活动，促进辖区内居民家庭闲置时尚品交易和流通。5.推动循环时尚消费机制创新，建立个人碳账户，将碳减排团体标准与用户行为相关联，使每一次循环时尚中寄卖、转卖、回收等活动的参与者皆可累计碳减排，并从中受益。

第三，着力补齐基础设施短板，加快布局数字时尚产业的国家创新平台，通过立法调整为数字时尚的业态发展提供良好的创新环境，增大对高校建设数字时尚学科的支持力度，保证数字时尚消费的高质量供给，促进时尚消费“以绿为荣”的内需潜力。

目前的数字时尚主要表现为数字物理、增强现实和直接到化身的可穿戴设备这三种形式，沉浸性、游戏性、共创性是其主要特征，而虚拟时尚品还具有金融属性，因而对技术创新、基础设施建设、人才储备、政策监管的要求很高，需要加强前瞻性思考、全局性谋划、战略性布局、整体性推进，以促进数字时尚消费整体质量、规模、速度、效益、安全的统一，实现时尚消费进入“以绿为荣”的历史过程。1.通过税收优惠、金融支持、财政补贴以及领军人才引进等手段，鼓励并帮助时尚企业提升自身的数字化创新和研发能力，提高数字化供应链管理能力，补齐数字化商业运营能力。2.加强对具备国际竞争力的数字时尚企业予以支持，通过国际交往、自由贸易谈判、国际科技合作等渠道帮助其提升国际影响力，增强龙头示范能力。3.完善科研、教育、培训体系建设，加大对高校建设数字时尚学科的支持力度，促进数字时尚与相关学科领域的融合发展，着力培养数字营销专家、数据科学家、数据工程师、用户体验和用户界面设计师以及软件和数据架构师等既懂时尚经济又懂数字技术的复合型人才。4.强化产业政策及方案制定、监督实施，出台必要的法律法规，用于引导、规范数字时尚发展，加强数字时尚产业知识产权保护，优化营商环境，建立公平竞争的环境。5.积极参与数字时尚的国际规则制定，抓住“一带一路”建设、数字丝绸之路建设、丝路电商建设等契机，加强发展战略对接，加强数字基础设施建设与电子商务、互联网、网络安全等方面的合作，共同参与制定数字时尚国际规则，共同打造有利于数字时尚产业的公平、公正、开放的发展环境，维护和完善多边数字时尚治理机制，共同促进我国数字时尚的高质量供给，从数量、质量、种类、方式等全方位满足数字时尚消费需求。

中美科幻电影海报的视觉符号及审美分析

宁晋环[1]　金韶[2]

【摘　要】

电影海报作为电影视觉传播的衍生物，它所呈现的视觉信息浓缩了电影剧情与人物，体现了电影审美与立意。中美由于历史、地理因素和文化差异的原因，致使中美电影与电影海报设计之间存在一定的差距。美国在电影制作方面取得的成就全世界有目共睹，而我国的电影海报也随着综合国力不断增强、文化自信的表现越来越强烈等原因也逐渐显现中国特色。通过研究中美两国科幻电影海报之间不同的文字、图形和色彩等视觉符号的表现形式，发现两国之间的民族文化、价值观和情感观的不同造成两国之间的海报视觉符号之间的差异。

【关键词】

科幻电影；电影海报；符号学；视觉符号

1　宁晋环，北京联合大学应用文理学院新闻与传播系2021级硕士。

2　金韶，北京联合大学应用文理学院新闻与传播系教授。

一、问题的提出

（一）电影海报与视觉符号

视觉符号是指人类的视觉器官——眼睛所能看到，表现事物一定性质（质地或现象）的符号，是以线条、光线、色彩、强力、表现、平衡、形式等符号要素所构成的用以传达各种信息的媒介载体。视觉符号可以分为静态的表现形式（广告、绘画、建筑、雕塑等）和动态的表现形式（戏剧、摄影、电影、电视、动画等）。[1]当电影海报作为视觉符号的载体的同时，决定了视觉符号和叙事作者存在一定的需求关系，它需要被叙事者作者所理解，所以电影海报在视觉符号主题上应当具备色彩符号、文字符号、图形符号这三种叙事主体中的至少一种。同时人物角色作为海报图形叙事的视觉符号，也是电影海报常用的表达手段，通过这样的手段一方面可以利用主演的名气唤起明星效应，煽动影迷前来观赏；另一方面能够突出主角在戏里的人物形象塑造，起到传达主角重要情绪线索的作用，生动地展示电影内涵。

每部电影的官方海报均有多个版本，电影海报可分为预告海报、概念海报、前导海报、角色海报、纪念版海报、获奖版海报、正式海报等。其中预告海报用于影片拍摄前期或者中期的宣传发布，起到预热的作用，不会暴露过多的电影信息；概念海报传达影片主题概念，一般采用隐晦的设计元素吸引受众思考，不会使用电影人物剧照；前导海报是在开发布会时所用的海报，用来公布影片当中的主要演员信息，以推进影片宣传工作；角色海报是以电影中的角色作为电影海报中的主要元素符号来表达的海报种类；正式海报是宣传最为广泛的海报，包括影片上映时间、主人公、剧情、制作方等重要信息；获奖海报是一部电影获得较高的奖项，比如奥斯卡、戛纳等重要典礼，专门为这一类奖项或者提名而设计，是一种具有针对性设计的海报；而纪念版海报则是为纪念某一位巨作而专门设计的海报，以供收藏。

（二）提出问题

中美两国的科幻电影，尤其是美国科幻电影，数量较多，每个电影的海报版本数量也较多，为更好地进行量化研究，本文选择“猫眼电影”上的票房排名前20的国产科幻电影（见表1）和“IMDB”（Internet Movie Database——互联网电

---

1 章莉莉.视觉符号完全手册[M].上海书店出版社，2008.

影数据库）上排名前20的好莱坞科幻电影（见表2），样本时间为截至2023年5月30日，出于对研究结果准确性的考虑，而且终极版海报作为电影海报宣传最广泛的海报，其重要性不言而喻，所以仅将两国在本国的权威媒体发布的终极版海报也就是正式海报作为研究对象，最终确定电影海报目录。

表1　猫眼电影app上的票房排行榜top20的国产科幻电影

序号	电影名称	上映时间	票房（亿元）
1	流浪地球	2019年2月	46.87
2	流浪地球2	2023年1月	40.29
3	美人鱼	2016年2月	33.91
4	独行月球	2022年7月	31.03
5	疯狂的外星人	2019年2月	22.13
6	明日战记	2022年8月	6.79
7	机器之血	2017年12月	3.05
8	逆时营救	2017年6月	2.01
9	四大名捕2	2013年12月	1.74
10	上海堡垒	2019年8月	1.23
11	不可思异	2015年12月	1.11
12	缉魂	2021年1月	1.11
13	全城戒备	2010年8月	0.89
14	宇宙探索编辑部	2023年4月	0.67
15	未来警察	2010年3月	0.59
16	从天儿降	2015年12月	0.56
17	控制	2013年11月	0.44
18	蒸发太平洋	2016年1月	0.35
19	食人虫	2014年10月	0.22
20	超强台风	2008年10月	0.16

表2　美国IMDB网站票房排行榜top20的好莱坞科幻电影

序号	电影名称	上映时间	票房（亿美元）
1	星球大战7：原力觉醒	2015	9.37
2	复仇者联盟4：终局之战	2019	8.58
3	蜘蛛侠：英雄无归	2021	8.14
4	阿凡达	2009	7.85
5	壮志凌云：独行侠	2022	7.18

续表

序号	电影名称	上映时间	票房（亿美元）
6	黑豹	2018	7.00
7	阿凡达：水之道	2022	6.84
8	复仇者联盟3：无限战争	2018	6.79
9	侏罗纪世界	2015	6.53
10	复仇者联盟	2012	6.23
11	星球大战8：最后的绝地武士	2017	6.20
12	黑暗骑士	2008	5.35
13	星球大战外传：侠盗一号	2016	5.34
14	星球大战9：天行者的崛起	2019	5.15
15	星球大战前传1：幽灵的威胁	1999	4.75
16	星球大战	1977	4.61
17	复仇者联盟2：奥创纪元	2015	4.59
18	黑豹2	2022	4.54
19	蝙蝠侠：黑暗骑士崛起	2012	4.48
20	E.T.外星人	1982	4.37

本研究通过对中美两国的40幅电影海报的视觉符号进行梳理，以海报的图形、文字、色彩和人物为焦点，借助视觉符号理论回答以下三个研究问题：第一，中美科幻电影海报的视觉符号有什么差异化特征？第二，中美科幻电影海报的差异化特征受到什么因素的影响？第三，视觉符号的差异是如何反映审美和价值观的差异的？

二、科幻电影海报的视觉符号

（一）色彩的运用

色彩作为视觉传达中最直观的要素，不但能够先于文字、图形被人们感知到，还能够根据纯度、色相的变化使观者产生相应的心理感受，这种心理感受是一种发自精神深层的冲击与震撼。[1]一般来讲，电影海报设计中的色彩符号大致可分为冷调色彩符号、暖调色彩符号和中性色彩符号。冷调色彩符号主要包括蓝色、绿色、紫色、棕色等短波较长的色彩，暖调色彩通常是指黄色、橙色、红色等长波较长的色彩，中性色彩符号主要包括黑、白、银色。对于中美科幻电影的

1　孙丹.电影海报设计中的视觉符号研究[J].大舞台，2014（12）：66-67.

40张海报依据整体色彩呈现，一幅海报中使用的多数色彩或大面积色彩为冷色，只有少数或小面积色彩为暖色，则整体形成的色调为冷色调，反之亦然，可以发现中美科幻电影海报中的色彩使用有着较大的差异。

1. 中国海报：冷暖色调差异明显，冷色调以绿色、蓝色为主

在中国的科幻电影的20幅海报中，暖色调的海报有2幅，占比10%，冷色调的海报有13幅，占比为65%。同时在这些冷色调的海报中是以不同的绿色为主色调，其次是蓝色，棕色多出现在中性色调的海报中，但是也是以很小的比例出现，紫色几乎没有出现。绿色具有平衡和谐之美，而且绿色会给人带来关于大自然的联想，使其具有平静、安全、和平的含义。在中国的科幻电影海报中，绿色作为主色调，是对影片场景的明示或暗示，通过明度与纯度的调整在绿色中注入更多的意蕴。以《宇宙探索编辑部》(图2）和《明日战记》(图3）为例，《宇宙探

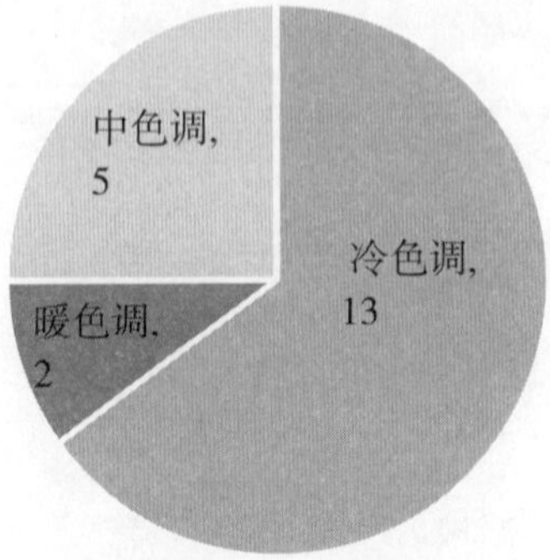

图1 国产科幻电影海报的色调

图2 《宇宙探索编辑部》

图3 《明日战记》

索编辑部》采用灰绿色作为底色，英文名称用鲜艳的绿色突出，中文名称采用白色字体，通过画面中人物穿着的不同与海报底色的对比，表达神秘和理智，也让观众抱有无限的遐想；而在《明日战记》中也是采用了同样的绿色为底色，但是名称是通过红色和银色进行对比，反映出战争的紧张态势，也表达人物内心的压抑和拯救世界的抱负，这样的配色方式直接把人物复杂的内心世界视觉化、明朗化，也间接地把故事要表达的思想艺术化、纯粹化了。

2. 美国海报：冷暖色调平分秋色，冷色调配色更加丰富

美国科幻电影海报的冷暖色调差异不大，冷色调占50%，暖色调占35%。美国的科幻电影海报在使用色彩时，能够充分结合电影主题与风格进行设计。同时在这些冷色调的海报中，可以发现冷色调的海报与中国不同，对色彩的运用更加大胆，不只局限在绿色，有两幅紫色为主色调的海报《E.T.外星人》（图5）和《复仇者联盟4》（图6），同时还有蓝色为主的色调，如《星球大战9》《黑豹》《阿

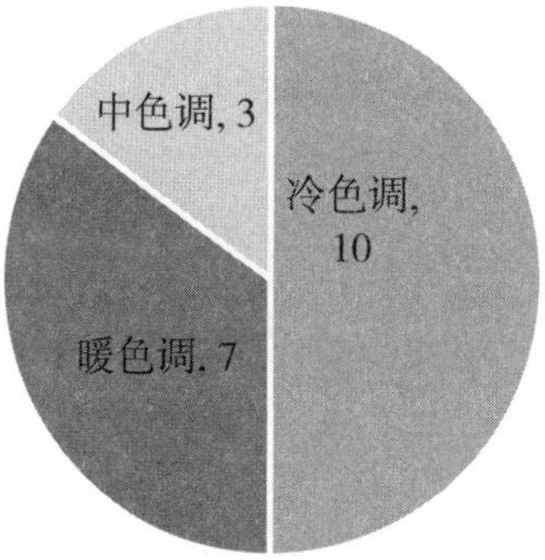

图4　美国科幻电影海报的色调

图5 《E.T.外星人》

图6 《复仇者联盟4》

凡达》海报。《E.T.外星人》以紫色为主色调，以蓝色的月球为人物的底色，外星人在这个月球上前行，这里的外星人对地球人来说是未知的恶魔；《复仇者联盟4》用冷色调给人沉静、理智的心理感受。

（二）文字的使用

文字是文明产生的标志，是信息传递最主要的载体。在同一张海报的文字信息中有多种文字符号，每一类文字符号负责向受众传播不同类型的信息。因此，同一张海报中并非所有的文字信息都在表达同一情感，不同的文字信息可以传播不同的情绪，这些文字信息经过组合设计共同构成电影海报的情绪表达，并传递给视觉传播受众。同时，文字作为一种语言符号和情感的表达载体，书写着不同民族的特色。

1. 中国海报：书法字体的变幻

书法作为以汉字为载体的艺术，充分代表中国传统文化。书法的撇、捺、点、横、钩力度不同，都传达出不同的审美和情感。书法在时代的发展过程中，经历了篆书、隶书、草书、楷书、行书五个阶段。篆书的书写笔法简洁明了，线条粗细均匀，字体结构舒展自如，体现出古雅含蓄之感；隶书结体工整、精巧，书写手法起笔凝重，结笔轻疾富有变化，追求蚕头燕尾；草书行笔挥洒自如、奔放生动，笔画似断还连，呈现出放纵不羁之感；楷书笔画平整有规律，字行之间排列整齐有序，用笔精细，富有清新秀丽之美；行书结构疏密得体，大小相兼，笔法方圆兼备，具有动静结合、灵活多变之感。[1]

就隶书来说，其演变过程是漫长的，不同的历史时期，字体形态的特点也有所不同，或飘逸灵动、或古拙自然、或强健挺拔等。中国电影海报的字体大多风格多变，绝非千篇一律，几乎不会直接运用字库中的字体，更多的是在书法字体的基础上结合电影主旨，进行“再设计”，将电影所要传达的情感最大化表达，既富有人情味，又能让观者提前在脑海中想象电影画面，使之产生共情。如《机器之血》（图7）的电影名称采用机械冰冷的字体，并在文字中穿插着红线，二者交叉印证整个电影的主题；《美人鱼》（图8）的电影名称的三个字都进行了设计，“美”的两个点就像是螃蟹的钳子，三个横是海水和沙滩，最下面的一撇一捺就像是鱼的尾巴，“鱼”的最后一笔能够明显看出这是美人鱼的形状，既表达了电影的主题，也能够让受众直观感受到整个电影的情感，活泼可爱，充满戏剧性；《上海堡垒》（图9）中“海”字中间用了上海地标建筑夜明珠，能够让人抓

1　颜莹玉，卢永鑫.中国传统文化元素在电影海报设计中的融合与应用[J].百科知识，2022(27)：53-54.

图7 《机器之血》

图8 《美人鱼》

图9 《上海堡垒》

图10 《四大名捕》

住整个电影的中心地点是在上海，与整张海报的文字和画面相统一；电影《四大名捕》(图10)的海报选用了中国传统书法，标题选用草书，草书的纵横洒脱、跌宕起伏的特点与这部电影的情节变化十分相似，同时结合海报中每个人的武功态势，草书字体增强了海报本身对电影氛围渲染的效果。

2. 美国海报：工业风字体和IP标识统一

美国海报的文字是单一字母以“成比例”为原则进行设计，英文字体包含衬线字体和无衬线字体，随着社会的进步，设计师们越来越喜欢用无衬线字体，无衬线字体没有过多装饰，具有科技感和现代感。衬线字体没有装饰的衬线，只剩下主干，简明扼要，具有强烈的现代感。而且电影名称的字体设计在功能上不仅是表达意义和情感倾向，更承载着该部电影的品牌化，作为一种品牌符号在使用。《复仇者联盟》系列海报（图6、11、12）中可以看到，“复仇者联盟”系列

图11 《复仇者联盟1》

图12 《复仇者联盟2》

图13 《星球大战》系列海报

的每一张电影海报都采用等线体，并且在字母“A”的周围设计了一个不连环的圈，字体设计流露着冷硬感和机械感，契合电影海报的战争主题，也能够凸显整个“复仇者联盟”团队的团结与统一对外的精神；《星球大战》系列海报（图13）中“STAR WARS”字体是电影专属的字体，通过特殊的装饰设计，引人注目、富于感染力。同时可以发现在这两个系列海报中都会沿用第一张电影海报的字体设计，形成该系列的品牌名称兼品牌标识。

（三）图形符号

海报是以图形为视觉主体的艺术形式，是科幻电影海报中最为主要的表现语言，追求奇幻性、刺激性和视觉性，而且每个民族通过自己不同的图腾和标志性符号，传达出最具张力、最富信息性的图片内容，使之产生“夺目”“入心”的传播效果。

1. 中国海报：中国传统文化元素的集合

在中国的电影海报中经常会看到中国传统的艺术元素，例如传统服饰、武术、祥云图案等，带有传统的文化烙印，将受众熟悉的中国古文明艺术元素与海报设计相融合，突出中国悠久的文化韵味。例如在《疯狂的外星人》(图14)中，背景采用了祥云图案，突出中华文化，同时文字“大年初一”也呈大号字体，突出中国独有的节日；同样在《四大名捕》(图10)海报中，整个海报的呈现就像是水墨画，几位主人公身着古装手持宝剑，典型的东方武侠形象，而且“四大名捕”四个字就像是正在练不同武术的人，在这些海报中的“剑”与“祥云图案”都是典型的中国元素，更可以说是整体海报的点睛之笔，在中国的文化历史长河中往往是剑造就了时代英雄，“祥云图案”则用图形展现了最基本的中华文化。

图14 《疯狂的外星人》

图15 《四大名捕》

2. 美国海报：美国流行文化符号的凝练

在流行文化、快餐文化盛行的美国社会，电影用炫酷的特效给观众带来感官刺激，电影海报也用凝练的形象和符号来抓人眼球。美国的流行文化和快餐文化是通过日常生活文化的渗透，使得他国百姓悄然接受美国文化，这种文化是当代美国文化的主流，通俗易懂、受众面广。例如“蜘蛛侠”的蜘蛛网武器、“美国队长”的振金盾牌、“雷神”的雷神之锤(图16)等都非常醒目的呈现在海报中，还有浑身萦绕光束的惊奇队长、随意改变自身大小的蚁人战衣等，都在电影海报中视觉语言都是将抽象性的图形符号高度概括，在视觉上营造出极强的冲击力和丰富的想象空间，使电影海报真正成为影片宣传的有力武器。

图16 《复仇者联盟》系列海报

（四）人物形象

人物角色作为海报图形叙事的视觉符号，是电影海报常用的表达手段，能够生动地展示电影内涵。同时，电影公司也希望通过明星效应吸引更多观众。科幻电影海报常以宏大的叙事场景渲染视觉氛围。以人物为主要视觉元素，一方面可以通过主演的名气唤起明星效应，煽动影迷前来观赏；另一方面能够突出主角在戏里的人物形象塑造，起到传达主角重要情绪线索的作用。

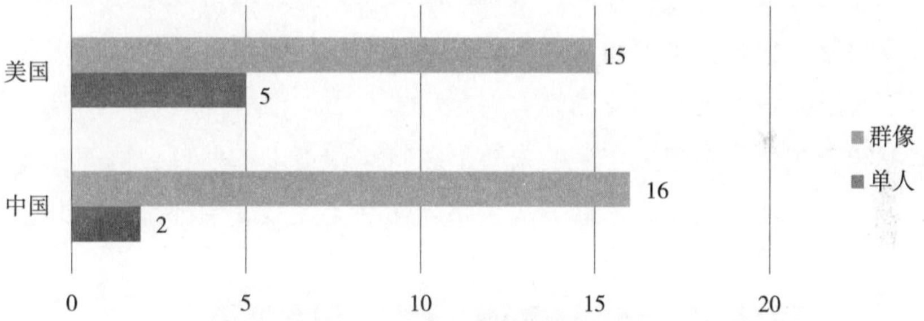

图17　中美海报中的人物数量

1. 中国海报：群星云集，突出角色阵容

通过上述图表可以看出，中国的电影海报的画面主体只有1个人物形象的海报占比10%，群像海报占比80%，群像海报基于角色的重要程度和出演者的知名度，对各个形象进行大小调整及位置配置。对于观众而言，著名艺人或角色形象产生的吸引力是巨大的，在电影海报中，多位著名出演者或角色形象的同时展示能够产生相加的效果，受众对主要角色阵容中的某个出演者或角色感兴趣，就有可能做出观影决策，因此对多位出演者或角色形象的展示也可以视为一种将影片卖点进行叠加的数量战。同时通过观察可以发现，在这些群星海报中也没有着重

图18 《美人鱼》

图19 《缉魂》

突出某一位角色的主体地位，而是采用平均分配的形式去展现每一位角色。以《美人鱼》（图18）和《缉魂》（图19）为例，两幅海报都是人物群像海报，但是每个人所占画面比例都相差不大。

2. 美国海报：展现个体角色，突出主角魅力

在美国的人物群像海报中，在单一人物形象和群像海报中都是将影片主角的个体形象作为海报中的主体形象，最大限度发挥影片出演者或角色形象的个体效应，有效唤起受众对明星或角色形象的注意。而且仅展现单一演员或角色形象，也是基于对出演者或角色形象的魅力与票房号召力的信心。通过突出某一位个体角色就意味着在海报中单独出现的人物形象将承载更多的信息。例如在《黑豹》（图20）、《黑豹2》（图21）、《星球大战》系列作品（图22）中都是人物群像，但是

图20 《黑豹》

图21 《黑豹2》

图22 《星球大战》系列海报

在画面主体中都着重突出了某一位角色，在整个海报画幅中占比很大。而且《复仇者联盟》系列作品和《星球大战》系列作品的海报都将影片中的主要角色阵容作为海报画面主体展示，虽然在画面的具体呈现上各有不同，但看到熟悉的主角群就能明白其系列作品的属性。

三、中美电影海报视觉符号背后的审美差异

（一）审美内核和民族文化

所谓“一方水土养一方人”，世界各民族在不同的社会、经济环境下发展，形成了不同的民族语言、习惯、道德、思维方式和审美观念，因而产生自己民族所特有的文化产物，不同的民族文化观念映射出不同的民族审美需求。正如德国著名设计家霍尔戈·马蒂斯强调：“任何国度的设计中，都应体现国度的根，这

个根就是自己的文化。”[1]电影海报的文化内涵主要体现在对本国的民族艺术思想和对本民族历史进程的记载上，具备民族文化、时代文化的典型特点，是集各国思想文化、观念、平面设计于一体的新的设计方法。[2]

1. 中国海报：天人合一的哲理思维

在中国传统文化和哲学思想构成体系中，当属儒道释三派影响最深。正所谓“以儒治世，以道治身，以佛治心”，清晰地说明了中国传统文化的结构特点。提到艺术创作或艺术设计之时，就会想到艺术之美，谈到艺术之美就不可避免涉及中国传统美学精神。美学来自于哲学的概念，是属于哲学的一个分支，美学精神与三教哲学思想相对应，都是当代文化艺术事业发展的血脉灵魂，是支撑艺术创作的文化骨骼。美学意识建立在哲学基础之上的观点要求在进行审美评价时具备整体意识。中国电影海报随着时代承袭了传统的民族文化元素，汲取了国际化的现代艺术养分，中国科幻电影海报从传统的哲学文学艺术中摄取养分来表现中国文化的博大精深，用多种视觉符号在虚实相间的审美形态间渗入了中国传统文化的价值判断，呈现东方神韵之美，坚守着自己的民族性内涵，展现自身优秀的民族文化特色。

2. 美国海报：征服自然的对抗思维

美国科幻电影空间重在开疆拓域、征服宇宙。在自然环境不断恶化的情况下，美国通过对自然全方位、体系化的干预，作为“人类的舵手”，运用科学技术改造自然、征服自然、创造自然，使得地球成为被随意设计和引导的对象，并且以保护环境的名义抛弃地球，使得人类干预自然成为一种“应然”，赋予人类的行为以合法性。因而，当展现地球危机的灾难主题时，美国航天英雄往往选择的是抛弃地球、延续宇宙政府逻辑向外太空寻求人类新家园，这和西方科幻文化传统息息相关。在当代科幻类型电影中，昔日的西部牛仔作为重建法治社会秩序的英雄转变为拥有先进科技知识的宇航员，在面对地球毁灭危机的灾难，这些“科幻牛仔”们往往继承着西部英雄开疆拓域的殖民者精神，抛弃地球，朝向外太空寻找人类新家园。

（二）审美视角和价值观隐喻

电影海报设计作为艺术创作，和其他人类实践活动一样，是一种特定价值观的表达方式。作为价值观系统之一的审美观，必然受到价值观的影响，真理、利益、道德、文化等价值观念会自然而然地投射到审美观中，同时价值观会直接作

1 何方，柯梦洁.中西文化海报中的设计语言浅析[J].艺术与设计（理论），2017，2（12）：43-45.

2 魏颖.浅析电影海报的功能[J].大众文艺，2010（06）：127.

用于审美对象之中，成为“美”的一个重要因素。

1. 中国海报：家国情怀的文化传承

通过中国海报的视觉表现可以发现，更多是以人物群像的方式出现，这代表的是某一类具有相似遭遇或者精神气质相近的群体，这种情感是集体情感，是生活在社会底层人民的心酸与抗争、英雄人物的坚毅勇敢，这与中国传统的“文以载道”是息息相关的。从电影诞生之日起，中国电影就与教化功能密不可分，在中国传统文化观念里，个体意识在很大程度上被忽略不表，对于个体的关注往往是对自我的鞭策和修身立德的要求，个人的理想抱负与家国责任相结合才有价值。正如儒家文化所提倡的“修身、齐家、治国、平天下”，将对小我品行的要求同家国社会的长治久安统一起来，强调的是个人存在于社会的责任感和奉献精神。

2. 美国海报：个人英雄主义的文化环境

同样对于个体，西方文化环境下的大众更倾向于为独立自由的个人而发生，关注的是作为独一无二个体的内在精神。无论是《独立宣言》中对个人权利的捍卫，还是影视作品里对勇敢独立、追求自由、执着追寻个人梦想等美好品质的认同，都显示出不同于传统东方意识里的个人观念。美国对个人英雄主义的崇拜创造出了“钢铁侠”“美国队长”“蝙蝠侠”等一系列无所不能的超级英雄，他们天生的特质注定了他们英雄的身份，甚至单枪匹马他们就能拯救世界。

（三）审美表现和情感表达

情感是审美的动力，审美也最终呈现为一种特定的情感感受状态，也就是说审美和情感密不可分。电影海报是通过设计者的引导和呈现，让电影海报与受众产生心理共鸣，并且带来情感愉悦和审美期待，其实就是达到了阐释学家伽达默尔提出的“视界融合”境地。

1. 中国海报：中和之美，含蓄收敛

“中和”是美学思想的核心概念，中国传统的美学意识是建立在哲学之上的。“中和之美”强调在审美范畴中人与自然、感性与理性、共性与个性、主体与客体等各种因素的协调统一。它不同于阳刚之美和阴柔之美，而是一种刚中有柔，柔中带刚，含蓄典雅，婉而有劲的正中美感，以“和”为美的中国古代美学，要求把对立因素统一起来。在电影海报中的和谐美，主要通过两个方面来表达：一方面在设计中表现的核心是平衡；另一方面是对比，采用相反的设计手法，如颜色、强弱光线等设计元素，核心是对立的和谐之美。

东方设计受传统文化制约，设计师一般不太注重个人情感的表达，而注重人与自然的和谐关系。东方的设计整体表现出一种内蕴天成、自然含蓄的风格。设计表达主题的手法含蓄收敛、从不张扬，不会出现如西方追求的夸张的外形和炫目的色彩，而是更加看重其与风俗习惯的符合度。东方海报设计大多以实用为目的，色调温和冷静，较少具有强烈的情感开放与色彩刺激的内容。

2. 美国海报：个性张扬，暴力满足

西方人喜欢张扬个性，乐于表达情感，他们认为表达情感是很正常的事情。西方文化决定的西方设计观念中，往往要体现人的原欲，追求思想的解放与情感的充分表达，西方人表达海报主题往往会大胆外向，有时并不避讳一些可能引起争议的想法。而且美国多追求暴力美学，借助暴力元素来挖掘人性深处的善恶，满足人类心理上对暴力的渴求，通过与人的打斗、对抗并战胜对方获得自信感和控制感。同时在表现形式与技法上，他们将勇于探索、追求创新，常常会运用新的或者尝试不同寻常的方式或手法，从而形成大胆前卫、多种多样的海报设计作品。

综上所述，“每部电影都有一个世界，海报就是开一个窗口去看这个世界。如果只是平面设计，没有内容，那不足以吸引人想去看电影本身”。电影以及电影海报作为最具国际化的媒介产业，中国的科幻电影海报更多地运用中国传统书法和中国传统文化的装饰元素，并且在色彩运用上比较单一，多以绿色为主，体现中国的中和含蓄之美，突出中国尊重传统并且坚持道法自然的传统思维，在人物海报的设计上，以人物群像为主，体现中国具有家国担当的集体主义思维。而美国作为一个殖民国家，快餐式文化盛行，更倾向文化的输出，所以采用具有共识的抽象性符号和品牌化的统一标识强化观众对美国文化的认同，海报的文字风格也更具有工业风，对于色彩的运用更加丰富多彩，这离不开美国天马行空的想象力和对暴力美学的认同及征服自然的决心，海报中对于人物角色的运用也更加注重突出个人，这是因为美国个人英雄主义之风盛行。东西方文化的差异归根到底是文化内核中价值观的差异，当然由此会衍生出审美观和设计风格的差异。

旅游类综艺节目对城市形象的塑造与传播

钟静[1]

【摘　要】

旅游类综艺节目当今深受人们喜爱，节目的播出以及在互联网上的广泛传播，对于拍摄地所在的城市形象塑造与传播产生了深远影响。本文通过对旅游类电视综艺节目和城市形象之间的关系进行深入研究，探究了旅游类综艺节目塑造城市形象的一般路径：影响感知、提供沉浸式体验、赋予创新形象、塑造城市文化等；以及在提升传播度、差异化传播、议程设置等方面对城市形象传播带来的影响。

【关键词】

旅游类综艺节目；城市形象；形象塑造；城市形象传播

1　钟静，北京联合大学应用文理学院新闻与传播系副教授，主要研究方向为营销传播、媒介研究、新媒体广告。

旅游类综艺节目是娱乐节目中非常受欢迎的一种类型，这类节目在为人们带来欢乐的同时，也为节目拍摄地特别是一些城市的形象传播带来了深远影响。关于旅游类综艺节目与城市形象之间关系的研究，大多围绕着综艺节目对旅游目的地的影响（王晶亮2013、罗聪玲2016）、综艺节目启发下旅游目的地的发展和营销策略（何玉婷、樊信友2016，赖晓华、赵淑容2015）以及旅游类综艺节目的传播价值（郝羽昂2017、李景龙2015）等。多数研究都从“综艺节目热”现象入手，研究综艺节目对旅游目的地的推动以及随之而来的问题。对于旅游类综艺节目和特定城市形象之间具体如何相互作用，现有研究中并没有进行深入探讨。而关于旅游类综艺节目如何塑造了城市的形象，以及如何扩散了城市形象的传播范围，都是本文予以特别关注的问题。

一、旅游类综艺节目及城市形象概述

旅游类综艺节目兼具文化观赏性与娱乐体验性，在现阶段的旅游产业发展中扮演着重要角色，在普及知识、扩大受众、营造氛围的同时，也充分发挥了传播信息、构建平台、助推发展等作用。旅游类综艺节目本身的传播价值，一方面推动了旅游业的产业延伸和拓展，另一方面也促进了综艺类节目的改良和更新，达到了媒体和城市双赢的效果。

（一）旅游类综艺节目

旅游类综艺节目，也叫旅游类明星真人秀综艺节目，是20世纪90年代后兴起的一种电视旅游节目类型，旨在通过拍摄和播放旅游目的地独特的风光、风土人情、民俗习惯、当地美食等内容，吸引受众的注意力，达到提高节目收视率的效果。自2012年以来，电视真人秀节目在我国综艺市场大放异彩，旅行体验类电视真人秀节目成为其中一个广受欢迎的细化分支。[1]旅游类明星真人秀类的综艺节目层出不穷，对节目本身和旅游信息的传播都产生了积极的推动作用。

从20世纪90年代标志性的综艺节目《正大综艺》，到早期火爆全网的《爸爸去哪儿》，再到后来的《爸爸回来了》《花样年华》《人生第一次》《花儿与少年》《奔跑吧兄弟》《快乐再出发》等，一方面，全国各大卫视都掀起了综艺收视热潮，收获了极高的收视率和关注度；另一方面，由节目带动的国内外旅游热点也层出不穷，很多名不见经传的地方，例如广州长隆野生动物世界、雪乡等地方，都因综

1 梁妍.“使用与满足”理论视域下旅行体验类电视真人秀节目创新路径探析——以《快乐再出发》为例[J].采写编，2023,（03）：109-111.

艺节目而闻名。随着旅游类综艺节目的热度上升，许多拍摄地所在的城市，都因综艺节目而带来了巨大的商机。这些节目主打帅爸萌娃的亲情效应，或是帅哥美女的明星效应，将明星看点与各个地方独特的风景风物结合起来，巧妙吸引了观众的眼球。节目中展现的每一次“旅行”，都能带给观众印象深刻的感受和反响。

（二）城市形象

城市形象（city image）是指城市（或特定的区域）给人的印象和感受，最早是由美国学者凯文·林奇（Kevin Lynch）于20世纪60年代在他的著作《城市意象》（*The Image of the City*）中提出。[1]他认为人们通过对城市中道路、边界、标志物等形体环境要素的观察，形成对城市的感知和识别。而越是清晰稳定的感知和识别，越能给居住于城市中的人带来心理的安定。在林奇提出“城市形象”概念作后，其他学者如克朗普顿（Crompton）提出，城市形象由一系列对城市的信念、观念、印象构成。美国社会哲学家刘易斯·芒福德（Lewis Mumford）则进一步拓展了城市形象的内涵，认为城市形象是公共传播、个人记忆、环境要素等综合影响下产生的主观印象。[2]

综上所述，有关城市形象相关研究已有80多年历史，研究学者们从传播学、语言学、建筑学、旅游学等多学科角度去探索一个城市形象的构成和规律。近些年，国内外越来越多的研究者注意到大众媒介和娱乐传播对于城市形象建构的影响，并围绕各种重大活动对城市形象的促进作用，形成了一定的研究成果。[3]

二、旅游类综艺节目对城市形象的塑造

越来越多的研究开始关注到，大众媒介和娱乐传播对于城市形象建构正在产生越来越重要的影响。城市形象是一个主客观结合的概念，既包括建筑、街道、风景名胜、交通、店面、生活设施等组成城市的有形要素，也包括传统习俗、文化氛围、风土人情等无形要素，这些要素共同构成了人们对某个城市的印象和感受。城市形象可以非常抽象宏大，也可以很具体细微，一些富有特色的城市形象关键内容，如方言、小吃、服饰等，都有可能构成人们有关城市形象的长久印记。这就意味着城市形象中的“印象和感受”这部分，具有很大的操作空间。而

---

1 曹汝平.视觉城市的形态与意象——读《城市意象》[J].湖南包装，2022，37（06）：11-15.

2 滕晓铂.从芒福德到帕帕奈克：设计自然观的形成及其影响[J].洛阳师范学院学报，2021，40（03）：19-26.

3 沈炳坤，张钫炜.北京冬奥会背景下的城市形象建构——以宣传片《双奥之城 城市之光》视觉叙事分析为例[J].科技传播，2022（10上）：76.

旅游类综艺节目正是通过展示和传播这些可感知的“印象和感受”要素，进而对城市形象的塑造产生影响。

（一）旅游类综艺节目为感知城市形象提供了全面细节

旅游类综艺节目对塑造城市形象的影响主要体现在提升感知细节方面。

出现在旅游类综艺节目中的城市，更像是一个加了滤镜的景点。因为视频画面特有的剪辑功能，我们看到的是一个拟态环境中的完美景象。[1]节目中往往会将城市要素中具有代表性的画面进行最大化展现，这样观众在观看旅游综艺节目时，就会被其中的场景所吸引，进而将自己置身其中，仿佛身临其境，亲眼目睹了这个城市的方方面面点点滴滴。

旅游类综艺节目通常会配置专业的拍摄队伍，这些拍摄人员拥有的专业拍摄技巧，能让整个节目的拍摄环境得到完美呈现。他们会专门设计一些特别的拍摄角度，全方位无死角地展现拍摄地的自然环境、人文地理和衣食住行等细节。后期在编辑和制作时候，也会安插入一些富有创意的剪辑和配乐，加入特效和美化。正是有了这些技术手段的加持，旅游类综艺节目往往会将拍摄地城市变成一个充满鲜活细节的展示片。当人们坐在家里收看电视节目时，会受到视觉震撼和诱惑，产生“身未动，心已远”的向往。当下无法前往该城市的时候，内心就会对画面上展示的地方产生向往，这相当于营销中的“种草”环节。当动机被充分被调动起来后，自然而然会吸引大量游客择机前往节目拍摄地城市旅游观光。

（二）旅游类综艺节目为感知城市形象提供了沉浸式体验

互联网传播导致一时间涌现出很多“网红城市”，其形象塑造路径也发生了变化。过去那种从以政府主导的城市形象建设与传播的单向宣传方式，逐渐转变为由大众在各种平台上搜索和观看有关该城市的景点视频。旅游类综艺节目属于PGC（专业机构生产的）视频内容。观众通过互联网搜索观看各种旅游类综艺节目，对这些城市产生最深刻的印象和直观的体验，从而了解这座城市，形成对城市的记忆与印象。[2]

旅游类综艺节目中的城市形象，通常以拍摄地为背景贯穿整个节目始终。因此更像是一种特殊的沉浸式的产品植入，既无处不在又视若无物，恰到好处地实现了城市这个特殊“产品”的细节和伴之而来的体验，这些都为人们远程感知城

---

1 江凌.文旅新业态的生成机制、发展逻辑与高质量发展路径[J].贵州师范大学学报（社会科学版），2023，03014：145.

2 刘杨祎伊.“网红城市”形象建构与传播的困境与对策[J].媒体融合新观察，2021，(06)：89-91.

市形象，提供了一种虚拟的沉浸式体验。

旅游类综艺节目中提供的这些新鲜的、亲身体验式的攻略，开阔了人们的眼界，让身处异地的观众们有机会看到很多闻所未闻的城市、习俗、美食等等，大大丰富了人们对特定城市的认知，提高了城市形象的美誉度，也让一些本身就好评如潮的知名旅游城市锦上添花。

（三）旅游类综艺节目为城市形象赋予创新特征

旅游类综艺节目本身的形式和特征，也会赋予城市形象一些新的特征。大部分旅游类综艺节目形式新颖、娱乐性强，尤其是和新闻、教育、歌唱等其他电视节目类型的严肃刻板的传播方式相比。综艺节目中，明星们通过游戏、观光、挑战等方式，加上生活化的体验，能够使播出内容给观众留下深刻的印象。这种接地气的内容设置也更能够引起观众的共鸣。

同时，旅游类综艺节目中，往往包含了许多城市形象的最新信息，能最大程度上改变人们以往对城市形象的陈旧认知。综艺节目的内容大多包罗万象，本身就富有知识性和画面感，又符合了人们休闲旅游的风潮，更容易激发观众潜在的体验感受。在城市旅游形象的塑造和传播过程中，旅游类综艺节目中的创新性和时效性，能够促使观众对这座城市形成最新的、直观的、鲜活的认知。

城市的形象建设是物质化与符号化同步开展的过程，如何将丰厚的物质实体用各式各样的符号来表达，也是旅游类综艺节目一直在努力创新的部分。一个城市的旅游形象，包含了人文风俗、地理景观、历史文化等多种因素，而旅游类综艺节目传播的是一个整体性概念，体现的是这座城市的整体发展与作为旅游城市的声誉。随着社会经济发展和生活水平的不断提升，旅游类综艺节目中无论是形式还是内容方面的创意和创新，就会塑造出越来越有吸引力的城市形象，也会吸引越来越多的人前往节目拍摄城市进行旅游活动。

（四）旅游类综艺节目为城市形象丰富文化内涵

旅游综艺类节目在丰富城市文化内涵方面也扮演着重要作用。从理论上讲，城市形象是城市整体化的精神与风貌全方位、全局性地展现，包括城市的整体风格、面貌，城市居民的价值观、精神面貌、文化水平等。将城市整体的精神与风貌等特质予以提炼、升华后，便能够塑造出独特的城市文化形象，从根本上改变目前城市雷同化、一般化的倾向。

近年来，文化已成为城市的一张名片，将地域文化融合到城市形象中，已成为一种趋势。旅游类综艺节目的拍摄地遍布世界各地，在节目里观众有机会看到不同国家的饮食、气候、穿衣风格、文明礼仪和性格特征等特色，这些都属于区域性的文化符号。

而在国内拍摄旅游类综艺节目，也同样能够体现城市形象丰富的文化内涵。例如《爸爸去哪儿》曾在山西平遥拍摄，专门介绍了当地的皮影戏，同时也着重介绍了当地文化中尊老爱幼、尽职尽责、团结有爱、诚实守信、谦虚礼貌等传统美德。这些有关中国传统文化的内容传播，自然而然赋予了拍摄地城市更多文化内涵，同时也塑造和影响着人们对这座城市的印象。

地域文化和城市形象的塑造有着千丝万缕的联系。学者李民在他的文章中指出："地域文化通常指特定区域源远流长、独具特色、传承至今仍发挥作用的文化传统。生态、民俗、习惯、传统等构成了地域文化的文明表现，特定区域的自然、地理、历史等各种环境和要素的独特性、文化形成的长期性赋予了地域文化鲜明的地域性、个性和稳定性。"[1]独特的地域文化正如城市形象的"魂"，能彰显城市独特的魅力。在新媒体环境下，地域文化逐渐呈现出多元化传播趋势，互联网、新媒体等的快速发展，这些都给城市形象的塑造带来了新的机遇。

三、旅游类综艺节目对城市形象传播的影响

旅游类综艺节目在城市形象传播中就扮演非常重要的作用。全球化背景下，越来越多城市意识到，充分展示自身特色与优势，在公众心目中形成良好的综合印象，非常关键。为此各级城市纷纷通过兴建地标、传扬地域文化、举办大型节事活动、加强媒体宣传等方式，竭力打造专属的城市形象。2021年5月31日，习近平总书记在主持十九届中央政治局第三十次集体学习时强调："讲好中国故事，传播好中国声音。"[2]然而，城市形象并不能够单纯由政府行为进行传播，公众的认同、评价也非常重要。以公众为中心，阐明其对城市形象的感知、理解和接受，成为越来越重要的做法。

（一）有助于提升城市形象的传播度

旅游类综艺节目最大的看点之一就是明星名人参与的真人秀，而名人或者明星往往自带流量，他们的一举一动，自然会引起粉丝的关注和追随，也自然更容易在互联网社交媒体声量成传播和扩散。这样就无形之中带动了节目拍摄城市的

1 曾朝辉，王伯勋.跨学科理论视阈下地域文化符号设计再造研究[J].设计，2023，36（10）：74-77.

2 人民政协报.增强中华文明传播力影响力——全国政协专题协商会发言摘登（一）[N].人民政协报，2023-05-20，004.

知名度和关注度。

携程旅行网曾经根据暑期跟团游、自由行等关注热度统计出当年最受关注的十大影视剧旅游线路，最热门的依次是《奔跑吧兄弟》中的塞班岛、《花儿与少年》中的迪拜、《花样姐姐》中的土耳其、《花儿与少年》中的英国、《爸爸去哪儿》中的新西兰等真人秀综艺电视节目摄制地。《爸爸去哪儿》节目播出以后，里面涉及的旅游地知名度显著提升，迅速成为途牛、携程、去哪儿等网站的搜索热门，不仅同名旅游线路热卖，目的地旅游人气爆棚，其周边相关交通运输量也同比增长。大数据显示，在这些搜索的人群中，“80后”“90后”年轻游客占大多数，而这群人与综艺节目的收视人群的特征高度一致。

2014年8月1日全球首播的《爸爸去哪儿》都江堰专辑，以精彩不断的丛林探险剧情获得了压倒性的超高收视率。据有关部门不完全统计数据：都江堰市300多家酒店和旅馆，中高档酒店平均入住率95%，登记客人3万余人。其中青城、云岭、青城豪生国际酒店和青源国际大酒店等20多家中高档酒店客房均已爆满或接近爆满。一些村民自制的手工艺品、小吃等等也成了游客们的最爱。

（二）有助于促进城市形象的差异化传播

各地城市在形象塑造中都应着力发掘当地独特的历史文化背景，寻找出具有标志性的城市符号加以传播。用城市文化的力量带动旅游业发展，同时借助旅游业的发展大力传播城市文化，进而形成稳定且不断更新的城市符号。

每座城市都拥有其文化特色，为其发展提供精神支持，并体现于城市形象塑造之中。例如熊猫、火锅、盖碗茶、宽窄巷子是具成都文化特色的元素，在旅游类综艺节目中进行创意表达，就会形成独特风格的“成都印象”和人文气质。文化是一座城市的人格化表现，体现着一座城市的历史、形态格局、建筑风格，反映了城市文明程度、精神风貌。

与此同时，综艺节目中的城市定位有助于城市形象的规划和开发。比如对家庭出游者开放针对家庭的亲子游项目，为情侣打造浪漫的主题游活动，为休闲娱乐的人们设计悠然静谧深度游，等等，让某一城市提供的旅游项目，能更富有针对性，更贴心。通过这种方式营造城市旅游在感受上的差异化体验。

（三）强化新媒体传播中有关城市形象的议题设置

旅游类综艺节目的创意中经常包括明星通告或一些专门设计的大型活动，例如各种大型实景演出、大型闯关活动、知识分享栏目、分组竞技等等，上述这些内容在传播中都能起到议程设置的作用。旅游类综艺节目的开播，给拍摄地城市带来了很多机遇，促进了当地旅游市场的开拓，吸引了各界媒体的关注，推动了旅游城市在传播领域的发展，让城市形象的传播得以有机运转。

特别是在针对社交媒体方面，旅游类综艺节目往往会开设专门的沟通渠道，尝试以“他者”身份加入公众在社交媒体中的交往环节，积极参与不同领域的交流和互动。这样既能使相关信息的传递更真实，更具吸引力，从而能够以润物细无声的方式完成对公众的引导，在第一时间引导注意力和把握舆论走向。

党的十八大以来，习近平总书记发表了一系列关于文旅融合发展的重要讲话，其中重要的一点就是提出了要以加强文旅联动来塑造城市形象。在新媒体环境下，旅游类综艺节目往往会通过借助微博、微信、网站等平台进行多方面宣传，新媒体为城市形象的传播带来了新的机遇。城市形象的塑造和传播，也需要充分利用新媒体平台，积极展示形象、发出声音，共同推进城市形象的发展。

四、旅游类综艺节目对城市形象塑造和传播中存在的问题

旅游类综艺节目为城市形象带来了很多正面的传播效应，但是任何事情都有正反两面。如果不加以重视，很有可能过犹不及。

例如，某些旅游类综艺节目，为吸引眼球而故意制造一些噱头，导致的城市形象被过度开发，反倒带来不良后果；一些旅游类综艺节目在互联网上的传播过快，导致一些“网红”城市的形象被过度传播，当慕名前来打卡的游客数量过多，反倒暴露出城市的很多问题；当后续的旅游配套服务跟不上，从某种程度上削弱了旅游类综艺节目苦心营造出的正面城市形象；再比如，由于旅游类综艺节目的一过性，致使拍摄地城市形象传播不能形成持之以恒的连续性传播，导致城市形象传播中时断时续忽冷忽热，也不利于城市形象的塑造，等等。

旅游类综艺节目只是打开了城市形象塑造的魔盒，在知名度和美誉度方面为城市形象的塑造和传播做好铺垫。但是，城市形象的塑造和传播，是需要持久规划和坚持不懈的工作，是一个考验城市统筹规划、配套管理的系统工程。旅游类综艺节目为城市形象带来了一时热潮，但是有些城市形象因为经营不当、接待能力不足、没有后续宣传等原因，很快被人们抛之脑后。只有当一个城市的形象建设和管理全面到位，才能够让旅游类综艺节目对城市形象塑造和传播的作用最大化。

结论

旅游已经成为满足人们休闲娱乐需求中不可或缺的一部分，随着旅游人数的

增加，人们希望能够掌握更多有关旅游目的地的信息。旅游类综艺节目看到了旅游产业内的发展机遇，旅游行业也注意到了综艺节目这一强势的内容传播平台，两者相互促进，创造了良好的传播收益和经济效益。旅游类综艺节目能为城市形象的塑造和传播带来了前所未有的机遇和效果，特别是在提其知名度和美誉度方面。但与此同时，伴随着高热度的新媒体传播，也有可能带来一些负面问题，这些都需要加以注意。

如今这个全媒体时代，旅游类综艺节目只是塑造城市形象的众多途径之一。本文希望通过分析研究引起相关部门的关注。只有注重旅游城市的口碑建立，引导和创建各种类型的用户生产内容，积极利用微博、微信平台、QQ群和网站等新媒体渠道进行传播，才能够积极有效地提高城市形象的知名度和美誉度。相信以旅游类综艺节目为代表的各类原生内容，与城市形象管理部门协同一致，共同影响城市形象塑造和传播的路径，就能够推动城市形象管理工作再上一个新台阶。

【参考文献】

[1]楼睿斐，盛开，翟格.综艺对旅游目的地的影响分析[M].读与写杂志，2017.

[2]周义龙.真人秀综艺电视节目对摄制地旅游发展影响及对策研究——以《爸爸去哪儿》为例[D].旅游管理研究，2017.

[3]谢婕.探讨我国明星旅游类真人秀节目的发展现状[J].新闻研究导刊，2017.

[4]王璵.电视综艺节目与旅游业共生发展存在的问题及对策[D].武汉学院，2017.

[5]姜晶晶.综艺影视对旅游业发展的影响[J].产业经济，2017.

[6]江凌. 文旅新业态的生成机制、发展逻辑与高质量发展路径[J]. 贵州师范大学学报（社会科学版），2023.

[7]刘杨祎伊.“网红城市”形象建构与传播的困境与对策[J].媒体融合新观察，2021.

[8]梁妍.“使用与满足”理论视域下旅行体验类电视真人秀节目创新路径探析——以《快乐再出发》为例[J]. 采写编，2023.

科幻电影的叙事特征和美学价值分析[1]

金韶[2]　宋丽媛[3]

【摘　要】

在政策和科技双重赋能下，我国科幻电影快速发展。科幻电影是科技与文化的融合，其本质是基于科技进步产生的想象力文化。本文对科幻电影的主要类型和叙事特征进行分析，包括：太空和外星类型体现了人类对未知世界的勇敢探索，人工智能类型隐喻了人类对科技未来的伦理反思，末日类型展现了人们对环境危机的恐惧和警醒，超英类型反映了人们对超能力的想象和英雄崇拜。在此基础上，进一步剖析科幻电影所蕴含和展现的崇高美、哲思美、刚性美和悲剧美等多重美学价值。

【关键词】

科幻电影；科技文化；叙事特征；美学价值

1　本文系北京联合大学通识教育核心课“科幻之光：科技和人文的奇妙结合”研究成果。

2　宋丽媛，北京联合大学应用文理学院新闻与传播硕士研究生。

3　金韶，北京联合大学应用文理学院新闻与传播系教授。主要研究方向为影视传播、新媒体。

近几年，我国科幻电影快速发展。2020年国家电影局和中国科协联合发布“科幻十条”，提出鼓励国产科幻电影的发展。2021年《全民科学素质行动计划》发布，指出促进科幻影视创作和科幻产业的发展。科幻电影是电影创作的典型类型，是文化和科技的深度融合，具有独特的叙事特征和美学价值，对推动我国国产电影业的发展发挥着重要作用。

一、科幻电影是科技和文化的融合

科幻电影是科技与文化融合的产物，其本质是基于科技进步产生的想象力文化。科技追求理性，文化追求感性，这两者相辅相成。科学技术为创造和发展文化提供物质基础和创作源泉，文化为科学技术的进步提供精神动力和智力支持。

科学技术对科幻电影的作用主要体现为两个方面。一是在内容方面，科幻电影展示的是对科技发展能达到的未来可能性的想象。比如《流浪地球》等太空科幻，展现的是航天科技的未来发展。还有人工智能、量子信息、生命科学、脑科学、新能源、深海开发等，这一系列的前沿技术也将成为科幻电影创作的未来的一个热点。二是在生产制作方面，为了展现高科技场景，科幻电影注重视听特效，在新技术应用上具有先天优势，例如应用人工智能技术辅助剧本创作、数字预演，应用虚拟现实技术打造虚拟拍摄和制作系统等，用以提升科幻电影的生产效率。

科幻电影的发展深受科技进步的影响，但科幻电影从本质上是一种文化产品，蕴含着人们对科技发展及其影响的哲学反思和价值观。从这种意义上说，科幻电影是文化和科技深度融合的典型。

二、科幻电影的叙事特征

科幻电影是随着电影工业化生产而出现的，其人物形象、叙事结构和价值观都有一定的模式。科幻电影的最主要的类型有太空探索、外星生命、人工智能、超级英雄、末日危机。[1]

---

1 金韶.创新与未来：北京科幻产业发展报告[M].中国国际广播出版社，2022.

表1　科幻电影的主要类型和特征

类型	特征
太空探索	描写在太阳系或更远的星系之间航行和探索时遇到的景象和经历，对宇宙星际的场景展现非常具有科学性和震撼感。其故事情节也会涉及人类到这些星球后与外星种族的交往或冲突，以及由此引发的道德伦理问题的思考。
外星生命	讲述地球被来自其他星球的外星生命入侵之后的故事。
人工智能	人类研发的机器人拥有了能力，以及和人相处过程中产生的情感和伦理故事。
超级英雄	漫威和DC开创的漫画和电影类型。故事主角都拥有神奇的力量，成为拯救世界的超级英雄。大多借鉴了奇幻类型作品，但故事情节和场景中会贯穿大量科技元素。
末日危机	通常反映能源枯竭、自然灾害、人类战争或外星人入侵等重大事件，其结果往往是人类文明的终结。

（一）太空探索和外星生命：未知世界的勇敢探索

太空探索和外星生命作为科幻电影的重要类型，展现了人类对广阔宇宙世界的丰富想象，表达了人类对未知世界的好奇和探索，这其中既有对人类现下的反省与思考，也有对未来的憧憬和向往。

在早期科幻电影中，外星人常常被描绘成怪异、邪恶、智力低下而且奇形怪状的巨大生物，人类战胜外星人时所表现出的勇气、团结和智慧，是这段时期科幻电影弘扬的主题。比如1956年版的《天外魔花》就具有代表性，该片讲述了洛杉矶郊区某小镇遭到外星人入侵，本地人被替换了脑子以至于人类变成没有感情，没有知觉，只有理性的行尸走肉，起到一定的警世作用。从70年代开始，外星人科幻虽然延续了异化的主题，但外星人的形象有了明显变化。比如，《第三类接触》（1977）里的外星人显得温和友善，《E.T.外星人》（1982）里的小外星人丑陋又可爱、怪趣又天真，1989年版的《外星种族》更是把一位外星人塑造成了忠诚、老实、富有正义感的警官形象。这些影片将外星人还原成了人，银幕上的外星人形象趋于多元化，他们变得更加复杂和立体，不只是一个简单的符号。

太空探索类电影，以《2001太空漫游》（1986）、《星际穿越》（2014）、《星际迷航》（1966）等为代表。1977年诞生的《星球大战》，后来延伸出9部系列作品和知名IP，虽然严格意义上星战系列电影被划归太空歌剧类型，但它仍然是太空探索类型衍生出来的子类型。作为"硬科幻"的代表，太空探索类电影，以广阔深远的宇宙视野，拓展了人类对宇宙的想象和探索，而且，为了呈现宇宙的壮观景象，太空科幻往往使用大量的视听特效，极大满足了观众的感官体验，观众在震撼的宇宙景观中，获得逃离生活现实的超然和满足。随着航天科技的发展，太空科幻发展成为科幻电影的主流类型。我国国产科幻的发展，也从太空科幻类型开始，

2019年的《流浪地球》点燃全民科幻信心，创造了46.86亿元的票房纪录，2022年国产科幻《独行月球》和2023年的《流浪地球2》，进一步延续了太空科幻的热度。

（二）人工智能和虚拟世界：科技未来的伦理探讨

当科幻电影融入了脑机接口、传输协议、电脑终端等关键词时，被人们称为“赛博空间”（Cyberspace）的虚拟信息世界也变得不再陌生。在当下的科幻电影中，有关“赛博空间”和人工智能的内容也给人们带来了对现实技术隐忧的某些思考。人工智能的出现改变了人们早期对技术的盲目乐观论，并且科幻电影中的人工智能似乎总是以一种人工智能试图取代人类主体地位，并获得自由选择自我身份权利的视觉想象来引发人们的忧思。[1]

国内外关于人工智能类的科幻电影中，人工智能往往都起着帮助主要角色完成任务或是推动情节发展的重要作用。同时，有关人工智能的刻画分为了善恶两派。充满善意的人工智能体往往被导演设计成了与人类外貌接近且具有亲和力的形象，也表现出了与人类友善的行为特征。例如《超能陆战队》（2014）讲述的是充气机器人“大白”与天才少年小宏联手菜鸟小伙伴组建超能战队，共同打击犯罪阴谋的故事。其中人工智能“大白”的形象设计来源于一种日本传统风铃，导演唐·霍尔在拜访日本的寺庙时汲取了灵感，其肢体动作设计则模仿了企鹅宝宝。“大白”既表现出了人工智能体可爱拟人化的一面，也将其塑造成了人工智能体技术感十足、超能力完成任务的AI形象。然而，由于人工智能与人类之间的复杂关系，许多导演也构思出了代表恶一方的人工智能体。例如电影《黑客帝国》（1999、2003、2021）预设了一个人工智能在人机大战中打败了人类并统治了世界的宏大背景，强大的人工智能将人类囚禁在一个巨大的营养舱中，榨取人类身上的生物能量，使人类完全沦为人工智能的奴隶。

（三）超级英雄：超能力想象和英雄崇拜

超级英雄是幻想系作品的正义角色，为美国漫画中所塑造的主要题材。他们主要是由超人、布鲁斯·韦恩、戴安娜·普林斯、闪电侠、绿灯侠、绿巨人、蜘蛛侠、钢铁侠和许多有超能力的英雄组成的。已有众多漫画英雄被搬上大银幕，这些英雄基本都出自于DC漫画和漫威漫画两大公司。他们拥有超越普通人的特殊能力，做出一些不同寻常的壮举和英勇的行为，保护市民，与恶势力搏斗。一般他们都会有一套能够代表其个性和超能力的华丽装束。

1　韩贵东.科幻照进现实——科幻电影作为“元宇宙”思考的窗口[J].电影文学,2022,No.800(11)：50-58.

在超级英雄系列科幻电影中，英雄具有超能力的原因主要有：1. 天赋异禀，例如超人、雷神、超级女侠等；2. 基因改造，例如美国队长、蜘蛛侠等；3. 科技创新与后天努力，例如钢铁侠、蝙蝠侠等；4. 科学偶然性与程序漏洞，比如电影《头号玩家》中的里德。不难发现，这些超能力都与时代热点紧密相连。超级英雄系列电影不仅通过制造一些科技奇迹来吸引观众，而且也一直在进行人文反思，让科幻电影不断散发独特魅力。

（四）末日危机：对环境危机的恐惧和警醒

末日题材的科幻电影关注地球面临的能源和环境危机，造成末日危机的原因是多样的，较为常见的有科技异化、自然灾害、不明生物入侵等。末日题材科幻电影的场景一般在与主流社会生活秩序的异质空间中游走，比如在末日背景下的地表温度急剧升高和分裂、地壳撞击、沙漠化、海水泛滥等的极端自然空间，或是病毒疾病疯狂传染、不明生物占领地球的极端社会空间。

末日题材科幻电影的叙事逻辑主要分为跨域书写与生态反思两种路径。[1]首先，前者使末日题材电影的叙事不再拘泥于某一个人、某一个群体，或是拘泥于某一个城市、某一个国家，而是显现出一种多元化的空间叙事的趋势，更加注重于表达一场灾难对不同人群、不同地域造成的影响，着重体现出末日背景下各地域间的密切联系。《流浪地球》（2019）中各个国家为阻止地球与木星相撞而进行的合作正是体现了这种密切联系。经典末日电影《2012》（2009）的叙事空间跨越了美国、印度、中国等地，将应对灾难的各个地域紧密联系起来。主导拯救人类的方舟计划的美国、作为监测灾害前沿阵地的印度，以及作为末日方舟建造地的中国……其次，后者用超越人类中心主义的后人类生态主义视角，对人类、非人类生物、自然环境三者之间的关系进行了批判及反思，重新建构了他们之间的权力话语体系，更加全面地展示出了末日背景下的各种互动。末日题材科幻电影呈现出了一种更加开放包容的态度，散发出了不同话语体系下的更具备平等意识的哲学思考的光芒。

三、科幻电影的美学价值

（一）宇宙探索的崇高美

崇高是以人力反抗自然、以人性反抗兽性、在挑战拼搏抗争中获得的精神愉

1 陈诗洁.跨域书写与生态反思：末日题材科幻电影的异质空间探析[J].视听,2022,No.179(03)：113-115.

悦，是实践主体的巨大精神力量的表征。崇高美，则指的是人的本质力量与客体之间处于尖锐对立与严峻冲突时，主客体之间所呈现出来的冲突的美。崇高作为审美范畴中的一种，其自身存在一定的矛盾性——崇高在崇敬与恐惧中选择了崇敬，因此它具有强大的艺术魅力，能够提高人的精神境界。崇高既可以指对审美对象所具有的崇高感，也可以指人作为主体时对自身的崇敬，在许多以未知世界为想象背景的科幻电影可以充分体现这种矛盾性。一方面，科幻影片中有关宇宙、外星球、外星生命、太空、黑洞等对象，人们会因为对其了解甚少或是难以预测而通过想象用奇特的影片画面及语言呈现出来。另一方面，在科幻电影的叙事中，人类在不明物体及庞然大物面前展现勇敢、理性、感性等崇高品质去战胜它们，形成了“观众—太空场景”“观众—影片中的人物在极端的环境下做出的有利于自身的选择”等此类审美关系，形成了科幻电影关于未知世界的崇高美，观众也可以在观看的过程中体验这种崇高美。[1]

在感官层面，《地心引力》（2013）的女航天员瑞恩·斯通在面对寂静未知的太空背景下的急促喘息声所表现出的危机感，这种极具主观的场景使观众仿佛身临其境，同时，太空场景与地球场景的不断转换又使得观众在紧张与安逸的心情中不断转化。《2001太空漫游》（1986）的最后片段用了十分钟来展示鲍曼驾驶的太空舱穿越木星大气层以及降落的过程，《星际穿越》（2014）中的黑洞、五维空间、冰原等，这些场景都构成了科幻电影的崇高感。在情节层面，《地心引力》《星际穿越》等影片中，主人公们在面对未知危险时，都通过自己的勇敢、理性等崇高品质去战胜困难，使观众在观看影片时激发对自身的肯定，从而获得崇高感。

（二）科技向善的人文美

科幻电影通过特定的时空语境和奇观想象，关注生态环境、技术走向、生命意义、未知影响等伦理问题。科幻电影中所包含的忧患意识、前瞻思想、未来生存等都在向我们展示人类科技和社会发展的多种解决方案。科幻提供给人们的不仅是科学知识，还有反思科学、改变世界、开创未来的科学精神和价值观。科幻既让人们感受到科技带给世界的进步，又启迪我们辩证地思考科技影响下的人类生存和未来命运。中国的科幻是具有科技向善理念、重视价值引领的文化产品。

21世纪以来，伴随着国家推进科技创新战略和文化产业的蓬勃发展，我国科幻文学和科幻电影取得快速发展。除了刘慈欣、王晋康等知名科幻作家，年轻科

1　王博.好莱坞科幻叙事与艺术审美范畴[J].文艺争鸣，2019，No.305（12）：123-127.

幻作家和新生创作力量涌现，科幻出版和网络科幻市场繁荣，科幻电影数量增长，科幻电视剧、广播剧等引人注目，科幻动漫和游戏也开始兴盛。科幻电影通过科技与文化的巧妙融合，展现出丰富而深刻的美学价值。中国科幻电影要把握时代机遇，加强内容原创，提高制作水准，创新审美表达，打造中国特色的科幻美学。

（三）超级英雄的刚性美

最能体现刚性美的是好莱坞科幻片中的超级英雄形象。一是超级英雄的外表外貌，高大、威猛、强壮、造型独特以及具有力量美；二是超级英雄的精神世界，他们主持正义，在危险来临时可以挺身而出，且不求回报。他们拥有超越普通人的特殊能力，做出一些不同寻常的壮举和英勇的行为，保护市民，与恶势力搏斗。观众在观影时首先会被他们的外表所吸引，与正常人的外形形成强烈的对比，然后被他们惩恶扬善、主持正义的行为以及高尚的品格打动，最后得到精神上的升华。一般来说，这类形象最受青少年的追捧，他们在感叹自身渺小的同时感慨超级英雄的独特能力，幻想自己有一天也可以拥有异于他人的超能力。这种好莱坞式的超级英雄所具有的超能力往往都是外在附加的或后天习得的，并非是与生俱来的，“人人都能成为超级英雄”的价值观也在电影中得到传播，观众在观影过程中也能体会到电影赋予超级英雄的刚性美感。

在视觉层面，超级英雄高大、威猛、强壮，尽显阳刚之气，外观形象犹如神一般完美地展现在观众面前。在人物性格及情节进展方面，超级英雄的超能力和超强意志往往在危急关头展现出来，同时他们也必须做好平凡和超级之间的不断转换。例如美国队长史蒂夫·罗杰斯原本是一个瘦弱的青年，为了报效国家，自愿参加军方的秘密计划，注射了一种超级血清，成为超级士兵。他比一般人坚强、勇敢、机智，但为了保护他人，也不惜牺牲自己。

（四）末世危机的悲剧美

末日危机，通常是外星人入侵地球或者是一些自然灾害或人类战争或末日丧尸等重大事件，其结果往往是人类文明的终结。现代科幻电影的叙事风格也延续了这一逻辑，即人类对自然的破坏必然会受到神的惩罚。末日情结透露的一种未来悲观主义的思绪，有时可能是杞人忧天，但有时又是深刻洞见。[1]古老的末日题材加上只有在现代社会才出现的破坏生态的反思意识，是一种极其具有文化意

1　彭亚伟.论科幻电影中的末日情结[J].艺术评鉴，2019，No.594（19）：168-169.

义的伟大尝试。正是对对古老神话、古老文化思维的延续，关于“末日情结”的悲剧性才能够具有历久弥新的迷人魅力，同时，它本身所具有的无法逃避的一种宿命感就是悲剧性得以产生的前提。末世危机的悲剧美能够使人产生深沉而巨大的同情共感和心灵震撼，并以其深刻的艺术感染力，给人以激励和启示，引发人们深层次的审美感受。

《2012》（2009）中将玛雅人关于世界末日的预言作为整个影片的基础，由于人类长期掠夺和破坏自然环境，地球的平衡系统已经不堪一击，在面临灾难的同时，诺亚方舟的存在又使人类存在生存的希望。《后天》（2004）讲述了地球因温室效应而造成气候异变，北半球的冰山融化使得洋流方向发生改变，地球因此进入了第二冰河期。《先知》（2009）中，世界末日的预言在五十年前就被预测出，人类必须采取相应行动去阻止预言的实现。这三部关于世界末日的影片中，都存在一个符合故事逻辑、含有悲剧本质的反抗型的主人公。《2012》中的主人公科幻小说家杰克逊·柯蒂斯是一个深受主流家庭观念制约的男性，他在灾难来临的紧急关头选择带着孩子、前妻以及现任一起寻找诺亚方舟。《后天》中的主人公气候学家杰克·霍尔研究发现温室效应带来的全球变暖会给地球造成前所未有的灾难，并警告政府官员必须立即采取相关行动，但为时已晚，不得不进行大规模撤离。《先知》的主人公约翰是一位天文学教授，他破解了埋在地下50年的神秘数字，不顾一切地与时间进行赛跑，直至牺牲——得到思想上的解脱。这些影片的主人公们不屈命运、不畏斗争的精神展现了人类的使命感和正义感，末日降临的悲剧感被体现得淋漓尽致。

科幻电影将科技与文化巧妙融合，展现其丰富而独特的美学价值。在国家鼓励科幻电影创作的政策机遇和国产科幻蓬勃发展的市场机遇下，中国科幻电影要加强内容原创，加速新技术应用，提高电影制作水准，既要在传统美学中汲取营养，也要敢于创新，开创新的科技审美，建构出具有中国特色的科幻类型和美学话语，为中国电影学派做出贡献。

【参考文献】

[1]陈静.《猩球崛起》中的生态思想和末日情结[J].电影文学，2016，659（14）.

[2]金韶.创新与未来：北京科幻产业发展报告[M].中国国际广播出版社，2022.

[3]王博.好莱坞科幻叙事与艺术审美范畴[J].文艺争鸣，2019，305（12）：.

[4]彭亚伟.论科幻电影中的末日情结[J].艺术评鉴，2019，594（19）.

[5]陈诗洁.跨域书写与生态反思：末日题材科幻电影的异质空间探析[J].视听，2022，179（03）.

[6]韩贵东.科幻照进现实——科幻电影作为“元宇宙”思考的窗口[J].电影文学，2022，800（11）.

[7]黄鸣奋.科幻电影美学属性探索[J].江西师范大学学报（哲学社会科学版），2022，55（04）.

自媒体视域下城市文化形象的渗透式传播路径研究

虎晓娥[1]　陈世红[2]

【摘　要】

城市文化是城市形象的核心，通过宣传城市文化形象能够凝聚城市力量，推动城市各方面的发展。自媒体的介入为城市文化形象传播带来了新的方式，被称为渗透式传播。这种传播方式有着渠道多维、话语平等、隐匿性强等特点，能够让受众在潜移默化中接受传播者的信息，达到传播意图。在城市传文化形象传播面临着同质化、手段单一等挑战时，这种传播方式成为巨大的潜力，是构建城市文化形象必不可少的手段。本文基于自媒体平台渗透式传播的特征，对城市文化形象的传播路径进行探讨，为城市文化形象的传播提供启发。

【关键词】

自媒体平台；城市文化形象；信息渗透

1　虎晓娥，北京联合大学应用文理学院新闻与传播系硕士研究生。

2　陈世红，北京联合大学应用文理学院新闻与传播系教授。

引言

城市的形象是人们对城市所持的主观感受，它是由各种因素共同塑造的，包括大众媒体、个人经历、口口相传的故事、个人记忆以及城市的环境等。城市的形象可以看作是城市在人们心中的生动呈现，是多种元素和影响因素相互交织而成的产物。在城市印象的形成过程中，大众媒体的描绘、个体的亲身经历、口口相传的故事、城市的物理环境等多方面因素起着综合作用。每个城市都有其独特的印象，这个印象的构建不仅影响着城市的发展和吸引力，还反映了城市的文化、历史和社会特点。

随着信息技术的不断发展，自媒体平台因其全球性传播、即时互动、多元内容和信息普及等特点，已成为人们获取信息的新途径和传播信息的新渠道。自媒体平台逐渐成为城市文化传播、展示和建构的关键平台，像重庆、成都、西安等城市已经利用自媒体平台成功塑造了自己的网红形象，这些在自媒体平台成功塑造的案例也表明与传统的宣传产品相比，自媒体平台传播范围更广，也更能具有生动的表现形式，更加能够吸引到受众的注意力。因此，自媒体平台的潜移默化的渗透式传播在城市文化形象传播方面具有重要意义。

一、城市文化传播面临的困境

每座城市在自身的演化过程中都孕育了独特的文化底蕴。城市文化不仅是城市实力和形象的象征，更是城市的核心精髓。城市文化的传递与城市发展之间存在着一种互补关系。新兴媒体技术的蓬勃发展已经彻底改变了传统城市文化传播的方式，使城市文化传播的形式多姿多彩，传递的渠道不断扩大，城市文化传递速度大幅提升，城市的独特性也得以凸显。透过城市文化传播，城市品牌的塑造得以实现，城市文化资本得以生产和再生，将城市打造成一种能够“重塑人类文化场域”的实体。

然而，在我国，城市文化传播正面临着一系列挑战。首要问题是同质化现象严重，城市文化传播未能深度挖掘独特的文化内涵。很多城市过于依赖城市建筑作为唯一传播途径，甚至模仿标志性建筑，对城市文化传播效果产生负面影响。此外，某些城市陷入同质化的发展误区，追求国际化大都市的建设，导致城市文化规划与历史发展脱节，丧失了人文关怀。

其次，传播主体的多元化也对城市文化传播带来了影响。传统媒体时代，传播主体和受众地位相对稳定，但在自媒体时代，话语权发生了变革，“受众”已经变成了主动生产和消费信息的“用户”。每个人都可以成为信息的创造者和传播者，参与各种传播活动，不仅仅是信息发布者，还可以是信息评论者。然而，由于每个人所属的群体和立场不同，对信息的认知存在偏差，可能导致一些人对城市文化产生负面态度。这些态度会通过自媒体广泛传播，对城市形象造成巨大损害。

再者，传播手段单一，主要依赖城市布景等实体展示方式或口耳相传，这限制了传播的范围。在自媒体环境下，我们需要拓展传播维度，满足受众的阅读需求，提高城市文化传播效果。

最后，自媒体媒介的广泛应用，使受众接触到各种信息，导致信息分散，城市文化传播失去一致性。自媒体工具的不断涌现打破了传统媒介的时间和空间限制，产生了大量即时信息，导致信息过载。因此，我们需要加强对传播策略的研究，以确保城市文化传播能在众多信息中脱颖而出。

二、自媒体渗透式传播的特征

自媒体，又称为个人媒体，指的是通过互联网向广大或个别受众传播信息的个性化媒体，包括了各种平台，如论坛、微博、微信、抖音等。自媒体以其独特的属性，如自由度、互动性、多样性以及传播渠道的广泛性等，为渗透性传播提供了有力支持。渗透性传播是一种非直接传播的方式，它通过适应受众的心理特征，借助特定媒介和营造特殊氛围，以隐蔽的方式持续传递信息，使受众在不自觉中接受并认同传播的意图。以下是自媒体渗透性传播的主要特点：

（一）传播元素多样，渠道复杂多维

传播元素的多样体现在传播主体、传播内容和传播受众三个方面的多样。与以往传统媒体的传播主体相比，自媒体平台涵盖了更多样的参与者，除了官方机构这样的意见领袖之外，还有各个领域的自媒体创作者。在自媒体平台上，任何个体都有可能成为信息的传播者和创造者。

这种多样性导致了信息内容的丰富性。用户可以创造自己的内容，专业创作者也能够为平台贡献高质量的内容，而这两者的结合使信息数量呈现出庞大的规模。另外，信息内容的呈现形式也是多种多样的，从而创造了信息内容的多层传播，满足了不同受众的个性化需求。在社交媒体平台上，信息传播已经演变成一场多维立体的互动体验，其中融合了个人、群体和大众传播的多种元素，形成了

独具特色的传播生态系统。这种多维立体的信息传播方式不仅影响了个体用户的观点和行为，也对社会文化等领域产生了影响。随着社交媒体的不断发展，信息传播的多样性和互动性将继续扮演着重要角色。

（二）传播话语平等，拓宽信息渗透路径

话语的平等性是渗透式传播最显著的特征，它包含了话语的形式和内容都具有平等性。传统的文化宣传片通常由专业媒体机构制作，内容着重展示官方主导的宏大历史叙事和政绩，以奇观式影像为主。与此不同，自媒体时代的渗透性传播不再强调宏大的内容和叙事角度，也摒弃了传播者的高瞻远瞩视角。这种平等性观念在社交媒体平台上产生了深远的影响，它不仅重新定义了信息传播的方式，还重新塑造了传媒机构、政府和个体之间的互动关系。总之，社交媒体平台的平等性观念已经改变了传媒和政府与大众之间的互动方式。它鼓励更多的参与、更广泛的话语权，促使信息传播从单向的宣传变成了双向的互动和共创。这种平等性不仅让信息更有深度和广度，还丰富了社交媒体的内容和互动体验。

平等的传播话语营造了一种信息自然流动的氛围，让受众在不知不觉中接受了信息的传播。渗透性传播的路径强调信息碎片的传播和微观叙事的转变，这使得宏大叙事被打散成碎片，而微观层面的叙事得以展现。通过自媒体平台，渗透性传播在传播元素和话语平等性方面呈现出新的特点，为信息的丰富传递和更深层次的影响受众提供了机会。这种创新性的传播方式有望在不断演变的媒体环境中继续发挥重要作用。

（三）隐匿性传播，提高受众接受度

潜移默化的传播是一种渐进、长远的传递方式，它需要传播者对传播意图进行深入考虑，与此同时在内容编排和形式选择上进行长期的策略性规划。这种强调长时间对同一主题内容的连续性、有针对性的传递就是一个潜移默化的过程。这种方式以创造信息与受众认知之间的持续张力，来促使受众在信息认知的基础上达到态度和行为的共鸣，最后达到思想渗透的效果。城市文化形象的塑造本就是一个长期逐步演进的过程，最后达到从数量到质量的飞跃效果。

直白的传播方式容易引发受众的抵触情绪，易导致用户在接受信息的过程中，对信息进行相反的解码或者是协商性的解读，从而影响传播效果。而隐匿性的传播方式则隐藏了传播者的真实意图，将其巧妙的包裹于娱乐性的外壳中。正是在符号系统、言语叙述以及意义层次的巧妙组合下，信息以一种间接、不显眼的方式渗透给受众。比如，运用反讽、戏谑、比喻等修辞方式，让信息传播中的

语言变得更加生动有趣。这种方式淡化了传播的真实目的，更容易被受众接受，甚至激发用户自发地传播和二次创作内容的热情。

三、自媒体渗透式传播提升城市文化传播路径

自媒体平台的迅速崛起为城市文化形象的传播带来了革命性的改变。自媒体平台成为城市文化传播的强大工具和新兴渗透式传播范式的代表。它为城市文化提供了更广泛、更开放的传播空间，吸引了更多的城市文化参与者和关注者。通过自媒体平台，各种多样的内容可以通过多元化的用户传递，悄悄地渗透到受众的潜意识中，让他们不知不觉地产生了对城市文化形象的认同感。相较于以往由官方机构制定的城市形象宣传片，利用自媒体进行渗透式传播，使得城市形象的外部传播方式变得更加娱乐化，更容易被受众接受。为了真实、全面地展示城市形象，必须采用积极正面的叙事方式，将城市的魅力融入生动的故事之中，以避免沦为枯燥乏味的宣传口号。借助自媒体平台幽默风趣的语言、轻松愉悦的氛围以及快捷便利的分享机制等特征，将持续在城市文化的传播和创新中发挥重要作用，为城市文化的传播提供更多路径。

（一）摆脱呆板的说教，引导受众一同解码

传统城市文化传播多依赖于官方媒体，其传播语言往往过于正式，甚至显得有些唐突，难以引起受众的共鸣。这种传播方式通常以自我为中心，忽视了受众的文化背景和习惯，也没有对传播效果进行充分的评估，导致文化信息传递时常带有一定的折扣，最终影响传播效果。传统城市文化传播方式往往缺乏对传播效果的充分评估和反馈机制。信息的传递往往是单向的，没有足够的互动和沟通，这使得城市文化形象的宣传难以了解观众的需求和反馈，也难以及时进行调整和改进。

渗透式传播则强调在传播主题下进行聚焦，以碎片化的方式呈现城市文化形象，使之更贴近受众。注重在传播主题下进行聚焦，以碎片化、生动化的方式呈现城市文化形象。渗透式传播通过各种自媒体平台和社交媒体工具，将城市文化信息巧妙地融入人们的生活中，使之成为他们日常生活的一部分。这样的传播方式能够更好地触及受众的情感，引发他们的兴趣和共鸣，从而提高了文化信息的传递效果。例如，重庆对“赛博朋克”“桥梁之都”“8D魔幻”等文化符号潜移默化的塑造，使得重庆城市文化形象更加多维立体。再举个例子，河南地区的文化传播采用系列热点话题，如河南卫视推出了以唐文化为特色的舞蹈节目《唐宫夜

宴》，随后推出了《芙蓉宴》和《洛神水赋》等传统文化节目，这些节目在短视频平台上引起了广泛关注和讨论，从而丰富了河南文化形象。这种以系列内容的播放和网友的互动来勾勒城市形象的方法使得城市文化更加生动丰富。

（二）城市文化与个体情感融合，引发情感共鸣效应

传播的成功关键在于确保传达的内容与形式贴近受众，引发传送和接收之间的信息共振。传统的城市形象营销通常采用宏观、抽象的方式，难以细分目标受众。与此不同，自媒体平台允许城市通过各种UGC内容与个体互动，实现了更个性化、细分化的传播。这样的传播可以与不同社群和个体建立更紧密的联系，满足其独特需求，从而建立情感联系。自媒体平台上的内容通常更接近生活，反映真实的情感和体验，通过城市用户分享的真实情感体验和深刻解读来建立更真实、亲近的形象。这种真实性能够引发受众共鸣，使他们更容易与城市建立情感纽带。与传统的宏观叙事方式不同，自媒体平台上的内容通常更具地域性和文化特色。这有助于城市形象跨越文化鸿沟，吸引来自不同背景和地域的受众。

普通人在自媒体平台上进行信息传播的特点之一是将情感融入其中，以一种娱乐性和故事性的方式来传递。这种方式使得他们的内容更容易被社交圈内的用户接受，因为它不仅提供了有趣的娱乐性体验，还触及了人们内心的情感共鸣点。举例来说，中国的视频博主李子柒，她在自媒体平台上分享的视频以自然、生活、美食等主题为基础，但与众不同的是，她将自己作为普通人的角色融入内容中。她的视频不仅展示了美丽的自然景观和美味的食物，还包含了她对自然、生活和亲情的深刻感悟。这种情感的融入，使她的内容更具亲和力和人情味，与观众之间建立了一种情感连接。李子柒的情感化内容产生了情感共鸣，这是自媒体平台上非常重要的因素之一。观众在观看她的视频时，不仅仅是因为风景和食物的吸引，还因为她通过视频传递的情感和生活态度。这种共鸣使得观众在潜移默化中对她的内容产生好感，甚至可能对中国的城市和文化产生浓厚的兴趣。总之，情感化的传播内容在自媒体平台上具有独特的吸引力。它不仅以娱乐性和故事性为特点，还能够触及观众的情感共鸣点，从而更有效地传递信息和影响观众的看法和态度。这种方式已经成为自媒体平台上成功传播城市形象和文化的一种有力工具。

（三）故事化的分享内容，拓展城市传播渠道

传统的城市宣传渠道通常需要通过外部传媒、国际媒体等中介环节，最终才能将城市形象的信息传达给目标观众。这种传统方式对国际媒体的依赖相对较

高，需要经过多个层次的信息传递和筛选，存在一定的信息传播滞后性。然而，随着国际自媒体平台的兴起，城市宣传方式发生了根本性的变革。这些国际自媒体平台提供了一种直接向目标用户传播国内城市形象信息的机制，无须经过信息筛选和截取，大大降低了信息传播的滞后性。它们通过智能信息推送机制，将城市形象的内容碎片化为特定标签的信息，然后根据用户的兴趣和需求，精准地将相关信息传送给目标观众。

自媒体平台的信息关注机制赋予了用户权力，使他们可以选择关注那些与自己兴趣相关的信息发布者，从而在数字世界中建立起了一条高度个性化的信息传递链路。这一机制不仅改变了信息传播的方式，也为城市文化的外传开辟了崭新的途径，同时也孕育了城市形象的忠实粉丝生态系统。城市文化的外传不再是简单的宣传，更像是一场与观众之间持续互动的故事。这个生态系统的构建需要宣传者进行精心的系列规划，巧妙的故事包装，以及及时的热点布局。而且，它需要灵活地根据用户反馈和趋势进行动态调整，让新闻在媒体报道中不再仅仅是冷冰冰的新闻，而是被塑造成一个感人至深的系列故事。以2021年云南省大象北迁的故事为例，这一系列的创新报道在全球范围内掀起了巨大的关注热潮。来自海内外的3000多家媒体都积极参与报道，覆盖了全球190多个国家和地区，总阅读量超过110亿次。这一创新报道不仅呈现了云南的友好与包容，更塑造了中国作为生态文明的倡导者的国际形象。

（四）减弱城市传播痕迹，精确构建城市文化形象

传统方式用来打造城市文化形象通常采用将城市的特质以刻板的方式进行标签化，这种千篇一律自上而下的城市文化形象宣传方式，难以全面、多角度地感知城市的魅力。与此不同，自媒体平台为普通人提供了一个机会，让他们能够以更加真实和生活化的方式分享关于城市的故事和体验。这种自下而上的传播方式使城市文化形象传播更加具有人情味，可以有效地淡化城市传播的痕迹，引导城市居民或游客，借助外部自媒体平台上的力量对碎片化的城市生活等信息进行分享，潜移默化地实现了无痕雕塑城市文化形象的意图。

以北京为例，城市形象推广活动中对老胡同的生活场景进行分享，成功吸引了观众的目光，让他们沉浸在古老东方特色历史的欣赏和品味之中。这种通过自媒体平台分享的信息不仅使人们从平凡的日常生活中领略到北京丰富的历史底蕴，也激发了观众对这座城市的好奇心和兴趣。在这些自媒体平台上，用户能够多角度感知特定城市的特质，了解城市的整体文化形象，实现更为精确的城市文化塑造效益。总之，自媒体平台为城市文化形象的传播提供了强大的工具。通过

自媒体，城市能够以更直接、生动和多样化的方式展示自身的特色和魅力，吸引更多的目标受众，实现更为精准和有力的城市文化塑造。这种全新的传播方式有助于城市在对外舞台上树立更积极、更引人注目的形象，为城市的可持续发展和繁荣作出贡献。

结语

城市文化形象的建构与传播已经成为中国城市走向世界的必然选择。自媒体借助其全球性传播、即时互动、多样化内容和信息渗透的特点，为城市文化形象的渗透式传播提供了新机会。社会化媒体渗透式传播具有广泛的传播元素、平等的传播主体、隐匿的传播目的和长期浸润的传播过程，使其在城市文化形象传播中具有多重优势，包括立体的传播渠道、信息渗透路径的打通、受众接受度的提高以及强大的传播效果。依托自媒体平台，城市文化形象对外的渗透式传播可以通过摆脱呆板的说教，引导受众一同解码，城市文化与个体情感融合，引发情感共鸣效应、故事化的分享内容，拓展城市传播渠道等方式来实现城市文化形象的传播。整合多种媒介平台，构建一个城市文化形象的浸润生态系统。

【参考文献】

[1]赵小瑭.基于自媒体环境下的城市文化传播研究[J].采写编，2022（04）：131-133.

[2]刘昊，谢思怡.浸润、涵化、认同：自媒体视域下城市国际形象的渗透式传播[J].当代传播，2022（06）：85-89.

[3]吴惠凡.表意与叙事：城市文化传播的符号学解读[J].当代传播，2018（03）：31-34.

[4]任孟山.城市形象传播：从规模性宣传到渗透式传播[J].青年记者，2021（05）：4.

[5]牛科霏，刘健芳.城市文化传播的路径研究——以“郑州国际时装周”为例[J].新闻爱好者，2022（06）：85-87.

[6]张凯.媒体融合中城市文化形象的传播[J].青年记者，2021（12）：55-56.

[7]张春蕾.全媒体时代重庆城市形象传播策略创新[J].传媒，2022（04）：76-78.

武汉时期《新华日报》中爱国广告的内容研究

宋香妃[1]　郭奕洲[2]

【摘　要】

《新华日报》是抗日战争时期中国共产党在国民党统治区公开出版的唯一一张报纸，对中共在国统区宣传政治主张，表明政治倾向，引导国统区人们团结抗战具有重要的宣传作用。但在国民党政府的新闻检查制度下，为了更好地宣传“抗日民族统一战线”思想以及马克思主义思想，监管相对宽松的广告栏目成为《新华日报》用以表明主张的重要版面。在广告内容的选择上《新华日报》体现出明显的爱国主义倾向。

【关键词】

《新华日报》；广告；爱国；抗战

1　宋香妃，北京联合大学应用文理学院新闻与传播系2022级硕士研究生。
2　郭奕洲，北京联合大学应用文理学院新闻与传播系2022级硕士研究生。

一、文献综述

（一）《新华日报》

《新华日报》是中共中央第一份全国性政治机关报，西安事变的和平解决为《新华日报》的诞生创造了政治契机，1937年国共第二次合作开始，中国共产党与国民党当局商定在南京公开发行该报。但由于顽固派的阻挠以及日军的逼近，报社被迫迁至武汉，并于1938年1月11日正式创刊。《新华日报》报名取自“反对压迫，建设新中华”之意，发刊词宣称：“本报愿将自己变成一切愿意抗日的党派、团体、个人的喉舌”[1]，团结各方抗日力量的性质从创刊时就有所凸显。

1938年10月，武汉失守，《新华日报》迁往重庆继续出版，并陆续在山西、广州、西安等地设立分馆。武汉时期的《新华日报》隶属于中共中央长江局领导，董必武主管。1938年10月25日武汉沦陷，《新华日报》在武汉出版最后一期。而该报迁往重庆后隶属于中共中央南方局，由周恩来兼任董事长，南方局副书记董必武等直接领导。国民党政府先后颁布了《修正新闻检查标准》《修正战时新闻禁载标准》以及《战时新闻违惩罚办法》等法令，规定所有报纸于出版付印前，其内容都必须经新闻检察机关审查、通过。1940年1月6日，因社论被国民党当局强令删去，《新华日报》被迫“开天窗”以表述抗议。1941年1月17日，国民政府军事委员会发言人在重庆就“皖南事变”发表谈话，周恩来得知后指示新华日报社拒刊国民政府军事委员会的相关讲话，坚持照常出版。1943年10月1日，《新华日报》改为太行版，系中共中央太行分局机关报。

整个抗日战争时期在周恩来、董必武等人的直接领导下，《新华日报》顽强地战斗在国民党统治区的心脏地区，成为中国共产党在国统区从事政治、思想、外交、文化等方面的斗争，开展抗日民族统一战线工作，发展爱国民主运动，动员广大群众参加抗战事业，宣传中国共产党的路线等方面有力的舆论武器。

基于《新华日报》是中共从成立以后到取得全国政权以前在国统区唯一公开出版的和出版时间最长的全国性党报的特殊性质，该报在中国新闻事业史、新闻史学史等研究领域都是倍受学界关注的论题。但大部分研究都是从革命史、新闻史的研究模式出发，按时间顺序分段记述《新华日报》在抗日战争中所起到的作用，而鲜有深入该报刊之中探究其广告中的爱国广告对于宣传抗日救亡的重要作用。

---

1 王永恒.媒体的力量[D].华中师范大学，2005.

（二）爱国广告

报纸是以刊载新闻和时事评论为主的定期向公众发行的印刷出版物，是大众传播的重要载体，具有反映和引导社会舆论的功能。中国是世界上最先有报纸产生的国家，关于我国报纸的起源目前学界主要有几种说法：周朝说、汉朝说、东晋说、唐朝说。发源于唐朝，在宋代被正式命名的邸报又称进奏院状报，是在政府中枢部门统一管理下统一发布的正式官报。邸报是封建社会的产物，主要用以维护和巩固封建统治，其内容主要涉及皇帝的诏旨、皇帝的起居、官员的任免、臣僚的章奏，战报及刑罚等。宋代邸报的读者主要是政府官员和一般士大夫知识分子。邸报的内容受到当局的严格控制，没有广告宣传的内容。中央集权制度下的封建社会，报纸是封建统治的御用宣传工具，言论出版自由是被限制的。

中国近代化的报刊最先是由传教士米怜所创办的《察世俗每月统计传》，该报也是第一个以华人为对象的报刊，但新闻报道较少，内容多与宗教有关。《昭文新报》是中国人在国内创办的第一份近代报刊。

广告的含义是"使某人注意到某件事"或"通知别人某件事，以引起他人的注意"。我国古代社会已开始普遍采用广告宣传和推销商品。有视觉广告招牌、幌子、灯笼等，也有叫卖吆喝的听觉广告。广告是商品经济的产物，虽然我国古代早已产生广告，但这并不是真正意义上的广告经营，而是一种直接营销的方式。真正意义上的广告是伴随近代报业的诞生而出现的。随着近代资本主义商业化的发展，广告成为报纸必不可少的内容之一。

广告除了具有宣传商品的作用外，还具有反映当下社会时势的重要作用。时势是当下社会热点事件所造成的局势。从清朝末期到民国时期再到国民政府时期，爱国一直是各大媒体的主流，体现在广告中，爱国广告大量产生。

《新华日报》作为抗日战争时期中共中央在国统区公开出版的唯一一张全国性党报，宣传抗日、服务抗战一直是其中心主题。[1]爱国主义在广告版面中具体表现包括揭露日军侵华暴行，报道我军与日寇的奋战，发表国际力量对中国抗战的声援和支持，积极宣传抗日民族统一战线思想，解答群众问题。

1 唐正芒.论《新华日报》的抗日宣传[J].湘潭大学社会科学学报，2002（05）：49-52+76.

二、《新华日报》的创刊背景与办报宗旨

（一）创刊背景

中国共产党的早期创始人陈独秀在1915年9月创办《新青年》，1918年他和李大钊主编《每周评论》，已经开始运用报刊媒介宣传民主革命思想，介绍马克思主义。1919年五四运动之后，《湘江评论》《新社会》等刊物也为中共的创立奠定思想基础。1922年中共中央创立第一个政治机关报《向导》，而后创办的《前锋》《政治周刊》等都为加强中国共产党的建设做出贡献。但1927年蒋介石在南京建立了国民党一党专政的国民政府，并逐步完成全国的统一。而后国民党发动对中国共产党的"围剿"，并发动文化"围剿"，加强对新闻媒介的统治，迫害革命报刊。因此中共新闻媒介被迫转入地下，通过秘密出版地下报刊继续传播中共的声音。

1937年"七七"事变发生后，中国革命转入全民族抗战时期。中华民族同日本帝国主义的矛盾成为各种矛盾中最主要的矛盾。随着西安事变的和平解决，抗日民族统一战线初步形成。国民政府承认中共的合法地位，使得中共在国统区创办自己的报刊成为可能。1937年蒋介石发表承认中共合法地位的谈话，承认中共有在国统区办报的权利。1938年《新华日报》创办于汉口。从此，在国统区看到了中共的第一张公开发行的机关报。

在创刊号报头的一侧，刊登了一幅木刻：一个军人在振臂高呼，木刻的标题是"巩固团结，抗战到底"，高度概括了该报刊的主要精神。1938年10月，《新华日报》迁到重庆继续出版，直到1947年被国民政府非法封闭。前后历时9年零49天。

1938年1月至同年10月25日迁至重庆，这段在武汉出版的时间是《新华日报》的早期，也是本论文所研究的重点时期。这一阶段的《新华日报》为日后报刊的发展打下了坚实的基础。

（二）办报宗旨

中共早在《新华日报》的筹备时期就特别着重对其宗旨的宣传，1937年12月23日，《新华日报馆章程》中对办报宗旨规定的十分明确："本报以报道新闻，发扬文化，巩固抗日民族统一战线为宗旨。"为扩大创刊的影响，1938年1月11日中共在《大公报》上以显著的地位刊登如下广告：本报是：抗战中坚，人民喉舌。任务是：团结全国抗战力量，巩固抗日统一战线。发表正确救亡言论，讨论救亡实际问题，报道翔实抗战消息。内容有：社论短评，战地通讯，电讯要闻，特约

专论，本市消息，警辟副刊，救亡情报，民族喉舌。[1]

这幅广告既说明了《新华日报》的宗旨，又以爱国主义形式作了商业性的宣传。《新华日报》不仅肩负着传播信息、文化和知识的任务，更重要的是要为抗战这个当时最大的现实需要服务。它不仅是一张代表全民族、全国人民利益的报纸，同时也是一张服务于政治斗争的机关报。《新华日报》发表说明："本报将无情地抨击一切有害抗日与企图分裂国内团结之敌探汉奸及托派匪徒之阴谋，务使实现地无分南北东西、人无分老幼男女之铁一般坚固的团结"。这说明《新华日报》在注重宗旨任务的同时也注意区分两类不同性质的矛盾，对于敌人坚决打击，对于统一战线内部，既要团结又有批评。

三、武汉时期《新华日报》的爱国广告

（一）广告形式中爱国主义表达的世俗化

民族作为一个特殊类型的"文化的人造物"，是一个"想象的共同体"，但民族一旦被创造出来，就成了一个"神圣的实体"，继而成为其民族成员的精神家园和情感归属。[2]它不仅能够引发人们深沉的依恋之情，还能诱发一种无私而尊贵的自我牺牲精神。

民族主义是随着近代民族国家的产生而产生的，它基于一个民族区别于其他民族的一些稳定的属性和特征之上，呼吁和强调民族的认同，对于其成员具有精神上的聚合作用。

爱国主义作为民族主义的一种表现形式，是以维护国家权益为宗旨的，它的内容随着时代的需求而不断变化，并依靠各种话语进行填充。[3]

近代以来，在帝国主义国家的入侵下"救亡图存"成为时代主题，并产生了各种爱国主义话语。

中国所面临的危机是多方面的，救亡图存也在多层面、多阶级主体中展开，爱国主义也随之具有丰富多样的表现形式。当国家的主要问题是抵抗外敌武装侵略时，英勇奋战的武装斗争是爱国主义的最直接实践。当国家经济命脉被帝国主义把控时，实业救国成为了爱国主义新的写照，爱国和广告逐渐产生连接。如1931年10月，著名的"万宝山事件"发生，上海大东南烟公司借该事件在《申

---

1 马娟.《新华日报》对国统区舆论的建构和消解[D].安徽大学，2010.

2 Anderson · Benedict. Imagined Communities ，revised edition.London：Verson. 1991.

3 李祺，梁大伟.中共中央机关报抗日民族统一战线宣传：研究述评与展望[J].浙江理工大学学报（社会科学），2024，52（01）：39-4.

报》发表广告，广告语为“热血同胞，不可不知万宝山事件，爱国男儿不可不吸万宝山香烟”。该广告一出引发巨大反响，成为爱国主义题材广告的典范。[1]

但在西方对中国进行文化侵略时，各种各样的文化运动就成为了爱国主义的最强音。中国共产党作为无产阶级政党在本政党的阶级立场上开展各种思想运动，宣传相关政党主张，唤醒国民性的同时将先进的马克思主义传入中国并在实践中不断中国化。从《新青年》宣传马克思主义到中共中央创立的第一个政治机关报《向导》再到《新华日报》的创办，爱国主义的性质贯穿于中国共产党创刊办报的实践中。但《新华日报》是中共中央在国统区公开出版的第一张政党报刊，虽然该报可以公开出版，但仍处处受到国民党新闻检查制度的限制，为了保证报纸的正常出版，《新华日报》的爱国主张通过广告版面加以凸显。虽然该报是政党报刊，但为了报刊的生存发展，仍存在有一部分的商业性广告，所以本文对爱国广告的界定剔除了纯商业性质的广告，将视野投射在内容表达上具有显著爱国性质的广告层面。

（二）《新华日报》的广告经营具有政治倾向

《新华日报》虽然是政党报纸但已经清醒地认识到广告的重要作用，也比较注意广告的经营。但同时《新华日报》不同于完全的商业报刊的经营，《新华日报》还是会利用广告直接或者间接宣传自己的政治主张，进行政治斗争。

《新华日报》创刊之初设立了相应的广告部门，但对于刊登广告，并不把经济效益放在第一位，而是更加注重社会效益。《新华日报》一开始就把广告定位于“为社会服务”[2]。

“本报秉巩固团结，‘贯彻抗战到底争取最后胜利’的初衷而创立，出版以来，荷蒙社会人士之赞助，本报感愧之余，益觉一文一字，都应该为抗战而努力，都应有益于读者，职是之故，广告一栏，亦拟严加选择，举凡违反社会进化规律、萎靡抗战情绪，提倡迷信或其他投机广告，恕不照登，最欢迎者厥为提倡国货、救亡文化及一切正当事业之开张，区区微忱，实根源于本报创立之宗旨……”[3]这种十分注重广告内容，对广告内容严加选择的做法，正是《新华日报》最明显的广告经营特色。

《新华日报》的广告形式比较简单精炼，图片运用也比较少，篇幅较小，多

1 林升栋.中国近现代经典广告创意评析——《申报》七十七年[M].东南大学出版社，2005（3）：65.

2 李晓娟.从报刊广告宣传看中国抗战的全民性[D].首都师范大学，2009.

3 刘兴旺，林志彬.抗战时期中国共产党媒体形象的塑造与认同——以《新华日报》为考察对象[J].广西社会科学，2013（10）：117-120.

为文字。所以《新华日报》经常将这些广告集中起来，运用编辑新闻版面的手法，给这些广告拟定一个主题，把它们收集在一起，甚至形成一个专栏，一方面可以表达报纸的政治倾向，另一方面有能让版面看起来干净整洁。比如《新华日报》开辟有“出版消息”“图书联合广告”等专栏。比如1938年5月4日，《新华日报》第一版就集中了部分抗战书刊广告，设立了主题为“配合全面抗战，展开文化工作”的专题。

《新华日报》秉承着“一文一字，都应该为抗战而努力，都有益于读者”的职责[1]，以宣传国货、进步书刊、救亡戏剧和艺术等文化消息为主。但凡是违反其创立宗旨的广告，哪怕客户出更多的款资，也拒绝刊登。

（三）《新华日报》中爱国广告的内容分析

武汉时期的《新华日报》在国统区虽然可以公开发行，但仍受国民党新闻检查制度的高压与迫害。为了宣传中共的主张和意志，推进抗日民族统一战线的建立，《新华日报》通过更为隐蔽的广告内容进行宣传，同时也将全民族抗战的主张放在首位对国统区人民进行教育宣传。

武汉时期的《新华日报》的爱国广告在传播内容上来看，首先是对日寇暴行的侧面揭露，积极宣传抗日救国。《新华日报》曾指出：“日寇在我华北战场五年来所用暴力手段，更是人神共愤的，除奸淫屠杀及所谓‘三光政策’唆使汉奸到处施放毒菌，是司空见惯的事。……我们声明……今后我们会像以前一样与日寇搏斗下去，直战到最后胜利。”[2]其次，《新华日报》积极宣传推进抗日民族统一战线的形成。《新华日报》通过启事募捐等活动广泛团结各界同仁。《新华日报》和《中央日报》曾相互支援[3]，在新闻界上层开展统战活动。此外，《新华日报》大力宣传《论持久战》等著作，传播全国人民团结起来共同参加抗战的政治理念。

《新华日报》从1938年创刊到1939年3月14日共刊出3260条爱国广告，这些爱国广告中有1800条具有一定的偏向商业的属性，另外1460条则更加注重非商业的宣传属性。根据广告形式可细分为以下6种：“图书期刊类目”930条、“启事募捐类目”846条、“剧场演出类目”508条、“口号标语类目”460条、“日常用品类目”362条以及“图片漫画类目”154条。其中，“图书期刊类目”以及“启事通知类目”数量遥遥领先。

---

1 刘兴旺，林志彬.抗战时期中国共产党媒体形象的塑造与认同——以《新华日报》为考察对象[J].广西社会科学，2013（10）：117-120.

2 姜宁.《新华日报》与抗日民族统一战线[D].吉林大学，2005.

3 曹炎.抗战时期《新华日报》、《中央日报》、《大公报》舆论宣传研究[D].湖南师范大学，2011.

1. 图书期刊类目

按照期刊广告划分数量排名前十的分别是：《群众》《解放》《全民抗战》《抗战文艺》《中苏文化》《文摘》《反攻》《大众生路》《时事类编》《少年先锋》《抗战新闻》。其中《群众》和《解放》的数量均超过50条。

《群众》是中国共产党的机关刊物，周刊，由中共中央南方局领导。1937年12月创刊于汉口，其宗旨为宣传中共抗日救国十大纲领和中共全面抗战的路线。1938年10月，由于武汉沦陷，被迫停刊。《解放》也是中国共产党的机关刊物，周刊，不定期出版，1937年4月创刊于延安。1941年8月，为集中力量办好中央机关报《解放日报》，《解放》周刊停办。

图书类广告中的前十名分别是：《论持久战》《军用毒气治疗学》《论目前抗战形势》《论抗日民族统一战线的发展、困难及其前途》《抗日游击战争的战略问题》《论政党》《鲁迅全集》《军队的参谋工作》《战略与策略》《模范抗日根据地的晋察冀边区》《同仇敌忾》，最后两本图书条数一致。其中《论持久战》以及《军用毒气治疗学》的条数分别为60条与48条，占据前两名。

《论持久战》是中国共产党领导抗日战争取得胜利的纲领性文献，原文为毛泽东1938年5月26日至6月3日在延安抗日战争研究会上所做的讲演，载于1938年7月1日《解放》第四十三、四十四期合刊。《论持久战》指出全国人民参加抗战、坚持抗战是取得抗战胜利的根本条件和基本保证，提出了实行持久战的具体战略方针。

1938年3月29日《新华日报》发表通电，谴责日寇施放毒气毒菌屠杀我民众，呼吁全国全世界人民抗议敌暴行。军事委员会政治部部长兼武汉卫戍总司令部总司令陈诚上将于是年5月16日在汉口举行中外记者招待会，揭露日军以毒气、毒物残害中国军民的罪行。

1938年8月武汉战役中，日军有组织地、大规模地、大量地向中国军队发射毒气弹，并开始使用剧毒的糜烂性毒气（芥子气）和路易氏毒气。《军用毒气治疗学》主要针对抗日战争期间日军大量使用毒气武器所造成的严重破坏而提出的相应治疗办法。

《新华日报》的广告中有大量的对于图书期刊出版物的宣传介绍广告，这类广告的选取是一种比较隐蔽且更普遍也有效的表明政治倾向的广告。《新华日报》通过这些书刊的选择性刊登来传达自己的政治主张，如《群众》《解放》以及《论持久战》都具有政治属性，《新华日报》对其出版登广告，一方面有利于在国统区宣传该刊物，扩大影响力，另一方面也对于国统区人民起着潜移默化的教育作用。

究其背景，在于困难时期几乎没有商业广告可以刊登的情况下，书刊类广告就撑起了广告篇幅的半壁江山。比如《新华日报》自办的《群众》周刊，其出版广告每期必登。并且《新华日报》选取的书刊中首先刊登了大量的毛泽东、周恩来等无产阶级革命领袖的著作；其次，刊登大量马克思列宁主义的相关著作；最后，重视刊登先进的科学文化知识，如《军用毒气治疗学》针对日军的毒气战提出当下最先进的治疗对策。

2. 启事募捐类目

启事募捐类目的广告共848条，可以再细分为16类。除了“募集捐款、衣物等事项”232条以及“招募学生、护士等事项”222条，还包括“鸣谢各类捐赠群体等事项”142条，“纪念特殊事件、人物等事项”“救济伤兵及其后代等人员事项”“登记参会或有车人员等事项”“义卖各类商品筹集抗战捐款事项”“为阵亡战士等追悼会事项”“展览会展示照片等事项”“披露各类捐款献金具体数目等事项”“防空事项”“行政通知”“中国共产党党务通告事项”“会议、集会举行事项”“周恩来启事”“其他”。

《新华日报》在广告中刊登有各种社会“募捐”“代募”“代赈”活动信息，而这些活动大部分是为了支援国内的爱国运动或者纪念杰出的爱国人士。但《新华日报》在办报的过程中一直受到国民党当局严格的新闻审查。在这样的制度背景下，《新华日报》常利用刊登各种启事进行宣传，也是对于国民党反动统治的一种无声的反抗。

比如1938年1月19日，针对17日武汉国民党特务机关派人捣毁《新华日报》营业部门，破坏印刷设备的行径，《新华日报》在广告中发表“本报紧急启事”，通过此申明揭露被破坏的事实，隐含表达对国民党的声讨，同时争取社会各界的同情与支持。此外，《新华日报》还在广告栏经常通过声明、启事、招生、募捐等形式，直接或间接地透露八路军，新四军以及延安的各种活动和消息，借此打破国民党的新闻封锁，为国统区人民打开了解解放区的窗口。如1938年3月15日，《新华日报》刊登“军政部第156后方医院伤兵俱乐部征求物品启事”揭露医院物资匮乏，需要各方支援的现状。1938年5月9日，刊登“援助八百壮士捐款征募委员会启事”，一方面该启事传达了淞沪会战的相关信息，另一方面该启示对于八百壮士的宣传也有利于团结各方爱国抗日力量。

在848条启事募捐类广告中，《新华日报》所刊登的募捐广告主要募捐物品有：捐款、鞋、棉衣、医疗物资、刊物图书、稿件、后援团工作人员、慰问信等。这些广告中所涉及的参与主体包括：学生群体如中国学生救国联合会、中华青年战时服务团、上海学生抗日救国会、陕北公学会等，医疗队伍如中华民国红十字会总会驻汉办事处，军队如宪兵第九团、第八路军武汉办事处、第五路军等，记者群体如江苏省战区来汉新闻记者工作协联会、华北记者战地服务团，以及社会各界人士如中华全国木刻作者协会、战时儿童保育会、武汉妇女救援训练班、电影放映人员训练班等。这些募捐物品反映出抗战资源的匮乏，需要各界人士共同有钱出钱，有物出物，有力出力。同时募捐行为也将各界爱国人士集合起来，为抗日民族统一战线的建立奠定群众基础。

3. 剧场演出类目

剧场演出类目公有253条，其演出主要为电影形式，还包含有部分的戏剧表演。广告数目排名前十的分别为《八百壮士》《台儿庄》《大张挞伐》《抗战特辑》（五集）和《热血忠魂》《血溅宝山城》《保卫我们的土地》《中国万岁》《彼得一世》,《何比西尼亚》与《巩固国防》以及《血肉换自由》并列第十。其中《八百壮士》演出场次共34场，排行首列。

电影《八百壮士》虽然记录的是国民党正规军的抗战斗争，但电影中既有大人物也有小人物的抗敌行为，依旧能够将全民族抗战的主题表达得淋漓尽致。1937年淞沪战役中，谢晋元军官率国民革命军陆军第88师524团“八百壮士”，奉命死守苏州河北岸的四行仓库，牵制日军，掩护部队撤退。面对日军的猛烈进攻，“八百壮士”抱定必死决心，孤军奋战4昼夜，击退日军数十次进攻，毙敌200多名，胜利完成掩护任务，粉碎了日军“三个月灭亡中国”的迷梦。这部电影正是创作于此背景之下，描述了八百壮士孤军奋战的可歌可泣的英勇事迹。

除《八百壮士》之外还有四部抗日宣传电影共同构成“抗战特辑”5集。第1集报道了“七七事变”后各方的抗战动态；第2集介绍了1937年9月和10月的战况，尤其是平型关大捷；第3集记录了1937年11月和12月的抗战动态，淞沪会战《八百壮士》包含其中；第4集反映了台儿庄战役的胜利及武汉人民庆祝胜利的游行；第5集的内容为1938年7月武汉各界为纪念抗战1周年而举行的各种活动。

《新华日报》之所以选取此类电影进行传播，一方面在于在国民党统治区为了更好地公开出版，必不可少的需要对国统区将士的奋战进行传播，并且该电影也适应了国统区人民的心理需求。另一方面，中共大力提倡建立抗日民族统一战线，该电影正是在符合了这两方面的需求作用之下得到广泛的传播，并且最终也为统一战线的建立起到了宣教作用。

4. 口号标语类目

口号标语类目的460条，可根据标语的内容倾向进行划分，主要划分为“国内抗战”“国外抗战”“国际联合抗战”三类，占比分别为72.39%、20.65%以及6.96%，并且受《新华日报》是一份面向国内人民群众的报刊定位的影响，国内抗战讯息占据主要位置。

口号标语类则为最直接地表达《新华日报》政治主张以及宣传倾向的类目。所以早期《新华日报》的口号标语中也存在部分蒋委员长所发布的口号，如1938年10月30日，“蒋委员长：经此最近半年之努力，对于沦陷区域，军事部署业已完成，而且政治重心亦经次第树立，对于平汉粤汉两路以西之布置与准备，则更充实而严整，故此半年来无数军民保障江淮之英勇牺牲，已为第二阶段之战门植立强固之基础”。但这些口号的选取则注重口号本身内容是否是助推于全民族抗战。除此之外，口号标语类中大部分为毛泽东发布的口号，以及朱德和周恩来等中共领导人所提出的口号。

根据口号的内容进行分析，一方面，口号直接反映出国内的抗战现状。如1938年4月8日，《新华日报》刊登“争取更大的胜利，粉碎日寇二期进攻计划”；1938年4月10日，“反对日寇暴行，扩大防空防毒运动”；1938年9月27日，“真正动员民众，组织民众，武装民众，给民众以合乎抗日民族统一战线的政治教育，给民众以必要的军事训练和游击战争的训练，动员补充前线军队和帮助前线军队作战，抢救武汉，保卫武汉”；1938年10月23日武汉沦陷的前夕，《新华日报》刊登“现在保卫武汉的战门，已经到最后关头。我们包围武汉固然重要，而生长新的力量坚持长期抗战更重要”“目前武汉虽到最后关头，华南虽日益紧张，全过战局虽日益扩大，我们要到来的困难虽多，但我们绝不应气馁，我们要在持久抗战中把已经陷入泥沼的敌人葬埋下去”；武汉沦陷后，1938年10月27日，“武汉撤退虽然是我国一个重大的损失，虽然要增加某些新的困难，但是用不着悲观失望，我们只有在克服困难中前进，从挫折中研究教训”。

另一方面，内容多为鼓励国内民众积极抗战，拒绝消极心理。如1938年10月26日，“我们应该更鼓励我们的勇气去战胜一时的困难，克服一时的困难，坚持持久战，坚决全面抗战，以达最后的胜利”；1938年10月28日，“我们相信为国奔走，为民效劳，久负硕望的诸参政员，定能在此困难关头，本着中华民族儿女素有的毅力，向前迈进！预祝第二次参政会议的成功！谨祝诸参政员健康”；1938年10月30日，“毛泽东：抗日战争之第一个阶段是敌之战略进攻，我之战略防御的时期。第二个阶段是敌之战略保守我只准备反攻的时期。第三个阶段，是我之战略反攻敌之战略退却的时期”。

与此同时，口号标语也指示出目前抗战工作努力方向的相关信息。如1938年10月29日，“抗战形势的发展，要求我们继续改进外交政策和加强外交活动，要求我们在外交问题上需要展开新的局面，取得新的胜利”；1938年10月31日，“目前我们克服经济困难的主要方法应该依据抗战建国纲领，即厉行有钱出钱，节省浪费，开发内地工业，提高农业生产等”。

国外抗战和国际联合抗战中大部分信息为国际对于中国国内抗战的支持。如1938年8月17日，“法西斯主义就是战争”；1938年10月24日，“只要我们能够适宜地运用这国际形势，一定能变不利为有利，走向国际合作的胜利”。

5. 日常用品类目

日常用品类目主要可以划分为“药品物资”“餐具物资”“防护用品”“穿着物资”几类，共计362条。其中“药品物资”类目共151条，“防护用品”类目共117条，占据主要地位。

药品物资类目中存在大量有关“云南白药”以及“曲式云南白药”的广告信息。如1938年3月15日，“凡携此报购买云南白药者购药所得用于前线捐款”；1938年6月12日，“救助福音云南日月大药房救伤药到汉”。餐具物资如1938年9月28日，“军用钢精饭碗出售”。防护物资如1938年9月16日，“避弹防空壕及钢网”。除此之外，穿着物资中有大量军用鞋的相关广告，如1938年6月7日，“皮底布底帆布军用鞋”。

可见，在日常用品的广告选取中，《新华日报》也坚持选取民族企业广告，鼓励民族企业的发展同时也借此为抗日斗争做募集筹备。但日常用品类的广告数量相对较少也是《新华日报》本身发行范围以及营业能力不足的一种体现。《新华日报》的发行常面临捉襟见肘缺乏商业广告资助的问题，而这一问题不仅在《新华日报》初期显现，而是伴随着该报刊创办的始终，也是钳制其发展的一大重要因素。

6. 图片漫画类目

图片漫画类目共计154条，其主要表现形式为报头左右两侧刊登的政治广告。根据漫画的表现视角，可以划分为国内以及国际两种视角，其中国内视角为106条，占据主要地位。漫画中有大量不同国家的元素，包括中国、日本、德国、意大利、苏联、美国、西班牙、捷克、法国，其中中国元素高达106次，日本元素50次。

《新华日报》创刊第一天在报头的右侧刊登了一幅漫画，漫画内容是一名军人振臂高呼，其身后有数名群众在响应，并标注有“1938”以及“巩固团结抗战到底”的字样。这幅漫画充满了政治宣传的意味，极其富有感召力。在《新华日报》初期所发行的报刊中，基本上每一期都会刊登一幅漫画类的宣传广告，只有少数断更的状态存在。在这些漫画中，政治宣传意味非常浓厚，通过漫画的形式强烈突出了宣传抗日民族统一战线的主张。漫画主体也非常丰富，中国素材中不仅有军人还有妇女、学生青年等多种群体，而且还有多种国际视野的存在。如为了表明目前的国际形势，在报头的漫画中会将二战时期的多种国家元素参与其中，通过“被攻击”“联合进攻”等多种动作加以表明。

结语

《新华日报》作为抗日战争时期中国共产党在国民党统治区公开出版的唯一一张报纸，以“报道新闻，发扬文化，巩固抗日民族统一战线”为宗旨，为了躲避国民党的新闻检查制度，广告版面成为宣传政治主张的有利体裁。而近代以来救亡图存成为主流思潮，爱国广告也随之大量产生。武汉时期的《新华日报》的爱国广告一方面发挥着广告本身的传播和营销作用，另一方面也反映着社会现实，更重要的是隐含着对抗日民族统一战线等主张的宣传。

【参考文献】

[1]王永恒. 媒体的力量[D].华中师范大学，2005.

[2]唐正芒.论《新华日报》的抗日宣传[J].湘潭大学社会科学学报，2002（05）：49-52+76.

[3]马娟.《新华日报》对国统区舆论的建构和消解[D].安徽大学，2010.

[4]Anderson · Benedict. Imagined Communities ，revised edition.London：Verson. 1991.

[5]林升栋. 中国近现代经典广告创意评析——《申报》七十七年[M].东南大学出版社，2005（3）：65.

[6]李晓娟. 从报刊广告宣传看中国抗战的全民性[D].首都师范大学，2009.

[7]刘兴旺，林志彬.抗战时期中国共产党媒体形象的塑造与认同——以《新华日报》为考察对象[J].广西社会科学，2013（10）：117-120.

[8]姜宁.《新华日报》与抗日民族统一战线[D].吉林大学，2005.

[9]曹炎. 抗战时期《新华日报》、《中央日报》、《大公报》舆论宣传研究[D].湖南师范大学，2011.

[10]李祺，梁大伟.中共中央机关报抗日民族统一战线宣传：研究述评与展望[J].浙江理工大学学报（社会科学），2024，52（01）：39-4.

[11]陈淑贤，史忠志.广告的使命——以近代报刊的爱国广告为例[J].今日南国（理论创新版），2008（12）：114-115.

[12]贺川生.老广告、老商标中的爱国主义[J].公关世界，1999（08）：36.

[13]黄玉涛.浅析民国时期爱国主义题材广告成功的原因[J].新闻界，2007（04）：165-166.

[14]王儒年.二三十年代的《申报》广告与爱国主义的世俗化[J].史林，2007（03）：114-121+190.

海洋科幻电影的空间叙事策略研究

喻志红[1]

【摘　要】

海洋科幻电影作为科幻电影的一个独特分支，研究其空间叙事策略具有重要意义。本文探讨了海洋科幻电影的空间叙事策略，强调了其作为电影类型中的独特分支的重要性。通过分析海洋科幻代表性电影，研究了海洋空间作为叙事背景、叙事情节和叙事修辞的作用。海洋科幻电影以海洋这一特殊空间为核心，展示了人类对深海未知世界的探索和幻想，体现了国家海洋战略、科技创新能力及文化软实力。随着国家政策支持和海洋事业的进步，海洋科幻电影正迎来新的发展机遇。

【关键词】

海洋科幻电影；空间叙事；电影叙事学

1　喻志红，北京联合大学应用文理学院研究生，主要研究方向为城市影像创意与实践。

引言

海洋科幻电影作为科幻电影的一个独特且富有潜力的分支，其研究尤为重要。海洋科幻电影不仅承载着人类对深海未知世界的浪漫憧憬与科学幻想，更是科技创新能力及文化软实力的集中体现。不同科幻电影的场景赋予观众各具特色的体验，而海洋科幻电影的空间叙事以海洋为特殊空间，承载着海洋文化，深度探索着海洋的神秘与未知，进而呈现出一种独特的空间叙事。本研究聚焦于海洋科幻电影的空间叙事策略，研究对象涵盖了具有代表性的海洋科幻电影，如《海底两万里》《环太平洋》《阿凡达：水之道》《哥斯拉》等，通过分析“永远在场”的海洋空间作为叙事背景、情节和修辞的作用，探讨其如何塑造角色、推动情节以及深化主题。本研究旨在填补目前学术界对海洋科幻电影研究的缺漏，推动这一领域的进一步发展，并为电影创作者提供有价值的参考，特别是在如何利用海洋空间来增强叙事效果、提升影片艺术价值方面。

一、海洋科幻电影与空间叙事

（一）空间叙事的理论内涵

安德烈·戈德罗和弗朗索瓦·若斯特[1]认为：“一个叙事有一个开头和一个结尾，是一系列事件的整体。”而叙事也分为口头叙事、书写叙事和影片叙事，本文中研究的空间叙事则是属于电影叙事学。空间叙事是指在文学、影视或其他艺术作品中，通过对场景、环境、地点和空间布局的描述和呈现，以及人物在这些空间中的行动和互动，来构建故事情节和传达主题的方式。作者或导演通过场景设置、镜头语言等手段来展现人物在空间中的处境、心理和命运。可以说空间在叙事中扮演着重要的角色，它不仅是故事发生的背景和舞台，还可以作为情节发展和人物性格展现的重要载体。通过对空间的描述和塑造，创作者能够营造出各种氛围和情感，深化读者或观众的体验和情感共鸣。

空间叙事的研究已跨越多个学科领域，涵盖文学、电影、建筑和社会等方面。在电影学领域，空间叙事同样是一个重要的研究方向。自电影出现开始，空间就是一个不可忽视的话题。李显杰作为较早开始从事电影叙事学研究的中国学者之一，为这一领域奠定了坚实的基础，他通过细致研究画格空间的叙事

1　戈德罗，若斯特.什么是电影叙事学[M].商务印书馆，2005，17-22.

潜能，揭示了静态与动态叙事间的内在联系，以及技术操作如胶片叠印与镜头变焦对空间畸变及间离效果的影响，这些研究强化了空间在电影叙事中的主动性与创造性角色。黄德泉等人的文章进一步细化了电影叙事空间的特征与分类，提出了包括物质、社会、心理等多个维度的空间分类，并深入讨论了空间的选择、造型、表现及其重组过程中的叙事策略。此外，海阔、罗玥岫等学者从地理、历史、精神和虚拟空间的维度出发，为电影叙事空间的文化研究提供了新的范式，强调了空间的多元性和复杂性，以及它在塑造叙事深层意义中的作用。焦勇勤与李道新的研究则分别聚焦于空间叙事的内在逻辑与电影叙事的空间革命，前者探讨了空间的限定性、内部性与通透性，强调空间在叙事中的优先性；后者则从哲学视角审视了空间观念更新对中国电影叙事的影响，指出在好莱坞叙事空间日益显著的背景下，中国电影面临的挑战与机遇。

进入21世纪，中国电影学界对空间叙事的探讨不断深入，多维度、跨学科的研究路径不仅拓宽了对传统电影空间的理解，也为特定类型电影的分析提供了新的视角。特别是在科幻电影这一广袤领域中，海洋科幻电影作为结合了科学幻想与海洋文化的独特分支，其历史与发展轨迹同样值得细致考察。

（二）海洋科幻电影的历史坐标

科幻的种子早在19世纪就已萌芽，英国作家玛丽·雪莱在1818年创作的《弗兰肯斯坦》标志着科学幻想作为文学形式的正式登场，而随着电影艺术的兴起，科幻元素找到了新的表现舞台，海洋科幻电影亦随之诞生。

海洋科幻电影作为科幻电影类型的亚类型的一种，它既包含了传统科幻电影的元素，又因其独特的海洋空间而呈现出与其他类型电影不同的特质，融合了科学幻想和海洋文化。从历史角度来看，海洋科幻电影的起源可以追溯到早期的默片时代，最早的一部被认为是1907年的《海底两万里》，这部电影改编自儒勒·凡尔纳的同名小说，开启了海洋科幻电影的先河。随后《亡魂岛》（1932）、《神秘岛》（1961）、《深渊》（1989）、《深海圆疑》（1998）、《环太平洋》（2013）等著名海洋科幻电影出现，海洋科幻电影也成为一个不可忽视的科幻电影题材。由于特效技术的局限，早期的海洋科幻电影主要依赖于模型制作、实际水下拍摄以及一些基本的光学特效来营造海洋环境和生物。例如，1954年版的《海底两万里》利用精心设计的潜水艇模型和化妆技术创造的海底生物，成功地将儒勒·凡尔纳的经典小说搬上了大银幕。并且，早期的海洋科幻电影在内容上多围绕探险和科学发现展开，例如，寻找失落的文明、与未知海洋生物的遭遇，或是探索深海的秘密等主题，展现了那个时代对海洋科学与未知的浪漫想象。

（三）海洋科幻电影的发展现状

海洋科幻电影作为科幻电影的一个重要类型，近年来逐渐有更多类似《环太平洋》系列、《海王》系列、《阿凡达：水之道》、《巨齿鲨》系列等海洋科幻电影进入了大众的视野。

随着技术的不断进步，当前海洋科幻电影在视觉呈现方面展现出前所未有的创新与突破。利用先进的数字技术和摄像技术，如计算机生成图像、动作捕捉以及虚拟现实（VR）和水下摄影机以及微距摄影技术等，极大地拓宽了创意表达的边界。近年的作品《阿凡达：水之道》（2022）和《巨齿鲨2：深渊》（2023）代表着当代海洋科幻电影的最新水平。这些作品在特效和叙事上更加注重技术创新与探索，力图突破视觉与情感的边界，为观众带来更为逼真、震撼和富有想象力的海洋科幻世界。视觉效果不再是简单地模拟海洋景观，而是深度构建了一个既逼真又超越现实的水下世界，使得观众能够沉浸于一个既熟悉又奇异的海洋世界中。在故事内容方面，海洋科幻电影在故事内容的探索上已迈入一个多元化与深度挖掘的新阶段。这类电影不再局限于传统的探险与发现主题，而是广泛涵盖了生态伦理、科技伦理、人类身份与文明冲突等复杂议题，展现了海洋作为地球上最后的边疆所蕴含的无限想象空间与深刻哲思。在市场规模方面，由于其独特的叙事策略和视觉呈现方式，吸引了广大科幻爱好者的目光，海洋科幻电影也呈现出不断增长的趋势。越来越多的观众开始关注并喜爱这一类型的电影，使得海洋科幻电影的市场份额逐年攀升。这不仅为电影制作方带来了可观的收益，也为整个科幻电影产业的发展注入了新的动力。

尽管取得了显著的发展和观众的认可，海洋科幻电影在持续前行的道路上仍面临若干挑战。如何在维持科幻精髓的同时，深入挖掘海洋文化的深层次内涵，成为该类型电影创作者亟待解决的关键问题。此外，随着观众审美水平的提高，海洋科幻电影也需要在叙事策略和视觉呈现上不断创新，以满足观众日益增长的需求。并且，相较于其他科幻类型电影，如太空科幻、人工智能科幻、怪兽科幻等，海洋科幻电影的研究是远远不够的。海洋科幻电影作为一个充满潜力的研究领域，目前的研究仍然存在一些不足之处，对海洋科幻电影的研究还相对有限，有待进一步深化。

二、海洋科幻电影的空间叙事特色：永远在场的海洋空间

在电影叙事中，每个电影画面都蕴涵了大量的空间信息，观众可以从中得到

影片所在的场景、人物关系甚至情感等信息，所以空间在电影里始终在场，始终被表现。在海洋科幻电影中，海洋空间的“永远在场”是这一类型影片独具特色且不可或缺的叙事元素，它不仅是故事发生的背景，还是叙事情节发展的核心驱动力，更是电影对海洋环境关注的体现。

（一）作为叙事背景的海洋空间

美国文学评论家M.H.艾布拉姆斯在其著作《文学术语词典》中指出，背景不仅包括物理场景，还涵盖了“社会环境、历史时刻、文化氛围等因素，它们虽未直接在文本中详述，却对理解作品至关重要”。在电影叙事学中，叙事背景是指电影中故事情节所发生的环境和背景条件，包括时间、地点、社会文化背景等元素。这些背景元素为电影叙事提供了框架和语境，帮助观众理解情节发展和人物行为。叙事背景不仅构成了故事的物理和社会环境，还包含了历史和文化的维度，是电影叙事的重要组成部分。

海洋空间作为叙事背景，在海洋科幻电影中发挥着关键作用。海洋空间提供了一个富有异质性和神秘感的环境，这种背景不仅增强了科幻电影的奇幻色彩，还为故事的展开创造了无限的可能性。《哥斯拉》（*Godzilla*，1998）作为一部典型的怪兽科幻电影被人们熟知，但同时它也是一部有着海洋背景的海洋科幻电影，讲述了一只因人类在海洋进行核试验变异的古代巨兽哥斯拉从深海苏醒，沿岸侵袭至纽约，引发巨大恐慌与对抗，最终人类智勇对抗并消灭怪兽的故事。其叙事核心围绕着来自海洋深处的巨大怪兽，象征了人类对未知海洋的恐惧和对自然力量的敬畏。在《哥斯拉》中，海洋的浩瀚和神秘使得怪兽的出现充满了惊悚和不可预测性，海洋的背景强化了故事的紧张氛围和视觉冲击力，海洋作为地球上最古老而强大的自然力量之一，与哥斯拉这一自然变异产物相互映衬，共同构成了对人类文明与自然力量间冲突的隐喻。

同样，电影《环太平洋》（*Pacific Rim*，2013）也在海洋科幻领域内树立了新的里程碑。该片构建了一个宏大的叙事背景，其中太平洋成为连接两个世界的神秘通道，从海底裂口涌出的巨型怪兽“Kaiju”对地球构成了前所未有的威胁。不同于《哥斯拉》单一怪兽的聚焦，《环太平洋》展现了一场全面的物种战争，人类不得不跨越国界联合起来，发展出庞大的机甲战士以对抗这些深海来客。海洋在此不仅是危机的源头，也是人类防御战略的核心舞台，每一次与Kaiju的激战几乎都发生在波涛汹涌的海面或是幽暗莫测的深海，这不仅加深了观众对于海洋深邃与未知的感知，也通过高科技机甲与古老怪兽的对决，映射出人类科技进步与自然界力量之间的抗衡与平衡。

《环太平洋》通过其独特的海洋科幻设定，进一步拓展了海洋作为叙事背景的潜力，展现了科技与自然、人类意志与宇宙奥秘之间的深刻对话。海洋空间不仅提供了广阔的物理战场，更是孕育了对未知探索、合作共生以及生存挑战等多重主题的深刻探讨。两部影片均以海洋为背景，各自以不同的方式诠释了人类面对自然异变时的勇气、智慧与反思，证明了海洋科幻电影作为一种类型，其海洋空间作为叙事背景在营造氛围、深化主题及推动情节发展方面具有不可小觑的力量。

（二）作为叙事情节的海洋空间

情节是指故事中事件的顺序和安排，它是叙事作品的核心结构，展示了角色如何在特定的背景下经历一系列事件并导致某种结果。情节不仅仅是事件的简单罗列，而是这些事件之间的因果关系和逻辑联系。在海洋科幻电影中，海洋空间不仅仅是一个背景设定，它实际上成了推动叙事情节发展的重要元素。海洋本身就是一个充满未知与危险的空间，高水压、极端天气、深海生物等自然因素可以作为情节推进的催化剂，为角色设置重重障碍，考验他们的生存技能和决策能力，甚至推动主角的变化和成长。这种环境的严酷性直接促成了电影中的冲突和挑战，在《巨齿鲨》（*The Meg*，2018）这部电影中，科学家们在深海研究站意外唤醒了已灭绝的史前巨齿鲨，海洋的神秘与危险瞬间被放大，它的每一次出现都伴随着高压环境下的生死较量。影片利用深海的幽闭感和通讯限制，加剧了救援团队与外界隔绝的孤立无援，这种环境因素不仅为角色们设置了难以逾越的物理障碍，也迫使他们必须依靠智慧、勇气和团队合作来应对前所未有的威胁。男主角乔纳斯（杰森・斯坦森饰演），作为一位经验丰富的潜水员面对巨齿鲨的威胁，不得不面对自己过去的阴影，这一过程不仅是与外在敌人的战斗，也是内心恐惧与责任感的交锋，促使他实现了从逃避到主动迎战的心理转变。

导演詹姆斯・卡梅隆制作的另一部海洋科幻电影《阿凡达：水之道》（*Avatar: The Way of Water*，2022）讲述了已成为纳美族族长的杰克・萨利与家人面对新威胁时，为保护所爱之人，深入海洋探索未知领域，与神秘的岛礁族结盟，共同抗争以求生存的冒险。在这部巨制中，对于海洋生态系统的描绘，特别是对图鲲等独特海洋生物的刻画，不仅增进了观众对潘多拉星球生物多样性的认识，也通过角色与这些生物的互动，如心灵链接，推进了角色间关系的发展和深化，进而影响了情节走向。由此，海洋科幻电影通过将其独特而复杂的环境融入情节设计中，不仅拓展了叙事的维度，也深刻影响着角色的成长轨迹与命运抉择。海洋空间作为叙事情节，不仅仅是故事的骨架，更是联结环境、角色与主题的血脉。

（三）作为叙事修辞的海洋空间

叙事修辞是一种将修辞学的原则应用于叙事的理论和实践方法。它关注的是叙述者如何通过特定的叙事手段和策略来影响读者或观众的理解、情感反应和态度。叙事修辞学派认为，叙事不仅仅是一种简单的信息传递，而是一种具有明确意图的修辞行动。这一学派详细分析了各种修辞技巧和叙事策略，如象征、隐喻、重复、对比、悬念等，以及它们如何在叙事中被运用以增强效果。

海洋科幻电影中海洋空间作为一种叙事修辞更多的是作为一种意象存在，具有隐喻和象征的作用。海洋作为隔离与封闭的象征，常常被用来探讨个体与集体、内部与外部的关系。电影中，海洋既可以是避难所，保护主角免受外界威胁，如《水形物语》（*The Shape of Water*，2018）中水下世界的隐喻，象征着边缘人物寻找爱与归属的情感避风港，同时，它也能成为隔绝的障碍，象征着主角与现实社会之间的距离和隔阂，如《未来水世界》（*Waterworld*，1995）中男主角马里纳尔是一位生活在海上的流浪者，他的生存技能使他能够在浩瀚的海洋中自如航行，但这种生活方式同时也让他与传统的社会结构和人际关系隔离开来。海洋，在这里成为了男主角与他人情感联系的物理和心理障碍。它象征着马里纳尔内心的孤立无援，以及他对过去熟悉世界的疏离感。在茫茫大海上，主角的孤独与寻找归属感的渴望被无限放大，海洋的无边无际强化了这种心理上的隔阂感。

海洋科幻电影中的海洋空间还经常被用作环境危机的象征。随着气候变化、污染等问题日益严峻，海洋成为展示地球生态危机的舞台。在詹姆斯·卡梅隆执导的《深渊》中，美国核潜艇的意外事故与人类对深海资源的探索活动紧密相连，暗示了人类活动对海洋环境的潜在威胁，人类对深海的侵扰，触发了与海底生物的冲突，象征着人类活动与自然环境间的紧张关系，以及可能引发的未知后果。

作为叙事修辞的海洋空间，在科幻电影中，不仅是视觉奇观的源泉，更是深刻思想与情感的寄托。它通过隐喻和象征，触及人类对自我、社会、自然乃至宇宙的认知边界，激发观众对于存在、探索、生存与和谐共处等主题的深刻思考。

综上所述，海洋空间作为叙事背景和情节，不仅构建了奇幻与神秘的氛围，还成为推动情节发展和角色成长的核心动力。叙事中，海洋作为意象，通过隐喻和象征手法，触及了人类对自我、社会、自然界的深刻认知，激发了对探索、生存与和谐共处的深刻反思。海洋科幻电影作为科幻电影的特殊分支，通过其独特的空间叙事策略，不仅拓宽了叙事的边界，还深化了观众对海洋环境、科技伦理、人类身份以及自然与文明冲突等主题的思考。

三、海洋科幻电影的未来前景与展望

海洋作为一个古老而神秘的事物，在人类生活中扮演着至关重要的角色，其在人类社会和全球生态系统中的地位不可忽视。随着全球对海洋保护意识的增强和科技的持续革新，海洋科幻电影有望在叙事策略上实现更多元化的探索。海洋科幻电影自诞生以来，从技术受限的初期依赖模型制作与基本特效，到如今利用数字技术、VR等手段创造出既逼真又超越现实的海洋世界，不仅在视觉效果上实现了飞跃，也在叙事内容上趋于多元化与深度挖掘，涉及生态伦理、科技伦理等复杂议题。伴随科技的不断进步和电影制作技术的日益革新，海洋科幻电影正迎来其前所未有的发展机遇。

海洋科幻电影在叙事策略的创新、文化内涵的丰富、科技与艺术的融合以及社会责任的担当上，都预示着其未来发展的广阔天地。鉴于中国在科幻电影领域展现出的增长势头，结合2020年国家印发的《关于促进科幻电影发展的若干意见》，预计中国将涌现出更多融合本土文化特色与国际视野的海洋科幻作品。中国科幻电影的崛起，不仅是科技进步与文化自信的体现，更是国家综合实力提升的象征。在未来的探索与实践中，中国海洋科幻电影必将以其独特的叙事魅力和深远的思考，引领全球科幻电影迈向新的发展阶段，共同绘制人类对未知深海世界无限憧憬的壮丽画卷。

【参考文献】

[1]戈德罗，若斯特.什么是电影叙事学[M].商务印书馆，2005.

[2]李彬.海洋科幻电影类型特征初探兼及中国海洋科幻电影的创作展望[J].当代电影，2022（12）：24-30.

[3]王晖，贺琳雅.表征与隐喻：海洋科幻电影中的多重意象[J].当代电影，2022（12）：31-38.

[4]李显杰. 论电影叙事中的画格空间与叙事性[J].华中师范大学学报（哲学社会科学版），1994（06）：91-98.

[5]海阔，罗钥屾.电影叙事空间文化研究范式[J].北京电影学院学报，2011（02）：67-72.

[6]李道新.电影叙事的空间革命与中国电影的地域悖论[J].当代文坛，2011（02）：12-17.
[7]齐伟.论海洋科幻电影的近未来现实主义美学[J].当代电影，2022（12）：39-46.
[8]陈岩. 试论电影空间叙事的构成[D].南京艺术学院，2016.
[9]焦勇勤.试论电影的空间叙事[J].当代电影，2009（01）：113-115.
[10]王佳宝.中国当代电影艺术的空间叙事研究[D].广西师范大学，2010.
[11]程英.科幻电影的叙事研究[D].江西师范大学，2009.
[12]龙迪勇.空间在叙事学研究中的重要性[J].江西社会科学，2011，31（08）：43-53.
[13]焦勇勤.试论电影的空间叙事[J].当代电影，2009（01）：113-115.
[14]李显杰. 电影叙事中的故事、情节与叙述[J].华中师范大学学报（哲学社会科学版），1992（06）：29-35.
[15]布斯. 小说修辞学[M]. 北京：北京联合出版公司，2017.
[16]陈慧. 电影视觉修辞研究[D].安徽大学，2015.
[17]杨璧菲.电影《寻梦环游记》的视觉修辞分析[J].视听，2018（07）：93-94.
[18]陈晓辉.叙事空间抑或空间叙事[J].西北大学学报（哲学社会科学版），2013，43（03）：156-159.
[19]陈岩.试论电影空间叙事的构成[D].南京艺术学院，2015.
[20]刘骞.科幻电影的空间美学研究[D].中国电影艺术研究中心，2016.

第四篇

新兴媒介与新闻生产

AIGC对新闻采访写作的挑战和启示

祖里亚尔·阿不来提[1]　唐冰[2]

【摘　要】

ChatGPT的横空出世，让世人感受到了AIGC（生成式人工智能）的魅力所在。基于大型数据模型，AIGC拥有的强大内容生产能力让各行各界望而生叹。新闻行业是高强度的文字生产行业，AIGC强有力的文本生产能力无疑给新闻采访写作带了诸多便利。但是AIGC尚处于没被完全吃透的阶段，还有很多功能和逻辑黑箱是没有见天日的。AIGC这种最新的媒介必然会改变新闻采访写作的生产关系和生产方式，可能给新闻采访写作带来诸多挑战——假新闻泛滥、意识形态入侵、思维和行动惰性。但同时AIGC作为新兴技术也能为新闻采访写作带来进步启示：1. 丰富语言，吸引受众；2.协助审查，提高效率；3.开展AIGC认知训练，产生适合中国特色的AIGC。

【关键词】

AIGC；ChatGPT；新闻采访写作

1　祖里亚尔·阿不来提，北京联合大学应用文理学院新闻与传播硕士研究生。

2　唐冰，北京联合大学应用文理学院新闻与传播系讲师，主要研究方向为新媒体传播、国际传播。

2022年11月ChatGPT的横空出世惊艳了全世界，其强大的语言生产能力一鸣惊人，能够与使用者对话，完成诗歌、小说以及论文的撰写，编写和修改计算机代码，完成策划案等，引起各行各界对ChatGPT这类AIGC（人工智能内容生成）大型语言模型的极大兴趣。新闻采访写作是新闻发布的重要环节，一个好的新闻除了新闻本源外，还需要有记者采访和写作的本领。在传统媒体时代，线性传播模式导致专业性强的媒介组织和传播者有着极强的话语权，记者的采访和写作能力确定了一条新闻的好坏程度，一条没有价值的信息可以通过记者出色的采访挖掘和写作增色变成一条极具价值且引人瞩目的新闻。随着数字化技术的快速发展，媒介技术也相应地经历了颠覆式的发展。在媒介技术的加持下，记者能更快、更全地写出一条新闻。记者可以通过媒介技术完成采访大纲，也可以通过AIGC快速编写一条新闻，也可以让AIGC润色新闻，使新闻内容表述和结构更完美。腾讯的Dreamwriter、新华社的快笔小新、第一财经的DT稿王、美联社的Wordsmith、今日头条的AI机器人“张小明”等，都是生成式人工智能的最佳代表，其公司和单位依靠这些AIGC完成了繁琐而复杂的新闻写作工作，并得到了极高的认可。ChatGPT是生成式人工智能领域快速的最新节点，其高效的内容生产、编辑等功能必定对新闻采访写作产生巨大的挑战。

一、生成式人工智能概念溯源

AIGC（Artificial Intelligence Generated Content）通常被译为人工智能内容生成，也可以称为生成式人工智能，但是目前来说在世界范围内，学界与业界对AIGC这一概念没有形成统一的规范化界定，国内的学界业界对于AIGC的理解是继“专业生成内容（Professional Generated Content，PGC）”和“用户生产内容（User Generated Content，UGC）”之后，利用人工智能技术自动生成内容的新型生产方式，其具体定义是AIGC既是从内容生产者视角进行分类的一类内容，又是一种内容生产方式，还是用于内容自动化生成的一类技术集合。[1]

AIGC根据对象的不同，实现的功能也不同，主要有三个层面的技术能力：一是智能数字内容孪生，其主要目的是建立现实世界到数字世界的映射，将现实世界中的物理属性、社会属性等进行数字化转化；二是智能数字内容编辑，其目的是在数字内容孪生的基础上，实现数字世界与现实世界的双向交互；三是智能数字内容创作，其主要目的是使算法技术具备内容创作和自我演化，形成具备类

1　中国信通院.人工智能生成内容（AIGC）白皮书[EB/OL].(2022-09-02)[2023-08-15].http：//www.caict.ac.cn/kxyj/qwfb/bps/202209/P020220902534520798735.pdf.

人或超越人的创作能力。AIGC的上述三个层面的能力构成了能力闭环。

AIGC它的核心思想是利用大型人工智能模型，根据给定的主题、关键词、格式、风格等条件，自动生成各种类型的文本、图像、音频、视频等内容。AIGC的工作原理有4部分，如图1所示，分别为模型训练、模型选择和优化、模型部署、模型应用。[1]

图1　AIGC工作原理示意图

（一）模型训练

AIGC是基于数据大模型的应用，需要大量的数据来训练数据模型。通常，根据生产内容的不同，数据大模型需要来自不同领域的大量数据，以此来训练模型。这些数据来自各个领域，比如，社交媒体、电子商务、医疗保健等。同时，基于数据大模型的AIGC还需要使用大量的计算资源来训练模型，这些资源可以是云计算平台或者超级计算机。

（二）模型选择和优化

当数据模型训练完之后，其需要选择和优化最优的数据模型，以提高模型的性度和效度。一般来说，基于大模型的AIGC使用的是深度学习模型，例如，卷积神经网络、循环神经网络和变压器网络等。同时，基于大模型的AIGC还需要使用各种优化算法来提高模型的性能和速度，例如，随机梯度下降、adam优化算法等。

（三）模型部署

在选择和优化最优的数据模型之后，需要将模型部署到生产环境中。一般来说，基于大模型的AIGC需要使用高性能的计算平台来支持模型的部署和运行，例如，GPU和TPU等。同时，基于大模型的AIGC还需要使用高效的模型压缩和加速技术，例如，模型剪枝、量化和蒸馏等，以提高模型的效率和速度。

1　陈昌凤，张梦.由数据决定？AIGC的价值观和伦理问题[J].新闻与写作，2023（04）：15-23.

（四）模型应用

在部署模型之后，需要将模型应用到实际场景中。一般来说，基于大模型的AIGC可以应用于各种领域和场景，例如，自然语言处理、图像识别、机器翻译、人脸识别等。同时，基于大模型的AIGC还可以与其他人工智能技术结合使用，例如，物联网、区块链等，以创造更多的应用场景和商业价值。

总的来说，基于大模型的AIGC需要使用大量的数据和计算资源来训练和优化模型，并使用高性能的计算平台来部署和运行模型。同时，基于大模型的AIGC还需要使用各种优化和加速技术来提高模型的性能和速度，以实现人工智能的创新和发展。

拥有高质量内容生产的AIGC自然会受到文本生产用户的青睐，AIGC对新闻传媒行业这类需要大量内容文本的行业更是产生了许多便利之处。首先是自动化内容生成，AIGC可以自动生成新闻报道、文章和摘要，帮助新闻机构快速生成大量内容。其次是新闻推荐系统，AIGC利用机器学习和个性化算法，通过分析用户的浏览历史、偏好和兴趣，AIGC能够推荐用户可能感兴趣的新闻内容，提供更好的用户体验。再次就是信息筛选和验证，它可以自动抓取和分析网络上的新闻、社交媒体和其他来源，帮助新闻机构快速了解事件的真实情况，并识别虚假信息和谣言。最后，AIGC还可以进行情感分析和舆情监测，AIGC可以对社交媒体和新闻评论进行情感分析，了解公众对特定事件、话题或组织的情感倾向，这对新闻机构和公关部门来说非常有价值，可以帮助他们了解公众的态度和反应，并及时做出相应的调整和回应。

AIGC对新闻传媒的好处属实不少，但是我们也不能忽视AIGC在带来便利同时所产生的挑战和风险，如何正确识别和看待AIGC对新闻行业的风险挑战，如何正确驯服AIGC，最大化降低其风险、最大化提高其收益，成为当下新闻行业发展的当务之急。

二、AIGC给新闻采访写作带来的挑战

（一）低成本造成以假乱真

拥有强大文本生成能力的AIGC容易被坏人利用来生产假信息。以ChatGPT为代表文字内容生产的AIGC自诞生以来就深受文字生产用户的喜爱，基于最新的GPT-4的多模态大型数据模型，ChatGPT现在不仅仅能单纯地文字输出，更能实现图片输出和视频输出等。OpenAI使用RLHF（Reinforcement Learning from

Human Feedback，基于人类反馈的强化学习）技术对ChatGPT进行了训练，且加入了更多人工监督进行微调，在检索模式、响应质量、解答范围、理解程度、应用规模、参与深度等方面都有了质的飞跃。[1]在强大功能的诱惑下，有不少人通过ChatGPT制造假新闻，因为ChatGPT的高强文字功底，其写出来的假新闻不易被发现，而且造假成本极低，因此ChatGPT被很多坏人利用。在2023年4月，平凉市公安局崆峒分局网安大队发现“今晨甘肃一火车撞上修路工人致9人死亡”的文章为虚假信息。经过警方的调查，嫌疑人购买了大量ChatGPT账号，通过ChatGPT修改编辑近几年社会新闻要素生产假新闻，以此来获利。

（二）伪中立带来价值观对抗

AIGC的立场是会被训练的，看似中立的AIGC其实有被驯化过的价值观，因此这样的AIGC必然会对他人乃至意识形态形成影响。包括ChatGPT在内的AIGC在运行前，会预先对大量文本数据进行学习和训练，然后再与人类在相适应的聊天环境中对话，但是公众无法得知训练数据的具体内容以及训练出的大型语言模型含有何种意识形态，因为AIGC公司不会公布相关数据和语言模型的内容。通过麦克卢汉的媒介即人的延伸理论可以理解AIGC的价值偏向性，AIGC作为当前最新的媒介技术，其拥有的思想性和逻辑性如同人类一样，像是人类大脑的延伸，所以AIGC的价值观会被人的主观价值观决定。从目前ChatGPT对热点事件、历史等方面的回答来看，表现出强烈的态度偏向色彩，这就意味着ChatGPT在训练过程中，已经具有了价值倾向性。因此，要警惕ChatGPT大面积接入我国之后带来意识形态风险。从ChatGPT搜寻相关答案，可以看出ChatGPT有反华倾向答案，正是因为ChatGPT大语言模型的数据绝大部分来自于欧美，导致其的输出有着鲜明的西方政治立场，如对于中美在抗美援朝战争中的作用，ChatGPT给出的答案是：“应该对美军在朝鲜战争中的行为进行批判性评估，美国领导联合国部队参与了一场导致大量平民伤亡的战争，包括轰炸朝鲜海珠市摧毁港口城市元山以及使用凝固汽油弹和其他形式的化学武器。然而与此同时，必须承认在冲突中冒着生命危险的美国军人的勇敢和奉献精神……”[2]很明显可以看出，像ChatGPT的AIGC给出结果与搜索引擎和社交媒体有很大不同，AIGC具有的缜密的逻辑性、极强的交互性，在认知领域被欧美等英语世界操控、国际中文互联网被境外地区控制的情况下，AIGC极易成为贯彻西方意识形态、直接影响使用者

---

1 徐晨.ChatGPT下全媒体人才培养面临的挑战与机遇[J].传媒论坛，2023，6（06）：18-20+80.

2 郑海阳.关于警惕ChatGPT滋生意识形态风险的建议[EB/OL].（2023-02-15）[2023-08-15].https：//www.mjshsw.org.cn/detailpage/jyxc-f6187d4e-cda5-4265-b14f-710d875d07a8.html

的高效宣传工具。在这种情况下如果通过AIGC进行采访策划、新闻写作、文章润色时极有可能会有敌对意识形态渗入，而在AIGC百密而无一疏的逻辑下，记者是很难发现错误之处，如果新闻是通过这种采访大纲提问的，然后发布在公众视野中，其带来的意识形态伤害是无法想象的。

（三）高技术、易懒惰

从尼尔·波兹曼的批判三部曲中可以看出他对媒介技术产生的消极影响持有极强的批判意识，例如他在《童年的消逝》中认为新的传播媒介的产生会形成一个新的社会结构模式，而新的社会结构模式会导致童年的消逝。他在其批判作品最终篇《技术垄断》中，批判对象不再局限于电视，而是技术本身。波兹曼对技术垄断的理解是他认为技术垄断既是一种文化状态，也是一种心态。技术垄断是通过对技术的神话化实现的，文化通过技术垄断来寻求权威，并在技术中得到满足并接受技术的指令。[1]AIGC的大语言模型拥有极大的数据量，能够满足基本的写作需求，并且有不错的反馈，现在有不少媒体的记者编辑会利用AIGC来提高工作效率，例如，中国日报的记者会内嵌ChatGPT来流程优化和时间压缩，这样一来，不仅能最大化提高生产效率，更能降低各类成本。根据互联网公开信息，美国科技新闻网站Cnet已经使用ChatGPT生成了数十篇新闻报道稿件。然而，由于过度依赖人工智能技术，这些稿件存在漏洞并且引发了“新闻灾难”[2]。这里的新闻灾难指的是由于虚假新闻或者不完全真实新闻造成的新闻事故。对于新闻生产人员而言，AIGC确实能带来不少便利，可以代替新闻生产人员完成诸多重复性工作，如新闻信息采集、分析、提炼等等。但若过度地依赖和满足于AIGC强大的技术特性而进行新闻创作，缺乏独立思考和价值批判、价值判断的话，就会导致新闻生产人员的思考能力、思维模式的“消逝”，使之完全成为AIGC技术的附庸，新闻从业人员和新闻质量就会止步不前。

三、AIGC给新闻采访写作带来的启发

（一）丰富语言、吸引受众

AIGC技术给新闻采访写作带来了诸多启发，很重要的两点是丰富语言和吸

1 操瑞青.传播媒介的消极偏向：由批判三部曲解读波兹曼的媒介批判理论[J].广东技术师范学院学报，2014，35（01）：81-86.

2 方师师，邓章瑜.对外传播的“ChatGPT时刻”——以《中国日报》双重内嵌式人工智能新闻生产为例[J].对外传播，2023，No.320（05）：72-75.

引受众注意。首先，随着人工智能技术的不断发展，AIGC可以学习和应用更加丰富的语言和表达方式，为新闻报道带来更多的多样性和创意，使之更加符合读者的口味。当然，语言本身不仅仅是传达信息的工具，它还有着很大的吸引力和感染力。举个例子，对于一则突发事件的报道，如果能用更为精练、有力的语言来表述，那么读者的注意力和情感共鸣就更容易被激发出来。

其次，AIGC技术可以自动生成文章，大幅度地减少新闻报道的人力成本和时间成本，提高了工作效率和新闻报道质量。在新闻界，时间就是金钱，如果能够更快地把新闻推送给读者，就可以更早地占领舆论制高点，取得更大的影响力。此外，AIGC技术也可以快速收集和整理海量信息，自动化机器化生成、编辑和排版新闻稿件，拓展了新闻报道的内容分类和报道档次，增加了读者的阅读体验和阅读积极性。

最后，AIGC技术带来的最大的好处在于其能够针对受众的需求、口味和阅读习惯等，为新闻写作提供更多富有吸引力的主题，从而提高新闻报道的接受度和分享度。新闻报道是一种相对严肃、理性的写作方式，但是如果能够通过优化搜索引擎，增加情感化的叙述与文章的趣味性和互动性，那么读者就会更乐意停留在某一篇报道之中，评价、分享甚至转发它。在这样一个时代，提高新闻的影响力和受众数量是需要一定技巧和手段的，AIGC技术就是其中一种重要的手段。

（二）协助审查、提高效率

AIGC技术给新闻采写带来的好处不仅仅表现在丰富语言和创意领域，还可以扩大到协助审查、提高效率的领域，为整个新闻报道过程增加了可靠性和高效性。

首先，AIGC技术可以辅助新闻报道的审查工作。在传统新闻采写工作中，审查稿件通常需要大量的人力投入，而且存在人为因素导致错误的情况。AIGC技术则通过匹配算法和自动化控制模块，可以检测出不符合规范的句子、错误的标点符号、不合理的逻辑等，从而达到人工审查所达不到的高效、精准的审查效果。这样的审查方式既能提高新闻报道的准确性和可信度，又能节约大量审查成本和时间，对整个新闻采写工作的优化做出了重要贡献。

其次，AIGC技术还能够大幅度提高新闻报道的效率。要知道，在新闻报道的过程中，对于事件的速度和敏感度常常会影响到最终报道的质量和影响力。越快越准确地报道，就越能占领先机和引领舆论。而AIGC技术的出现，为新闻报道带来了更快更准的呈现，从信息检索到案例推理、撰写稿件、排版等均可自动化完成，很大程度上提高了工作效率，减轻了新闻工作者的工作压力，这对传统新闻机构来说是非常具有竞争力的优势。

最后，AIGC技术推动了新闻报道的数字化和个性化发展。AIGC技术可以根据读者喜好和需求，通过算法匹配和自动推荐的方式，为读者提供符合他们兴趣和爱好的个性化新闻，增加了新闻报道的包容性和影响力。而且，AIGC技术的数字化特性也使得新闻报道可以更好地面向全球进行传播和互动，轻松地涵盖多语言和多文化的读者群体，为新闻报道拓宽了更广阔的市场空间。

综上所述，AIGC技术对于新闻采写工作的发展起到了至关重要的推动作用，不仅能提高效率、优化审查，还能让新闻报道变得更多元化和个性化，这些启示将对未来的新闻工作和新闻行业带来深刻的变革和发展。

（三）开展AIGC认知训练

技术在新闻采访写作领域中得到了广泛应用，而通过开展AIGC认知训练，训练出中国核心价值观的语言模型，则可以为新闻采访写作带来新的启发，让AIGC技术对于新闻报道质量的提升更上一层楼。

首先，训练具有中国核心价值观的语言模型可以让我们更好地发掘和应用中国传统文化中所蕴含的智慧。通过深入研究中国传统文化中所倡导的价值观念，并将其转换为文本和语言的形式，我们可以训练出更为精准、生动、富有感染力的语言模型，并且在新闻采访写作中灵活运用，从而切实提高新闻报道的准确性、可信度和观感度。

其次，训练中国核心价值观的语言模型可以增强新闻报道的社会责任感。随着网络社交媒体的流行，越来越多的新闻报道被人们讨论和传播。在这个过程中，作为新闻工作者，我们应该始终牢记自己的社会责任感，秉持正义、公平、客观、中立等核心价值观，让新闻报道真正成为公众知情的重要工具。通过训练中国核心价值观的语言模型，能够更好地促进新闻工作者树立正确的职业道德观念和社会责任感，从而更好地服务社会和人民。

最后，训练中国核心价值观的语言模型还可以为新闻采访写作带来更为广泛的应用场景。近年来，随着语音合成和自然语言处理技术的不断进步，新闻报道已经不局限于传统的文字和图片形式，而开始涉及声音、视频、虚拟现实等多种形式。在这个多元化、跨媒体的报道环境中，训练中国核心价值观的语言模型可以为新闻工作者提供更为灵活多样的创作方式，拓宽新闻报道的视野和表现形式，增强报道的感染力和吸引力。

综上所述，通过开展AIGC认知训练，训练出中国核心价值观的语言模型，可以为新闻采访写作带来许多启发和帮助。只有更好地掌握、应用和倡导中国传统文化中所蕴含的核心价值观，才能更好地服务于新闻的传播和社会的发展，这也是新闻工作者应该一直追求的目标。

结论

麦克卢汉在《理解媒介——论人的延伸》中指出，每当新的媒介出现必然会影响社会结构、社会交往等，先进的生产力会促进生产关系的改变和生产方式的发展。[1]AIGC无疑是当前最先进的新媒介，AIGC基于多模态大型语言模型，可以满足人们文字、图片、视频等需求，这给新闻生产人员带来了许多便利，改变了新闻生产人员的生产关系和生产方式的底层逻辑。尼尔·波兹曼对媒介技术带有批判思想，他的顾虑也是有所依据的，如果我们放任AIGC漫无目的地发展，或者不主动调整AIGC的缺点，新闻生产人员的新闻采访写作能力会“消逝”。因此，当前从顶层设计到具体的新闻生产人员的操作都需要训练AIGC，使之成为我们有用的工具，而不是我们成为AIGC技术的附庸。

【参考文献】

[1]中国信通院.人工智能生成内容（AIGC）白皮书[EB/OL].（2022-09-02）[2023-08-15]. http：//www.caict.ac.cn/kxyj/qwfb/bps/202209/P020220902534520798735.pdf.

[2]陈昌凤，张梦.由数据决定？ AIGC的价值观和伦理问题[J].新闻与写作,2023(04)：15-23.

[2]徐晨.ChatGPT下全媒体人才培养面临的挑战与机遇[J].传媒论坛，2023，6（06）：18-20+80.

[3]郑海阳.关于警惕ChatGPT滋生意识形态风险的建议[EB/OL].（2023-02-15）[2023-08-15].https：//www.mjshsw.org.cn/detailpage/jyxc-f6187d4e-cda5-4265-b14f-710d875d07a8.html

[4]操瑞青.传播媒介的消极偏向：由批判三部曲解读波兹曼的媒介批判理论[J].广东技术师范学院学报，2014，35（01）：81-86.

[5]方师师，邓章瑜.对外传播的“ChatGPT时刻”——以《中国日报》双重内嵌式人工智能新闻生产为例[J].对外传播，2023，No.320（05）：72-75.

[6]麦克卢汉.理解媒介：论人的延伸[M].何道宽，译.南京：译林出版社，2019.

1 麦克卢汉.理解媒介：论人的延伸[M].何道宽，译.南京：译林出版社，2019.

航天新闻报道中女性航天员的媒介形象研究

——以中国新闻网的神舟系列报道为例

宋丽媛[1]

【摘　要】

近年来，我国加快科技创新，建设科技强国，尤其是在航天科技领域，取得了举世瞩目的成就。随着神舟系列的成功发射，航天新闻报道越来越多，女性航天员也开始受到媒体的关注。本文通过内容分析法，以神舟九号、神舟十号、神舟十三号和神舟十四号发射期间中国新闻网对刘洋和王亚平的报道为样本，分别对四个时期的新闻文本进行分析，归纳总结出媒体报道在不同时期的不同侧重点，从中得出媒体对女性航天员的报道态度真正实现了质的飞跃，我国女性航天员的媒介形象也得到了较好的传播。

【关键词】

航天新闻；女性航天员；媒介形象

1　宋丽媛，北京联合大学应用文理学院新闻与传播硕士研究生。

一、提出问题

2012年6月16日，“神舟九号”发射升空，中国首位女航天员刘洋进入太空。这是我国女性航天路上的一个具有划时代意义的事件。随后，王亚平通过选拔成为神舟十号乘组成员，是中国第二位飞向太空的女航天员、中国第一位“太空老师”。2021年11月7日，神舟十三号乘组成员王亚平迈出了中国女性舱外太空行走的第一步，成为我国首位太空漫步的女航天员。2022年6月5日，刘洋搭载神舟十四号载人飞船再次进入太空，与航天相关的性别议题也重新出现在大众视野中，越来越受到媒体的重视。

一些关于媒介性别议题的研究证明，媒体在报道女性科学工作者时往往不能采取客观公正的态度，存在一定程度上的歧视。但是同时也有不少学者认为，女性科学工作者的媒介形象已经随着社会的进步得到了积极的展示。谭琳和齐鸣宇（2013）在论文中指出，“神九”时期，在某网对刘洋的报道中，遵循甚至强化传统女性角色、有失客观公正的信息所占比例超过了70%，阻碍受众正确理解女性作为航天员在航天科技领域中的参与形式和参与过程，对女性航天员进行了不公正的媒体呈现。[1]那么，“神十”“神十三”“神十四”期间，媒体对王亚平的报道是否还存在上述问题，这是本文需要着力考察的问题。

基于上述表达，本文将以谭琳和齐鸣宇论文研究中的三种针对传统女性角色的态度为基础，分析对比中国新闻网在“神九”“神十”“神十三”“神十四”四个时期对女性航天员报道的不同侧重点。因此，本文拟解决的问题为：

1. 国内外媒体对从事科技领域的女性工作者（如女性科学家）的描述往往带有一定的偏见，这种情况是否也存在于中国媒体对女性航天员的报道中?

2. “神九”“神十”“神十三”“神十四”期间，中国媒体对女性航天员的报道是否出现变化?

二、文献综述

（一）媒体塑造的某一领域女性形象

随着时间的推移，越来越多的人开始对某一领域的女性媒介形象进行研究。例如，范蒙蒙在研究中指出，女性运动员经过新闻媒介的加工后，形象传达至受

1 谭琳，齐鸣宇.媒体呈现：女航天员的性别角色——以S网对女航天员刘洋的报道为例的性别分析[J].现代传播（中国传媒大学学报），2013，35（02）：147-148.

众眼中时已经带上了媒介的烙印，可能与现实完全不相符，甚至出现异化。董玉琴通过分析内地报纸中的女性农民工媒介形象，认为其存在报道失衡比例不协调、女性农民工话语权偏弱等问题。[1]高晨旭以《人民日报》奥运报道为例，认为女性运动员媒介形象变迁主要经历了三个阶段：第一阶段，彰显女性运动员的隐性女英雄形象；第二阶段，强化女性运动员不断突破的体育人形象；第三阶段，表现敢于表现自我真实个性的体育追梦人形象。[2]

（二）媒体呈现的女性科技工作者

当前，随着科学技术的发展以及女性地位的提高，女性开始越来越多地参与到社会的生产与创造之中。科学家作为一种以男性为主体的职业，不再恪守性别的门槛，越来越多的女性也开始了科学研究工作。然而，在媒体在报道时，总是将重点放在女性科学工作者的家庭等与工作无关的方面。例如，毕琳对《科技日报》“前沿人物”版中的女性形象进行具体分析，发现有关“女性特质”的身体论述占很大比例，也没有实现家庭和工作领域的分离。[3]刘茜玥对中美具有女性科学家形象的71部影片进行研究，发现女性的身份似乎只有靠美貌和身材才能获得赞赏，不然她们的能力将永远无法被人赏识，更无法利用自己的专业能力为剧情做出应有的贡献。[4]

通过上述的文献综述可以看出，对女性科技工作者的媒介形象研究已经有了一定程度上的进展，但是对跨时间段的女性科技工作者的形象研究对比则相对匮乏。因此，本文对比四个不同时期媒体对女性航天员刘洋和王亚平的报道，是对这方面研究的一个补充。

三、研究设计

（一）样本来源与数据采集

我国的媒体数量众多，对所有的报道进行分析不切实际，因此本文选择了中国新闻网，它由中国新闻社主办，为中央重点新闻网站，具有一定的代表性和权威性。具体的采集步骤为：先在中国新闻网的“高级搜索”一栏中将日期限定

---

1 董玉琴.大陆报纸中的女性农民工媒介形象研究[D].大连理工大学，2017.

2 高晨旭.文化记忆视域下女性运动员媒介形象变迁研究[D].辽宁师范大学，2022.

3 毕琳.兼具多重身份的女性科技精英的形象建构——以《科技日报》为例[J].青年记者，2017(03)：43-44.

4 刘茜玥.边缘化与性别化的他者——1978—2018年中美电影女性科学家形象比较[J].科技传播，2021，13（02）：90-97.

好，然后在字词搜索框中输入关键词“刘洋”或“王亚平”，最后对相关的新闻文本进行检索。

通过对文本的研究，将四个时期的时间范围限制在以下时间段：1. 神舟九号飞船发射前后的时间具体为2012年6月13日至6月30日；2. 神舟十号飞船发射前后的时间具体为2013年6月8日至6月27日；3. 神舟十三号飞船发射前后的时间具体为2021年10月13日至2022年4月17日；4. 神舟十四号飞船发射前后的时间具体为2022年6月2日至2022年12月5日。

采取上述的检索方法，逐条阅读四个时期内所有新闻文本，手动剔除单纯的图片、视频等的无效样本，最后得出神舟九号期间关于“刘洋”的报道有190篇，神舟十号期间关于“王亚平”的报道有156篇，神舟十三号期间关于“王亚平”的报道有320篇，神舟十四号期间关于“刘洋”的报道有199篇。

（二）分析指标与分析方法

本文以谭琳和齐鸣宇论文研究中的三种针对传统女性角色的态度为分析指标：一是强化传统女性角色，主要指忽视女航天员在航天科技活动中的职业角色和作用，过分强调传统女性家庭角色和特质，过分突出女性工作角色与家庭角色的矛盾；二是遵循传统女性角色，主要指遵循了传统的社会性别分工，报道以女航天员婚姻家庭角色和所谓的女性特征为主要内容；三是淡化传统女性角色，主要以反映女航天员在航天科技活动中的职业角色和作用为主，具有性别平等的态度，而不是片面强调女性的家庭角色和责任，特别反映了女性作为航天员所具有的自信、坚强、勇敢和敬业，使受众全面客观理解女航天员在航天科技中的角色和作用。

具体的分析方法为：仔细阅读经过筛选后的新闻文本，将其分别归纳到三种针对传统女性角色的态度中，最后进行详细的对比分析，得出媒体对女性航天员的报道走向。

四、研究发现

（一）1.0时期：淡化传统女性角色信息比例少，有失客观公正

神舟九号时期与刘洋相关的新闻报道一共190篇，有94篇提到了与性别相关的信息。在这94篇报道中，强化传统女性角色的报道有12篇，约占比12.8%；遵循传统女性角色的报道有61篇，约占比64.9%；淡化传统女性角色的报道有21篇，约占比22.3%。由此可见，我国的媒体在报道女性航天员时，的确存在一定

的偏见和刻板印象。

在淡化传统女性角色的报道中，媒体大都对刘洋的专业技术和较强能力进行了大篇幅的描写，也提到了她的心理素质、胆量等。例如，有媒体对刘洋的航天员选拔过程进行了报道，“经过两年多的航天员训练，以优异成绩通过航天员专业技术综合考核”，也有媒体报道其处理事务时的冷静和沉稳，如她在驾驶战机时撞上鸟群，却临危不惧，采取正确方法着陆，“飞机撞死21只鸽子，右发动机的涡轮叶片被打折了两根，进气道被死鸽子堵塞了四分之三”。同时，在对文本进行分析的过程中可以看出，在对刘洋进行的淡化传统女性角色的报道中，重复的新闻较多——反复提到同一件事，并且总是围绕她之前的经历，对她在神舟九号中所执行任务的描写明显缺乏，具有较大程度的片面性。

在遵循及强化传统女性角色的报道中，媒体对刘洋的文本描写有如下的特点：第一，从老师、同学以及邻居对她的回忆入手。相当一部分的媒体在报道刘洋时，会重点提到探访刘洋母校及住址，采访她的老师、同学及邻居，希望从中他们的回忆中找寻刘洋的过去。例如有报道从“小学老师忆女航天员刘洋往事”“同学谈候选航天员刘洋学生时代”“家乡邻居夸‘神女’刘洋：这妞就是好”等方面来切入，吸引受众注意力。第二，强调刘洋的家庭角色。不少媒体提到刘洋已婚，但还未生育，甚至有媒体强调她工作和家庭之间的矛盾。例如，“今年34岁的刘洋，一直没顾上生育孩子，和天下所有的父母一样，刘洋的父母也有对儿孙绕膝天伦之乐的期盼和暂时未能如愿的遗憾”。第三，弱化刘洋的航天员角色。媒体在报道刘洋与其他两位航天员进入神九飞船时，会特意强调她的女性特征。诸多新闻报道受到传统社会性别观念的深刻影响，自觉不自觉地将弱小、柔顺、辅助、善于主内等女性特点作为新闻点，努力在自信、坚强、勇敢、专业的刘洋身上牵强地寻找符合上述特点的事件，在一定程度上使女航天员的职业形象模糊不清。例如，较多媒体都用到了这样的语言，“高挑、白皙、短发，秀气的单眼皮，33岁的刘洋身着浅蓝色衬衫坐在两位男航天员旁边，像绿丛中一朵安静的百合花”。

（二）2.0时期：报道比例出现变化，着重体现航天员专业能力

神舟十号时期与王亚平相关的新闻报道一共156篇，有53篇提到了与性别相关的信息。在这53篇中，强化传统女性角色的报道有1篇，约占比1.8%；遵循传统女性角色的报道有18篇，约占比34%；淡化传统女性角色的报道有34篇，约占比64.2%。强化女性传统角色的报道大幅度降低，淡化传统女性角色的报道成倍增加，媒体报道女性航天员的态度明显有了质的飞跃。

在淡化传统女性角色的报道中，媒体大多围绕王亚平作为中国第一位太空教师来展开描写，体现出她的专业能力，例如，有媒体报道，“王亚平对即将进行的授课充满信心。准备教具，研习实验内容，了解心理知识，她的备课细致入微”；“40分钟的课准备了半年”，体现了她为这次授课做出了很多努力，以及王亚平自己所说的“面对浩瀚的宇宙，我们也是学生”；“我也很期待能够与广大青少年朋友一起去感知、探索神奇而美妙的太空，获取知识和快乐”。并且不少媒体在报道中还特意提出，“指令长聂海胜当起了‘助教’，负责配合‘主讲’管理教具，维护课堂秩序，航天员张晓光担任摄像师”。这些文本都强调了王亚平作为“太空教师”的独特地位，对其他两位男航天员的描述较少，抬高了女航天员在此次航天科技活动中的“地位”和“分量”。

在遵循及强化传统女性角色的报道中，媒体通常将女性科技工作者的外貌作为报道吸引人的关键之处。例如，多家媒体引用了网友评论，称王亚平为“全宇宙最美”航天员，还有媒体在报道中写道，“头发梳得一丝不苟，马尾辫高高扎起，白皙的脸颊上有一个深深的酒窝”，进一步放大了航天员王亚平的女性特征，弱化她作为一位航天员的应有的角色特征。也有不少媒体在报道在神舟十号飞行期间的太空授课时，没有将注意力放在课程内容中，而是以较大篇幅描述航天员王亚平的发型、姿态等。还有一部分媒体仍然在放大女性航天员家庭与工作之间的矛盾。例如，有媒体以王亚平奶奶的视角来进行报道，称“她刚结婚那会儿回家摆酒宴，我就让她趁年轻赶紧要个孩子”；“王亚平当时说要先工作，孩子的事以后再说，这一眨眼六七年过去了，她还在忙工作”；“真希望能早点抱上重外孙”等。这些媒体没有以客观公正的态度向大众去展现女性航天员的严谨工作态度以及扎实的专业知识，仍陷在遵循及强化女性传统角色的漩涡中，亟须得到思想上的解放。

（三）3.0时期：对航天员的报道质量大幅提高，有了质的飞跃

神舟十三号时期与王亚平相关的新闻报道一共320篇，有113篇提到了与性别相关的信息。在这113篇中，强化及遵循传统女性角色的报道有16篇，约占比14%；淡化传统女性角色的报道有97篇，约占比86%。神舟十四号时期与刘洋相关的新闻报道一共199篇，有85篇提到了与性别相关的信息。在这65篇中，强化及遵循传统女性角色的报道有6篇，约占比9%；淡化传统女性角色的报道有59篇，约占比91%。强化及遵循传统女性角色的报道几近消失，媒体在报道时可以基本做到客观公正，与神舟九号时期相比得到了很大的提升。

在淡化传统女性角色的报道中，媒体报道最多的是女性航天员在太空中的独

特优势，在生理构造和心理素质上比男性航天员更适合在太空长期驻留。例如，有媒体在报道中写道，“因为女性在太空失重环境中雌激素和镁的代谢方面优于男性，体内铁的含量和产生的废物也较低，所以不易出现血栓、铁中毒、血管痉挛、心律紊乱等问题，更适合长期载人航天”，“女性上天也有利于全面开展医学研究，没有女性参与载人航天，空间生命科学研究成果是不完整的”等，这些无不体现女性在太空中的较强优势，正如中国载人航天工程新闻发言人武平曾经所说的，“女性是人类的半边天，没有女性参与的载人航天是不完整的”。还有媒体对王亚平作为首次出舱的中国女航天员这一部分进行了大篇幅的描写。“由于力量、身高、臂长等生理上存在差异，女航天员出舱比男航天员更困难”，“王亚平对自己要求严格，经常加班加点训练”，将重点放在她为出舱所作出的种种努力和克服的种种困难。

在寥寥无几的遵循及强化传统女性角色的报道中，有媒体在报道中提到了女航天员在执行太空任务时的不便之处，“在月经期间如果进行出舱活动易患减压病，这是由于全身血容量减少造成的，所以女航天员在月经期间不适宜进行太空行走”，但这仅仅是在描述完女性独特优势之后的补充，并不像是在刻画女性的传统角色，而是在对太空环境下关于生理知识可能带来的风险的所进行的一个科普。

结语

对比分析这三个时期内媒体对女性航天员的新闻报道，可以发现遵循及强化传统女性角色报道占比呈现出一种逐渐下降的趋势，由原先的82.2%下降到35.8%、14%，再到最后的9%，媒体对女性航天员的报道态度真正实现了质的飞跃，我国女性航天员的媒介形象也能得到较好的传播。同时，媒体对女性航天员媒介形象的报道也是其对女性科学家形象塑造的折射，可以给社会带来一定程度的反思，去更加有意识地思考媒体如何以性别平等的态度呈现女性科学家在科技领域的参与，为女性在各个领域的广泛参与提供一个更加公平的环境。

【参考文献】

[1]谭琳，齐鸣宇.媒体呈现：女航天员的性别角色——以S网对女航天员刘洋的报道为例的性别分析[J].现代传播（中国传媒大学学报），2013，35（02）.

[2]范芷欣.议程设置视角下的女性媒介形象[J].青年记者，2019，No.655（35）.

[3]毕琳.兼具多重身份的女性科技精英的形象建构——以《科技日报》为例[J].青年记者，2017（03）.

[4]刘茜玥.边缘化与性别化的他者——1978—2018年中美电影女性科学家形象比较[J].科技传播，2021，13（02）.

[5]傅居正，张思遥.航天新闻中的“她”：性别角色观念的呈现及变迁——基于三大央媒对女航天员刘洋和王亚平报道的对比分析[J].传媒观察，2022（03）.

空间与权力：从《寄生虫》看城市公共空间的阶层壁垒[1]

吴惠凡[2]　杜丹妮[3]

【摘　要】

韩国电影《寄生虫》从家庭视角入手，揭示了当今韩国贫富差距悬殊、社会阶层分化加剧的现象。影片对于空间的利用十分经典，通过移物换景式的空间叙事，生动展现了当代城市公共空间的阶层壁垒。本文以福柯关于空间与权力的理论为基础，通过对空间建构、解构和重构的分析，探讨空间作为权力容器对于社会阶层的划分与区隔，剖析影片中的权力分化、抗争与规训，以及权力空间化渗透背后所折射出的阶层壁垒冲突。

【关键词】

空间；权力；寄生虫；城市；阶层壁垒

1　本文系2018年国家社科基金青年项目“社会责任视角下的网络意见领袖传播效能评价研究”（项目编号：18CXW030）阶段性成果，并受2019年度北京市属高校青年拔尖人才培育计划项目（项目编号：CIT&TCD201904071）资助。

2　吴惠凡，北京联合大学应用文理学院副教授，主要研究方向为网络传播。

3　杜丹妮，北京联合大学应用文理学院硕士研究生。

对于空间与权力的关系，米歇尔·福柯（Michel Foucault）认为“空间即权力的容器，规训了人的时间和身体”[1]。依靠“空间”的概念，福柯将空间权力具体化、现实化，并通过知识考古学将各种“空间”理论串联起来，形成“权力规训”的思想。在他所著的《疯癫与文明》《规训与惩罚》等作品中，医院、监狱、军队、学校等机构对人的身体实施的影响与控制，集中体现了这种微观权力的直接性、具体性、空间性和生产性。“福柯具体考察了建筑空间中权力的运作形式，以及在不同历史时期呈现各异的特点，通过空间与权力同谋关系的剖析，开掘了空间无穷的社会意义，为捕捉和揭示现实生活各个微观处所和场域的权力运作提供了绝佳例证。”[2]由韩国导演秦俊昊执导的影片《寄生虫》，以现实的贫富差距为主题，以人物所生活的物理空间为载体，通过空间隐喻，揭示出城市公共空间中权力对人们的生活所产生的无处不在的渗透，以及由此折射出的固化的社会阶层壁垒。

一、空间隐喻：城市公共空间建构中的权力分化与抗争

（一）物理空间：社会阶层差距的生动隐喻

电影《寄生虫》充分利用物理空间的垂直结构对人们所处的社会阶层发出隐喻，通过“豪华别墅—半地下室—地下室”这一物理空间的垂直划分展现社会阶层差距。影片将这种自上而下的落差感进行影视化呈现，使得阶层对比更为强烈。金家所居住的半地下室在垂直空间中位于最低处，连抽水马桶都带不起来，因此马桶需要建在高位上，防止下水道里的东西喷涌上来。但讽刺的是，朴家的豪华别墅位于垂直空间的上层，不仅象征着至高无上的权力，连别墅里地下室的马桶水压都要远远好于金家的半地下室内的马桶水压。

影片中有一处空间视觉冲击力最为强烈的片段，在暴雨中赶回家的金家人，从别墅一路奔跑回半地下室的住所，不断往下延伸的楼梯，层层叠叠的下坡路，加上越往下走越汹涌的水流，以及越来越深的积水，无不给人一种强烈的空间压抑感。通过这种移物换景的方式，影片向观众传递出一种自上而下的坠落感，城市公共空间同社会阶层差距的隐喻得以充分展现。当这家人回到家里，他们的家已然被大水淹没了大半，水管破裂，下水道的污水不断从马桶里喷涌而出，金基

1　段鹏.空间与权力：数字鸿沟背景下的阶层壁垒——兼谈电影《寄生虫》的空间叙事逻辑[J].当代电影，2020（04）：78-82.

2　谢欣然.权力与知识的空间化——福柯理论中的空间层域关系研究[J].陕西理工大学学报（社会科学版），2020，38（04）：19-23.

婷坐在马桶上一边压着污水，一边冷漠地抽着烟。此时镜头切换，朴家人正安稳地坐在沙发上欣赏大落地窗外的雨景。这种物理空间落差营造出来的视觉冲突，加上场景变幻产生的强烈对比，将贫富差距和阶层壁垒表现得细腻、具体而直白，也将韩国当代社会城市生活中令人压抑甚至窒息的一面展现得淋漓尽致。

（二）社会空间：阶层鸿沟引发的权力抗争

影片除了通过物理空间的鸿沟隐喻阶层壁垒之外，还通过人物的日常生活、人际交往、行为处事等将阶层分化及其权力抗争进行微妙而细致的呈现。例如，朴家女主人提到她好多年都没有搭乘过地铁，男主人则形容地铁上的气味和穷人的气味一样，言谈之间的傲慢无不彰显出空间和权力的微妙关系，似乎社会已经分化甚至固化成穷人住地下室、搭乘地铁、吃廉价食品，而上层社会不仅对居住空间具有绝对的支配权，生活优渥，同时也把控着大部分的社会资源，获得了权力抗争的绝对优势。

福柯认为，空间是权力理论研究的场域，提出“要探讨权力关系得以发挥的场所、方式和技术，从而使权力分析成为社会批评和社会斗争的工具”[1]。金基泽一家在半地下室蹭免费的无线网络，手机要高举过头顶才能搜寻到信号，寄望于通过他人的网络信号查看讯息，寻找工作机会；反观朴社长一家，他们有着自己的产业和公司，家中雇有保姆和高级家教，不时举办奢华派对。这两个家庭的日常生活、人际交往和行为处事，以及对于未来的规划和期待截然不同，泾渭分明。

从居住的物理空间延伸到生存的社会空间，不同阶层之间存在的空间鸿沟转变为社会鸿沟。城市公共空间建构下的贫富差距最终导致社会分化和对立，而这种分化和对立，又将引发不同阶层之间或温和或激烈的权力抗争。由于底层群体的资源匮乏，他们在权力抗争中能够发出的声量和争取到的利益极为有限，最终成为城市生态系统中微不足道的弱势群体，只能如蝼蚁般寄居而生，苟延残喘。

二、权力规训：城市公共空间解构下的监视、入侵与失控

（一）身体规训：肉体的禁锢与监视

对于空间与权力的关系，福柯认为政治权力并非囿于意识形态，还可以借助特殊技术施加于个体的身体之上，简而言之，一种导向身体的政治技术形成了微观权力作用的谱系。“这种政治技术放弃了从显性可见的宏观层面来发挥作用，

1　谢立中.现代性后现代性社会理论[M].北京：北京大学出版社，2004：163.

转而采用多样化、边缘化、弥散化、渗透化的样态介入到整个社会生活之中，并化身为普遍化原则洞穿主体的日常生活。”[1]不同阶层的人，其身体处于不同的空间之中，由此被“雕塑”成截然不同的形态。在电影《寄生虫》中，朴家人的体形体貌、穿着打扮，无一不同金基泽一家形成鲜明对比。正如身体规训理论所指出的，“健美所体现的，是身体有多少能力汲取世界现在已经提供的东西，以及未来可能提供的东西。身体要是松弛、驯顺、了无生气、不愿冒险，是不太可能经手生活摆在我们面前的挑战的。这样的身体不会对新的体验充满欲望，从而让生命紧张刺激”[2]。金家人的身体状态决定了他们的精神面貌，这就导致他们对生活的期待出现偏差甚至扭曲，最终促成他们激进的权力抗争行为。

除了直接作用于身体的技术和手段，在这一规训体系中，还存在着一股隐形的力量。在这股隐形力量的作用下，身体除了被禁锢，同时也被监视，这种监视是通过“凝视”和“被凝视”实现的，也就是福柯所说的“全景敞视”（panopticism）。在影片中，权力关系的体现方式之一就是不同阶层之间“凝视”与“被凝视”的视觉关系。“‘凝视’（gaze）是携带着权力运作或者欲望纠结的观看方式……观者被权力赋予‘看’的特权，通过‘看’确立自己的主体位置，被观者在沦为‘看’的对象的同时，体会到观者眼光带来的权力压力，通过内化观者的价值判断进行自我物化。”[3]这种凝视暗含着权力，会带给被凝视者压力，从而内化他们的观念。

金基泽在女儿的“运作”下成功进入朴家担任司机一职，在此之前他一直相对自信，有自我认同感。但当朴社长和朴夫人坐在奔驰车后座默默地凝视着他，不时做出捂鼻子的动作，并且私下对他的气味评头论足的时候，他真真切切地感受到了“穷酸气味”所带来的歧视，也因此承受着越来越大的心理压力。于是他开始尝试用不同味道的洗衣粉清洗衣物，希望能够改变自己的气味，消除这种歧视和压力，但终究还是自欺欺人。在这个“全景敞视”的社会中，阶层对立和阶层壁垒如磐石般坚固，上层社会的“凝视”一步步瓦解了他的自尊心和自信心。可以说，这种携带着权力与欲望的“看”与“被看”或“压迫”与“被压迫”的权力关系，既存在于男性与女性的性别关系中，也存在于富人与穷人的阶层关系中。在这一对立的权力关系中，富人被赋予了“看”的权力，处于主体地位，穷

---

1 谢欣然.权力与知识的空间化——福柯理论中的空间层域关系研究[J].陕西理工大学学报（社会科学版），2020，38（04）：19-23.

2 鲍曼，梅.社会学之思：第3版[M].李康，译.上海：上海文艺出版社，2020：161.

3 陈榕.凝视[C]//赵一凡等.西方文论关键词.北京：外语教学与研究出版社，2006：349.

人则沦为“全景敞视”系统中，受到压迫性“凝视”而逐渐被物化的客体。[1]

（二）知识规训：文化的入侵与重塑

福柯认为，知识与权力具有一定的关联性，知识是权力的形式和效应过程，“权力仅仅只是在建构知识的条件下才能运转，知识的建构对于它来说既是后果也是得以发挥作用的条件”[2]。因此，在规训体系中，“知识”常常被看作是一种权力正当化策略。正如福柯所言，“如果说它们（人文科学）能够形成，能够在‘知识型’（episteme）中造成如此之多的深刻变化，那是因为它们是通过一种特殊而新颖的权力渠道而传送的，即一种关于肉体的政策，一种使人的群体变得驯顺而有用的方法。这种政策要求把确定的知识关系包容进权力关系，要求有一种使征服与客体化重合的技术”[3]。在这种“权力—知识”的结构中，人们的认知被改变，进而被驯化成所谓“理想化”的状态。

由于被规训主体的原有知识体系受到了巨大的冲击、挑战甚至摧毁，外来文化得以移植、生长，因此知识规训有时相当于一种“文化入侵”，是将一种文化植入另一种文化之上。在电影《寄生虫》中，知识规训作为权力空间生产的手段，通过特定的、系统的知识嵌入，将美式文化植入韩国社会，以达到权力控制的目的。影片中，金基宇担任的是英语家教，金基婷也是冒充美国一所大学的学生，在他们的观念里，美国的教育相对而言更为优等。上层阶级首先受到了这种美式文化的影响，下层阶级为了迎合上层阶级，他们的想法也在不知不觉中被规训，加上各类媒介平台对这一文化的认同和宣扬，使得外来文化产生的权力效应被进一步扩大。因此，在上层阶级对下层阶级的渗透和输出，以及下层阶级对上层阶级的艳羡和模仿中，一种新的文化形态开始在城市空间弥漫延伸，最终重塑城市的精神面貌，而这正是知识规训所能达到的最终结果。从某种意义上来说，这种“文化入侵”也是对城市公共空间解构的深层次隐喻。

（三）意识规训：欲望的释放与失控

寄生虫的本质是寄居，在宿主（host）体内或附着于体外获取资源，以维持其生存。同时寄生虫会改变宿主的行为，以更好地达到自身生存与繁衍的目的。在影片《寄生虫》中，金基泽一家属于社会的边缘人群，他们寄生在都市的犄角

---

1 黄涛，廖燕妮.电影《绿皮书》中的二元对立与消解[J].商丘职业技术学院学报,2020,19（05）：66-69.

2 福柯.不正常的人[M].钱翰，译.上海：上海人民出版社，2003：53.

3 福柯.规训与惩罚：监狱的诞生[M].刘北成，等译.北京：生活·读书·新知三联书店，2019：337.

旮旯处，底层空间的窘迫环境使他们逐渐丧失对于自我、对于他人、对于社会的正确意识观念，进而激发出他们寄生的本能。金基宇一旦成为朴社长家的私人教师，便立马抓住机会，将家人们纷纷引荐，从一个人到一家人，一家四口寄生在朴社长家，像吸血的虫蝇般贪婪而不自知。

由于持续性的意识规训，使得人们的身体和思想趋于麻木，逐渐丧失了主体性。受到内心长期压抑的欲望的驱使，金基泽一家在朴社长的别墅中的行为愈加张狂，甚至趁朴社长一家外出的时候，将其当作自己的家一样狂吃豪饮。由于受到权力的诱惑和意识的规训，他们的野心一步步扩大，渴望长期生活在这样的环境里，安稳地寄生于权力带来的奢靡之中。社会阶层极端分化产生的撕裂与怪诞，在影片中展现得淋漓尽致。人被异化为寄生生物，意识逐渐扭曲，行为逐渐疯狂，最终导致失控的结果出现。被权力规训的一家人，贪婪而卑微地寄生于朴社长家中，享受生活、释放欲望的背后，展现出的是社会底层人物在面对生活困境时的窘迫与凄苦，也进一步传达出对社会分化以及日趋固化的社会阶层壁垒的警示和反思。

正如福柯所言，在现代社会，“我们生活在一个教师—法官、医生—法官、教育家—法官、‘社会工作者’—法官的社会里。规范性之无所不在的统治就是以他们为基础的。每个人无论自觉与否都使自己的肉体、姿势、行为、态度、成就听命于它。”“‘监狱网络’，无论是在严密集中的形式中还是分散的形式中，都有嵌入、分配、监视、观察的体制。这一网络一直是规范权力的最大支柱。”[1]基于这一严密的体系，身体规训、知识规训和意识规训正在不断发生，城市公共空间的阶层划分因此变得外显且固化，这一坚不可摧的壁垒也成为一系列冲突的开端和肇因。

三、冲突与失序：城市公共空间阶层壁垒的顽抗与破碎

（一）情感冲突：内心失衡后的自我挣扎

情感是支撑人们内心世界以及影响人们外部认知的重要因素。当金基泽一家穿插生活于两个阶层时，在情感上会不自觉地感受到压力和冲突。他们在工作时感受到上层阶级的自信与豪气，从而产生阶级跃升的幻觉；回家以后，在阴暗、逼仄、狭小的空间里，强烈的反差感袭来，不免会对内心产生极大的冲击，形成情感上的冲突，造成心态上的扭曲。这种情感冲突在相当长的一段时间内持续存在，会对一个人的认知产生影响，进而影响他们的行为方式。

1　福柯.规训与惩罚：监狱的诞生[M].刘北成，等译.北京：生活·读书·新知三联书店，2019：336.

在影片中，父亲金基泽的盲目自信与自卑造成的冲突，最终瓦解了他的自尊，导致其做出不可挽回的事情。在车上，朴社长表达了对他工作的肯定，于是他的自信心开始膨胀，甚至盲目自大，幻想以朋友的身份和社长“推心置腹”地聊天，并不断地进行自我展示，试探社长的边界，直至社长对他的做法产生极大不满。而社长一家对其气味自始至终的嫌弃，也是将金基泽的心理承受力推向极限的关键，强烈的羞耻感最终转化为愤怒，情感冲突演化为行动的极端化。而这种冲突，归根结底是由固化的阶层壁垒所导致的。

（二）价值冲突：上升遇阻后的阶层抗争

城市公共空间的不合理划分与建构，对金基泽一家造成了强烈的心理冲击和价值困惑。受到权力规训后，他们在寄生前和寄生后的价值观产生了激烈冲突，并且直接体现在他们的行动当中。比如，对于酒鬼的态度，在寄生之前，他们的想法是多一事不如少一事，不予理会，但在寄生之后，他们开始有了底气，起身驱赶酒鬼；在面对寄生环境受到威胁时，他们想的不是如何共生，而是通过威胁、殴打、绑架甚至行凶，避免自己被暴露。

被权力影响后的他们，对于跻身上层社会十分渴望，但又缺乏合理化的上升通道。长久以来与上层社会的物质差异，从量变到质变，最终发展为情感上的嫉恨和心态上的失衡。两个阶层之间的价值冲突由此产生，继而引发了底层社会对于社会结构合理性的怀疑。也正是这种价值冲突和偏差，使得一系列荒诞的悲剧事件相继发生。影片充满了讽刺和暗喻，贫富差距带来的冲突最终在价值层面得以显现并且一发不可收拾。

（三）秩序冲突：矛盾激化后的群体失范

权力的二元对立和阶层的极端分化，往往会将社会矛盾一步步激化，最终演变成秩序冲突。这种秩序冲突一方面表现为人们日常生活秩序的混乱，另一方面则表现为极端的社会秩序失范事件。在城市公共空间中，由于权力不断地向家庭生活渗透，因此在一个家庭当中，不同身份的成员之间有着截然不同的阶层归属。这种分化不断加剧，最终可能导致难以预估的社会秩序失范事件。

在影片中，寄生的两家人为了获取生存的资源，不得不按照朴社长一家的生活作息安排自己的生活，上层阶级对下层阶级通过公共空间产生隐形的控制。雯光的丈夫在暗无天日的地下室寄生，只有夜深人静时才能偷偷出来觅食，甚至因此差点被饿死，他原本的生活秩序发生了非常大的变化，而朴社长一家却对在地下室寄生的他一无所知，这种无视让秩序冲突进一步加剧。

值得注意的是，虽然雯光夫妇和金基宇一家都是寄生虫，但随着这一寄生生态系统中的食物链发生变化，他们的权力关系也产生了鲜明的等级变化。当雯光跪在地上恳求忠淑为她保守秘密并定期给自己的丈夫送食物时，忠淑已然成为更高一级的施予者。然而当金基宇一家的真实身份曝光之后，他们彼此都试图遏制对方，以争取到更多的食物与养分。最后，在朴多颂的生日聚会上，当雯光的丈夫持刀走出别墅，出现在公众面前时，两个阶层进行了一次真正意义上的相互审视，在激烈的冲突之后，朴社长捂鼻子的动作彻底刺激了金基泽，像一把利刃瓦解了他的自尊，最终酿成了阶层矛盾激化后的一场极其严重的社会秩序失范事件。

四、反噬与重构：关于空间与权力的再思考

福柯认为空间是一种天然的权力容器，可以规训人的时间与身体。城市公共空间就像一个巨大的关系场域，在这个场域中权力的渗透无处不在，人们时时刻刻都处在知识的输出、意识的控制和权力的规训之下。在电影《寄生虫》中，奉俊昊导演通过对城市公共空间的建构、解构与重构，塑造出这一天然的社会权力容器，并通过全景式的敞视、文化入侵式的知识规训和潜移默化式的意识规训，展示出权力空间化渗透之下城市公共空间中的情感、价值和秩序冲突，将社会贫富分化和阶层壁垒赤裸地展示在观众面前。

正如福柯所指出的，城市公共空间的网状结构促成了全景敞视之下的权力规训机制，使得权力能够通过话语、知识、身体等方式规训城市空间中生活着的每一个个体。但即便如此，这种规训依然无法弥合城市公共空间中的阶层撕裂，也无法打破坚不可摧的阶层壁垒，甚至在某一特定时刻反而会激化阶层之间的矛盾与冲突。

影片《寄生虫》作为“福柯权力空间化理论的银幕再现，当空间掩映下的权力规训不断施加给剧中人物时，反抗的到来只需要等待一个临界点——富人对贫穷味道的敏感与排斥将两个阶层彻底暴露在相对的立场中，规训与被规训的双方赤身裸体地看清了彼此，弱势一方的反抗便利用全景敞视下的短暂真空对整个空间权力体系造成了局部的破坏”[1]。生活在社会底层的人，他们的主体性在权力空间化的过程中被不断消解，但却从未完全消失。正如星星之火可以燎原，一旦遇到合适的环境，这股被长期压抑的力量的爆发将会无比剧烈甚至具有强大的破坏性和毁灭性，并由此对城市公共空间进行重构。

---

1 詹少尉.《寄生虫》：空间与权力——基于“异托邦”视阈的观察[J].艺苑，2020（04）：29-32.

“医养结合”社区智慧养老的中日比较及启示[1]

李欣如[2]　胡萌萌[3]　高胤丰[4]

【摘　要】

我国人口老龄化程度加深与信息技术的快速升级，对传统养老服务模式带来巨大挑战。老年群体共性病对医疗健康服务的需求逐渐增加。因此，“医养结合”社区智慧养老服务模式成为优化传统养老模式的方向之一。本文通过分析比较中日两国“医养结合”社区智慧养老服务模式，借鉴日本“医养结合”社区智慧养老服务模式的成功经验及本土落地的可行性，为我国首都“医养结合”社区智慧养老服务模式发展提供有益启示。

【关键词】

医养结合；社区智慧养老；中日比较

1　本文系北京市教育委员会科研计划项目资助（SM202311417013）“首都老年群体网络参与的社会支持研究”、北京联合大学2022年“启明星”大学生科技创新创业项目（20223005）的阶段性科研成果。

2　李欣如，北京联合大学应用文理学院2020级新闻学专业学生。

3　胡萌萌，北京联合大学应用文理学院2020级网络与新媒体专业学生。

4　高胤丰，北京联合大学应用文理学院讲师，主要研究方向为数字素养、网络文化。

绪论

人口老龄化已经成为了一个全球性的问题，引起了世界各国的重视及关注。我国自步入老龄化社会以来，人口老龄化程度持续加深。目前我国人口老龄化程度在全球已处于中上水平，北京则为我国老龄化问题较为严重的地区之一。北京市现有 60岁及以上老年户籍人口约430万，占北京市总人口数量的19.63%。人口老龄化基数大、速度快、未富先老等特点，使得“养老难”成为当今社会的一大挑战。家庭养老、机构养老等传统养老方式已经难以满足当前多样的养老服务需求。

智慧养老模式的出现，为养老难题提供了更加便捷、更加个性化及人性化的解题思路。对于智慧养老的概念，学术界还未有统一说法。本文所提及的智慧养老，是指将互联网等信息传播技术与智能化设备应用到养老服务模式中，实现养老服务资源的充分整合和合理配置以及涉老信息数据的共享，缓解养老供需矛盾的模式与手段。目前，通过将社区居家养老与智慧养老模式相结合发展形成社区智慧居家养老，最大程度地进行资源整合与有效利用，是一种行之有效的方式。社区智慧养老既能提供共性化的养老服务，又能提供个性化的养老服务，成为社区居家养老的有效辅助[1]，切实推动养老服务质量提升以及养老服务体系的完善。

面对老年群体及其家庭的现实需求，社区智慧养老将“医养结合”养老服务作为重点，融合了传统的老年照料和医疗、康复、护理，对满足老年人多样的养老需求具有重大的现实意义。“十四五”规划提出要“健全基本养老服务体系，发展普惠型养老和互助性养老，支持家庭承担养老功能，培育养老新业态，构建居家社区机构相协调、医养康养相结合的养老服务体系”。近年来，国内越来越多的学者致力于智慧养老的学术领域，积极推动社区智慧养老更深入、更细致、更具创新性的研究，也发现了当前我国“医养结合”的社区智慧养老方式的不足，主要在于部门间协调性不足、专业人才短缺、受众群体认知度缺乏以及资金供给短缺的问题[2]，处于探索的起步阶段。

相较之下，日本是亚洲国家中最早步入老龄化的国家，在应对老龄化的过程中构建出区别于欧美的高福利国民养老机制。相关政策较为齐备，在具体实

1　黄恒学，云美丽，李梅杰.社区居家养老发展报告[C]//中国养老服务发展报告.北京：中国劳动社会保障出版社，2021：46.

2　陈施杭，黄旖宁，徐依静，季乐萍，黄仁东.“互联网+”背景下医养结合养老服务模式的研究进展[J].中国当代医药，2022，29（23）：35-38+42.

践中提供多元化的养老照顾[1]，并帮助老年人实现自我完善、创造力的发挥和社会认同等终极追求，获得了当地老人的认可。中日地缘相近、文化背景相似、面临问题相仿，通过比较的视野对其“医养结合”社区智慧养老的发展进行分析，能够为我国持续发展中的智慧养老模式落地提供有益参考。

一、文献综述

“智慧养老”研究目前主要从媒介社会学、公共管理、法律、经济管理、政治等学科视角进行了研究分析。在研究对象方面主要集中在已步入退休年龄的老年人，其中缺乏对青年群体和中年群体意见的针对性研究。

在媒介技术方面，大数据时代社区智慧养老服务模式及发展路径的提出已成为学界的共识（陈可，2021；钮譞琦，2022）。5G时代下的智慧监控、区块链技术下的养老保险、物联网技术下的医养结合、GIS技术下养老设施布局、网络安全技术等（李玲玲，2021），涉及面广，且已延展到了定制化设计与服务，如老龄陪伴机器人设计（徐一芊，2022）。然而，在探讨基础设施建设中，并未充分观照应用群体，缺少专业信息对接提升。上下层兼顾不全，市场化不充分，应用推广力度小，尚未实现智慧养老技术的真正运用。

在政策实践方面，跨城市的养老问题总结与对比领域较缺乏，主要集中在对单一城市的研究，城市主要以北方城市和东部发达城市为主。已有的研究话题主要涉及养老服务体系建设（李浩腾，2021）、养老服务立法（伍希艺，2021）、养老困境与对策（陈翔，2021）。

在伦理问题方面，聚焦研究了互助养老上出现的“群居合一”的理想相悖、道义与功利不相统一、传统孝道被忽视、老龄人幸福感缺失、志愿者与服务接受者存在信任危机等（易冬莉，2020）；经济上产生了传统养老伦理与市场经济发展要求的冲突、公平与效率的碰撞、社会资本趋利性和养老服务作为准公共物品之间的矛盾、养老服务供需结构失衡等（韩冬，2017）。

国外养老方面的研究更凸显出高水平与专业化。鉴于经济水平的差异，国外研究更领先于国内，除了对关键技术进行研发，更重于基于研究之上的实际技术推广（高冉，2020；丁思超，2017）。特别是对于落地实践，建构了从老年人、家庭、社区医院、公共组织等多方共建的智慧养老社区（Woo，2017）。Tussydaiah等（2020）对智能服务机器人信任感的研究框架也具有参考意义。对

1　朱文佩，林义.日本“医养结合”社区养老模式构建及对我国的启示——基于制度分析视角[J].西南金融，2022，No.486（01）：76-87.

于中年、青年群体对智慧养老的研究相对较少，主要是对具体服务产品的技术接受调查（Gessl et al.，2019）。

通过对已有文献进行梳理发现，国内外很多学者都对社区智慧养老相关内容进行了研究。研究内容随着国家政策的推行与政企合作方式不断得到丰富，研究视角互为转变。国内学者主要从社区智慧养老的供需矛盾、人才培养和实践困境等方面进行了探讨，对积极养老的理论及理念也进行了一些研究。

总的来说，这些研究为我们提供了丰富的研究方法和研究范本，资源的丰富性值得我们深入探究。但目前，关于智慧养老和社区智慧养老的理论与实际如何接轨的研究还较少。老年人养老意愿、专业人才、机构服务、社会各主体责任和制度保障如何有机协调还停留在研究上，未从已有研究推动问题解决再到新研究的过程，同质化研究趋向明显，创新度不足。但我国智慧养老和社区智慧养老存在巨大的发展前景，对相关问题的深入研究具有十分重要的意义。

二、我国“医养结合”社区智慧养老的历史演进及现状

（一）我国智慧养老服务发展历程

我国智慧养老服务的发展历程不长，可以将之划分为三个阶段，即智慧养老服务的起步阶段、互联网+养老服务发展阶段及智慧健康养老服务发展阶段。[1]

第一个阶段是 2015 年以前的起步阶段。我国政府和社会力量开始探索智慧养老服务主要是各省市自行开展，其以市、县级为单位，按照养老机构、社区居家养老服务两条发展路线独立开展，一些管理较好的养老机构已经开始开发或运用信息化管理，一些地方依托社区信息化、便民工程来嫁接养老服务，或者直接建立养老服务机构。

第二个阶段是 2015 年至 2017年的互联网+养老服务发展阶段。我国政府注意到“互联网+”的巨大优势，积极推进“互联网+”与传统养老服务的融合，依托我国现有的社会力量和互联网资源创新传统养老服务，以社区为依托构建养老服务平台，发展社区养老服务，提供各类居家养老服务，并鼓励基于各类现代信息技术的养老设备应用于养老机构。

第三阶段是智慧健康养老服务发展阶段。《行动计划》对智慧健康养老进行总体部署，明确了智慧养老的总体思路、发展目标、重点任务、主要工程和工作措施。《行动计划》的发布，意味着智慧养老上升为国家战略，有了明确的发展目

1 陈翔.人口老龄化背景下智慧养老服务的发展困境与对策研究[D].湘潭大学，2021.

标，搭建起智慧养老服务体系的基本框架，使得智慧养老进入一个全新的发展阶段。

（二）目前我国智慧养老服务发展的痛点

我国正处于工业化、城镇化快速发展时期，同时人口老龄化程度也在不断加深，人们的生活环境和生活方式正不断发生变化，社会将面临养老资源供给不足、养老服务信息技术应用水平较低、难以满足人民群众对养老日益增长的需求等问题。智慧养老服务发展过程中也受到相关问题的影响。

1. 社会心理问题

老年人对养老服务的需求呈现多元化趋势，虽然以子女承担为主，但是政府提供照料、自我照料等也占了极高的比重。整体而言，我国老年人养老居住地的意愿主要以自己家为主，主动选择养老机构的老年人所占比例较低；尤其是农村老年人对子女承担照料的依赖性相对而言较高。且不少老人子女对于将老人送入养老院有心理负担，有一部社会偏见依然认为将老人送入养老院仿佛是“不孝”的表现。

2. 社会责任划分问题

智慧养老的建设和发展是需要全社会共同努力的，但是目前在责任划分上尚不明确。智慧养老的多责任主体体系尚未形成，各主体承担比例都需要通过实践的发展去解决。

3. 成本与收入问题

在我们实地调查某社区智慧养老院后，发现该家养老院是由社区提供经营用地，收入大部分来自入住老人所交的费用，养老行业的从业人员将面临较大的经济负担，且收入不高，与其投入的时间和精力并不相等，长此以往，养老行业从业人员的热情将会受到打压。

4. 智慧养老基础条件

我国目前仍处于发展中国家阶段，虽北京地区已是经济发达地区，拥有较好的基础设施，但更多地方的基础设施尚不完善，还不具备从普通养老升级为智慧养老的条件，且科技技术也尚在起步发展阶段，还有较大的发展空间。

三、日本“医养结合”社区智慧养老模式

（一）“医养结合”社区智慧养老模式的演进

日本在1970年步入老龄化社会，在2007年步入超老龄化社会。截至2022年，

日本65岁以上老龄人口已经超过3600万，占总人口的29.1%。作为老龄化最为严重的国家，日本在经过半个世纪的不断探索后，积累了丰富的养老经验。顺应互联网技术的发展，"医养结合"社区智慧养老模式成为日本近几年最新实践的养老模式。

日本"医养结合"社区养老模式建立之初是以较为成熟的医疗保险和介护保险作为制度基础。自1958年起，日本政府开始陆续颁布多项有关医疗保险的法律条例。只用了短短三年时间，便在全国范围内基本实现了医疗保险强制性的全面覆盖，达成"全民皆保险"的目标。为了应对日益增长的老年人医疗照护、长期保健、福利提升等需求，日本政府又提出对70岁以上的老人实行免费医疗的政策。后为促进老年人的健康与福利，又于1989年提出了"黄金计划"，包含养老基础设施建设、居家照料、护理机构及护理人员数量提升、照护服务的普及等一系列内容。在该计划推行五年以后，日本政府对"黄金计划"进行了较大的修改与完善，重新确立了强化地域护理及社区主义、强调老人自立、提供综合性服务。日本政府通过这一系列举措将福利普遍化，扭转了以往重设施轻福利的趋势，使整个社会都参与到老人福利网络的构建中。20世纪90年代以来，日本的人口老龄化程度不断加深，失能人口数量攀升。大量老年患者将医院作为护理服务的提供机构，老年人住院率翻番，日本医保和财政压力不断增大。为了缓解"社会性住院"[1]，日本于2000年正式实施介护保险，推行"医养结合"社区养老模式。

"医养结合"模式以市町村作为推进主体，整合家庭、社区、养老机构及医疗机构的资源，搭建平台形成多方联动，以此满足老年群体的医疗和照护需求。该模式的推动主要出于两个考量。其一，在传统思想观念方面，家庭在养老中扮演主导角色，老人更倾向于在自己所熟悉的生活环境中养老。该模式有利于因地制宜地整合社区中的医疗护理资源，同时维系老人与社区、街区之间的情感认同，更高效地满足其身体康养需求和精神康乐需求。其二，在政治因素方面，居家养老和社区养老的结合有利于减少政府的财政支出，并且更便于政府开展试点改革，为推行智慧养老等先进模式进行相应财政支持。介护保险推行以后，老年群体的物质、经济层面的养老需求得到满足，开始更加重视精神层面的需求及追求自我价值的实现。日本社会也相应地推行老人再就业培训、开办老人职介所等来帮助老年群体"自立、自强"，使老年人退休以后仍能通过再就业为社会做出贡献，降低一部分的财政压力。

发展至今，日本的"医养结合"社区养老模式发展已取得了亮眼的成效，并

1　任雅婷.日本社区综合照护体系的实践及启示[J].产业创新研究，2022，No.93（16）：7-11.

在社区嵌入式养老模式的基础上，融入“智慧养老”，搭建出综合性的智慧化养老管理服务平台。分发挥智能终端的作用。老年人可以根据自身实际需求，在网络上订购相关产品及服务。这些服务由政府统一购买，并采用统一的服务数据库、统一的服务内容、统一的服务监督。

（二）日本模式在本土推行的阻力

1. 部分地方政府不重视

我国部分地方政府还没有认识到人口老龄化对社会带来的潜在危害，以及社区养老模式应对人口老龄化的积极作用。一方面表现为政府的宏观支持不够，各项法律政策不够健全规范，社区养老服务无法得到统一；另一方面，“智慧养老”推广力度不足，民众不知智慧养老为何，更难谈将智慧养老运用到实际的养老生活中。

2. 中日城市结构不同

中国目前仍存在许多经济发展程度有待提升的乡村，城镇化水平没有日本高，全国各地区经济发展不均衡。地区发展不平衡始终是我国经济发展区域格局的基本特征以及典型现象，也是阻碍智慧养老产业的发展的因素。2022年我国的城镇化率为65.22%，而早在2017年日本城镇化率早已达到92.54%。城镇化率低则反映出我国乡村与城市的经济发展水平的差异。当前我国发展智慧养老的资金多来源于政府的财政拨款，地区政府用来投入智慧养老建设的资金也受到当地经济发展水平制约，导致不同地域之间智慧养老产业发展水平不同。因此，地区间的经济发达水平给我国智慧养老产业的发展带来了阻碍。

3. 社会福利设施不够完善

人口老龄化的大背景下，公共福利设施的建设和完善有着重大的现实意义。特别是养老服务从家庭化向社会化、市场化转变的进程中，更需要全覆盖在国内，目前以城市为尺度的老年公共服务设施建设（包括机构养老设施、老年医疗设施、老年教育设施、老年文娱设施都能）仍处于起步阶段[1]，有待进一步补全完善，以提升配置质量，满足老年群体的实际需求。

4. 缺乏对老年人精神需求的关注

目前我国的养老行业发展还处于较低水平，只是简单地满足老年的物质需求，难以关注到老年群体的精神需求。需要进一步关注老年群体的社会交往与社会支持，从人文关怀层面增强老年群体的精神交互，提升自尊感。

---

1 沈山，胡庭浩，栾阿诗.国内城市老年公共服务设施建设研究进展[J].现代城市研究，2014(09)：26-33.

四、北京“医养结合”社区智慧养老的现状及困境

在我国，传统的养老模式难以照顾到老人对医疗、康复的需求。这是由于传统养老院等养老模式难以与医院等专业医疗服务机构进行有机结合。而“医养结合+智慧养老”模式通过整合社区、养老机构、医疗机构、企事业单位等主体的优势，从多方面关注老人的现实需求，从而有效地缓解当前的“养老难”的问题。此外，目前我国各地已逐步开始了这方面的探索，打造社区养老驿站。作为居家养老和智慧养老的结合体，为周边社区的居家老人提供巡视探访、日间照料等服务，同时也能为失能老人提供传统养老机构式服务。其中北京市在这一模式下有着较为深入的探索。

（一）北京市“医养结合”社区智慧养老模式探索

2015年，《北京市居家养老服务条例》的发布，标志着北京开始大力推动社会养老服务，注重构建社区综合服务体系。据有关政策及报告可以看出，政府对于社区智慧养老的重视在逐年提升。关于养老工作，在近十年的北京市政府公告的重要民生项目中可以分为三个阶段：2010年及以前，主要政策表现为直接对老年人进行补贴或者减免费用；2010—2013年，主要为支持补助社会承办托老所；2014年起，建设速度开始加快，形成“具有日间照料、呼叫服务、助餐服务、健康指导、文化娱乐、精神慰藉功能的养老服务驿站”模式。

当前普遍认为，养老服务格局应呈“9073”或“9064”模式，即居家养老人群占90%，社区驿站养老人群占7%（或6%），在传统养老机构中养老的人群占3%（或4%），养老驿站的重要性不言而喻。截至2021年，北京已建成社区养老服务驿站1000多家。

北京市社区养老驿站除了拥有先进的管理理念，还借助云计算、大数据等互联网技术，依托智慧养老服务平台，建立了专门的社区智慧养老服务体系。北京市社区养老驿站智慧养老服务系统的建设主要包括三个智能化平台：智能运营管理平台、三开养老云平台、居家安否系统平台。[1]每个平台下设有子系统，具有不同的功能。智能运营管理平台主要用于机构日常运营管理，具有老人端、子女端和员工端三个终端；三开养老云平台主要用于健康监护和追踪定位；而居家安否系统主要用于居家安全监护及警报，如燃气、用火、水电安全等。

1　周佳佳.北京市社区智慧养老服务实践研究[D].北京化工大学，2020.

通过近几年的实践，北京市养老社区不断完善上门服务跟踪反馈机制，使得24小时全天监护得到保障，建立起线上线下相结合的智慧养老综合服务平台，同时实现了内部资源的合理配置和有效流动。

（二）北京“医养结合”社区智慧养老模式发展面临的困境

近年来，社区养老驿站等养老产业确实获得了一定的发展，通过分析其现状和老年群体实际情况等，可以发现其中仍存在一些问题和困难，主要表现为以下几个方面。

1. 社区智慧养老服务体系不健全

从内容方面来看，社区养老驿站服务内容缺乏分层分类，缺乏深度和广度，其服务内容缺乏针对性，与老年人需求匹配度较低；智慧“医养结合”程度不高，社区提供的医疗服务仅限于简单的健康检测等，难以进行专业的医疗护理、疾病预防等；主要服务为低层次的生活照料和安全监护，难以有效满足老年人高层次的养老服务需求。

从监管方面来看，社区智慧养老服务监管机制落实不足。外部监管的政府部门之间职责划分不明确，未能形成规范的监管机制。同时内部缺乏量化评价，与长效激励措施，使内部监管流于形式。

2. 社区智慧养老服务主体较为单一

在提供智慧养老服务的过程中，现有供给主体较少，主要为政府和社区，缺少多元主体的参与，未建成多主体参与的社区智慧养老服务体系，同时服务主体的水平还有待提高。

3. 智慧养老系统智能化水平有待提高

智慧养老系统是实现社区智慧养老服务功能的基础。但目前其智能硬件设备种类单一且智能化程度较低，不能为老年群体提供合适服务内容。与此同时，服务平台的建设水平也有待进一步提高。

4. 银色数字鸿沟问题凸显

面对智慧养老新技术，老年群体的内心多为抗拒。缺乏对社区智慧养老的正确认知，从思想上难以接受社区智慧养老服务。同时在使用社区智慧养老产品过程中，存在技术障碍，容易使得老年群体更加排斥智能设备。

5. 社区智慧养老专业人才匮乏

现有工作人员智慧养老专业水平不高，对社区智慧养老系统把握不到位、操作不熟练。同时社区智慧养老服务行业需要综合性应用人才，目前各高校对相关人才的培养较为缺乏，使得相关机构更加难以招聘到高素质的专业人才。

五、启示及对策建议

中国已成为世界上老年人口最多、老龄化进程最快的国家之一。我国与日本同处亚洲，有着相似的文化渊源、人口转型模式及社会结构。日本用二十余年时间实践发展了“医养结合”社区智慧养老模式。为完善我国“医养结合”社区智慧养老模式构建，满足未来超老龄化背景下老年群体医疗、照护需求，医疗和长期护理保险的协同发展指引新方向。

（一）发挥政府引导作用，完善顶层设计

社区智慧养老的发展离不开政府的支持，需要政府在宏观上给予指导，制定相关的政策法规，完善社区智慧养老的顶层设计。

首先，政府应当完善相关法律法规，通过明确智慧养老的服务流程及具体服务内容，明确政府部门、养老机构、社区、家庭的权责和义务，为社区智慧养老服务的发展提供法律依据。

其次，落实社区智慧养老服务相关优惠政策。政府应当出台相关政策支持，积极鼓励民间资本向养老服务行业涌入，从而为智慧养老服务行业贡献新的力量。

最后，完善监管和评估机制，合理制定科学统一的社区智慧养老服务行业标准及市场规范。做到从老年人的真实需求出发，真实有效调研老年人的需求并以此为基础综合考虑智慧养老服务体系的各个方面，统一评价标准，坚持以制度为先行，为社区智慧养老发展奠定有利的政策环境。

（二）优化智慧系统，提高服务水平

目前我国智慧养老系统还存在“低智能”的问题，其智能应用关联性差，技术发展不足，需要优化智慧系统，降低老年智能设备的生产成本及使用难度，提高服务水平。

“医养结合”社区智慧养老模式良好运行的关键在于相关部门间的妥善沟通与协调，各类数据的共享共通。但目前由于各部门之间并未构建良好的数据信息共享通道，造成有效的医疗与养老资源被浪费。因此需要对现有社区智慧养老服务平台进行优化及功能整合，提高数据处理能力，建立信息共享机制，同时需要加强对智慧养老服务平台的网络安全保障，提高综合服务水平。

同时，加快智能硬件设备的研发，提升智能硬件设备的多样性，丰富老年群

体的智慧养老体验。特别需要注意的是，智能硬件设备不仅要突出智慧养老产品的智能特性，还要重点关注老年人的身体和生理状态以及精神需求。

（三）拓宽宣传渠道，消除数字鸿沟

信息传播技术的进步，实现了“互联网+养老产业”的高质量发展。但是，养老产业相关的科学技术与老人的适配性仍然不足，有着难以跨越的数字鸿沟。就当前老年群体对于智慧养老认知不足的现状而言，政府及社区等都应当加强智慧养老的宣传力度，并更加贴近老年人的日常生活方式进行宣传，便于老年群体获取智慧养老相关信息。

此外，还应当借助社区学院、老年大学等形式，加强老年人信息技术教育，消除银色数字鸿沟。例如成立兴趣小组，让小组成员互帮互助，提高老年人学习的趣味性，以及接纳新技术的主动性。子女也可以教导老年人使用智能的设备，并且积极鼓励老年人学习有关智慧养老的新技能，消除老人对于互联网等新鲜事物的恐惧和偏见。

（四）培养专业人才，健全保障机制

社区智慧养老需要大量的复合型人才为老年人提供服务。首先，要加大对现有工作人员的培养力度，同时各高校及高职院校应当开设相关专业或课程，培养出智慧养老相关的专业人才，提高专业度。其次要拓宽专业人才引进渠道，用提供经济利益的方式促进人才的流入。政府也可以通过对智慧养老产业进行财政补贴，或将相关人员纳入人社部职业的特定分类并加大宣传，进而提升养老人才的职业认同感和社会认同感。

数字经济时代科幻产业的范围界定和路径创新[1]

金韶[2]

【摘　要】

科幻产业是数字经济时代蓬勃兴起的文化科技融合型新兴产业。科幻产业的发展，经历了1.0的想象力消费、2.0的视听消费、3.0的场景消费三个阶段，呈现“科幻+”多元业态发展。科幻产业的内涵不断丰富，外延不断拓展，形成了科幻内容、科幻文旅、科幻科技、科幻场景、科幻运营服务五大产业门类。厘清科幻产业的范围和门类，有利于明确科幻产业发展目标，夯实科幻产业发展基础，构建科幻产业创新生态。促进科幻产业的高质量发展的路径和策略是：一是鼓励原创，打造示范性科幻IP；二是促进科技创新，提高科幻生产工业化水平；三是加强科幻场景建设，带动产业升级和城市更新。

【关键词】

数字经济；科幻产业；发展路径

1　本文系北京联合大学项目“新文科”理念下高水平人才培养模式创新——基于新媒体课程的教学改革研究（JJ2023Z001）研究成果。

2　金韶，北京联合大学应用文理学院新闻与传播系教授。

科幻产业是数字经济时代文化和科技融合的新兴产业，是一个国家科技硬实力和文化软实力的综合体现。好莱坞科幻电影和日本科幻动漫已形成比较成熟的工业化体系，打造了全球知名的科幻IP。我国科幻产业起步较晚但发展很快，在政策扶持和科技赋能下，进入发展的黄金期。我国科幻产业从2017年开始快速增长，2019年总产值高达658亿元；2020年有所下降，但凭借网络科幻的兴起，产值规模仍达到551亿元；2021年迅速恢复到700亿元，2022年更是增长到800亿元的规模。[1]科幻产业类型多元，呈现“科幻+”文学、影视、游戏、会展、文旅等多元业态发展，并加快融入科技创新、文化强国、数字经济等国家战略。界定科幻产业的内涵外延，构建科幻产业的综合评价体系，加强科幻产业的数据统计监测，对促进我国科幻产业的发展具有重要意义。

一、科幻产业化发展的阶段历程

（一）科幻1.0：以文学创作为主导的想象力消费时代

1926年，美国出版人雨果创办《惊奇故事》杂志，开始刊登科幻小说，并首次提出science fiction（科学小说）这一概念，“SF”成为科幻小说的代名词[2]。20世纪30到60年代，西方科幻文学进入发展的“黄金时代”。同时期，西方小说还有一个相近类型是science fantasy（科学幻想），归属在幻想小说类型。因此，“科幻”的本意，是science + fiction + fantasy，即科学性、虚构性和幻想性的融合，旨在幻想和描绘科技对人类未来的影响。

区别于西方科幻，20世纪七八十年代的中国科幻，更多受到苏联影响，将科幻界定为“科学文艺（scientific literature）”，强调科幻的科普属性。从管理体制看，科幻作家隶属于中国科协下面的中国科普作协科学文艺委员会，而非中国作协。80年代的作家叶永烈，其代表作《小灵通漫游未来》就具有青少年科普的明显特征。21世纪以来，中国科幻文学逐步摆脱“科普读物”的局限，创作类型多元化，出现了韩松、星河、刘慈欣、郝景芳等科幻作家，刘慈欣的《三体》，郝景芳的《北京折叠》更是走出国门，获得国际大奖——雨果奖。

科幻文学是工业文明、现代科技和文学创作结合的产物，富有对未来的想象和对科技的反思。[3]科幻1.0是以文学创作为主导的想象力消费时代。

1　吴岩，陈玲.中国科幻发展年鉴2021[M].北京：中国科学技术出版社，2021.

2　吴岩.西方科幻小说发展的四个阶段[J].名作欣赏，1991（2）.

3　陈旭光，张明浩.论电影“想象力消费”的意义、功能及其实现[J].现代传播，2020（5）.

（二）科幻2.0：以影视特效为核心的视听消费时代

21世纪以来，视听媒介迅速发展。美国通过发达的电影工业体系，打造了星球大战、漫威宇宙等超级IP，长期占据全球票房市场的主流。全球电影票房排行榜前50名中，近2/3都是好莱坞科幻电影。科幻电影凭借特效技术和视听体验，超过了科幻文学，成为西方科幻的代表。

我国电影产业的快速发展，推动了国产科幻电影的发展。2016—2021年，国产科幻电影上映超过60部，以《美人鱼》《流浪地球》《上海堡垒》《疯狂的外星人》《超时空同居》《平行森林》等为代表，在创作、拍摄和特效技术上取得很大进步。尤其是《流浪地球》，被认为是国产“硬科幻”佳作，创下了46亿元的国产电影票房纪录，在全国引发科幻热潮，提升了全民对国产科幻的信心。与此同时，网络科幻电影兴盛，科幻动漫游戏蓬勃，新技术不断提升影视产品的视听体验。

科幻2.0将文本的想象力进行视觉化呈现，追求高超的特效技术和极致的视听体验，是影视和科技结合的视听消费时代。

（三）科幻3.0：以高科技应用为支撑的场景消费时代

随着人工智能、虚拟现实、全息影像等高科技的发展，科幻影视逐步和旅游、演出、会展等业态融合，出现了“沉浸式”产业，即科幻3.0的到来。美国的环球影城将太空探索、海洋冒险、地球灾难等电影场景，运用3D/4D/5D等技术加以再现，让游客沉浸其中，成为和迪士尼齐名的文旅IP。法国的未来世界，是世界上最大的科幻主题乐园，通过各种高科技和影像技术，呈现壮观华丽的科学艺术景观。英国剧院将科幻元素、虚拟现实技术和戏剧表演结合，推出云上沉浸戏剧项目。

近年来，我国很多城市推出了科幻主题乐园、会展和赛事活动。贵州科幻谷、重庆科幻乐园、长春世纪影城等乐园，为游客提供虚实结合的娱乐体验；北京的中国科幻大会、南京的蓝星球科幻电影周等活动，成为科幻迷的“朝圣地”；还有科幻主题的密室逃脱、剧本杀、餐厅商场在各地开花，打造充满科幻感和未来感的城市新空间。沉浸式新兴产业，是通过数字交互技术和创意场景营造带给用户的体验升级和情感激发，具有巨大的产业空间。[1]

从科幻1.0、到2.0、再到3.0的形态演进，是科幻文化不断“破圈”的过程。

---

1 司若，黄莺.建构数字心流体验：互动视听发展路径研究[J].中国文艺评论，2021（09）.

科幻从1.0的以文学为主导，发展到2.0的以视听科技为主导，再到3.0的以场景体验为主导。科幻不断从媒介空间向现实空间延伸，从虚拟想象发展为沉浸体验，从出版、影视，发展到文旅、会展，产业化进程不断加速。

二、科幻产业的范围界定

（一）“科幻产业”的内涵

国际上尚没有哪个国家将“科幻产业”明确列入产业目录中。美国将电影归属在其“版权产业”中，科幻电影是其中的主流类型；日本将动漫归属在“内容产业”中，科幻动漫占据其中的相当规模。将科幻产业嵌套在本国文化产业的门类中，成为国际普遍现象。

在文化和科技加速融合的新时代背景下，在科技创新、文化繁荣、科普发展的影响和推动下，我国科幻产业具有了更丰富的内涵。

科幻产业是以科学精神和想象力文化为内核，以科技创新和工业化生产为支撑，以科学叙事（1.0）、视听体验（2.0）、沉浸场景（3.0）为载体，提供科技传播和文化消费的综合产业形态，是一个国家科技硬实力和文化软实力的综合体现。

（二）科幻产业的外延和范围

科幻产业不仅在内涵上具有丰富性，在外延上也具有复杂性。明确界定科幻产业的外延和范围，既能为政府扶持科幻产业、企业投入科幻生产、媒体加强科幻传播指明方向，又有利于产学研形成合力，构建协同发展的科幻产业生态。

综合参照国家的文化产业门类划分、高新技术产业评价标准，结合科幻产业链的结构特征，可以将科幻产业划分为：科幻内容产业、科幻文化旅游产业、科幻科技支撑产业、科幻场景营造产业、科幻运营服务产业五大门类。[1]

第一，科幻内容产业。主要包括：科幻出版、科幻影视、科幻动漫和科幻游戏等子类，贯穿于文化产业的各门类中。科幻创作是科幻产业的基础，也是现阶段科幻产业中产值贡献最大的部分。

第二，科幻文化旅游产业。主要包括：科幻主题的室内娱乐（剧本杀、密室逃脱等）、户外娱乐（主题乐园和影城）、戏剧演出、旅游景区等类型，贯穿于文化产业的娱乐休闲门类和旅游产业相关门类中。

1　金韶.政策赋能下科幻产业的新界定和发展路径[J].中国科技财富，2021（9）.

第三，科幻科技支撑产业。主要包括：科幻产业所需要的技术研发、硬件制造、软件应用、平台等技术服务体系，融合在国家高技术产业、知识产权密集型产业、战略性新兴产业的交叉门类中，体现了高新科技在科幻产业中的战略作用。

第四，科幻场景营造产业。主要包括：科幻特色的户外广告和灯光秀、会展和赛事活动、地标建筑、城市规划和景观设计等，旨在营造城市的科幻氛围和科技感。未来，通过数字孪生、虚拟现实等技术，科幻将和生活场景紧密结合，打造新型城市空间，促进城市更新，建设智慧城市。

第五，科幻运营服务产业。主要包括：科幻项目的版权运营、品牌营销、投融资和消费服务等。版权运营是将科幻IP进行多元开发，投融资是版权运营的支撑，品牌营销则连接生产和消费的中间环节，消费服务旨在提升消费体验。运营服务的各个环节，目标都是为了实现IP价值的最大化。

综合科幻产业的五大门类划分，可以绘制出科幻产业的体系图谱（如图1所示）。

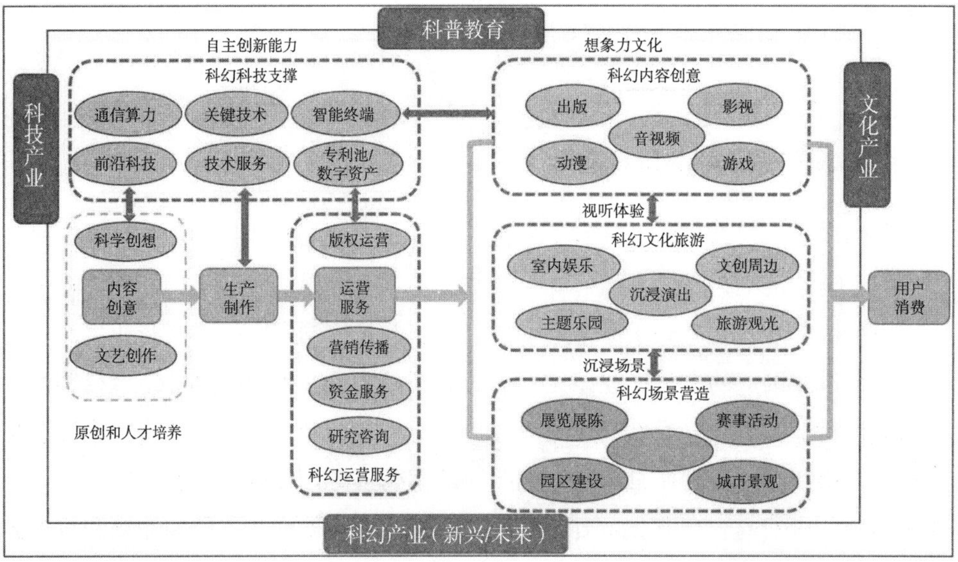

图1　科幻产业结构和体系图谱

从产业链上中下游看，科幻产业包括内容创意、生产制作、运营服务和终端消费四大核心环节。在源头的内容环节，前沿科技和科学创想结合，激发科幻创意生成；在生产制作环节，新一代信息技术、虚拟现实等关键技术、智能终端等软硬件技术和服务，越来越深度地应用到科幻产品和项目的生产过程中，提高科幻生产效率和产业化水平；在运营服务环节，科幻内容大数据和数字资产，为科幻产业的版权保护、开发和运营提供支撑；在终端消费环节，通过1.0的内容产品、2.0的视听产品、3.0的沉浸场景，为用户提供多元化、全方位科幻体验。

科幻内容、科幻文旅、科幻场景这三个产业类型，是科幻消费的主要形态，并推动科幻消费、科技展示和科普教育的功能融合。科幻科技产业为整个科幻产业的规模化和效率化提供支撑。而科幻运营服务，能够进一步提升科幻产业的效益。通过产业内部沟通和外部协同，加快构建和完善科幻产业生态。

厘清科幻产业的界定、范围和分类，一方面，有利于夯实科幻产业的发展基础，完善科幻产业链体系，构建交叉融合、协同发展的科幻产业生态；另一方面，有助于推动我国科幻产业的创新式发展，避免一味模仿西方科幻产业，发挥我国的科技创新和文化资源优势。

三、数字经济驱动下科幻产业发展的重要意义

（一）深化文化科技融合，打造面向未来的新兴产业

近两年，国家先后发布“科幻十条”和电影“十四五”规划，提出重点发展科幻电影，建立特效电影标准，将科幻电影作为电影产业增长的新动能。科幻产业作为文化和科技融合的新兴产业，以科技赋能文化产业实力，以文化赋能科技创新活力，逐步形成以“高精尖”和“数字化”为特色，以面向未来、展示我国科技成就和先进文化、提升综合国力为目标的战略性新兴产业。

（二）推进科普科幻融合，提升青少年想象力和全民科学素质

科幻能够激发和培养公众的想象力和创造力。科幻和科普彼此赋能，科幻能为科普提供新的创意形式，而科普能为科幻拓展应用场景。2021年国务院发布《全民科学素质行动规划纲要（2021—2035年）》，明确将科幻作为科普信息化提升的重要方式，提出“实施科幻产业发展扶持计划”，推出搭建高水平科幻创作交流平台、建立科幻电影科学顾问库、推进科技传播与影视融合、组建全国科幻科普电影放映联盟、打造科幻产业集聚区和科幻主题公园等举措。科幻成为助力科普发展、激发青少年想象力和提升全民科学素质的重要载体，科幻和科普呈现深度融合发展。在国家政策的扶持下，科幻成为助力科普提升的重要手段，科幻和科普呈现深度融合式发展。

（三）发挥数字经济优势，促进产业升级和城市更新

国家“十四五”规划提出，要大力发展数字经济，促进数字技术与实体经济

的融合。[1]发展科幻产业，以数字技术赋能文化资源的创造性转化，能够形成科幻+影视动漫、科幻+游戏电竞、科幻+文旅演出、科幻+科普教育等多元业态发展，促进产业升级和城市更新。以北京为例，北京基于建设国际科技创新中心、全球数字经济标杆和国际消费中心城市的战略定位，以首钢园为核心，加快建设科幻产业集聚区，加强老旧工业园区改造和5G、工业互联网等新基建，推出中国科幻大会、科幻电影周、数字首钢、“瞭仓”沉浸艺术展、“Soreal超体空间”元宇宙体验中心等科幻场景，以科幻新场景和新业态，营造城市的科幻氛围和创新空间，提升城市更新的速度和效益。

四、促进科幻产业发展的创新路径

（一）重视科幻精品原创，打造示范性科幻IP

科幻内容产业强调的是科幻文化和故事驱动，核心是IP创意。一个好的科幻IP，能够依托国家、民族或地区的优秀文化资源，运用现代科技手段进行创造性转化，延伸出多元化、系列化的科幻产品。我国的科幻产业，需要打造更多像“流浪地球”一样的科幻IP，提升中国科幻在国内外的传播力和影响力。

科幻是面向未来的想象力文化，是文化软实力的重要组成部分。国产科幻凝结着中华优秀文化、科技成果和文明智慧，还有巨大的发展空间。除了刘慈欣、王晋康、韩松等知名科幻作家，还有越来越多的青年作家、高校里的大学生在热心投入到科幻内容创作中。也有越来越多的影视导演和艺术工作者将投身科幻影视的创作和制作中。重视科幻精品原创，以科幻激活创新文化的生成，从产学研协同的角度，孵化和培育科幻IP，讲好中国科幻故事，提升全民的文化自信、科技自信。

（二）促进科技自主创新，赋能科幻生产工业化

科幻产业作为文化科技交叉融合的新兴产业，具有突出的科技属性和创新特征。科幻以科技为本，前沿科学、数字技术在科幻产业链各环节都能得以应用。在科幻产业各环节，计算机、人工智能、云计算、虚拟现实、数字孪生、3D打印、无人机、仿生机器人等高新科技、前沿科技都在加强应用创新。科技赋能科幻产业的生产效率和产业效益提升。北京作为国际科技创新中心，在石景山区布局科幻产业集聚区建设，其目标就是以技术突破为关键，促进各类技术服务平台

1　国务院印发《“十四五”数字经济发展规划》http：//www.gov.cn/xinwen/2022-01/12/content_5667840.htm

建设，提供科幻概念设计、图形图像渲染、虚拟拍摄制作、内容版权交易、数字资产运营等产业服务。在元宇宙热的浪潮下，科幻产业还将与数字技术更加深度地融合，与虚拟现实、元宇宙等关联产业相互融合，进一步带动文化科技产业的升级和发展。

（三）加强科幻场景建设，带动城市更新

随着我国城市化进程加快，城市更新已经成为重要趋势。科幻场景的设计创造和城市更新结合，能够发挥科幻产业的引领和创新作用，将城市的旧区改造和新区建设相协调、将文化传承和科技创新相统一，融合科幻创意、展示设计、前沿科技应用和场景营造，带动城市经济和文化的发展。

2021年起，国家接连发布多项政策鼓励科幻产业发展，国家电影局和中国科协联合发布国内首个科幻产业政策“科幻十六条”，“十四五”电影发展规划指出要鼓励科幻电影创作和生产，提高电影科技水准，助力打造电影强国。其后，在国家政策指引下，石景山区政府发布“科幻十六条”，大力吸引科幻专业人才，指导设立全国首支科幻产业基金，支持成立全国首创的科幻产业联合体和中关村科幻产业创新中心，支持和促进产学研协同，建设科幻产业生态。在政策赋能下，北京市通过“以会促产”“产城融合”，以首钢园为核心，加快建设科幻产业集聚区，着力打造京西科幻之城，促进京西高质量发展。从2020年至2023年，中国科幻大会在北京的首钢园接连举办了三届，加强了北京科幻产业的引领作用和示范效应，也提升了中国科幻的传播力和影响力。

【参考文献】

[1]金韶.创新与未来：北京科幻产业发展报告[M].北京：中国国际广播出版社，2022.

[2]黄禄善.是“科幻小说”，还是“科学小说”？［J].上海科技翻译，2003（04）：42-43.

[3]郇晓燕.科幻小说：科技时代新的解读方式[J].自然辩证法研究，2007（05）：105.

[4]王汉林.略论创新文化建设[J].科学经济社会，2006（03）：86-87.

欧美播客行业的新近动向与典型特征[1]

蔡钜丞[2]　王春美[3]

【摘　要】

近年来，欧美国家的播客行业呈现快速发展的势头，“听播客”成为一种流行文化现象。本研究通过对欧美国家播客行业的观察，总结其在平台运营、内容建设、盈利模式等方面的一些新近动向，简析欧美播客发展的一些特点，从中发掘播客流行的背后原因。

【关键词】

播客；网络音频；听觉文化

1　本文系北京市属高等学校优秀青年人才培育计划项目（编号：BPHR202203219）的阶段性成果。

2　蔡钜丞，北京联合大学应用文理学院硕士研究生。

3　王春美，北京联合大学应用文理学院新闻与传播系副教授。

近年来，欧美播客行业呈现快速发展的态势，“听播客”已成为一种流行文化。根据相关机构2022年底发布的调研报告，19%的英国成年人有每周收听播客的习惯，且大多数收听播客的人接受过高等教育，拥有稳定的收入，消费水平偏高。[1]而在美国，每年约有一半的成年人收听播客，20%左右的人每周有数次收听播客的行为[2]，播客月收听人数已从2014年的1500万人次增长到2023年的4200万人次，十年间播客听众呈现高速增长的态势[3]。从年龄分布来看，30.8%的英国播客听众集中于34岁之前的年龄段，18至29岁的美国人中有2/3听过播客，播客听众的年轻化趋势明显。由庞大受众群体所构成的播客市场成为欧美网络视听行业的热门领域，具有鲜明的特色。

一、欧美播客溯源

欧美播客最早可以追溯到20世纪90年代。1993年，美国技术专家卡尔·马拉穆德（Carl Malamud）开创了互联网谈话广播（Internet Talk Radio）模式，其创办的节目被称为“第一个计算机广播谈话节目”，其主要内容为每周邀请一位计算机专家进行采访，并以音频的形式予以展现。卡尔·马拉穆德开创性地将节目以数字可下载的方式进行网络分发，用户可以随时选择、下载、暂停、跳过音频内容，《计算机编年史》（*The Computer Chronicles*）将此行为描述为“异步广播”（Asynchronous Radio），“播客”的概念由此初具雏形。2001年，苹果公司推出的音乐播放器iPod助推了以“播客”为主的互联网新音频内容概念的拓展。2004年，《卫报》记者本·汉默斯（Ben Hammersley）正式将这种借助互联网（iPod）的音频/广播（Broadcast）内容组合命名为“播客”（Podcast），“播客”概念首次被界定。2005年12月3日，“播客”被《新牛津美国词典》（*New Oxford American Dictionary*）评为2005年度词汇，并于2006年列入词典。2005年，Youtube的横空出世将大众拉进互联网视觉传播的时代，音频领域因此遇冷，这种情况在大约十年后出现转机。2014年，美国国家公共电台（NPR）推出一档真实探案系列播客节目《连环》（*Serial*），该节目一经推出便广受欢迎，仅在自有

1 Voice IT.Podcasts–Facts and Figures–The Stats 2022 ! [R/OL].（2022-12-28）[2023-05-05].https：//voiceitPodcastagency.co.uk/blog/Podcasts-facts-and-figures-the-stats-2022/.

2 Pew Research Center.Podcasts as a Source of News and Information[R/OL].（2023-04-18）[2023-05-05].https：//www.pewresearch.org/journalism/2023/04/18/Podcasts-as-a-source-of-news-and-information/.

3 RADIOWORLD.Survey Says Podcasts Reach 120 Million Listeners Per Month[R/OL].（2023-03-09）[2023-05-05].https：//www.radioworld.com/news-and-business/programming-and-sales/survey-says-Podcasts-reach-120-million-listeners-per-month.

客户端就带来了一年5000万左右的播客下载量。[1]可以说，《连环》是促使播客复兴的拐点。在此之后，欧美播客收听人数逐年持续稳步增长[2]，播客行业的发展迎来了第二春。

二、平台运营：多元市场主体入局播客

在欧美国家，播客所依存的平台大致可分为三类，一是典型的网络音频平台，大多发端于广播或网络音频领域，例如NPR、siriusXM、iHeartMedia等；二是从其他网络视听领域延伸过来从事播客业务的主体，例如网络音乐平台、网络视频平台；三是完全不具备相关性，但尝试开展跨界业务探索的机构，例如科技公司、社交平台、电商平台。

（一）网络音频平台的播客布局

根据所属主体的性质，原生播客平台可分为传统广播机构和商业机构两种，如NPR、siriusXM属于前者，iHeartMedia则属于后者。作为脱胎于广播和音频领域的播客平台，这类机构在内容方面有着得天独厚的优势，例如NPR长期居于热门播客榜单的《NPR即刻新闻》（*NPR News Now*）、《第一时间》（*Up First*）、《NPR政务播客》（*NPR Politics Podcast*）等节目，就是得益于其传统广播固有资源所形成的新闻政务类内容。凭借长期的音频资源积累，原生的播客平台在移动互联网到来之际就有过高光时刻，NPR于2014年推出的原创节目《连环》便是播客由衰转盛的里程碑。时至今日，这些原生的播客平台依旧能在行业头部占有重要地位。以NPR为例，其早在2005年就已布局播客赛道，积极推进自有广播电台的数字化转型，重视与各类网络传播渠道的合作，2014年前后对旗下播客内容进行了筛选精简，推行精品化播客策略，支持高品质内容的创作。数据显示，NPR在各类数字平台的月均访问量高居不下。[3]

1　Poynter.Inside NPR's Podcasting strategy[EB/OL].（2015-03-30）[2023-05-06].https：//www.poynter.org/reporting-editing/2015/inside-nprs-Podcasting-strategy/.

2　Podcast Statistics & Industry Trends 2023：Listens, Gear, & More[R/OL].（2023-02-05）[2023-06-20].https：//www.thepodcasthost.com/listening/podcast-industry-stats/

3　美国互联网音频市场发展及传统广播应对策略[EB/OL].（2019-02-18）[2023-06-19].https：//mp.weixin.qq.com/s？__biz=MjM5MTExMTMwOQ==&mid=2705751901&idx=1&sn=2581aec23c51a20590d6ec19f57f56e0&chksm=82085ebfb57fd7a90a01e0c728aa02579de5bf5ad3bcbc1a5f8aabe06712351a9d54c5491356&scene=27

（二）网络音乐平台与视频平台的播客开发

作为听觉产品，音乐与语言类音频节目有着天然的联系，这一本质决定了网络音乐平台开展播客业务的先天性优势。以潘多拉（Pandora）、声破天（Spotify）为代表的多家网络音乐平台相继进入播客领域，建设语言类内容。2019年，声破天收购了播客托管平台Anchor，在拥有了一定的运营经验后，2021年年底正式推出播客订阅服务。声破天致力于打造精品播客内容，截至2023年其在扶持原创、独家播客上的投入已接近10亿元。[1]长期处于播客榜单排行第一位的原创播客《乔·罗根体验》(*The Joe Rogan Experience*）将其作为独家播放平台。2022年2月，声破天收购Podsights和Chartable两个第三方机构，这两家机构分别为“领先的播客广告测量服务”与“专业的播客分析平台”。在Podsights和Chartable的助力下，声破天搭建起一个集内容、发行、营销和广告为一体的完整播客生态。正如声破天旗下播客内容制作公司的内容主管所言，“我们的目标是让人们养成在声破天上收听内容的习惯，而不只是音乐”。经过多年运行探索，声破天逐渐构建起音乐与播客共存的内容体系。

视频平台也加入到播客业务的开发中来。2021年9月，油管联动主流音频机构NPR共同推出以图文和音频形式呈现的首档品牌播客《上传：创造者经济的兴起》（*The Upload: The Rise of the Creator Economy*）。同年11月，油管在加拿大地区推出免费后台收听服务，该服务只面向付费的Youtube Premium订阅者提供。此举在一定程度上彰显了网络视频平台对于音频业务的兴趣，也让不少创作者和广告商意识到视频与音频的融通潜力。知名播客节目《休博曼实验室》（*Huberman Lab*）的制作人曾公开表示“油管吸引播客创作者的原因之一，在于它会无差别地推荐很多节目相关内容，有的甚至时间会很久远，纯音频播客平台几乎没有这种机制”。2023年3月份的用户播客使用调查数据显示，油管以33%的使用率占据榜首，[2]超过老牌播客平台声破天与苹果播客（Apple Podcasts）。视频平台原有的成熟传受生态助力了播客的样态拓展，使得播客最本质的草根性、分享性得到充分发挥，深受用户的青睐。

---

1 9 Podcast Trends To Watch in 2023[EB/OL].(2023-04)[2023-06-19].https：//marketsplash.com/podcast-trends/

2 eMarketer.Podcast listeners’ favorite app？ Hint：It’s not an audio platform[EB/OL].（2023-03-15）[2023-05-08].https：//www.insiderintelligence.com/content/podcast-listeners-favorite-app-not-audio-platform.

（三）科技创新企业的播客服务提供

作为一家技术创新机构，苹果公司一直秉持硬件与软件齐头并进的发展战略。早在2005年，苹果就在旗下的iPhone产品应用中内置不可删除的“Podcast”软件，将播客作为其内容服务的重要构成。多年来，苹果播客一直居于欧美播客行业的头部位置，是用户选择播客收听的重要途径。随着播客市场的逐年利好，苹果公司通过持续的技术创新和功能完善来优化用户的收听体验。2020年6月，苹果在全球开发者大会（WWDC 2020）上宣布，在新的移动操作系统（ios14）中，原有的播客算法得以完善，将根据用户的使用和收听行为进行节目的“算法推荐”与“番外提供”，为每位听众提供个性化的服务。2022年5月，苹果发布了全新的播客分发系统Apple Podcasts Delegated Delivery，这个系统与Buzzsprout、Libsyn、RSS.com等知名播客托管平台进行合作，为用户提供更加便捷的播客分享功能。2023年6月，苹果发布的操作系统 iOS / iPadOS 17 开发者预览版更新中，调整了播客（Podcasts）应用的用户界面，让其看起来更加现代化、交互体验也更加顺畅。“正在播放”（Now Playing）屏幕不再采用白色或者灰色背景，而是类似于苹果音乐（Apple Music）的设计元素，采用模糊效果，并改进了音量和播放进度控制。苹果还调整了播客节目的章节列表，准确显示距离下一个节目还剩多少时间以及每一节目的时长，每个播客节目卡片都采用和封面相同颜色，用户可以按节目、剧集和频道等指标过滤搜索结果。基于自身的软硬件开发优势，苹果建立了一套独有的播客循环体系，不仅能够为用户提供更加便捷的收听体验，更为播客创作者提供了完善的保障。

（四）社交媒体与电商平台的跨界探索

由于创作者主体的多元，播客具备显著的话题性和分享性，这促成了社交媒体对于这一市场的关注和涉足。2021年6月，Facebook正式引入内嵌的播客播放器，并允许用户将播客片段分享至feed推送流当中。尽管这一探索最终由于“Facebook”更名为“Meta”，业务重心发生转移而中止，但播客对于社交媒体的撬动力依然延续。另一社交巨头推特（Twitter）于2022年8月正式上线播客功能，并将其纳入旗下音频社交项目“Twitter Spaces”。如今，推特客户端的付费会员已享有播单使用、收听播客、参与语音直播等功能。调查数据显示，美国使用推特的用户中，每月有45%的人经常收听播客。[1]播客不仅丰富了社交媒体的

1 ChinaZ.Twitter开始向蓝色订阅者推出播客服务[EB/OL].（2022-09-14）[2023-05-08].https：//www.chinaz.com/2022/0914/1445676.shtml.

内容，也为用户互动提供了更多的可能。

在技术和资本的推动下，“跨界”成为一种潮流，电商与播客这两个看似不相关的业务领域也产生了交集。早在2008年，美国电商巨头亚马逊（Amazon）就已有意向进军音频领域，并以3亿美元收购声书平台Audible。2020年前后，播客市场的回暖再次唤起亚马逊的重视，其采取内部竞争、择优倾斜的策略，将内容与渠道分别寄托于Audible和亚马逊音乐（Amazon Music）两个子平台之上。2020年8月24日，亚马逊推出订阅计划“Audible Plus”，向用户提供超过1.1万多档优质播客节目，每个月收费7.5美金。同时，亚马逊出品的智能音箱Amazon Echo默认搜索来自亚马逊音乐的播客内容，用户如想收听独家原创节目，必须付费订阅付费。

三、内容建设：独家原创节目备受重视

在美国、英国等欧美国家，“播客”几乎成为网络音频行业的代名词。“听播客”成为一种流行文化现象，得益于海量的优质内容的出产。随着越来越多的机构进入播客市场，内容的独家性和原创性受到各类播客平台的重视，成为不同平台吸引用户的砝码。2023年4月，第三方调查机构对多个平台的热门播客进行了统计，结果显示无论是传统广播的音频客户端还是原生的网络音频平台，其播客节目的独家特色显著，这不仅体现在其节目选题上，也体现在节目的内容和表达形式上。[1]与此同时，在播客分析机构Chartable发布的实时更新排行榜中，苹果播客与声破天排名第一的节目分别为《比我和朱莉娅·路易斯·德雷福斯更聪明》（*Wiser Than Me with Julia Louis-Dreyfus*）与《致电其父》（*Call Her Daddy*），其共同特点是均为平台原创自制的播客且独家播出。在两个平台播放量排名前十的节目中，只有两档节目是两个平台共同播出的播客节目。[2]由此可见，用户之所以选择不同的播客平台，最主要的驱动因素是独家、优质的原创内容。当下，各类播客平台通过独家原创内容的不断细分与垂直开发，来吸引不同偏好的目标收听群体。声破天为取得热门播客节目的独家版权曾付出高昂代价，例如2020年与乔·罗根签署价值超过2亿美元、为期3年半的协议，也在2021年与阿莱克斯·库珀（Alex Cooper）签署价值6000万美元、为期3年的协议，让这两位创作者的节目《乔·罗根体验》《致电其父》皆在声破天平台独家播放。为此竞争对

---

1 PODTRAC.PODCAST INDUSTRY RANKING TOP 20 PODCASTS US AUDIENCE：APRIL 2023[R/OL].（2023-04）[2023-05-10].http：//analytics.podtrac.com/podcast-rankings.

2 Chartable.Top Podcast Charts & Rankings[R/OL].[2023-05-27].https：//chartable.com/charts.

手也群起仿效，纷纷创造独家节目。[1]

苹果公司和亚马逊这类科技企业和电商机构，更是依托其雄厚的资金实力，不断出产独家、原创的播客内容。2020年6月，苹果上线第一档原创访谈类播客节目《赞恩·洛的访谈》（*The Zane Lowe Interview Series*），该节目由知名DJ主持，对各大音乐人进行采访；同月，苹果推出了名为《苹果今日新闻》（*Apple News Today*）的新闻类播客节目，该节目只能在苹果播客应用独家播放。而后，苹果策划推出《白老虎兄弟》（*Siegfried & Roy*）、《着迷》（*Hooked*）等独家原创内容。在有了相对丰富的内容支撑后，苹果将视角转向渠道合作。2021年2月，苹果旗下的流媒体服务平台“Apple TV+”推出首档播客与视频联动的原创节目《为了全人类》（*For All Mankind*），同年4月又发布了第二档同类原创节目《线》（*The Line*）。作为视频原创内容的主要平台，“Apple TV+”的支持使得播客的内容呈现形式得以创新，原创节目可通过视频和音频的形式再拆分，在“Apple TV+”和苹果播客同时上线，实现了优质播客内容的多平台呈现。亚马逊通过遴选市场优质播客、签署独家播放协议的方式拉动音频业务的吸引力。2021年6月底，亚马逊斥资8000万美元与知名播客节目《愚拙》（*Smartless*）达成合作，该节目优先在亚马逊音乐上线，随后才会在其他平台上架。据悉，《愚拙》平均每月有700万到1000万次下载，在与亚马逊合作之前，它每年的广告收入约为600万至700万美元。[2]如此良好的市场表现是亚马逊与之达成优先播放合作的背后原因。不断推出具有排他性的特供内容是市场竞争的结果。相较于版权成果较高的有声书和广播剧，播客的创作门槛相对较低，话题选择与内容呈现的形式更为灵活，原创、独家内容的开发是实施差异化竞争的可行策略。

四、盈利模式：广告营销与用户订阅并举

广告是欧美播客营收的重要方式。基于庞大的收听群体，播客广告收入稳步增长，其增长速率甚至一度达到72%，是互联网广告总收入增长速率的两倍多。[3]相关调查报告显示，播客广告的市场认可度较高，51%的受访者认为播客

---

1 Spotify目标2030年达10亿用户，看好Podcast、有声书具成长潜力[EB/OL].（2023-03-22）[2023-06-08]. https：//www.bufeishi.cn/299152.html

2 播客一下.亚马逊进军播客始终是一场大型广告战[EB/OL].（2021-08-25）[2023-05-08].https：//mp.weixin.qq.com/s/WaxJ5JhlO69z9wB-Dx4B9A.

3 9 Podcast Trends To Watch in 2023[EB/OL].（2023-04）[2023-06-19].https：//marketsplash.com/podcast-trends/

广告比其他媒体广告更具吸引力，60%的听众从播客广告中购买过产品。[1]由于内容与广告能够较好地融合，播客的广告吸纳能力不断被发掘。目前，欧美国家的播客广播主要有口播广告、贴片广告、节目赞助、定制原生节目等几种形式。其中，口播广告与贴片广告最为常见，其形式是主播将广告加入到节目当中予以口述或在节目的首尾封面、二级界面进行广告图文刊登。节目赞助则是由主播在节目中进行赞助方提及，常不涉及过多的宣传内容，相关措辞提及品牌。例如在热门节目《愚拙》中，常会在单集简介中表明赞助商，同时与节目中予以致谢。定制原生节目则是节目赞助的进一步展现，该形式为赞助方与主播的深度合作，赞助方的品牌深度融入播客当中，通常以一集为单位，围绕赞助方品牌进行定向内容的制作。

用户订阅也是欧美播客的重要营收来源。素有“播客界的网飞（Netflix）”之称的美国播客订阅品牌“Luminary”以每月4.99美元的价格为用户提供内容纯享服务。在欧洲，播客平台Podimo主打用户付费模式，花费5欧元即可订阅所有付费内容和独家播客。2021年，苹果借助播客应用升级的机会，在全球 170 个国家或地区推出付费订阅功能，“打赏”费用由主播自行设置，可按月或按年收费，苹果会从订阅收入中抽成30%，一年后调整为 15%。[2] 声破天发布的2023年第一季度财报显示，其付费用户新增500万，全球付费订阅用户总数达到2.1亿，同比增长15%，高出公司预期，其音乐和播客盈利能力不断提升。[3]另外，还有一些播客开始衍生业务的开发，主播通过将自己的节目打造成品牌来进行商业增值，例如常常登顶声破天播客榜的《致电其父》延伸出同名服装商务品牌，在每期节目进行导购，点击链接即可直接跳转到购买页面。

五、欧美播客行业的特征与启示

由于不同的行业机构纷纷进入播客领域，进行音频业务的布局，欧美国家的播客行业呈现出多元主体参与、市场化程度较高的特点。除了网络音频平台、网络音乐平台以及网络视频平台，国外的科技创新企业、社交媒体甚至电商平台都加入到播客市场中来，跨界、多元成为播客行业的一大特色。这与我国存在一定

1 PODCASTLE.Podcast Statistics and Data for 2022[R/OL].（2022-06-21）[2023-05-20].https：//podcastle.ai/blog/podcast-statistics-and-data-for-2022/.

2 苹果全新播客开启付费订阅功能，将从主播收入中抽成30%[EB/OL].（2021-04-21）[2023-06-08].https：//m.jiemian.com/video/AGQCOAhlB28BP1Vq.html

3 Spotify付费用户达2.1亿，下一步增长空间在哪里[EB/OL].（2023-04-26）[2023-06-08].https：//finance.sina.com.cn/wm/2023-04-26/doc-imyrtprp3486767.shtml

的不同。我国开展播客业务的主体主要集中在网络音频平台和网络音乐平台，热门长视频平台“哔哩哔哩”和短视频平台“抖音”分别推出“听视频”与“听抖音”业务，将已有的视频节目进行声音剥离和呈现。社交媒体目前更多是播客传播的一种渠道，大多数播客都可通过内置的分享功能被转发到微博、小红书、微信等社交平台，但社交媒体并没有主动加入到播客业务的深度利用中来，存在一定的市场开发空间。独家优质的原创内容是欧美国家各类播客平台竞争的关键要素，不同类型的市场主体分别借助各自既有的资源优势加大对新型播客节目的开发，通过独家签约、投资入股、收购等方式提振自有播客内容的区隔度，借以吸引不同类型的音频用户。随着音频用户年轻化的趋势增强，播客的收听方式也变得多元，2022年的一份播客趋向报告显示，新的播客收听方式越来越受欢迎，通过车载客户端、智能扬声器、智能电视收听播客的用户数分别增长131%、83%和82%。[1]播客是一种情感性媒介，能够为听众营造一种平等交流、思想激发的公共文化空间，年轻用户喜欢共享优质播客，“共听播客”成为欧美年轻人社交的一种方式。

---

1 Megaphone.2022 Podcast Trends Report[R/OL].(2022-12)[2023-05-25].https：//megaphone.spotify.com/learn/2022-podcast-trends-report.

基于扩展意义单位的批评话语分析

——以中美新媒体中儿童教育文章为例

任冀[1]　孟艳丽[2]

【摘　要】

近年来，随着网络技术的发展，越来越多的父母使用新媒体手段作为育儿建议的主要来源，并且与此同时，中美文化对比一直是研究的热门领域。本研究以扩展意义单位为理论范式，对中美新媒体中儿童教育文章进行批评话语分析。研究发现，中美儿童教育文章中都以“孩子”为主体，探讨了儿童学习话题并体现父母的重要性，并且大都表达出积极与中性语义韵。但英文文章中着重强调父亲在儿童成长中是不可或缺的且对特殊儿童以及黑人儿童给予了更多关注，而中文文章则是更加关注儿童语言启蒙的问题。

【关键词】

批评话语分析；扩展意义单位模型；新媒体；儿童教育

1　任冀，中国科学院大学外语系2021级硕士研究生。

2　孟艳丽，中国科学院大学外语系教授，主要研究方向为多模态话语分析、社会语言学。

引言

随着网络移动技术的发展与普及，新媒体已经成为年轻父母们获取育儿知识的重要渠道（MacKenzie & Zhao，2021）。据研究资料显示，在中国，57.3%的年轻父母选择了育儿类微信公众号、微博等自媒体，47%选择了育儿类 app，36.2%选择了 QQ 群、微信群（尤佳，2019）。美国的一项研究同样表明，18岁以下孩子的父母有75%将社交媒体作为获得育儿建议的主要来源（Jankin，2017）。可见，纵使国家不同，但“新媒体”育儿的热潮仍席卷全球。

随着新媒体行业的发展以及儿童教育问题受到越来越多家长的重视，社交媒体中的育儿话语也愈发受到学者的青睐，目前已有学者从家长育儿观、身份认同以及育儿焦虑等方面进行研究探讨（章敏，2022；郭粒，2022；吴玉娟，2020；魏杰 & 桑志芹，2019）。与此同时，中美文化对比差异研究一直是学术研究的热点问题，涵盖的领域不仅有以《宪法》为例的国家层面的文化差异（韩健，2013），以中美企业文化为例的商业文化差异（孙可馨，2022；王旭，2021），还有以中美婚姻、饮食等为例的民生文化差异（苏红瑞，2021；林雪莲，2021；赖日旭，2017）。但是目前，中外新媒体育儿话语中体现的文化差异性还鲜少有学者进行相关研究，从该角度对中美育儿文化进行分析，不仅有助于填补研究空白，更有助于进一步了解文化差异。

除此之外，语言和意识形态的关系一直是媒体话语研究的中心话题，尤其是在批评话语分析领域。回顾以往的研究发现，媒体话语的批评话语分析大多运用系统功能语言学和评价理论，探讨文章的立场、态度以及语言背后的意识形态，主要以定性研究为主，定性和定量研究结合的不多（张丹，2020；李响，2017）。

因此，本研究基于语料库语言学的扩展意义单位模型，以中美新媒体中与儿童教育相关文章为例，从批评话语分析角度挖掘语言背后的意识形态，尝试为语料库语言学和批评话语分析的结合探索新思路和范式。

本文以中外新媒体中儿童教育文章为例，进行基于扩展意义单位模型的批评话语分析，旨在解决以下三个研究问题：

1. 基于扩展意义单位模型，中外新媒体中的儿童教育文章各有何特点？

2. 中外新媒体中的儿童教育文章所表现的特点有何异同？

3. 何种原因导致了出现这些异同？

一、研究设计

（一）研究材料

本文共选取中英文育儿类文章各50篇。其中，中文语料选自微信育儿公众号，时间范围为2015—2022年，中文文本总字数为160094，中文语料具体信息请见附录1。英文语料选自著名育儿网站*Scary Mommy*，时间范围为2016—2023年，英文文本总字数为44152，英文语料具体信息请见附录2。

（二）研究方法

1. 批评话语分析

批评话语分析（critical discourse analysis，CDA）起源于20世纪80年代，作为一种看待语言与语篇的全新视角，它成为了分析语言、权力和意识形态关系的有力武器，旨在解释语言、意识形态和权力的关系（Schiffrin，Tannen & Hamilton，2003）。CDA尝试解释语篇扎根于社会结构和权力关系，由为其提供服务的双向过程。它作为一种研究方法，不仅在揭示社会现实话语特征方面受到关注，也是将现实反映与表征理解为社会实践的重要渠道（Weiss & Wodak，2008）。

目前研究应用CDA考察诸多社会问题，包括社会中的政治问题与社会中的意识形态问题，以及社会、政治与意识形态在文本及文本产生过程中的关系。值得注意的是，批评话语分析方法多应用于媒体话语，国内外许多学者都曾运用此方法对新闻报道、网络语言等进行过相关研究。国内学者吴月（2022）、黎准（2021）以及唐军和李环珠（2022）等运用批评话语分析方法对俄罗斯、日本以及欧美等国家媒体新冠疫情报道进行过研究，马博文（2022）就中国归化运动员在社交媒体上的自我呈现进行了细致分析。国外学者Fevyer与Aldred（2022）曾用批评性话语分析对致命道路交通事故的媒体报道进行分析，Catalano与Moeller（2013）也用过批评语言学的方法对媒体话语与双语节目发表过自己的看法。

综上所述，批评话语分析目前在国内外已有许多应用于媒体话语的研究，理论框架已较为成熟，但主要应用领域还是以新闻报道为主的传统媒体，在新媒体领域应用较少。本研究将批评话语分析用于新媒体行业，有助于在一定意义上填补学术空白，使批评话语研究所涵盖领域更加全面。

2. 扩展意义单位模型

共选理论是新弗斯语料库语言学最重要的理论（Sinclair，1996）。共选（co-selection）是指语言交际过程中词汇与词汇、词汇与语法、词汇和语法结合而成的型式（pattern）与意义之间的共选关系，是语料库语言学研究的主要内容之一（宋璐，2018；卫乃兴，2012）。基于共选理论（co-selection theory），Sinclair于1996年在《寻找意义单位》(“The search for units ofmeaning”）一文中首次提出了扩展意义单位（extended unit of meaning）的概念，并建立了扩展意义单位模型（Sinclair，1996；Sinclair & Carter，2004）。

扩展意义单位模型是 John McHardy Sinclair 短语理论的核心组成部分（李文中 2018；濮建忠，2020），该模型将扩展意义单位分成节点词（core)、搭配（collocation)、类联接（colligation)、语义倾向（semantic preference）和语义韵（semantic prosody）等五个成分，其中意核和语义韵为必选。

（三）研究设计

本研究所使用的语料库软件为 Antconc 3.5.9及 BFSU PowerConc 1.0。按照扩展意义单位模型的分析方法，首先寻找节点词，随后以节点词为中心，由近及远逐步扩大观察范围，鉴于本篇文章重点考察文本中的搭配以及整体态度，故而扩展意义单位模型中的语义倾向（semantic preference）将不做进一步讨论。

二、研究结果

（一）节点词（core）

节点词是意义单位向外扩展的起点和出发点；确定节点词是寻找扩展意义单位的第一步（濮建忠，2020）。关键词表（keyword list）是指某篇或某一批语篇中与其他参照语料库相比明显高频的词汇列表。关键词表可以用来揭示语篇的内容大意、问题风格、关键词之间的语法和语义联系（何安平，2010)。通过关键词表，研究者可以发现语言的显著特征。

1. 英文节点词

英文文本分析使用Antconc 3.5.9 为语料库检索工具，以COCA（Corpus of Contemporary American English，当代美国英语语料库）为参照语料库，在剔除功能词之后，得到频率最高的前10个英文实词，具体见表1。

表1中的排序以Keyness（关键性）为主要排序关键词、Freq（频率）为第二排序关键词。关键性是某词项基于该话题在观察语料库（即英文文本）和参照语料库对比中的主题显著性。频率是指某词项在观察语料库中出现的总次数。

表1　英文文本中前10个高频实词

排序（Rank）	频率（Freq）	关键性（Keyness）	关键词（Keyword）
1	377	1878.99	children
2	278	1599.14	kids
3	254	1306.21	learn
4	186	1020.66	language
5	86	448.12	love
6	85	433.29	baby
7	87	417.05	parents
8	65	379.33	alphabet
9	69	319.06	words
10	93	303.15	school

通过表1可知，英文文本中的关键词名词占比较高，动词占比较少。children、kids两词占比最高，反映了这类文章的主要人物，即孩童。learn作为少有的动词之一排在第三位，说明此类文章以“学习”为主要动作。language、alphabet以及words说明文章中大量存在学习字母、单词等与语言相关的内容。parents与school反映出家长与学校在儿童教育中的重要性。

通过关键词表中的关键性与频率排序，可以看到children与kids两词分居前两位，又因为二者都可以翻译为“孩子、儿童”等意义相近的汉语词语，故而在英文文本中选取“children”与“kids”为节点词。

2. 中文节点词

中文文本分析使用BFSU PowerConc 1.0为语料库检索工具，以现代汉语语料库为参照语料库，在剔除功能词之后，得到频率最高的前10个中文实词，具体见表2。

表2　中文文本中前10个高频实词

排序（Rank）	频率（Freq）	对数似然函数值（Log-likelihood）	关键词（Keyword）
1	1714	7487.26	孩子
2	676	4515.31	英语
3	452	3341.67	启蒙
4	316	1742.13	阅读
5	308	1551.40	适合
6	172	924.34	字母

续表

排序（Rank）	频率（Freq）	对数似然函数值（Log-likelihood）	关键词（Keyword）
7	144	796.96	发音
8	399	783.44	学习
9	131	773.98	中文
10	121	768.61	分级

表2中的排序以Log-likelihood（对数似然函数值）为主要排序关键词、频率为第二排序关键词。对数似然函数值是一个概率统计量，用来比较词在两个语料库中出现的频率。高对数似然函数值表明基于两个语料库的大小，一个词的相对频率有较大差异。

通过表2可知，“孩子”一词在频率与对数似然函数值均排名第一，同样精确反映出文章的主要人物。“英语”“中文”说明在儿童教育中偏重语言的学习。“阅读”“发音”“学习”表明在儿童教育中采用的方式方法等。

通过关键词表中的频率与对数似然函数值排序，可知“孩子”一词均排名第一，故而在中文文本中选取“孩子”为节点词。通过与英文文本关键词相比较发现，“孩子”（children，kids）排序都为最高，且关键词中都涉及语言、学习等词语，说明在儿童教育文章中比较重视孩子的学习能与语言习得。此外，英文文本中涉及“父母”“学校”等词语，但中文文本并没有体现，从一定程度说明在英文儿童教育文章中强调父母与学校在孩子教育中的重要性。

（二）搭配（collocation）

“搭配”是节点词周边所形成的词汇型式（lexical patterns）；观察搭配是寻找扩展意义单位的第二步（濮建忠，2020）。Firth对搭配有较为明确的定义，如“搭配是习惯性结伴的具体词语”（Firth，1968）。一般情况下，只有扩展到实义搭配词，所扩展的单位在结构和意义上才相对完整和稳定。此外，搭配的重要性还不限于其在构成扩展意义单位中的作用，它还可能在构成释义内容（paraphrastic content）中扮演重要角色（Teubert 2004，2010）。

1. 英文“children”“kids”搭配

首先，在英文文本语料库中，以“child*”与“kid*”为搜索词，跨距设置为-6/+6。由于要借助搭配词进行分析，按T值（T>2.0）计算出的搭配词偏重于高频词（高频词以功能词居多），且Log-log值更适合于借助搭配词进行内容分析（梁茂成等，2010），故本研究选取在两种统计方法中都排在前面的实词作为

"child*" 与 "kid*" 的搭配词，具体见表3。

表3　英文文本中"child*"与"kid*"搭配词

排序	搭配词	T值	Log-log
1	learn	3.1667	7.4703
2	language	2.8796	4.8764
3	school	2.6566	5.2141
4	new	2.4444	5.3161
5	parents	2.4309	5.2133
6	black	2.3625	5.8617
7	skills	2.2659	3.2402
8	read	2.1408	5.0770
9	dads	2.1090	4.7568
10	disabilities	2.1087	3.3746

表3中的单词都是落在跨距内的显著搭配词，结合搭配词与具体文本内容，可以发现在英文儿童教育文本中存在以下特点：

首先，文章中侧重"学习"这一概念动作。这点不仅可以与搭配词"language""skills"相结合，还体现在其他方面。例1：There are so many great resources out there to *help your kid learn the ABCs.*（File 28）

例2：The biggest thing is encouraging our young kids to begin *learning a second language* now.（File 20）

从例1和例2可以看出，英文儿童教育文章中存在大量让孩子进行学习或帮助孩子学习的话语，此外，学习的方面从语言到性格培养等涉及面十分宽广。

其次，文章中表达出父母与学校在儿童教育中的重要作用。

例3：*Kids who went through this school* report having had a very happy childhood.（File 38）

例4：*Parents, it's up to us to teach our kids*.（File 43）

从例3和例4可以看出，英文儿童教育文章中表现出父母与学校在儿童成长中的重要作用，成功的儿童教育实质上是多方努力的结果。

此外，文章中尤其体现出父亲在儿童教育中的重要性。

例5：Dr. Duursma notes that *dads interact with their kids differently* than mothers and that those differences can be hugely beneficial.（File 24）

例6：*Children do, in fact, benefit when dads are involved* in the nitty-gritty of child-rearing.（File 9）

从上述例子中可以看出，英文儿童教育文章中强调父亲在参与到儿童成长与儿童教育中可能会使孩子更加受益，这体现了父亲在儿童成长中有着不可或缺的地位。

最后，文章中对于受到种族主义歧视以及学习障碍儿童也给予了关注与建议。

例7：*Black children deserve to be educated* in an environment where they can thrive and not feel as if they’re constantly being demeaned.（File 35）

例8：Clearly，we need to do more to *support our children with learning disabilities* and special needs.（File 39）

文章中提到，应当提供黑人儿童茁壮成长的环境以及学习障碍的儿童更多的支持，这体现出不仅仅对于正常的白人儿童，在对一些黑人儿童以及有障碍的儿童此类文章也给予了足够的关注。

2. 中文“孩子”搭配

在中文文本语料库中，以“孩子”为搜索词，跨距设置为-6/+6。中文文本搭配分析时，仍以T值（T>2.0）与Log-log值两种统计方法为参考依据，具体内容见表4。

表4　中文文本中“孩子”搭配词

排序	搭配词	T值	Log-log
1	培养	3.9294	4.2372
2	理解	3.1778	3.9992
3	中国	2.7104	3.4065
4	能力	2.5859	5.3161
5	容易	2.5446	3.0546
6	中文	2.5136	2.7557
7	养成	2.4436	3.2484
8	父母	2.3404	2.8973
9	语言	2.3037	2.6782
10	启蒙	2.2533	2.2274

表4中的词组都是落在跨距内的显著搭配词，结合搭配词与具体文本内容，可以发现在中文儿童教育文本中存在以下特点：

首先，文章同样强调儿童学习培养的话题。

例9：不仅教会孩子认识时钟，也培养孩子的时间观念。（文章35）

例10：培养孩子的英语能力更重要的是培养对语言及阅读的兴趣。（文章5）

例11：让孩子更专注：一旦孩子养成听书的习惯，专注力就不会差，能安安静静听懂一本书的核心内容。（文章19）

这点与英文文本中所表达的含义类似，都在强调要培养孩子多方面的能力以及习惯，突出了儿童教育的中心在于“学习”。

其次，文章中强调儿童教育中家长的重要性。

例12：母语是天天接触，每天都有语言环境，英语学习需要父母给孩子创设语言环境。（文章39）

例13：这就要求父母对孩子的英语启蒙投入多一些。（文章27）

从上面的例子可以看出，在儿童教育，尤其是儿童英语教育中对父母有着较高的要求，例如“创造语言环境”“多投入”，这都体现了父母的重要性。但与英文文本中不同的是，中文文本中并没有强调母亲或者父亲单独一方，而是更多的作为一个整体。

最后，中文文章中非常重视孩子的语言启蒙问题。

例14：0—6岁就是孩子的语言敏感期，启蒙越早，你的投资回报率越高！（文章7）

例15：不仅对英语启蒙，对孩子整个学习时代都将起到非常重要的作用。（文章18）

中文文章中强调孩子的语言启蒙十分重要，尤其是英语启蒙越早越好，此外，与语言启蒙话题相关联的还有学习材料的介绍与展示，并有许多推销型的话语，例如“快来抢购吧”等。

综上所述，中文文本与英文文本中的特点相比较后可以发现，二者都重点强调了儿童学习与能力培养等类似话题的探讨，并且都提到了父母在儿童教育中的重要地位。但与中文文本相比，英文语料中还提及了学校以及父亲在儿童成长中的重要作用，并且对于受到歧视的黑人儿童以及患有学习障碍的儿童给予了更多关注。

（三）类联接（colligation）与语义韵（semantic prosody）

“类联接”是意核周边所形成的语法型式（grammatical patterns），观察类联接是寻找扩展意义单位的第三步（濮建忠，2020）。Firth（1968）对于类联接的定义为“语法类或结构型式与其他语法类或结构型式，或其与某词或短语的共现”。他指出，类联接不仅指语法范畴间的关系，还可以延展到语法范畴与具体的词或短语（即节点词）之间的关系。

“语义韵”是语料库语言学研究中一个非常重要的概念，首次见于 Louw（1993）的研究之中，它是整个意义单位（复合词项）所传达的态度意义；判定语义韵是寻找意义单位的最后一步（濮建忠，2020）。

1. 英文文本中类联接与语义韵分析

英文文本语料库中包含“child*”与“kid*”的索引行共696行，如图1所示。

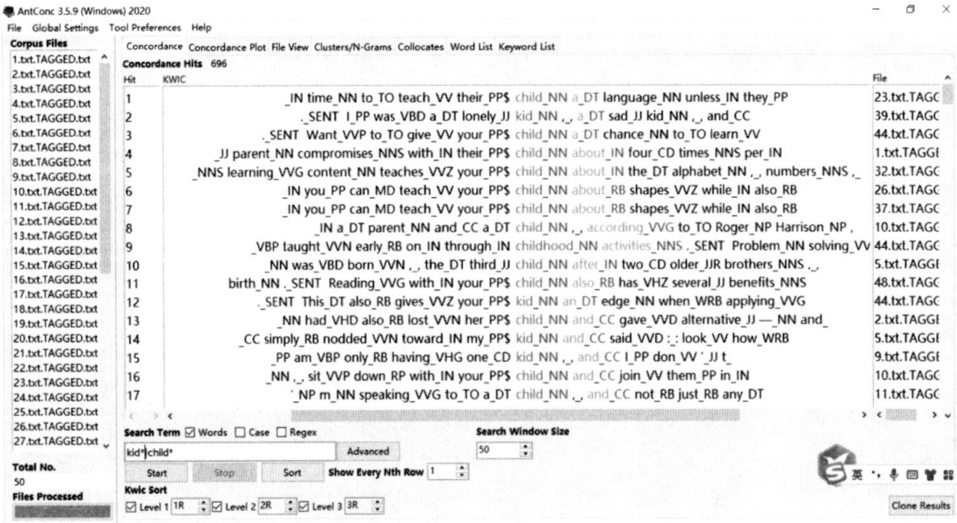

图1 “child*”与“kid*”索引结果

通过索引结果可知，语料中“child*”与“kid*”节点词左右两侧的显著类联接特征有动词［主要型式为V+（child* | kid*）］、形容词［主要型式为Adj+（child* | kid*）］、和介词（如 between、and、for等）[1]。

动词与“child*”与“kid*”的搭配结构（247次，占有效索引行的35.49%）所体现的主导语义韵为“帮助、鼓励孩子，给予孩子支持与信心”，呈现出一种积极热情的语义韵。从观察节点词与搭配词的上下文，会得到进一步验证。

例16：We created this fingerspelling tool with Hello Monday to *help parents support their child's* mastery of sign language.（File 19）

例17：Knowing other languages can *help your child be more adaptable* in different environments.（File 23）

1 英文语料分词标注工具为Tree Tagger 3 Lite。

例18：Then throw in an extra item that doesn't belong and *let your child figure out* which one it is.（File 27）

形容词与“child*”与“kid*”的搭配结构（176次，占有效索引行的25.29%）所体现的主导语义韵主要分为两种：一是表达“优秀、独一无二、热情的孩子”，呈现出孩子优点的积极语义韵；二是客观表达孩子的年龄、现实问题等，例如“年轻、会使用二语，失聪”等，此类表达为中性语义韵。

例19：If this is a task you' ve decided to take on，rest easy because *young kids* learn through hands-on play and exploring the world around them.（File 25）

例20：When it comes to *bilingual children*, there's a “bilingual advantage”.（File 21）

例21：Each vignette in Olivia speaks to the complexities of caring for a *passionate kid* who barrels through life.（File 5）

介词与“child*”与“kid*”的搭配结构（143次，占有效索引行的20.55%）所体现的主导语义韵为一部分为积极语义韵，表达出“孩子会因此受益”的态度；另一部分为中性语义韵，表达为较客观地陈述事实。

例22：Reading opens up *a whole new world for kids*.（File 40）

例23：As babies *grow into children*，they themselves are figuring out how they prefer to be loved.（File 14）

2. 中文文本中类联接与语义韵分析

中文文本语料库中包含“孩子”的索引行共1679行，如图2所示。

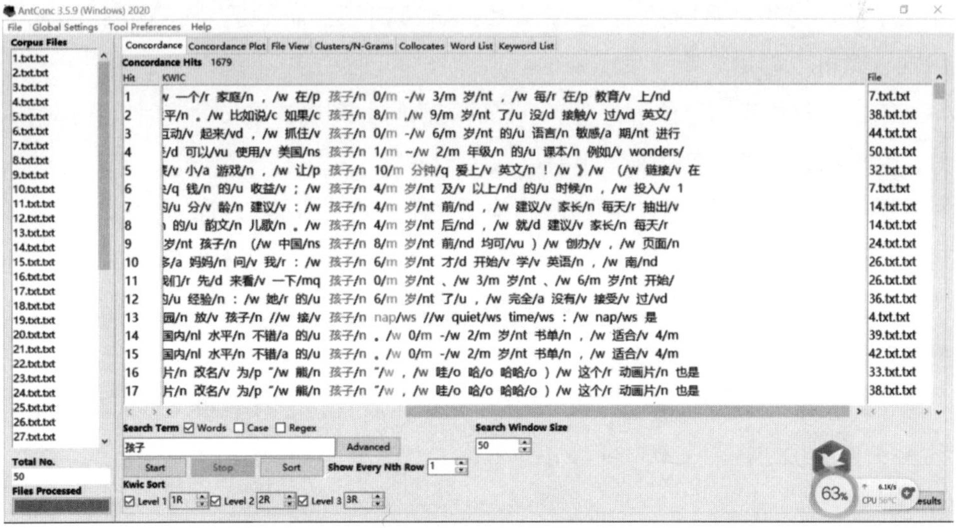

图2 “孩子”索引结果

通过索引结果可知，语料中“孩子”节点词左右两侧的显著类联接特征有动词（主要形式为V+孩子）、形容词（主要形式为Adj+孩子）、名词（孩子＋年龄）和介词（如让、给等）。

动词与“孩子”的搭配结构（543次，占有效索引行的32.34%）所体现的主导语义韵为“帮助培养孩子，促进孩子成长”，呈现出一种和谐美好的积极语义韵。此类公众号文章中，作者都会以一些亲身育儿经验举例，为读者描绘一幅高效育儿，为孩子身心发展十分有益的画面。

例24：也是我们家使用频率非常高的游戏书，既能锻炼孩子的专注力，又能增加孩子的词汇量。（文章21）

形容词与“孩子”的搭配结构（125次，占有效索引行的7.45%）所体现的主导语义韵主要为“陈述孩子的年龄、国家等客观因素”，呈现出一种积极语义韵。

例25：这也是我为什么总是反复强调阅读，因为阅读是与英美孩子同步的最稳妥方式。（文章26）

介词与“孩子”的搭配结构（415次，占有效索引行的24.72%）主要分为两大类。一是介词“让”＋“孩子”（182次，占介词搭配索引行的43.86%），表达出一种促进孩子成长的积极语义韵，描绘出一幅听从文章建议就可以使孩子变得懂事聪明的画面。二是介词“给”＋“孩子”（143次，占介词搭配索引行的34.46%），表达出“提供给孩子良好的资源与环境”的积极语义韵，与此同时，这也对父母有了更高要求。

例26：通过一个个有趣的故事，将安全意识不知不觉地植入到孩子的心中，让孩子从小懂得在危险面前，要想着如何解决问题，而不是手足无措，慌乱哭闹。（文章46）

例27：只要我们给孩子打造一个好的英语听力环境，家长的英语发音哪怕不好，对于孩子的影响都是非常小的。（文章11）

最后，名词与“孩子”的搭配结构（96次，占有效索引行的5.72%）主要体现为“孩子＋年龄”的搭配，虽然此类搭配表达出一种“描述儿童年龄”的中性语义韵，但是过早地提前儿童开始学习的年龄可能会传播读者也就是父母“教育落后”的恐慌焦虑（孙卉&傅宏，2023）。

例28：我的朋友Sherry就是，从孩子一出生就让孩子接触英文，而且把英语融入孩子的生活中。（文章7）

三、结果与讨论

通过以上分析论述可知，英文儿童教育文章与中文儿童教育文章中既有相同之处，也有各自不同的侧重点。

首先，在节点词的选择上，通过各自建立英文文本语料库与中文文本语料库，得到各自的关键词列表后对比发现，英文文本与中文文本中“孩子”（英文中为“children”与“kids”）一词在频率与主题显著性中排名均为前列，由此可见，两种语言的文章中都将“孩子”作为关注的重点。

其次，在节点词的搭配中，英文文本与中文文本都突出了儿童学习这一话题，并且都体现了父母在儿童教育中的重要性。但通过对比可以发现，英文文本中着重强调了父亲的陪伴与参与在儿童成长中是不可或缺的，并且英文文本中给予了特殊儿童以及受到种族主义歧视的黑人儿童更多的关注。中文文本中则是更加关注儿童学习中语言启蒙这一问题。

最后，在节点词的类联接与语义韵中，英文文本与中文文本的节点词都有类似的类联接结构，即动词（主要形式为V+节点词）、形容词（主要形式为Adj+节点词）以及介词（P＋节点词），并且都表现出为孩子提供帮助、促进孩子成长的积极语义韵以及较为客观陈述现实的中性语义韵。

通过结论可以看到，英文文章在谈及儿童教育时不单单关注儿童成长本身，也谈及了一些社会问题。例如在实际家庭生活中，教育子女的任务大多落在了母亲的肩上，使现代幼儿家庭教育几乎处于女性文化状态中（李玲，2020），英文文章中呼吁父亲更多地参与到儿童教育中。此外，美国种族主义由来已久并引起了许多社会问题（张梦旭，2021），文章中强调应给予黑人儿童更加合适的环境进行相关教育，而不是使他们受到与排挤。中文文章中更多地涉及儿童语言启蒙尤其是英语启蒙问题，2021年为减少中小学生的课业压力，国家颁布“双减”政策，但由于学生在学时间的减少，许多家长担心孩子课堂上掌握知识不足，这使得众多家长更加重视孩子的学习。而公众号抓住父母的“教育落后”恐慌，即担心子女在学习机会和学习成绩上落后于他人（孙卉&傅宏，2023），开始过早提前孩子语言学习的时间，借此谋取利益与贩卖焦虑。

综上所述，无论是中国的微信公众号还是美国的育儿网站，深入研究过后发现其本质都是综合育儿公司（许婕，2018），儿童教育最重要的还是应该是遵循幼儿身心发展规律，运用科学的方式和方法引导幼儿学习兴趣，共同进步，共同成长（陆晓芬&聂玲凤，2017）。

【参考文献】

[1]郭粒.（2022）.婴幼儿父亲育儿信息接触与身份认同研究（硕士学位论文，中央民族大学）.https：//kns.cnki.net/KCMS/detail/detail.aspx？ dbname=CMFD202202&filename=1022075072.nh

[2]韩健.（2013）.功能语言学理论框架下的中美《宪法》语篇对比分析及文化阐释（博士学位论文，上海外国语大学）.https：//kns.cnki.net/KCMS/detail/detail.aspx？ dbname=CDFD1214&filename=1013209239.nh

[3]何安平.语料库辅助英语教学入门[M].北京：外语教学与研究出版社，2010.

[4]赖日旭.跨文化视角下的中美婚礼文化对比分析[J].大众文艺，2017（04）：271.

[5]黎准.（2021）.批评话语分析视角下日本主流媒体新冠疫情涉华报道研究（硕士学位论文，广东外语外贸大学）.https：//kns.cnki.net/KCMS/detail/detail.aspx？ dbname=CMFDTEMP&filename=1021763392.nh

[6]李玲.（2020）.父亲在儿童成长过程中的重要性..（eds.）2020年中小学素质教育创新研究大会论文集（pp.223-224）..

[7]李文中.短语理论框架综论[J].外语教学与研究，2018（01）：49-59+160.

[8]李响.共选理论视角下的社论意识形态研究[J].广州广播电视大学学报，2017（03）：49-53+63+109-110.

[9]梁茂成，李文忠，许家金.语料库应用教程[M].北京：外语教学与研究出版社，2010.

[10]林雪莲.中美婚姻观差异的跨文化对比[J].文化创新比较研究，2022（22）：195-198.

[11]陆晓芬，聂玲凤.适合中国儿童英语家庭启蒙方案的研究[J].考试周刊，2017（97）：128.

[12]马博文.多模态批评话语分析视角下中国归化运动员的社交媒体自我呈现研究（2022硕士学位论文，北京外国语大学）.https：//kns.cnki.net/KCMS/detail/detail.aspx？ dbname=CMFDTEMP&filename=1022028363.nh

[13]濮建忠.扩展意义单位模型再解读[J].外语研究，2020（02）：1-8+112. doi：10.13978/j.cnki.wyyj.2020.02.001.

[14]宋璐.扩展意义单位模型下的批评话语分析——以印度英文大报关于2017年金砖国家峰会的报道为例[J].安阳工学院学报，2018（03）：90-94. doi：10.19329/j.cnki.1673-2928.2018.03.024.

[15]苏红瑞.跨文化视角下中美饮食文化对比研究[J].文学教育（下），2021（02）：98-99. doi：10.16692/j.cnki.wxjyx.2021.02.041.
[16]孙卉，傅宏.新闻报道对幼儿园家长教育焦虑的影响："双减"政策的缓冲作用[J].苏州大学学报（教育科学版），2023（01）：109-118. doi：10.19563/j.cnki.sdjk.2023.01.012.
[17]孙可馨.基于AntConc的中美企业文化对比研究[J].中外企业文化，2022（11）：118-120.
[18]唐军，李环珠.欧美媒体涉华疫情报道态度资源研究——基于语料库的批评话语分析[J].安徽理工大学学报（社会科学版），2022（01）：57-63.
[19]王旭.中美电商企业文化陈述的积极话语对比研究——以京东和亚马逊为例[J].对外经贸，2021（09）：22-27.
[20]卫乃兴.共选理论与语料库驱动的短语单位研究[J].解放军外国语学院学报，2012（01）：1-6+74+125.
[21]魏杰，桑志芹.新生代母亲的抚育困境与育儿焦虑——基于新媒体"中年老母"群体的社会心理解析[J].中国青年研究，2019（10）：46-53. doi：10.19633/j.cnki.11-2579/d.20190924.014.
[22]吴玉娟."他者化"的母职：新手妈妈育儿信息接触与身份认同研究（硕士学位论文，2020，暨南大学）.https：//kns.cnki.net/KCMS/detail/detail.aspx？ dbname=CMFD202101&filename=1021519829.nh
[23]吴月.（2022）.俄罗斯主流媒体涉华新冠疫苗报道的批评性话语分析（硕士学位论文，广东外语外贸大学）.https：//kns.cnki.net/KCMS/detail/detail.aspx？ dbname=CMFDTEMP&filename=1022714475.nh
[24]许婕.从母婴公众号到综合育儿公司[J].家庭服务，2018（09）：36-37.
[25]尤佳.新媒体视域下中国当代育儿焦虑研究（博士学位论文，2019，河北大学）.https：//kns.cnki.net/KCMS/detail/detail.aspx？ dbname=CDFDLAST2019&filename=1019869556.nh
[26]张丹.基于扩展意义单位的批评话语分析——以美国媒体南海问题新闻报道为例[J].牡丹江教育学院学报，2020（04）：24-27+126.
[27]张梦旭.美国种族歧视问题根深蒂固[N].人民日报，2021-09-06，016.
[28]章敏.新媒体背景下学前儿童家长育儿观的扎根研究（硕士学位论文，2022，西北师范大学）.https：//kns.cnki.net/KCMS/detail/detail.aspx？ dbname=CMFD202301&filename=1022618522.nh
[29]Catalano，T.，& Moeller，A.K.（2013）. Media discourse and dual language

programs: A critical linguistic analysis. *Discourse, Context and Media,* 2, 165-174.

[30]Fevyer, D., & Aldred, R.(2022). Rogue drivers, typical cyclists, and tragic pedestrians: a Critical Discourse Analysis of media reporting of fatal road traffic collisions. *Mobilities, 17*(6), 759–779. https://doi.org/10.1080/17450101.2021.1981117

[31]Firth, J. R.(1968). *Selected Papers of J. R. Firth 1952–59.* Edited by Palmer, F. R.. London: Longmans.

[32]Jankin.(2017). 社交媒体时代，既是育儿最好的时代，也是最坏的时代. 搜狐网. https://www.sohu.com/a/154509532_692740

[33]Mackenzie, J., & Zhao, S.(2021). Motherhood online: Issues and opportunities for discourse analysis. *Discourse, Context and Media, 40,* 100472. https://doi.org/10.1016/j.dcm.2021.100472

[34]Schiffrin, D., Tannen, D., & Hamilton, H. E.(2003). The Handbook of Discourse Analysis. In *Blackwell Publishing Ltd eBooks*(pp. 215–228). https://doi.org/10.1111/b.9780631205968.2003.00012.x

[35]Sinclair, J.(1996). The Search for Units of Meaning. *Textus, 9*, 75-106.

[36]Sinclair, J., & Carter, R.(2004). *Trust the Text: Language, Corpus and Discourse.* http://ci.nii.ac.jp/ncid/BA67607594

[37]Teubert, W.(2004). Writing, hermeneutics, and corpus linguistics. *Logos and Language. Journal of General Linguistics and Language Theory, 4*, 1-18.

[38]Teubert, W.(2010). *Meaning, Discourse and Society.* Cambridge: Cambridge University Press.

[39]Weiss, G., & Wodak, R.(2008). *Critical discourse analysis: Theory and Interdisciplinarity.* Basingstoke: Palgrave Macmillan.

[40]Louw, B.(1993). Irony in the Text or Insincerity in the Writer? —The Diagnostic Potential of Semantic Prosodies. In M. Baker, G. Francis, & E. Togni-ni-Bonelli (Eds.), *Text and Technology: In Honour of John Sinclair*(pp. 157-176). Amsterdam: Benjamins. https://doi.org/10.1075/z.64.11lou

附录1　中文文章基本信息

序号	公众号	标题	时间	阅读量
1	说说咱家娃	婴幼儿英语启蒙的残酷真相，磨耳朵读绘本看英文动画片可能全都没有用	2019-06-10	7.5万
2	说说咱家娃	婴幼儿英语启蒙，你费了牛劲儿可能都是竹篮打水	2017-12-16	3.8万
3	说说咱家娃	中国孩子适合学习自然拼读吗？	2020-08-25	2.8万
4	说说咱家娃	土生土长的北美小朋友挂在嘴边儿上的100个单词		4万
5	年糕妈妈	不敢教孩子说英语，你到底在怕什么？	2015-11-05	10万+
6	年糕妈妈	英语启蒙到底怎么做？会四国外语的妈妈这样说	2015-07-16	10万+
7	年糕妈妈	5岁女儿能读英文原版书，全靠父母从小这么做	2017-10-28	10万+
8	年糕妈妈	宝宝最适合学英语的时间，比你想的要早多了	2018-03-17	7.1万
9	年糕妈妈	学渣妈妈却能培养出英语超棒的宝宝，秘诀就在这里	2018-03-31	2.1万
10	年糕妈妈	宝宝太早学英语，会影响说中文吗？	2018-02-06	4.1万
11	年糕妈妈	家长英语不好，这样给娃做英语启蒙，事半功倍！	2019-03-22	1.4万
12	年糕妈妈	想要宝宝英语比自己好，几岁开始很重要	2018-03-23	4.2万
13	年糕妈妈	有俩娃，要上班，还能陪孩子学英语，这位妈妈怎么做到的？	2018-05-22	2.5万
14	年糕妈妈	一两万的英语班要不要报？看完这篇再做决定	2019-07-31	1.1万
15	年糕妈妈	没弄懂这件事，我劝你千万别给娃报英语班	2020-08-05	8.4万
16	年糕妈妈	6部英语启蒙宝藏动画片，能学到的东西不比看书少	2021-11-19	1.2万
17	翻译官妈妈	五年英语启蒙经验：用这些教材足够了！	2022-05-23	2.1万
18	翻译官妈妈	我给孩子们规划的十年英语启蒙路线，都在这里了	2021-06-09	3.6万
19	翻译官妈妈	90%的家长，英语启蒙都白做了	2021-10-19	2.7万
20	翻译官妈妈	孩子英语启蒙四年没报过线下课外班，我用了这些独创方法	2021-07-05	2.5万
21	翻译官妈妈	孩子的英语启蒙路上可以没有我，但不能没有这10个游戏	2021-04-06	2.8万
22	翻译官妈妈	给大家三条忠告，挽救孩子的英语启蒙	2021-12-22	2.4万
23	翻译官妈妈	从咿呀学语到自主阅读，五年带娃英语启蒙经验都在这里了！	2021-12-01	2万
24	翻译官妈妈	真相了，孩子的英语启蒙和家长的英文水平没关系！	2021-09-22	2.2万
25	翻译官妈妈	英语启蒙三大法宝，手把手教你用好	2021-06-16	2.1万
26	翻译官妈妈	孩子6岁才开始学英语，怎么办？一定要收藏的五条建议	2021-07-21	2万
27	翻译官妈妈	带娃自然拼读一年半，我总结了这份清晰易懂的学习路线和避坑指南	2021-06-08	3.2万

续表

序号	公众号	标题	时间	阅读量
28	翻译官妈妈	分享一个魔法拼读规则，拿下300个英文单词	2021-02-05	3.6万
29	翻译官妈妈	和孩子坚持四年阅读，都是因为低谷时期读过的一段话	2021-07-27	2.4万
30	翻译官妈妈	英语启蒙重点任务之一：积累1000词汇量	2021-07-19	2.4万
31	翻译官妈妈	四年英语陪读生活，我们仨经历的都在这里了	2021-06-22	2.2万
32	米粒妈爱分享	英文不好的爸妈，如何培养出英文超棒的娃？	2017-09-15	1.9万
33	米粒妈爱分享	33部英语分级动画片！宅家带娃必备！	2020-02-15	1.6万
34	米粒妈爱分享	孩子几岁学英语好？真相跟你想得不一样！	2019-04-18	9891
35	米粒妈爱分享	最棒最棒的20首英文儿歌，快给孩子磨耳朵！	2018-01-15	2.6万
36	米粒妈爱分享	米粒妈讲英文启蒙 一个靠谱妈妈胜过几万块钱的天价兴趣班	2016-07-21	5.8万
37	米粒妈爱分享	米粒妈给0-2岁爸妈的英文启蒙【葵花宝典】	2016-08-17	5.1万
38	米粒妈爱分享	如何用原版动画片增加学英文的兴趣？	2016-09-08	1.3万
39	米粒妈频道	一篇文章读懂廖彩杏、王培斑、吴敏兰，英文启蒙就抓这三点	2017-10-29	1.9万
40	米粒妈频道	一个英语老师写的，双减之后学英语的真相	2021-09-11	1.6万
41	米粒妈频道	71本经典英文绘本免费在家学	2020-03-21	3.1万
42	米粒妈频道	廖彩杏的精髓，就这三点！	2017-12-12	1.9万
43	米粒妈频道	英语启蒙原来这么简单，90%的爸妈都不懂	2017-08-19	1.3万
44	米粒妈频道	35个家庭英文启蒙小游戏，让孩子10分钟爱上英文！	2017-07-01	1.7万
45	米粒妈爱分享	4年打磨的绘本书单，孩子的英文启蒙有捷径了！	2018-12-13	1.2万
46	米粒妈爱分享	变态动画片坑娃不浅，这20部英文启蒙动画片，可以放心给孩子看	2018-01-26	1.8万
47	言仔好忙	不焦虑，不激进，我规划了一条适合大多数娃的英语启蒙路线	2021-05-17	2.3万
48	言仔好忙	抄作业，英语启蒙前三年的资源、路线我都总结好了	2022-03-03	2.2万
49	言仔好忙	英语启蒙干货：最难的第一年，我找到了最简单的方法	2021-07-27	3.2万
50	言仔好忙	梳理：最全面英语零基础启蒙方案，言仔全程这样学！	2020-02-19	2.4万

附录2　英文文章基本信息

序号	题目	作者	时间	字数
1	Dads Are Better Than Moms At Managing Toddler Tantrums, According To New Poll	KATIE GARRITY	April 8, 2023	94
2	TikTok Mom Gives Super-Smart Parenting Hack For Finding A Lost Child In Public	KATIE GARRITY	April 8, 2023	611
3	Mom's Cute Search For A Girl Who Befriended Her Son At A Children's Museum Goes Viral	KATIE GARRITY	April 10, 2023	118
4	A Preschool Teacher Called This Mom' s Packed Lunches "Inappropriate" And "Disgusting"	KATIE GARRITY	March 27, 2023	815
5	Olivia The Pig Showed Me How To Raise A Passionate Kid	VANESSA KROLL BENNETT	March 27, 2023	848
6	A Dad Perfectly Captures The Hardest Part Of Having Joint Custody In Touching Video	SARAH ASWELL	March 16, 2023	653
7	Yes, Kids Should Absolutely Help With Their Younger Siblings	ALEXANDRA FROST	March 1, 2023	839
8	What Is Elimination Communication, & Can It Help Me Potty Train My Kid？	DEIRDRE KAYE	Dec. 2, 2022	1152
9	My Husband And I Are Proudly 'One And Done'	KATIE GARRITY	Nov 7, 2022	964
10	"Special Time" Sessions With Your Kids Take 5 Minutes And Have Huge Benefits For You Both	KATIE GARRITY	Oct. 19, 2022	706
11	The Time My Daughter Said "I Love You, " And It Hit Way Differently	THAO THAI	Jan. 27, 2023	1366
12	This Language-Learning Service With 4.5 Stars on Google Reviews Fits Any Schedule	SCARY MOMMY TEAM	Aug. 9, 2020	359
13	George and Amal Clooney Regret Having Their Twins Learn A Foreign Language	KATIE GARRITY	Sep. 29, 2022	391
14	Why Learning My Kid' s Love Language Made Parenting A Little Easier	KRYSTAL MARTINEZ	Jun 10, 2022	1205
15	How Many Letters Are In The Alphabet？ Depends On What Language You Speak！	DEIRDRE KAYE	Aug. 24, 2021	1242
16	Start Communicating With Your Baby Using These Easy Baby Sign Language Tips	SABIENNA BOWMAN	May 13, 2021	1131
17	What Are The Stages Of Language Development In Children？	TEAM SCARY MOMMY	Dec. 9, 2020	769
18	Learn a New Language, Score Cheap Flights and Get Travel Tips with this On-Sale Bundle	SCARY MOMMY TEAM	Aug. 18, 2020	518

续表

序号	题目	作者	时间	字数
19	This Free Web Game Makes Learning American Sign Language Easy And Accessible	ARIELLE TSCHINKEL	April 27, 2021	456
20	Why Kids Should Learn A Second Language ASAP	SA'IYDA SHABAZZ	Jun 8, 2019	879
21	Babies Don' t Get Confused By Learning More Than One Language	CASSANDRA STONE	Aug. 10, 2017	488
22	Developmental Language Disorder: A Very Common And Often Overlooked Condition	CHRISTINE ORGAN	Nov 4, 2017	744
23	5 Reasons You Should Teach Your Child Another Language	CHONTELLE BONFIGLIO	May 28, 2017	1157
24	Kids Develop Better Language Skills When Dad Does The Bedtime Story	LEIGH ANDERSON	Aug. 3, 2016	691
25	Lucky Letter L Crafts For Toddlers And Preschoolers Learning To Read	AMY THETFORD	May 31, 2021	942
26	Play Needs To Be Part Of Learning	CLINT EDWARDS	Aug. 6, 2019	931
27	10 Toddler Games For Fun And Safe Learning That Are Far From Boring	TEAM SCARY MOMMY	Feb. 10, 2020	901
28	The Absolute Best Resources For Kiddos Learning The ABC's	DEIRDRE KAYE	Jul 20, 2020	1287
29	This Learning App Is Like Having A Tutor— But Way Less Expensive	TEAM SCARY MOMMY	Sep. 12, 2020	670
30	Movement And Breathing Breaks Help Kids Focus On Learning	VALERIE WILLIAMS	Mar 12, 2019	715
31	Kids With ASD Need Help Understanding Language — Here's How We Do It	NIKKYA HARGROVE	Dec. 23, 2021	612
32	The 21 Best Learning Toys For 1-Year-Olds — According To A Pediatrician	BRITTANY CHATBURN	Sep. 3, 2022	3955
33	The Pervasive Learning Myths We Need To Ditch In 2021	ELAINE ROTH	Oct. 26, 2021	1015
34	Our Kids Will Be Learning Lessons So Much Bigger Than Academics This Year	CHRISTINA CRAWFORD	Aug. 21, 2020	1071
35	Many Black Children Feel Safer Doing Remote Learning, And This Is Our Problem To Fix	VIRGINIA DUAN	Aug. 20, 2021	1086
36	My Kids Have Behavioral & Learning Challenges, And I Felt Totally Unprepared	COLLEEN DILTHEY THOMAS	Jun 8, 2021	1272
37	Play Needs To Be Part Of Learning	CLINT EDWARDS	Aug. 6, 2019	884

续表

序号	题目	作者	时间	字数
38	Child-Directed Learning Is The Key To Stopping The 'School Battles'	ELIZABETH BROADBENT	April 24, 2020	951
39	Loneliness Common Among Kids With Learning Disabilities	ELIZABETH BROADBENT	Sep. 24, 2017	978
40	The Pros（And Surprising Cons）Of Your Kid Learning To Read	MIKE JULIANELLE	Jan. 28, 2017	788
41	Are Kids Learning The Social Skills They Need To Succeed In The Workplace？	LEIGH ANDERSON	Jan. 29, 2021	626
42	What My Kids Learned From Watching Me Drink — And Recover	EMILY GREEN	Aug. 7, 2021	855
43	My Kids Learn Black History All Year Long At Home, Because They Certainly Won't At School	RACHEL GARLINGHOUSE	Jun 25, 2021	999
44	How to Help Kids Learn How to Code Without Melting Your Brain	TEAM SCARY MOMMY	March 19，2021	947
45	Surprise, Surprise, Our Kids Learn More From Books Than Screens	WENDY WISNER	Oct. 19, 2017	866
46	Should Your Kids Learn to Speak Really Bad Mandarin？	BILL MURPHY JR.	Dec. 21, 2020	785
47	This Is How Babies Learn Language and Words	ALI HOROWITZ	Aug. 12, 2021	668
48	Are Audiobooks Bad For A Child's Brain Development？	ARIELLE TSCHINKEL	April 14, 2023	884
49	Kids' Developmental Milestones Just Changed — For the 1st Time In Decades	LAUREN LEVY	Feb. 19, 2022	437
50	Sensory Play Might Be Messy, But It’s Vital To Kids' Development	CLINT EDWARDS	Feb. 9, 2021	831

元宇宙影响下传统文化传播的创新动力和路径研究

唐冰[1]　**金韶**[2]

【摘　要】

在文化数字化战略的指导下，我国传统文化在元宇宙生态中焕发生机。传统文化的数字化传播，经历了从1.0数字出版时代到2.0视听传播时代以及当下的3.0沉浸文旅形态的形态演进，元宇宙虚实交融的技术动力、文化资源的本体动力以及用户体验的主体动力构成了推动传统文化传播创新的动力机制。传统文化的创新和传播面临着全新的现实需求和实践进路，需从价值引领与审美再造、科技研发与应用赋能、版权保护和IP转化、业态创新和消费升级四个方面打造传统文化元宇宙的创新路径。

【关键词】

传统文化；元宇宙；形态演进；传播创新

1　唐冰，北京联合大学应用文理学院新闻与传播系教师，主要研究方向为数字文化、国际传播。

2　金韶，北京联合大学应用文理学院新闻与传播系教授，主要研究方向为影视传播、新媒体。

作为一种全新的技术平台，元宇宙正在逐渐成为传统文化创新发展的实践场域，传统文化的数字化传播也成为必然。随着国家推进实施文化数字化战略，加上数字技术升级和对文化产业的支撑作用，传统文化的数字化传播形成了全新的传播生态。本文从元宇宙视域下传统文化传播的形态演进入手，根据传播动力学理论分析传统文化数字化传播的动力机制并有针对性地提出打造传统文化元宇宙的创新路径，以期推动传统文化进入新的发展阶段。

一、传统文化数字化传播的发展阶段

在文化强国、科技强国战略的推动下，传统文化和数字技术加速融合，不断增强中华文明的传播力和影响力。传统文化的数字化传播，经历了从1.0到3.0的发展阶段和形态演进，发挥出多重价值和功能。

（一）1.0时代：数字出版的繁荣

近年来，我国数字出版业进入蓬勃发展期。数字阅读用户量从2017年的3.8亿增长到2022年的5.3亿，数字出版产业规模从2017年的7072亿增长到2022年12762亿。[1]数字出版将传统线下出版延伸到线上，依托数字技术、网络平台和移动终端，助推传统文化资源的数字化，塑造用户的数字阅读习惯，成为传统文化得以传承、传播的基础支撑。

数字出版和传统文化传播的结合，按照结合程度和时间顺序，主要包括三种方式：大众图书的数字出版、专业古籍的数字出版、文化数据库的建设。第一种方式大众图书的数字出版，最早源于21世纪初超星、方正、汉王等企业通过阅读网站或电子阅读器，将书籍搬到线上，2011年后当当、京东等电商平台推出电子书业务，数字出版开始快速发展。2013年以来，随着喜马拉雅app上线并快速积累用户，促进了有声书的流行。在喜马拉雅的历史频道中，姜鹏读《资治通鉴》、易中天品三国、平说古文《史记》精讲等有声作品广受用户欢迎。

第二种方式古籍的数字出版，是出版机构借助数字技术实现转型升级的重要业务模式。陕西的三秦出版社，2016年开始推行专业古籍的数字出版，还推出《中国传统文化丛书》《国学百部文库》等普及类读物，让古籍走进大众。读者传媒以其地处甘肃的区域优势，2019年推出线上“敦煌书坊”，完成数字化加工敦

1　崔海教. 2021—2022中国数字出版产业年度报告[M].北京：中国书籍出版社，2023.

煌学和丝绸之路研究专著2000多册、古籍500种、期刊500期、论文6000篇，打造主要面向高校和科研机构的敦煌学知识服务平台。

第三种方式文化数据库的建设，是在古籍数字出版基础上的升级。中华书局2014年推出古籍整理发布平台“籍合网”，到2021年已上线古籍资源5000多种，累计20亿字，成为集古籍文献、学术研究、图书教材、传统文化交流的综合平台。国家图书馆作为全国乃至亚洲最大的图书馆，拥有古籍文献200万册，数字资源超过1000TB，拥有“敦煌遗书”、“赵城金藏”、《永乐大典》、文津阁《四库全书》“四大专藏”古籍，2023年上线《永乐大典》高清影像数据库，以数字复原、3D建模、人工智能等技术手段全面呈现《永乐大典》的高清图像、立体风貌及知识图谱，还同步推出《国家珍贵古籍名录》知识库供公众免费使用。

数字出版和传统文化的结合，既是出版业转型发展的需要，也是传统文化发挥社会教育功能的需要，更是国家推进实施文化数字化战略的重要支撑。

（二）2.0时代：视听传播的发展

央视、北京卫视、河南卫视等各级电视台，面向文化强国战略，发挥全媒体的传播力和影响力，致力于传统文化和影视节目的创新结合，打造了《典籍里的中国》《最美中国戏》《唐宫夜宴》等爆款节目和文化IP，寓教于乐，变“硬”宣传为“软”传播，在大众层面掀起传统文化热潮，并助推中华优秀文化走向世界。

央视2021年推出大型文化节目《典籍里的中国》，选取《永乐大典》《本草纲目》等11部中华古籍，以“跨时空对话”为叙事主题，让主持人以当代读书人的身份走入典籍里的历史时空，与历史人物面对面，再以“典籍+戏剧+影视”为叙事结构，通过专家解读、戏剧情节和演员表演，并结合环幕投屏、AR、实时跟踪等舞台技术重现历史场景，展现千年历史和传统文化的流转传承，激发观众产生“古今相通、记忆相通、精神相通”的情感共鸣。[1]

2021年河南卫视春晚的节目《唐宫夜宴》一经播出就火爆全网。《唐宫夜宴》突破传统舞蹈的演出形式，创新出戏剧化、场景化的叙事方式，以唐俑复活成唐朝小姐姐进宫赴宴为故事设定，以莲鹤方壶、妇好鸮尊、簪花仕女图等国家宝藏为静态背景，演员们妙趣横生的舞蹈穿梭其中，同时运用5G+AR技术，实现了文物的数字复原、人物视角和舞台场景的灵活切换，创造出动静结合、虚实融合的艺术表现，给观众带来视听奇观体验。

---

1 李春雷，张雪婷.电视节目的媒介场景塑造与时代记忆提取——以《典籍里的中国》为例[J].电视研究，2022（01）.

数字人是以AI驱动的超写实人物形象，在虚拟现实领域发挥重要作用。数字人兴起于2022年，先是以短视频方式流行，2023年在各电视台春晚上绽放光彩。取材自敦煌飞天的虚拟数字人“天妤”，通过创作和发布传统文化短剧，在国内外社交媒体上广受关注，后登上陕西卫视的丝路春晚，与真人演员共同表演歌舞《清平乐》。浙江卫视推出宋韵文化推广数字人“谷小雨”，主持“二十四节气”品牌节目，在抖音、小红书上发布“迷你宋韵之旅”系列短视频，又亮相浙江卫视春晚表演国风歌舞。

各大主流媒体主动拥抱新技术、激发新创意，创新传统文化节目形态，用虚实融合、古今交融的叙事方式和艺术表现，契合年轻人的审美意趣和沟通方式，实现传统文化的现代化表达，进而实现传统文化的创造性转化、创新性发展。

（三）3.0时代：沉浸传播的兴起

文旅部《关于推动数字文化产业高质量发展的意见》中提出要“发展沉浸式业态”。随着近几年旅游市场的复苏，加上虚拟现实技术在文旅领域的加速应用，沉浸式演艺、沉浸式夜游、沉浸式展览、沉浸式街区等新业态不断涌现。“沉浸”这一概念最初源自美国心理学家米哈里提出的“心流”（mental flow）概念，用以指感官和心灵的投入状态。2000年以来，“沉浸”引入传播学领域，其研究围绕人的感官和身体在虚拟环境中的沉浸感展开，强调沉浸传播中人的主体性和“身体在场”，具身传播的研究也由此兴起。[1]由此可见，沉浸传播是多种数字媒介形态融合的产物，其核心是运用虚拟现实、智能交互等新技术，塑造虚实融合、时空交汇的传播场景，为用户提供多感官、全身心的沉浸体验。相比视听节目的屏幕空间，文旅项目的实体空间，更能将文化创意、数字技术和空间感知进行融合创新，将虚拟的文化场景和真实的在场体验融合一体，让游客沉浸其中，更能激发人们的感官、身心体验和情感共鸣。

2023年8月，文旅部发布20个沉浸式文旅新业态示范案例，其中传统文化项目近十个，有山西的“又见平遥”、湖南的“遇见大庸”、江西的“寻梦牡丹亭”、江苏的扬州大运河博物馆西安的“大唐不夜城”和“长安十二时辰”等。这些文旅项目植根于地域历史文化，让观众在跨时空展演、行进式观赏、参与式体验中充分感受传统文化的魅力和活力，以新场景、新业态为文旅市场打开新的空间，带动城市文化传播和文旅消费繁荣。

1　刘海龙.具身性与传播研究的身体观念——知觉现象学与认知科学的视角[J].兰州大学学报,2019（02）.

二、元宇宙影响下传统文化传播创新的动力机制

传播动力学理论指出，传播活动的动力来自：传播技术和媒介控制（媒介动力）、信息的开发和共享（本体动力）、传受双方（主体动力）。该理论在元宇宙火热发展的当下，仍然具有很强的解释力。元宇宙作为数字技术的集成，将虚拟世界与现实世界密切融合，是激活文化资源、改变传播样态、创新消费方式的强大动力。

（一）虚实交融的技术动力

元宇宙通过虚拟现实、人工智能等新技术的集成应用，搭建了虚拟和现实互通、融合、共生的数字化空间，塑造了全新的文化传播形态。支撑元宇宙的不是单一的技术，而是高度复杂的技术系统，包括虚拟现实、人工智能、数字孪生、区块链、交互技术等，可以实现时间的自由穿梭、空间的多重交叠、真实和虚拟的价值融通，在文明传承、文化生产和文化传播上开创了更多的可能性。元宇宙是媒介发展演进到数字时代的必然产物，是数字革命以来所发展起来的全部技术与社会现实融合发展的全新文明形态。[1]

（二）文化资源的本体动力

元宇宙的火爆，固然有科技巨头公司的助推，但根本原因还是其具有天然的文化基因。元宇宙本质上是一种科技和文化融合的高阶产物。元宇宙这个概念诞生自科幻小说，展现人们对未来社会的想象力；元宇宙从游戏开始流行，有人直接将元宇宙比作网络游戏的放大版；元宇宙和电影不断融合，推动了VR电影、交互电影的发展；元宇宙和文旅加速融合，催生沉浸式新场景和新业态。元宇宙不是凭空想象，也不是简单的技术集合，其本质是满足人们的精神生活需求的文化资源的融通，并且催生文化产品不断产生新的形态。元宇宙和出版、影视、艺术、游戏、旅游、体育等人们的文化生活结合，在文化资源的基础上附加更多的技术、创意和美学价值，创造出新的文化消费方式，掀起数字文化产业新潮流。

（三）用户体验的主体动力

追求极致体验，是用户/消费者的内在需求和外化行为的驱动力。“体验经

1　喻国明. 元宇宙是数字文明时代的具象版图[J]. 新闻论坛，2022（04）.

济”作为一种经济发展模式，强调满足消费者的心理、精神和情感需求。元宇宙给用户带来的沉浸式体验，是其在短时间内获得各行各业追捧的重要原因，也成为拉动文化消费升级的强大动力。元宇宙沉浸体验，主要包括生动多样的感官体验、穿越古今的时空体验和价值共创的情感体验三个层次。首先，元宇宙综合了影像、视听、游戏等艺术表现形式，将人们的感官无限延伸，塑造从感官到身体的“六感”化传播情境[1]；再者，元宇宙打破了传播时空的限制，实现在线上和线下、真实和虚拟、历史和未来之间自由穿梭，以全新的时空观念和艺术手段再现和解构历史，让传统文化释放出全新的活力和感染力。

三、构建传统文化元宇宙的创新路径

科学技术的迭代升级，数字消费的兴盛，使得传统文化的创新和传播面临着全新的现实需求和实践进路，打造符合时代需求、尊重客观规律的传统文化元宇宙成为必然趋势。

（一）价值引领与审美再造

在平台资源的急剧扩张下，技术的异化容易引发人文的异化，用户的审美思维、生活经验、行为意识等在算法构成的信息茧房中逐步落入平台特意打造的“数字陷阱”[2]，最终成为服务于自动化社会中的一部分。元宇宙的去中心化、虚拟属性以及数字化社会背后的隐形算法容易导致人们陷入对功利性欲望的一味追求，影响其伦理价值观念，甚至对物理世界国家的文化安全造成影响，因此，把握传统文化元宇宙的价值引领与审美再造尤为重要。

习近平总书记指出：“要坚持把马克思主义基本原理同中国具体实际相结合、同中华优秀传统文化相结合。”[3]元宇宙为传统文化发挥马克思主义思想的价值统领提供了新的结合点，对传统文化元宇宙进行叙事构境时要发挥马克思主义的价值导向作用，努力把握传统文化元宇宙的数字发展规律。当前我国已经在顶层设计上逐步开展制度建设，通过制度规范元宇宙健康发展，需要打造以人为本的传统文化元宇宙，以文明守正为基准引导正确的审美取向，彰显人的主体性，强化伦理保障和风险防范，构建符合中国特色社会主义的多主体协同治理的传统

1 张洪忠等.元宇宙：具身传播的场景想象[J].新闻界，2022（01）.

2 王寅.“元宇宙”之技术构镜、叙事症候及哲学反思[J].甘肃社会科学，2023（04）：36-45.DOI：10.15891/j.cnki.cn62-1093/c.20230726.004.

3 习近平.在庆祝中国共产党成立100周年大会上的讲话[N].人民日报，2021-07-02（2）.

文化元宇宙。

自“推动中华优秀传统文化的创造性转化、创新性发展”方针提出以来，传统文化类节目的艺术创作有了根本方法论，即秉持“思想+艺术+技术”的融合导向，以灵活多元的方式提炼中华优秀传统文化，达成对“文化中国”的影像深描。[1]要运用沉浸式的输出方式挖掘传统文化底蕴。沉浸式项目要以文化价值为支撑，呈现浓郁的地方特色和鲜明的城市文化，再选用相应的表达方式，以人为中心设计产品和服务，才能达到锦上添花的效果。通过打造多样化的文旅产品，帮助城市传播特有的历史文化，甚至能够带动城市、老城区或历史文化街区的经济复苏，提振消费的活力。

（二）科技研发与应用赋能

2022年国家发布和实施文化数字化战略，明确“以国家文化大数据体系建设为抓手”，将“关联形成中华文化数据库”作为重点任务。数字出版必然成为中华文化数据库建设的重要支撑。目前，各大出版社、图书馆立足自身定位和资源优势，已经建成一批较具规模且形式多样的数据库，但在文化大数据库的关联、共享和融通上尚有很大不足。为了实现文化数字化战略提出的“全面共享、逻辑关联、快速链接”，对现有各类数字出版数据库进行再造升级和共联共享，将成为加快传统文化数字化传播的重点任务。[2]其中，科技的研发与突破是打造传统文化元宇宙亟待解决的问题。只有技术实现重大突破后，围绕传统文化元宇宙模式的设定和应用探讨才能进一步实现。因此，现阶段要立足扎实推进核心关键技术研究，重点开展芯片、区块链、人工智能、扩展现实、脑机接口、数字孪生、数据安全和隐私保护等关键技术研究，改变我国过去在信息技术、互联网等领域受制于人的被动局面。

虚拟现实技术可与5G技术相结合，使计算机虚拟环境以及环境中嵌套的文字、图像、动画、音视频素材可一次生产，多次使用；共建协同共享的版权清晰、内容多样、题材丰富的虚拟现实素材数据库，研发受众和市场真正需要的新技术和新产品，不断推进虚拟现实出版的可持续性发展。元宇宙生态升级了传播参与者的互动和参与模式；XR沉浸技术颠覆了传统的文化影像信息传播模式，由单纯的文字符号、视频传递演变成场景传递和体验传递，突破二维图像编码传

1　李智.文化复归：传统文化类节目蝶变跃升的深层逻辑[EB/OL].(2022-09-13)[2023-09-19]. http：//ent.dzwww.com/tt/202309/t20230913_12751224.htm

2　谢亚可.数字出版融入文化数字化战略的现实意义与实践进路[J].出版发行研究，2023（01）：8-14. DOI：10.19393/j.cnki.cn11-1537/g2.2023.01.011.

播，实现全息交流和生态交流。元宇宙生态让中华优秀传统文化影像传播重拾“光韵”。元宇宙数字新基建要为重构传统文化的数字化生成流程、赋能优秀传统文化高质量发展、拓展内容分发渠道提供保障，应加快建设可信文化大数据流通环境，培育优秀传统文化数据要素市场，打造可体验、可沉浸、可感触的活态传统文化产品，构建起高效畅通、供需适配的优秀传统文化供给体系。

（三）版权保护和IP转化

如果说已确立的知识产权制度针对的是现实世界中的文化资本生成，那么区块链中的NFT技术则为互联网世界中的文化资本生成提供了可能，二者都为“元宇宙”文创产业的生产和运营提供了坚实的技术操作基础。区块链和NFT技术，可以与特定的数字或物理文化资产相关联，从而为这些文化资产提供数字版权认证服务，完成数字的传统文化资源向资本的转化，为“元宇宙”中的传统文化艺术品的发行、收藏和流通提供了必要基础。

在法律监管上，政府首先应切实完善虚拟现实中著作权保护方面相关法律法规，对虚拟现实的传统文化市场存在的隐私保护、虚拟与现实混乱的伦理问题从司法角度进行界定。其次，需要加强元宇宙中的市场监管，及时配套跟进服务和监管措施，通过监管理念创新、方式创新、手段创新的方式整治乱象。最后，建立行业登记评定体系，推动元宇宙中传统文化品牌示范建设，通过标准化引领不断提高产品和服务水平。

文化数字化就是把所有的文化典籍、文化遗存、文物文博、文化创意、文化要素转化为数字化的产品，向国内外传播，提升中华文明的传播力影响力。数字产业化就是把所有的实体变成数字，然后转化为数字资产，构建数字经济的模式，进行产业化的生产、经营活动。中华优秀传统文化的核心市场要素就是内容，中华优秀传统文化数字化开发的运营创新关键是对内容的市场化运营，在跨领域、多平台的数字经济生态圈进行运营创新，其实质是对IP的打造和延伸。中华优秀传统文化的数字IP运营创新，可进行跨行业运营和跨媒介运营。在IP的转化上，通过对传统文化内容的精耕细作打造文化价值与现代科技高度融合的创意品牌，在考虑用户体验的基础上改造数字出版服务全民、全球阅读的供给体系，打造全球互联互通的数字出版大平台，让数字出版惠及乡村振兴和城市文化繁荣，以更大的力量和效率向全球传播中华文明和当代中国的精神、价值、力量和形象。

（四）业态创新和消费升级

从产业关联性来看，传统文化对元宇宙的技术外溢具有较强的吸纳能力。一是立足于传统文化的优秀内核，为元宇宙业态提供内容支持，并通过交互的方式进行创新技术、人才的学习与交流。二是利用人工智能、云计算等技术，促进传统文化元宇宙产业链消费升级，从而更好地掌握传统文化元宇宙产业的发展方向和发展趋势。

做强传统文化元宇宙产业链的业态创新。在元宇宙的文旅产业中，满足身体和精神的六感体验，一直是文旅产业的极致追求，而沉浸业态无延迟的交互，可以使其投资者、创作者、运营者、消费者全程参与其中，共同创造新的消费模式。文旅行业正在呈现出数字化、沉浸式、强社交、定制化的特点，亟须用心制作的好场景、好内容。

丰富传统文化元宇宙产业链下游的消费环节。传统文化元宇宙消费新场景的打造应加快集成全息呈现、数字孪生、虚实交互等新型体验技术，形成技术价值、文化价值与产业价值的加乘赋能模式；加快开发智媒体、电竞、直播、社交、短视频、数字人/虚拟偶像、智慧文旅、虚拟音乐会、云社区等新业态的新消费场域；基于消费升级趋向关注最新的文化消费偏好。元宇宙还能激发人们的创造力，让用户生产变得更加自由和活跃。谁都可以拥有自己的数字人，自主创作和分享内容；谁都可以选择不一样的数字生活方式，延续自己的数字生命。用户参与和价值共创正是文化元宇宙的生命力所在。要加快培育用户的新型虚拟空间传统文化消费习惯，打造高品质、沉浸式、体验化的消费新场景与新业态。